이 책을 향한 찬사들

이 세상 문화를 향유하는 대다수 사람들에게는 그리스도인들이 낯설겠지만, 많은 그리스도인들은 급변하는 낯선 문화 속에서 절망감을 느끼거나 두 손을 들어 방어적인 태세를 취하기 쉽다. 이에 대해 팀 켈러는 부드럽지만 확고하게 복음을 풀어내면서 복음이 무엇과도 타협할 수 없는 것임을 상기시킨다. 동시에 그리스도인이 어떻게 책임감을 가지고 세상 문화와 상호작용할 것인지 생각하게 한다. 세상 문화 안에 있는 선한 것들을 긍정하고, 복음을 탄탄하고 충실하게 문화에 적용할 수 있는 방법을 알려 준다. 그러나 기계적인 방법론을 알려 주는 것은 아니다. 이 책은 지난 이십 년 동안 대도시에서 목양 사역을 충성스럽게 감당해 온 사람이 성경의 중요한 주제들에 대해 기록한 성찰과 묵상이다.

D. A. 카슨(D. A. Carson) _ 트리니티 복음주의 신학교 석좌교수

도시, 문화, 교회, 그리고 성경이 이루는 하모니에 팀 켈러보다 더 자세히 귀 기울인 사람을 여태껏 보지 못했다. 《팀 켈러의 센터처치》에서 그는 다양한 종류의 음악을 묘사할 뿐만 아니라 그 결과들을 사역의 전개와 부흥을 위한 교향곡으로 어떻게 지휘했는지 이야기한다. 이제 우리가 귀 기울일 차례다. 저자는 우리가 복음의 위대한 교향곡을 경험할 수 있도록 실제적이고 유용한 방법들을 제시한다.

브라이언 채플(Bryan Chapell) _ 커버넌트신학교 총장

《팀 켈러의 센터처치》는 다음 세대 교회 지도자들에게 지극히 유용한 자원이다. 신학적으로 깊이가 있을 뿐 아니라 우리 생각을 자극하는 활력이 넘치는 책이다. 이 책은 어떤 점에서 당신의 마음을 불편하게 만들 수도 있다. 팀 켈러가 또 한 번 정곡을 찔렀다.

알리스터 벡(Alistair Begg) _클리블랜드 파크사이드교회 담임목사

"우리 교회가 한 것처럼 이렇게 사역하라"라고 말하는 부류의 책은 더 이상 우리에게 필요하지 않다. 다른 교회의 모델을 비판하는 책도 마찬가지다. 이제 우리에게는 교회 사역을 체계적으로 행하되 분별력 있고, 성경적으로 생각할 수 있도록 돕는 책이 필요하다. 《팀 켈러의 센터처치》에는 저자의 경험과 지혜, 그리고 겸손이 가득 담겨 있다. 우리가 살고 있는 도시가 은혜의 복음으로 변혁되는 것을 진지하게 원한다면 이 책이 무척 유용하게 사용될 것이다.

대린 패트릭(Darrin Patrick) _저니교회 담임목사

후기 기독교주의와 세속주의에 문화가 점점 빠져들면서, 그리스도인들이 복음을 잘 이해하고 효과적으로 소통하는 법을 아는 것이 더 중요해지고 있다. 《팀 켈러의 센터처치》에서 팀 켈러는 복음이 무엇이며, 우리가 섬기는 곳에서 어떻게 성공적으로 복음을 전달할 수 있는지를 탁월하게 설명한다. 이 책은 학문적 분석 이상의 작품이다. 삼십 년 동안의 성공적 사역에 기반을 둔 탁월한 목회 코칭이기도 하다. 팀 켈러에게 감사를 표한다.

샌디 윌슨(Sandy Willson) _멤피스 제2장로교회 담임목사

우리들은 대부분 눈에 보이는 대로만 본다. 반면 팀 켈러는 다른 사람들이 보지 못하는 것을 관찰한다. 하나님 말씀의 진리와 당대 문화에 관하여 특별히 더 그렇다. 다시 한 번 그는 깊은 통찰력을 우리에게 제공했다. 바로 교회에 대해서다. 교회가 어떻게 건강한 잠재력을 경험할 수 있는지에 대해서다. 이 책에 관해 듣기만 하고 읽지 않는 것은 정말 어리석은 일이다!

랜디 포프(Randy Pope) _애틀랜타 페리미터교회 담임목사

이 탁월한 책은 그가 기반으로 둔 맨해튼 사역처럼, 개혁주의 신학의 경륜과 지혜로운 목회자의 지성이 어떻게 결합하여 도시 목회에서 영적 결실을 맺을 수 있는지 보여 준다. 모든 페이지마다 광채가 난다. 팀 켈러는 하나님이 지금 우리 시대에 주신 큰 선물이다.

J. I. 패커(J. I. Packer) _리젠트대학 원로교수

《팀 켈러의 센터처치》는 맨해튼에서 일어난 하나님의 지속적이고 뛰어난 사역에 대한 신학적으로 정확하고, 사회적으로 통찰력 있는 설명서다. 뿐만 아니라 현대 도시 문화에 적절하게 녹아든 사역에 대한 매우 중요하고 독창적이며 시기적절한 요청이다. 우리의 도시를 그리스도께 인도하려면 이 책의 원리들을 주의 깊게 배워야 한다.

리처드 코어킨(Richard Coekin) _런던 코미션 교회개척 네트워크 지도자

도시는 도전으로 가득 찬 복잡하면서도 중요한 전략이 필요한 사역지다. 도시에서 사역하는 이들에게는 희망과 효과성을 불붙일 수 있는 격려와 자원들이 요구된다. 그래서 나는 팀 켈러가 이 책을 쓴 것이 참 감사하다. 복음에 대한 그의 열정, 도시에 대한 사랑, 성령의 역사하심에 대한 비전은 사람들의 삶을 변혁시킬 것이다. 또한 도시에 희망과 평화를 불러일으킬 것이다. 팀 켈러는 그의 통찰과 생각을 우리와 나누기 위해 이 책을 썼다. 더욱이 그가 섬기는 교회는 그의 중심과 이 비전의 실재 및 가능성을 보증한다. 준비하라. 당신의 생각은 명료해질 것이며, 당신의 가슴은 감동할 것이다.

크로포드 로리츠(Crawford W. Loritts) _펠로우십성경교회

팀 켈러는 복음 중심적 사역에 꼭 필요한 책을 우리에게 선물했다. 신학적으로 탄탄하고, 실천적으로 심오한 이 책은 우리 삶과 교회 사역에 대한 복음의 의미를 총체적으로 꿰뚫고 있다. 그리고 성경신학과 실천신학을 탁월하게 연결했다. 나는 팀 켈러 및 리디머 시티투시티(Redeemer City to City)와 함께 사역하면서 많은 도움을 받았다. 전 세계에서 이 책을 통해 교회와 사역에 심원한 영향을 받는 것도 목도했다. 이 책은 강의 그 이상이다. 교회들이 꼭 필요로 하는 생명력과 재생산력이 있는 복음의

신학이다. 생각하는 그리스도인의 서재라면 꼭 있어야 할 책이다.

스티븐 엄(Stephen T. Um) _시티라이프장로교회 담임목사

만약 교회 지도자들이 신학적으로 생각만 하고 세상을 복음의 관점에서 바라보거나 교회들이 복음의 지혜로 살아가도록 돕지 않는다면 그것은 목회자의 부르심을 저버리는 일이다. 오늘날 팀 켈러보다 이 작업을 더 분명히 잘할 수 있는 사람은 없다. 그는 복음을 모든 환경에 맞추어 간단하고 쉬운 모델로 만들어 세일즈하기를 거절한다. 대신 교회들이 다양한 부름에 따라 독특한 문화적 맥락 속에서 충성되고 열매 맺을 수 있는 여러 가지 길들을 부각시킨다. 정말로 당신이 복음으로 교회 정체성을 세우고, 중요한(그리고 어려운) 질문들을 어떻게 물어야 할지 배우고 싶다면 이 책을 읽으라.

리처드 린츠(Richard Lints) _고든콘웰신학대학원 석좌교수

팀 켈러의 책 중에서 《팀 켈러의 센터처치》야말로 내가 가장 좋아하는 책이라고 자신 있게 말할 수 있다. 이 책은 진정 팀 켈러가 지닌 지혜의 총화를 보여 주는 것 같다. 복음 가운데 오랫동안 숙성되고, 성경 본문 주해에 근거하며 우리 문화의 정신을 통찰한 종합체이다. 독설하지 않으면서 대화하는 그의 적극성, 하나님 은혜의 심원한 결과들에 대해 끝까지 사유하는 그의 헌신성, 예수님의 신부와 하나님의 나라와 구속사에 대한 그의 큰 사랑이 여기에 결집되어 있다. 모든 것이 신선하게 펼쳐진다. 얼마나 탁월하고 실천적인 책인가! 떠오르는 지도자들, 그리고 꿈꾸고 싶은 교회들과 함께 이 책을 사용하기를 손꼽아 기다린다.

스코티 스미스(Scotty Smith) _그리스도공동체교회 설립목사

많은 사람들은 팀 켈러가 목회자이며 변증가이고 신학자인 줄 알고 있다. 그러나 그는 동시에 도시 전도자이다. 《팀 켈러의 센터처치》에서는 그의 비전과 소명의 다양한 측면들이 한 자리에서 펼쳐진다. 이 책은 필독서 이상의 것이다. 도시 속에서 하나님 나라의 사역을 위해 팀 켈러가 그의 심장과 인생을 헌신하여 바친 선물이다.

마크 고닉(Mark R. Gornik) _시티신학교 학장

《팀 켈러의 센터처치》는 우리 시대의 가장 위대한 선교 서적 중 하나다. 이 책은 복음의 수단을 통해 도시 전체를 변혁시킬 만큼 강력한 교회의 비전을 제시한다. 팀 켈러는 뛰어난 교사이며, 탁월한 지도자이고, 예수님의 모범적인 제자다. 이것은 가치 있는 책이다!

앨런 허쉬(Alan Hirsch) _포지선교훈련네트워크 설립자

우리는 뛰어난 교회 지도자들과 놀라운 기독교 사상가들이 많은 시대에 살고 있다. 그러나 내가 보기에는 팀 켈러보다 더 사려 깊은 교회 지도자는 없는 것 같다. 《팀 켈러의 센터처치》는 깊이 있는 신학적 성찰과 분별 있는 문화적 주해의 결과로 형성되는 교회 사역에 대한 요청서다. 용기 있는 지도자들이 그런 사역을 수행할 때 도시는 다시금 복음 아래 번성하게 될 것이다.

존 오트버그(John Ortberg) _멘로파크장로교회 담임목사

뉴욕에 있는 팀 켈러의 교회는 지역 사회를 지혜롭게, 성경적으로, 효과적으로 연결하는 복음 중심적 사역의 모델들 중에서 가장 뛰어난 교회로 꼽는다. 이것은 주로 팀 켈러의 복음에 대한 깊은 이해와 문화를 해석하는 탁월한 은사 덕분이다. 그의 최신 책은 어디서 사역을 하든 상관없이 누구에게나 탁월하고 유용한 도구가 될 것이다. 《팀 켈러의 센터처치》는 팀 켈러의 사역을 복제하기 위한 매뉴얼이 아니다. 이 책은 그보다 훨씬 중요하며, 예수 그리스도의 복음이 어떻게 문화, 사역, 그리고 그리스도인의 삶에 관련되는지 보여 주는 신학적 비전이다.

필립 라이켄(Philip Ryken) _휘튼대학 총장

도시를 품는 센터처치

지은이 | 팀 켈러, 앤디 크라우치 외
옮긴이 | 오종향
초판 발행 | 2018. 3. 5.
2쇄 발행 | 2024. 11. 21.
등록번호 | 제1988-000080호
등록된 곳 | 서울특별시 용산구 서빙고로65길 38
발행처 | 사단법인 두란노서원
영업부 | 2078-3333 FAX | 080-749-3705
출판부 | 2078-3332

책값은 뒤표지에 있습니다.
ISBN 978-89-531-3088-3 04230
       978-89-531-3079-1 04230 (세트)

독자의 의견을 기다립니다.
tpress@duranno.com www.duranno.com

두란노서원은 바울 사도가 3차 전도 여행 때 에베소에서 성령 받은 제자들을 따로 세워 하나님의 말씀으로 양육
하던 장소입니다. 사도행전 19장 8-20절의 정신에 따라 첫째 목회자를 돕는 사역과 평신도를 훈련시키는 사역,
둘째 세계선교TM와 문서선교단행본·잡지 사역, 셋째 예수문화 및 경배와 찬양 사역, 그리고 가정·상담 사역 등을 감
당하고 있습니다. 1980년 12월 22일에 창립된 두란노서원은 주님 오실 때까지 이 사역들을 계속할 것입니다.

도시를 품는
센터처치

팀 켈러, 앤디 크라우치 외 지음

오종향 옮김

두란노

Contents

이 책을 향한 찬사들 · 1

프롤로그 · 12

《센터처치》 시리즈를 내놓으며 · 28

역자의 글 · 32

Part 1

{복음 상황화}

복음으로 상황을 돌파하라

1. 계획적인 상황화를 준비하라 · 40

2. 균형잡힌 상황화를 추구하라 · 64

3. 상황화의 성경적 원리와 방법 · 77

4. 적극적 상황화의 실제적인 과정 · 104

'복음 상황화'에 대한 논평 (다니엘 스트레인지) · 140

다니엘 스트레인지에 대한 답변 (팀 켈러) · 163

Part 2

{도시 비전}

복음으로 도시를 품으라

5. 도시에 대한 성경의 정의와 긴장 · 174

6. 도시의 구속사적 이해 · 195

7. 도시 사역의 도전과 기회 · 209

8. 도시 복음사역의 실제적 이슈들 · 229

'도시 비전'에 대한 논평 (가브리엘 살귀에로) · 263

가브리엘 살귀에로에 대한 답변 (팀 켈러) · 286

Part 3
{문화 참여}
교회, 도시 문화를 이끌라

9. 현대문화에 대응하지 못하는 교회들의 위기 · 296

10. 문화에 대응하는 네 가지 모델들 · 316

11. 복음적인 문화 참여의 지평 · 370

12. 문화 참여의 실제적 이슈들 · 393

'문화 참여'에 대한 논평 (앤디 크라우치) · 414

앤디 크라우치에 대한 답변 (팀 켈러) · 437

주 · 444
기고자들에 대하여 · 484
《센터처치》 시리즈 소개 · 486

센터처치
신학적 비전을
나누며

이 시리즈에 대한 소개

대개 두 가지 종류의 책들이 목회자들과 교회 지도자들을 대상으로 저술된다. 한 가지는 모든 교회에 해당되는 일반적인 성경적 원리를 제시한다. 이런 책들은 성경에 대한 주해와 성경신학으로 시작해서 성경적인 교회의 특징과 역할을 열거한다. 가장 중요한 특징이라면 성경 말씀에 충실하고 교리적으로 건전하다는 점이다. 그러나 이런 종류의 책들은 전도, 교회 리더십, 공동체, 멤버, 예배, 봉사 등에 대한 성경적 기준을 요구한다.

두 번째 범주의 책들은 이 스펙트럼의 정반대에서 움직인다. 이 책들은 성경 구절들을 많이 인용하기는 하지만, 성경적·신학적 기초를 놓는 데는 시간을 많이 쓰지 않는다. 대신, 이 책들은 "어떻게 할 것인가"에 대한 실용적인 책들이다. 특정 스피릿, 프로그램, 목회 방법들을 제시한다. 이 계열의 첫 번째 책들은 1970년대와 1980년대 교회 성장 운동이 한창이던 시기에 피터 와그너, 로버트 슐러와 같은 저자들을 통해 폭발적으로 등장했다. 이 계열의 두 번째 세대는 성공적인 교회에 대한 개인적인 간증이 가득한 책으로서 교회를 개척해서 일구어 낸 목사들이 쓴 것들이다. 다른 사람들이 사용할 수 있도록 실천적인 원리들을 뽑았다. 실용적인 교회론 서적의 세 번째 세대가 나온 지는 10년이 넘었는데, 교회 성장을 위한 "이렇게 하라"를 정면으로 비판하는 책들이다. 좋은 교회가 현장에서 어떤 모습이어야 하는지에 대한 그림들과 사례 제시로 구성되어 있다. 사역을 어떻게 조직화하고 실행할지에 대한 실천적인 조언들을 제시한다.

물론 그 책들로부터 내가 사용할 수 있는 한 가지 이상의 좋은 아이디어들을 거의 매번 찾을 수 있었다. 그러나 전체적으로, 그 책들이 의도하는 것보다는 별로 도움이 안 됨을 발견했다. 그 책들은 특정 환경에서 특정 시기에 사용된 기법과 모델을 명시적이든 암시적이든, 거의 절대화해서 가르친다. 내가 분명히 확신하기에 그 기법들 중 많은 것들은 뉴욕과 잘 맞지 않는다. 저자들이 주장하는 것처럼 보편적으로 적용되는 것이 아니다. 특히, 미국 이외의 나라에 있는 교회 지도자들은 미국의 도시 외곽 지역(suburb)에 있는 교회에서 유효한 목회 모델이 세계 어디에서나 적용될 것이라는 관점에 대해 불편하게 느낀다.

리디머교회에서 우리가 경험한 것에 대해 가르치거나 저술하라고 사람들이 내게 요청할 때 내가 깨달은 것은 대부분 두 번째 종류의 책을 바란다는 것이었다. 목회자들은 그들이 신학교에서 배운 바 있는 교회의 삶에 대한 성경적 교리와 원리들을 다시 요약하는 것을 바라지 않았다. 대신, 그들은 '성공 비결'에 대한 책을 찾고 있었다. 그들은 도시인들에게 효과적인 특정 프로그램과 방법론을 배우고 싶어 했다. 어떤 목회자는 이렇게 말했다. "나는 윌로우크릭 모델을 시도했습니다. 이제 나는 리디머 모델을 해 보려고 합니다."

사람들이 우리에게 오는 것은, 미국에서 교회를 가장 안 다니고 가장 세속적인 도시에서 우리가 번성하고 있다는 것을 알았기 때문이다. 그러나 방문자들이 1990년대 초반과 중반에 리디머교회를 왔을 때 새로운 모델을 발견하지 못하고 실망했다. 적어도 독특하고 새로운 프로그램의 형태로는 없었다. 리디머교회가 열매를 맺은 진정한 비결은 목회 프로그램에 있는 것이 아니라, 보다 깊은 수준에서 작동하는 것에 있었던 것이다.

하드웨어, 미들웨어, 소프트웨어

도대체 더 깊은 수준에 있는 것은 무엇인가? 시간이 흐르면서, 그것은 사역의 분명한 두 차원 사이에 있는 중간 영역이라는 것을 깨닫게 되었다. 우리 모두는 교리적 기초(doctrinal foundation)라는 것을 갖고 있다.

신학적 신념의 집합이다. 그리고 우리 모두는 특정한 사역 형태(forms of ministry)를 갖고 있다. 그러나 많은 사역자들은 교리적 확신이나 문화적 맥락에 다 맞지 않는 프로그램과 사역 방법을 채택한다. 바깥에서 사실상 "고형화 된"- 때로는 교회의 신학 및 맥락 모두에 이질적인 - 유명 방법론을 도입하는 것이다. 이런 일이 일어날 때, 효과성은 결여된다. 그런 사역으로는 교회 안에 있는 사람들의 삶을 변화시키지 못하며 지역 도시에 사는 사람들 속으로 파고들지 못한다. 왜 안 되는 것일까? 프로그램들이 복음 이해 및 지역 문화 특성에 대한 성찰로부터 우러나오지 않았기 때문이다.

교리적 기초를 '하드웨어'라고 부르고, 사역 프로그램들을 '소프트웨어'라고 부른다면, '미들웨어'라고 부르는 부분을 이해하는 것이 중요하다. 나는 컴퓨터 전문가는 아니지만, 컴퓨터를 잘 다루는 친구들의 말에 의하면, 미들웨어라는 것은 하드웨어 및 운영시스템과 다양한 유저 소프트웨어 프로그램들 사이에서 기능을 맡는 소프트웨어 층이라고 한다.

마찬가지로 한 사람의 교리적 믿음과 사역 방법들 사이에는 특정 문화적 상황과 역사적 순간 속으로 복음을 어떻게 가져갈 것인가에 대해 잘 고안된 비전이 있어야 한다. 이것은 단순한 교리적 신념보다는 훨씬 더 실천적인 것이며, 사역을 위한 "이렇게 하라"라는 방법론들보다는 훨씬 더 신학적인 것이다. 일단 이 비전이 서 있고, 바르게 강조되고, 가치가 부여되면, 교회 지도자들이 - 도심에 있든, 주택가에 있든, 시골에 있든 간에 - 예배, 훈련, 전도, 봉사, 사회 참여 등에 있어서 좋은 의사결정을 내리는 데 있어 중추적 역할을 하게 된다.

신학적 비전

이 '미들웨어'는 고든콘웰신학교의 신학교수인 리처드 린츠(Richard Lints)가 "신학적 비전"(theological vision)이라고 부른 것과 비슷하다.[1] 린츠에 의하면, 우리의 교리적 기초는 성경에서 추출된 것으로서, 모든 것의 출발점이다.

> 신학은 먼저 하나님과의 대화에 관한 것이어야 한다. … 하나님은 말씀하시고 우리는 듣는다. … 그리스도인의 신학적 틀은 주로 듣는 것에 대한 것이다 - 하나님께 귀 기울이는 것이다. 신학을 함에 있어서 접하게 되는 가장 큰 위험 중 하나는 모든 일을 우리가 다 하려는 열망이다. … 우리는 하나님이 성경에서 무엇을 말씀하실 수 있고, 말씀하셨는지에 대해 외부적인 개념의 경계선을 그음으로써 매우 자주 이러한 유혹에 굴복한다. … 우리는 구속의 메시지를 문화의 이야기에 담으려고 하는데, 문화의 이야기들은 복음의 실제 의도를 왜곡하기도 한다. 또는 우리는 복음을 순전히 전통의 관점에서 보려는 시도들도 하는데, 문제는 그 전통이 십자가에서 이루신 그리스도의 구속적 사역과는 현실적인 관계성이 전혀 없다는 점이다. 또는 우리는 하나님이 이성의 개념을 정의하시게끔 하지 않고, 하나님 개념 자체에 대해 이성적 제한을 둔다.[2]

그런데 교리적 기초만으로 충분한 것은 아니다. 어떤 구체적인 사역 방법들을 선택하기 전에, 당신은 그 교리적 신조들이 "현대 세계에 어떻게 관련되는지"를 먼저 물어야만 한다. "질문의 과정을 통하여 신학적 비전이 형성된다."[3] 달리 말하면, 신학적 비전은 당신의 교리를 가지고 특정 시간과 장소에서 무엇을 행할 것인지에 대한 비전이다.

그럼, 신학적 비전은 어디에서 형성되는가? 린츠는 이것이 당연히 성경 자체에 대한 깊은 성찰에서 오는 것임을 보여 준다. 또한 우리를 둘러싼 문화에 대해 많은 시간을 할애하여 생각하는 것에 달려 있다.

린츠는 왜 우리가 교리적 기초에 멈추어 머물 수 없으며 우리의 무대 환경까지 보아야 하는지를 설명한다. 그 무대는 우리의 역사적 시점과 문화적 장소이다. 린츠가 제시하는 매우 중요한 사항을 보자.

> 신학적 비전을 통해서 사람들은 전에는 전혀 볼 수 없었던 방식으로 전혀 다르게 문화를 볼 수 있게 된다. … 신학적 비전을 갖추고 있는 사람들은 문화의 주류 흐름에 단순히 반대해서 거스르지 않으며, 성경의 틀로부터 그 문화를 이해하고 문화와 대화할 수 있는 주도성을 갖게 된다. … 현대의 신학적 비전은 반드시 하나님의 말씀 전체를 현시대의 세상 속으로 가져가야 한다. 그래야만 시대가 변혁될 수 있다.[4]

이런 관점에서, 나는 신학적 비전을 형성하기 위해 비슷하지만 좀 더 구체적인 질문들을 제안한다. 우리가 이 질문들에 답을 해 나가다 보면, 신학적 비전이 도출될 것이다.

- 복음은 무엇이며 어떻게 우리가 이것을 현대인의 마음에 다가오도록 제시할 것인가?
- 문화는 어떤 모습인가? 우리는 문화에 어떻게 연결되고 동시에 어떻게 도전하면서 소통을 할 것인가?
- 우리는 어디에 위치하고 있는가 - 도심, 교외, 작은 도시, 시골 - 그리고 이것이 어떻게 우리의 사역에 영향을 미치는가?
- 공공 영역과 문화 생산에 어떻게 그리고 얼마나 그리스도인이 참여할 것인가?
- 교회 안의 다양한 사역들을 - 말씀, 실천, 공동체, 교육 - 어떻게 상호 연결할 것인가?
- 우리 교회는 얼마나 혁신적이며 얼마나 전통적이어야 하는가?
- 우리 교회는 도시와 지역 안에서 다른 교회들과 어떻게 연결될 것인가?
- 기독교의 진리를 세상에 어떻게 제시할 것인가?

우리의 신학적 비전은 교리적 기초에서 성장해 나오는 것이지만, 암묵적 또는 명시적 문화 이해를 포함하며 사역에 관한 우리의 결정들과 선택들에 가장 밀접하게 영향을 미친다.

복음을 충실하게 재 진술한 문장으로서, 삶과 사역과 선교가 역사의 현 시점에서, 그리고 한 특정 문화 속에서 어떤 모습을 띠어야 할지에 대한 풍성한 시사점을 포함하는 것이 신학적 비전이다(다이어그램을 보라).

무엇을 할 것인가

어떻게 복음이 특정 지역 사회에서 특정 시대에
특정 교회 안에서 표현될 것인가

- 지역 문화에의 적응
- 예배 스타일과 전체 순서
- 제자도와 전도의 과정
- 교회의 리더십 구조와 운영 이슈

사역적 형태

어떻게 볼 것인가

복음을 충성되면서도 새롭게 표현하되, 동시대의
문화 속에서 삶, 사역 및 사명에 대한 풍성한 적용
점을 찾는 것.

- 비전과 중요 가치들
- 사역 DNA
- 강조점들, 관점들
- 사역 철학

신학적 비전

무엇을 믿을 것인가

성경에서 나온 시간을 초월한 진리들로서 하나님
에 대하여, 그분과의 관계에 대하여, 세상에 가지
신 하나님의 목적들에 대하여

- 신학적 전통
- 교단적 관계
- 조직 신학 및 성경 신학

교리적 기초

센터처치

이 책은 2012년에 《팀 켈러의 센터처치》라는 이름으로 처음 출간된 것의 일부이다. 그 책에서 나는 리디머교회의 사역 원리로 역할한 신학적 비전을 제시했다. 우리가 '센터처치'라는 이름으로 의미했던 것은 무엇이었나? 우리는 여러 가지 이유로 이 이름을 선택했다.

1. 복음이 중심(센터)에 있다.

복음 중심적인 것은 복음을 믿는 것이나 복음을 설교하는 것과 별개의 것일 수 있다.

2. 중심(센터)은 균형의 장소이다.

성경이 하는 것처럼 균형을 잡아야 한다. 말씀의 사역과 실천의 사역 사이에서; 인간 문화를 도전하는 것과 인정하는 것 사이에서; 문화 참여와 문화적 차별성 사이에서; 진리에 대한 헌신과 같은 믿음을 공유하지 않는 타인들에 대한 관용 사이에서; 실행 방식의 전통과 혁신 사이에서.

3. 신학적 비전은 도시 및 문화의 중심(센터)에 의해서 또한 그들을 위해서 형성되어야 한다. 전 세계의 도시 중심부에서의 사역은 21세기 교회의 가장 중요한 우선순위이다. 우리의 신학적 비전은 폭넓게 적용될 수 있지만, 특히 도시의 경험에 의해서 각별한 적용점을 가진다.

4. 신학적 비전이 사역의 중심(센터)에 있다.

신학적 비전은 교리와 형태 사이에 다리를 만들어 낸다. 모든 사역들이 어떻게 일어나는지에 대해 가장 중심이 되는 것이다. 두 개의 교회가 상이한 교리 체계와 사역 형태(실천)들을 갖고 있지만, 동일한 신학적 비전을 소유할 수 있다 - 그리고 그들은 자매 사역 기관이라고 느낄 것이다. 다른 한편으로, 두 개의 교회들이 유사한 교리 체계와 사역 형태를 가지면서도, 전혀 다른 신학적 비전을 소유할 수도 있다. 그러면 그들은 서로 다르게 인식할 것이다.

센터처치 신학적 비전은 세 개의 기본적인 헌신 내용으로 요약될 수 있다 - 복음, 도시, 그리고 운동이다.[5] 센터처치 시리즈의 각각의 책은 이 세 가지 헌신 내용들을 다루고 있다.

복음

개별적인 성경교리들을 모두 갖고 있으면서도 실질적으로는 복음을 놓칠 수 있다는 점을 성경과 교회사를 통해 알 수 있다. 그러므로 모든 새로운 시대와 환경마다 '복음을 분명하고 강력하게 소통하는' 방법을 찾아내는 것은 매우 중요하다. 복음의 반대편에 있는 것들과 유사품들과 구별하는 것이 필요하다.

도시

모든 교회들은 각각의 지역 공동체와 사회 환경을 이해하고, 사랑하고, 동일시해야 한다. 또한 동시에 비판하고 도전할 수 있는 역량과 의지를 가져야 한다. 각각의 교회는 도시에 있든지, 교외지역에 있든지, 또는 시골에 있든지 간에 (그리고 많은 경우의 수와 조합이 존재한다) 그 지역들에서

일어나는 사람들의 삶의 독특한 면들에 대하여 지혜로워야 하고 소통할
수 있어야 한다. 그러나 우리는 또한 기독교와 교회들이 어떻게 전반적
인 문화에 참여하고 상호작용을 할 것인지를 생각해야 한다. 이것은 서
구문화가 점점 후기 기독교사회로 접어들면서 매우 첨예한 이슈가 되고
있다.

운동

신학적 비전의 마지막 영역은 교회의 '관계'들과 관련 된다 - 지역사
회, 가까운 과거, 오래된 역사, 그리고, 다른 교회들과 사역 단체들. 어떤
교회들은 매우 제도적이며, 과거의 전통을 강조하는 반면, 다른 교회들
은 제도를 거부하며, 유기적이며, 지속적 혁신과 변화를 강조한다. 어떤
교회들은 특정한 교회사적 전통에 충성하려고 한다. 그래서 역사적, 전
통적 의례들과 사역의 관례들을 소중히 여긴다. 어떤 특정 교단에 속하
거나 새로운 전통에 강력하게 동의하는 교회들은 변화를 거부하기도 한
다. 스펙트럼의 다른 쪽 끝에는 신학적, 교회사적 전통과는 연관성을 거
의 못 느끼는 교회들이 있다. 이들은 다른 다양한 교회들과 사역 단체들
과 쉽게 연결이 되곤 한다. 이런 모든 다양한 관점들은 우리가 실제로 사
역을 어떻게 할 것인가에 막대한 영향을 끼친다.

세 축의 균형

신학적 비전의 원리들을 형성함에 있어 지혜와 균형의 필요성을 표현하는 가장 단순한 방법은 세 축들을 생각하는 것이다.

1. 복음 축

이 축의 한 쪽 끝은 율법주의이다. 이것은 우리가 어떻게 사는지에 따라 자신을 구원할 수 있다고 단언하는 가르침 또는 암시하는 마음 상태이다. 다른 끝에는 율법폐기론이 있는데, 대중적인 용어로 상대주의라고 한다. 이것은 우리가 어떻게 사는지는 중요하지 않다는 것이며, 하나님이 계시다면 모든 사람을 똑같이 사랑하리라는 주장이다. 그러나 복음은 율법주의도 아니고, 상대주의도 아니다. 우리는 오직 믿음과 은혜만으로 구원된다.

물론 믿음만으로 구원받는 것이 아니다. 진정한 은혜는 거룩과 정의가 특성인 변화된 삶으로 언제나 열매를 맺는다. 물론 이단적 가르침 때문에 복음을 놓치는 일도 생길 수 있다. 즉, 더 이상 그리스도의 신성을 믿지 않거나 칭의의 교리를 믿지 않는다면, 상대주의로 미끄러지고 만다.

또한 건전한 교리를 고수하면서도 죽은 정통(자기 의[self-righteousness]의 마음 상태), 균형을 잃은 정통(특정 교리를 과도하게 강조해서 복음 메시지를 흐리는 것), 또는 심지어 '오리무중 정통'(마치 신학교처럼 교리를 파고들지만 사람들의 마음을 꿰뚫지는 못하고, 죄의 확신과 은혜의 아름다움을 경험하지 못하는 것)의 모습들이 될 수도 있다. 우리의 복음 소통과 실천은 결코 율법주의나 방종함으로 흘러서는 안 된다. 그런 식으로 흘러가는 만큼, 삶을 변화시키는 능력을 상실하게 된다.[6]

과소 적응 도전뿐 ─── 도 시 ─── 과도 적응 수용뿐

2. 도시 축(문화 축으로 불러도 된다)

사람들에게 다가서기 위해서는 그들의 문화를 이해하고 적응해야 한다. 또한 반드시 문화를 도전하고 직면해야 한다는 점을 다룬다. 이것은 성경적 가르침 위에 기초하고 있다. 모든 문화들에는 하나님의 은혜와 자연계시가 담겨 있지만, 동시에 반역적인 우상 숭배도 함께 있다. 우리가 문화에 과도하게 적응한다면, 우리는 문화의 우상들을 받아들이게 된다.

반대로 문화에 과소하게 적응한다면 우리의 문화를 절대적인 것으로 우상시하게 된다. 우리가 문화에 과도하게 적응한다면, 우리는 사람들을 도전하지 못한다. 그들에게 변화하라고 요청하지 못하는 까닭이다. 우리가 문화에 과소하게 적응한다면, 그 누구도 우리의 이야기에 귀 기울이지 않을 것이며 아무도 바뀌지 않을 것이다. 이런 상황은 우리를 혼란스럽게 하고, 좌절하게 하고, 또는 신뢰성이 없게 만든다. 사역이 문화에 과도하거나 과소하게 적응하는 정도만큼 삶을 변화시키는 능력을 상실하게 된다.

구조화된 조직

전통과 권위

운 동

유기적인 유기체

협력과 연합

3. 운동 축

어떤 교회들은 자기의 신학적 전통에 너무나 강한 일체감을 가진 나머지 복음주의적인 다른 교회들이나 기관들과 대의를 합하여 공동 목적을 위해 도시나 일터에 함께 다가서지 못한다. 그들은 또한 과거에서 온 사역 형태를 강하게 추종하는 경향이 있어서 매우 구조적이고 제도적으로 움직인다. 다른 어떤 교회들은 강하게 반제도적이다. 그들은 전통이나 교단과 전혀 일체감을 갖지 않으며, 기독교 전통 자체와 많은 관련이 없다고 본다. 때때로 그들은 아무런 제도적 특성이 없이, 전적으로 유동적이고 비공식적이다. 양 극단에 있는 교회들은 지도력 개발을 저해받게 되고, 몸과 공동체로서의 교회의 건강을 상실하게 된다는 것을 발견하게 될 것이다. 이런 실수를 범하는 정도만큼, 생명을 전달하는 교회의 능력이 상실된다.

사역이 이런 축들의 "중심으로부터" 더 많이 일어날수록, 더 큰 역동성과 효과성이 생기게 된다. 이 축과 스펙트럼의 어느 한 끝으로 치우친 사역은 사람들의 삶을 변화시키는 능력을 잃어버리게 된다.

《팀 켈러의 센터처치》의 원 저작과 마찬가지로, 나의 희망은 각각의 세 권의 책이 유용하고 도전적인 토론을 일으키는 것이다. 얇은 세 권으로 나오는 이 책들이 세 가지 축들의 각각을 다루고 있다.

《복음으로 세우는 센터처치》는 복음에 대한 성경적 관점을 회복할 필요성을 살펴본다. 우리의 교회들은 복음-신학적 깊이가 특징이어야 한다. 교리적 천박함, 실용주의, 무성찰, 또는 수단 중심적인 철학이어서는 안 된다. 또한, 우리는 부흥을 경험해야 한다. 그래서 지속적으로 은혜의 기조가 모든 것에 적용되어야 한다. 우리의 사역은 율법주의나 냉랭한 지성주의의 표가 있어선 안 된다.

《도시를 품는 센터처치》는 문화에 감수성이 있을 필요성을 강조한다. 우리의 문화적 순간들을 무시하거나 집단들 내부에 발생하는 문화적 차이에 대해 무감각하지 않는다. 우리가 도시를 사랑하는 방법들을 채용함으로써 어떻게 우리들의 도시를 위한 비전을 만들 수 있는지를 살핀다. 도시에 대해 적대적이거나 무관심한 접근법을 택하지 않는다. 또한 우리는 어떻게 문화에 참여할지를 고찰한다. 너무 승리주의적인 접근법을 피할 뿐만 아니라 고립하거나 숨어버리는 태도를 멀리한다.

《운동에 참여하는 센터처치》는 왜 교회의 각 사역이 외부 지향적이어야 하는지를 제시한다. 비신자들이 교회에 찾아오는 것을 전제로 한다. 신자들이 세상에서 하는 사역을 지원한다. 우리는 말씀 '그리고' 실천에 있어서 통합적인 사역을 할 필요가 있다. 가난한 사람들의 영적, 신체적 필요들을 채우도록 돕는다. 뿐만 아니라 문화 중심부에서 살며 일하는 사람들도 돕는다. 마지막으로 다른 신자들과 기꺼이 협력하려는 마음가짐의 필요성을 살펴본다. 자신의 영역을 고수하려는 자세를 갖지 않으며 도시 전체를 위한 비전을 촉진하기를 힘쓴다.

이 세 권의 책의 목표는 '리디머 모델'을 제시하는 것이 아니다. 이것은 '교회 사역 매뉴얼'이 아니다. 우리는 사역을 위한 특정한 신학적 비전을 제시한다. 이는 최근의 현대적 서구 국제화가 위세를 떨치고 있는 오늘의 시대에 많은 교회들이 사람들을 복음으로 이끄는 데 기여할 수 있을 것이다. 이것은 특히 세계의 대도시들에 적용되지만, 이러한 문화적 변동은 곳곳에서 감지할 수 있다. 그래서 우리는 이 책이 아주 다양한 사회 환경에 있는 교회 지도자들에게 매우 유용하기를 소망한다. 우리는 독자들에게 추천하는 비전은 현대인의 삶에 복음을 적용하며, 상황화를 하며, 도시를 이해하며, 문화 참여를 하며, 사명을 위한 제자도를 일으키며, 다양한 사역들을 통합하며, 지역 교회와 세계에서 운동성을 일으키는 것이다. 이러한 강조점들과 가치들의 집합은 - 센터처치 신학적 비전 - 모든 종류의 맥락에 있는 교회들에 모든 종류의 교회 모델과 방법론들을 힘차게 할 수 있다. 자신의 신학적 비전을 가시화하는 과정을 독자가 받아들인다면, 훨씬 나은 사역 모델과 방법론의 선택을 할 수 있을 것이다.

팀 켈러 ──────────

《센터처치》
시리즈를
내놓으며

《팀 켈러의 센터처치》는 오늘날 목회를 하는 교회 리더들, 특히 도시나 도시화된 지역에서 일하는 교회 리더들을 위한 교과서이다. 당신이 보고 있는 지금 이 책은 3권 중 제2권이다. 이것은 센터 처치의 가운데 세 부분, 복음 상황화, 도시 비전, 문화 참여로 이뤄지며, 다른 저자들의 세 논평이 있고, 이어서 내가 그 논평에 다시 답하는 구조다. 세 저자는 다니엘 스트레인지, 가브리엘 살귀에로, 앤디 크라우치다.

이 부분이 《팀 켈러의 센터처치》 중에서 가장 특별한 부분이라고 말해도 과언이 아닐 것이다. 상황화에 대한 담화가 무성하지만, 대부분의 교회 리더들이 접근할 수 있는 실용적 지침은 별로 없다. 오늘날 이전 어느 때보다 도시 사역에 대한 관심이 팽배하다. 그것이 기쁘지만, 복음주의자들이 도시에 대해 신학적으로 성찰한 것은 여전히 부족하다. 그리스도인들이 문화에 어떻게 관계해야 하는지에 대한 제안들이 폭발적으로 있어 왔는데, 《팀 켈러의 센터처치》는 그 모든 것들과 경쟁하려는 것이 아니라 그 모든 것들을 조사하고 평가하고자 한다.

나의 세 대화 파트너들은 탁월한 논평을 통해 이 주제들에 대해 각자 진정한 기여를 했다. 다니엘 스트레인지는 영국 신학자이며, 상황화에 대한 나의 이론과 실행에 대하여 동의, 인정과 더불어 도전의 양자 모두를 제시하지만, 기존의 기본적 접근법에 근본적으로 공감하여 그 모델의 신학적 기반을 강화하고, 사용할 새로운 도구들을 제공한다.

가브리엘 살귀에로는 비영미계의 목소리와 관점을 중요하게 제시한다. 그의 논평을 통해 백인 연장자 목사인 나는 확신하게 되었다. 《팀 켈러의 센터처치》를 무장시키려는 공동체에 이러한 비영미계, 비서구 리더들의 의견 개진이 간헐적으로만 필요한 것이 아니라, 그들이 리더로서 동참해야 한다.

앤디 크라우치의 소론은 《팀 켈러의 센터처치》에 대해 써진 모든 감상평 중에서 특별하다. 일반적인 방식대로 좋은 점과 비평을 수록하는 것이 아니라, 앤디는 더 적극적으로 소매를 걷고 나서서 문화적 갱신에 대한 장들 중의 하나를 건설적으로 다시 썼다. 그는 성경의 주제, 비유, 하나님의 이미지에 대한 이야기를 사용하여, 틀을 세웠는데, 그것은 문화를 만드는 그리스도인인 우리의 책임을 긍정적으로 전달할 뿐 아니라,

문화 참여의 고전적 예들에 나타난 지혜들을 설명하고 통합한다.

나는 이 논평들로부터 많이 배웠다. 뿐만 아니라 《센터처치》 시리즈의 1권 《복음으로 세우는 센터처치》와 3권의 《운동에 참여하는 센터처치》에 대한 논평들로부터도 많이 배웠다. 내가 배운 가장 큰 두 가지를 간단히 언급하고자 한다.

하나는 《센터처치》가 홀로 설 수 없다는 것이다. 대부분의 기고가들은 빠진 부분들이 있다고 말한다. 성경적 사례나 논거, 혹은 균형을 이루어 줄 강조점과 실행방법들이 어떤 부분에서 언급되어야 했지만 빠졌다고 말한다. 빠진 중요한 한 가지는 설교가 어떠해야 하는지를 더 살펴보았어야 한다는 것이다. 원래 나는 《팀 켈러의 센터처치》 책의 한 부분으로 설교의 주제를 포함하려 했으나, 우리는 그러면 이미 두꺼운 책이 더 길어질 것이라고 판단을 내렸다. 그래서 그것은 따로 《팀 켈러의 설교》 책이 되었다. 《팀 켈러의 센터처치》의 특히 처음 세 부분인 복음 신학, 복음 갱신, 복음 상황화는 그 책과 함께 읽어야 한다. 또한 도시 비전에 대한 장들(《팀 켈러의 센터처치》의 제4부)과 통합적 사역(제7부)에 있는 나중의 일부 장들은 나의 책 《팀 켈러의 정의란 무엇인가》와 함께 읽어야 한다.

내가 두 번째로 배운 주된 교훈은 내가 신학자라기보다는 실행가라는 것이다. 나는 설교, 전도, 목회를 하는 방법을 이론화한 후에 이론화된 모델을 실행한 것이 아니다. 나는 그렇지 않고, 곧장 오랜 세월 동안 도시 안의 설교와 전도에 매진하고 나서, 그 다음에 앉아서 내가 배운 것을 적어보고자 했다. 내가 나의 글을 다시 읽어 보고 명석한 대화 파트너들과 이야기를 나누면서, 나의 실행을 내가 글로 묘사한 것보다 나의 실행 자체가 더 완전하다는 것을 깨닫게 되었다. 그러나 이것은 내가 사역을 더 잘 가르치게 하는 데 도움이 된다.

제2권을 읽는 독자들도 나처럼 여기 축적된 지혜로부터 도전받고 변화되기 바란다.

왜 다시
센터처치인가

─────────

《팀 켈러의 센터처치》가 새롭고 읽기 쉬운 포맷으로, 보다 다듬어지고 추가된 내용으로 새롭게 나온 것을 기쁘게 생각한다. 게다가 이번 버전은 여덟 명의 신학자 또는 목회자가 소감문을 쓰고 그에 대해 켈러가 답변하는 방식으로 쓰고 있으니, 잘 준비된 멋진 대담을 시청하는 즐거움도 선사한다. 필자는 센터처치를 번역한 이후, 《팀 켈러의 센터처치》를 5번 이상 줄치며 읽은 목사님들도 만났고, 3-4번 이상 팀을 만들어 스터디하는 목사님들도 만났다. 팀 켈러와 센터처치의 신학적 비전에 관심이 많아지는 것은 기쁜 일이다. 2001년 가을부터 3년간 리디머교회를 출석하면서 팀 켈러 목사의 설교와 전도와 목회와 교회 개척 운동에 깊은 동의를 느낀 역자에게는 참으로 감사한 부분이다.

왜 팀 켈러인가?

강의와 세미나에서 만난 많은 분들이 이 질문을 했다. 팀 켈러는 한국 교회가 이제 직면하다 못해 급강하해 들어갈 교회 현실의 지형도를 40년 전부터 복음을 붙잡고 고민한 학자형 목회자이다. 그는 이른바 기독교 제국 안에서 목회한 것이 아니라, 기독교에 대해 적대적이며 무관심하고 세속적인 뉴욕 시 한복판에서 복음만을 붙잡고 교회를 세웠다. 그가 직면했던 현실은 기독교적 문화나 가치가 널리 지지되는 바이블 벨트가 아니다. 기독교를 시대에 뒤쳐지고 한물 간 것으로 치부하는 물질주의, 종교적 다원주의, 진화주의, 포스트모더니즘의 상대주의가 지배하는 세상 한복판에 있었다. 그는 이 작업을 단순히 사람을 모으고 사역을 만드는 것에 그치지 않고, 복음을 재발견하고, 복음으로 사람들이 회심하여 그들이 도시의 일터와 빈부격차의 현실에서 복음을 붙들고 사는 제자들로 변화시키는 사역을 해 왔다. 아주 정통적인 복음으로 아주 반복음적인 상황 속에서 하나님께서 쓰시는 부흥의 통로가 되는 로드맵을 만들기에 이른 것이다. 한국 교회가 팀 켈러를 잘 수용하고 학습한다면 최소한 20-30년의 시간을 단축할 수 있으리라 필자는 믿는다.

어떻게 이 책을 읽을 것인가

《팀 켈러의 센터처치》는 세 가지 영역 - 복음, 도시, 운동으로 이루어져 있다. 목회 또는 사역을 농사에 비유하자면 복음은 씨앗, 도시는 땅, 운동은 열매를 가리킨다고 할 수 있다. 그렇다면, 켈러는 복음, 도시, 운동을 어떻게 이해하고 있는가?

복음은 진리의 말씀, 진리의 씨앗, 또는 뿌려지는 밀알이라고 할 수 있다. 우리는 어떤 씨를 심고 있는가? 켈러는 복음으로 세워지는 교회를 말하고 있다. 진리가 마음 밭에 심겨져서 반드시 싹이 나고 열매 맺는 교회를 이야기한다. 성경으로, 복음으로, 예수님께로 돌아가는 '교회', 복음의 내용이신 예수님을 성경 모든 이야기들 속에서 재발견하는 '설교', 삶의 모든 영역에서 예수님의 구원자되심과 주인되심을 인정하고 누릴 수 있도록 하는 '부흥', 그리스도의 복음의 크고 위대하심을 재발견하기 위한 켈러의 복음 선언이 장마다 울려 퍼진다.

도시는 복음이 뿌려지는 밭, 정원, 또는 들판이다. 땅이니까 맥락이고 상황이다. 그것은 그래서 상황화를 말한다. 다른 진리를 심는 것이 아니라, 진리가 심겨지는 땅이 다르면 농사의 디테일이 달라진다. 기온, 일조량, 강수량, 토질, 그리고 무엇보다도 기후에 따라 달라진다. 플로리다의 오렌지를 시애틀에서 동일하게 재배해서 같은 열매를 맺을 수는 없다. 그래서 사람들의 마음 밭을 연구하고, 사람들의 마음 밭에 영향을 미치는 도시와 문화를 주해하고 이해하고 들어간다. 한국 교회에는 도시 및 문화에 대한 책들 중에 번역되지 않은 자료들도 많이 있다.

운동은 열매의 재생산을 말한다. 여기서 운동이란 운동력 또는 운동성을 말하는 것이다. 농사 지은 열매에 재생산의 능력이 있어서 100배, 60배, 30배 결실하고, 다시 그것을 그 다음 세대에 또 심어서 100배, 60배, 30배 결실하면 운동성이 있는 것이다. 만일 한 해만 농사를 잘 짓고 그 곡식으로 그 다음해 이후로는 농사가 안된다면 이는 결코 부흥이라고 할 수 없을 것이다. 그래서 운동이라고 할 때 성도들 한 명 한 명이 세상 속에서 선교사의 삶을 살아가는 선교적 교회를 의미한다. 그리고 통합적 사역이라는 파트는 통합적 제자도로 보는 것이 더 이해하기가 좋을 것이다. 세상 속에서 열매 맺는 역동성은 하나님, 이웃, 일터, 지역 사회와 복음으로 연결될 때 나타난다는 의미이다. 이것은 센터처치의 제자도가 단지 개교회 중심적인 제자도가 아니라, 문화 명령을 수행하는 일터에서 살아가는 일상적 삶의 제자도이며, 사회불의가 만연한 지역 사회에서 살아가는 공적 삶의 제자도임을 의미한다. 이런 통합적인 제자도를 뒷받침하는 것이 통합적인 교회 사역의 DNA다. 복음의 역동성은 한 교회가 잘되고 영향력을 크게 하려는 개교회 이기주의를 뛰어넘어 우리 지역에 하나님의 나라가 확장되고 지역 자체가 복음으로 부흥하는 하나님 나라를 우선하는 관점을 갖는다.

어떻게 한국 교회에 적용할 것인가

센터처치는 선교지 상황을 전제로 하고 있다. 팀 켈러가 사역한 뉴욕은 미국의 중남부 바이블 벨트가 아닌 후기 기독교 사회이며, 탈기독교 가치관이 지배한다. 기독교는 경쟁하는 다양한 종교들 중에서도 덜 주목

받는 위치에 있다. 성적 자유에 대한 주장, 다른 관점의 성적 정체성, 진화론과 과학주의, 유물론과 물질 만능주의, 인본주의와 탈기독교 경향. 팀 켈러가 센터처치의 신학적 비전을 발전시키고 복음중심적 목회를 만드는 모든 것의 토대는 그 도시가 기독교 도시가 아니라 선교지 도시라는 것이다. 뉴욕이 기독교 도시가 아니라 선교지인 것처럼, 한국도 기독교 국가가 아니라 선교지라는 전제에 동의하는가? 만일 그렇다면 사역자는 단순히(교회 안에서 안정되게 일하는) 교역자가 아니라(한국이라는 맨땅에서 땅부터 경작해야 하는) 선교사이다. 그렇다. 팀 켈러는 복음은 모든 사람을 위한 것, 땅은 선교지, 복음사역은 선교사역, 목사와 사역자는 선교사, 복음운동은 좋은 교회, 강한 교회, 건강한 교회가 귀결일 수 없고, 황무지에서 복음의 결실을 이루고 복음 운동의 열매를 맺어 지역을 그리스도께로 돌아오게 하는 부흥까지 이야기한다.

한국을 선교지라고 정의한다면, 교회 밖의 80퍼센트 이상의 사람들을 선교 현장의 사람들이라고 정의한다면, 기독교인 지도자들의 직무는 교회 업무가 아니라 선교 사업이다. 모든 것을 변화시키는 복음의 넓이와 길이와 높이와 크기의 재발견이 필수적이다. 복음과 관련하여, 구약과 신약 모든 부분에서 사람들을 그리스도께 인도하여 무릎 꿇고 회심하며 경배하고 순종하게 하는 그리스도 중심적 복음 설교는 당위가 되지 않겠는가? 도시와 관련하여, 이 땅에서 살아가면서 만나는 모든 사회문화적 이슈들에 대하여 설득력 있는 답을 제안할 수 있는 경청의 능력과 우상해제의 실력, 그리고 복음적 대안제시의 능력을 갖추는 것은 선교 사업을 담당하는 현직과 미래의 지도자들에게 필수 요건이 아니겠는가? 운동과 관련하여, 이 땅에서 하나의 교회나 단체가 당대만 잘되는 것이 목표가 아니라면, 결국은 한 개의 나무가 아니라 넓디넓은 숲과 강을 이룰 수 있는 복음 생태계의 회복이 목표가 되어야하지 않겠는가? 그리하여 한 조직의 부흥이 아니라 온 숲의 부흥, 단지 교회만의 부흥이 아니라 지역과 나라의 부흥이 열렬한 기도의 제목이 되지 않겠는가?

누가 이 일을 할 것인가

팀 켈러와 리디머 시티투시티 팀은 결코 이 일을 본인들이 뉴욕의 본부에서 전 세계를 위해서 하겠다고 말하지 않는다. 이들은 복음을 자신의 사역에도 적용하여, 이 땅의 고민과 숙제는 이 땅의 사역자들이 씨름하고 풀어가야 함을 겸손하게 인정한다. 그렇기 때문에 《팀 켈러의 센터처치》는 사역 매뉴얼이 아니라 신학적 비전이다. 이것은 사역 현장에 당장 투입해서 몇 년 해봄직한 도구들을 제시하지 않는다. 그러나 우리의 현장을 어떤 관점에서 보아야 하는지 보여 주는 신학적, 사역적인 눈(비전)을 제공한다. 그리하여 이 작업은 복음의 파종-경작-추수-파종-경작-추수-파종의 생태계 선순환(부흥)을 열망하는 기독교인 지도자들의 대화, 토론, 배움 속에서의 협업을 요청한다. 나의 뜻이 아니라 주님의 뜻이 우리 속에 관철되기 위하여, 나의 나라가 아니라 주님의 나라가 우리를 통해 확장되기 위하여, 이 일은 결국 이 땅에 있는 그리스도인들의 겸손하고 담대한 공동 작업으로 남겨진다.

복음으로
상황을
돌파하라

01
계획적인 상황화를
준비하라

◇◇◇

리디머 시티투시티(Redeemer City to City)는 전 세계 대도시에서 일어나는 복음 운동과 교회 개척을 지원하는 기관이다. 국제 사역을 하는 중에 우리는 중국의 가정교회 지도자들과 대화할 기회를 가졌다. 하나님은 중국 교회들을 축복하셔서 비약적인 성장을 이루게 하셨다. 하지만 농촌 지역에서 하나님의 축복을 경험했던 중국 교회들과 사역자들이 급격한 성장을 이루고 있는 도시로 들어가 동일한 방법으로 복음을 전하고 사역했을 때 열매가 훨씬 적어지는 것을 발견했다.

십여 년 전에는 몇몇 네덜란드의 교단이 우리를 찾아왔다. 그들은 도시 외곽에서는 번창하고 있었지만, 암스테르담에서는 수년 간 활력 있는 새로운 교회를 시작조차 할 수 없었다고 했다. 암스테르담은 기존 교회들이 대부분 사라지고 없는 상태였다. 그들은 복음이 무엇인지 알고 있었고, 재정적 자원도 가졌으며, 그리스도인의 사명을 잘 감당하기를 열망하고 있었다. 그러나 네덜란드의 최대 도시에서는 어느 것 하나도 궤도에 올리지 못하고 있었다.[1]

두 경우 모두 시골의 중심부에서 번성하던 사역들이 도시에서는 힘을 발휘하지 못하는 것을 보여 준다. 물론 "도시 사람들은 영적으로 너무 거만하고 딱딱하다"라고 말할 수도 있을 것이다. 그러나 우리가 만났던 교회 지도자들은 이 문제에 대해 겸손하게 반응했고 책임의식을 느끼고 있었다. 그들이 내린 결론은 비도심 지역에 맞춰진 복음 사역이 도시 생활과 문화에 적응될 필요가 있다는 것이었다. 이들의 생각은 옳았다. 문화에 대해 필요한 적응은 우리가 '상황화'(contextualization)라고 부르는 것의 한 가지 예라고 할 수 있다.

건전한 상황화

상황화는 "사람들에게 그들이 원하는 것을 주는 것"이 아니다.[2] 오히려 특정 시기와 특정 지역에서 사람들이 삶에 대해 갖는 질문에 대해 그들이 이해할 수 있는 언어와 형태로, 그들이 힘있게 느낄 수 있는 호소와 논증을 통해서, 비록 그들이 듣고 싶어 하지 않고 심지어 반대할지라도 성경의 답을 주는 것이다.

건전한 상황화는 특정 문화에 대한 복음의 소통과 사역이 복음 자체의 본질과 독특성을 타협하지 않으면서 번역되고 적용되는 것이다. 위대한 선교는 복음을 새로운 문화에서, 그 메시지가 해당 문화에 불필요하게 외래적인 것이 되지 않도록 하고, 동시에 성경적 진리의 도전성이나 공격성이 없어지거나 흐려지지 않도록 하는 것이다.

상황화된 복음은 명료하면서도 매력적인 모습을 지닌다. 동시에 죄인들의 자기의존에 대항하여 회개하도록 요청한다. 문화에 적응하고 연결되어 있지만, 그 문화와 맞서 도전하는 것이다. 만일 우리가 문화에 적응하는 데 실패하거나 문화에 맞서지 못한다면 -과소하게 또는 과도하게 상황화된다면- 우리의 사역은 상황화에 성공하지 못했기 때문에 열매 맺지 못할 것이다.

이 개념을 빨리 이해할 수 있는 가장 쉬운 방법은 어떤 공통적인 현상들을 생각해 보는 것이다. 당신은 성경적으로 건전하고, 교리적으로 정확하지만 너무 졸려서 하품과 눈물만 나던 설교를 들었던 적은 없는가? 그 설교가 무엇 때문에 지겨웠는가? 때로는 설교의 구성적인 요소(예를 들어 단조로운 전달 방식) 때문일 수도 있다. 이처럼 지루한 설교는 교리적으로 정확하지만 우리 삶과는 전혀 연결되지 않는 경우가 많다. 그래서 듣는 사람은 이렇게 생각한다. "맞는 말씀인 것 같은데 나와는 아무 상관이 없네요. 그런다고 내가 어떻게 생각하고, 느끼고, 행동하는지 실제로 달라질지 모르겠습니다."

듣는 이의 일상적 삶과 세계에 진리가 들어가지 못하면 설교는 지루해진다. 성경적 진리가 특정 시간과 장소에서 사람들의 소망이나 이야기, 두려움, 실수 등에 연결되지 않는 것이다. 듣는 사람에게 기독교가 진리이기를 바라는 마음조차도 주지 못한다. 달리 말해서, 설교가 듣는 이에게 성경적 진리를 상황화하지 못하는 것이다.

우리가 충성되고 공교하게 복음을 상황화할 때, 우리는 사람들에게 그들이 속한 사회의 근간과 희망이 되는 '문화적 서사'(cultural narratives)가 어떻게 예수님 안에서 해결되고 성취되는지를 보여 주는 것이다. 이 말이 의미하는 바는 무엇일까? 어떤 문화는 매우 현실주의적이어서 구성원들로 하여금 소유와 권력을 많이 획득하라고 자극한다. 반면 어떤 문화는 개인적이고 주관적이어서 무엇보다도 개인의 자유를 추구하도록 권한다. 다른 문화들은 '명예와 수치'의 문화여서 존경이나 평판, 의무, 가정의 명예 등을 중시한다. 또 어떤 문화들은 자유분방해서 예술이나 철학, 학습에 최고의 가치를 둔다.[3]

사람들은 이런 것을 '문화적 서사'(cultural narratives)라고 부른다. 왜냐하면 개인들이 사람들과 공유하고 있는 현존의 경험에서 벗어나 자신들에 대해 말하는 이야기들이기 때문이다. 개인적, 문화적 서사가 무엇이든 간에, 건전한 상황화가 잘 이루어지면, 사람들은 자신들의 인생 이야기가 그리스도 안에서만 해피엔딩이 됨을 발견하게 된다.[4]

이처럼 상황화가 문화와 관련이 있다면, 도대체 문화라는 것은 정확히 무엇일까? 효과적인 상황화는 문화를 가장 넓은 의미와 범위에서 다룬다. 보통 문화는 좁은 의미로 이해된다(언어, 음악, 미술, 음식, 패션 등). 그러나 문화를 제대로 이해한다면, 그것이 우리가 살아가는 세상의 모든 측면을 포괄함을 알 수 있다.

문화는 자연의 원재료를 취해서 환경을 창조하는 것이다. 우리가 이 땅의 원재료를 취해서 건축물을 짓거나, 소리나 리듬을 이용해서 노래를 작곡하거나, 혹은 개인적인 경험들을 토대로 이야기를 만들 때, 우리는 문화 환경을 창조하는 것이다. 우리는 이 모든 것들에 대한 목표를 갖고 있다. 어떤 '지배적 진리들'과 핵심 신념, 우리가 살고 있는 세상과 실재에 대한 가정 등에 자연적 질서를 부여하기 위해서다.

선교사 린우드 바니(G. Linwood Barney)는 문화는 양파를 닮았다고 표현한다. 문화의 가장 안쪽에는 세계관이 들어 있다. 그것은 세상과 우주, 인간 본성에 대한 표준적인 신념들의 집합이다. 여기에서 직접적으로 성장해 나오는 것이 가치들의 집합이다. 무엇이 선하고 참되며 아름다운가에 대한 평가 기준이다. 세 번째 층은 이러한 가치관과 세계관에 근거한 사법적 판단 및 교육 제도, 가족 생활, 지배 구조 등과 같은 인간 제도의 집합이다. 끝으로 가장 관찰하기 쉬운 문화적 요소가 있다. 곧 사람들의 관습과 행동, 구체화된 제품, 건축된 환경 등과 같은 것이다.[5]

어떤 이들은 당연히 이 모델에 대해 비판을 한다. 양파나 사다리 모양의 그림으로는 각각의 '층'들이 어떻게 상호작용하며, 또는 서로를 어떻게 만들어 가는지 충분히 보여 줄 수 없다는 것이다.[6] 예를 들어 제도라는 것은 무언가 새로운 것을 만들 수 있다. 마치 미국을 관통하는 고속도로 시스템이 미국의 '자동차 문화' 행위를 만들어 내는 것처럼 말이다. 자동차 문화는 공동체의 오래된 형태들을 약화시켰고, 다시금 많은 제도들을 만들어 냈다. 이처럼 상호작용은 결코 직선적이거나, 일방적이지 않다.

그러나 여기에서 요점은 복음을 문화 가운데 상황화할 때 이 모든 요소들을 고려해야 한다는 것이다. 그것은 단순히 사람의 행위를 변화시키는 것만 의미해선 안 되며 세계관도 포함해야 한다. 다시 말해 음악이나 의상 같은 피상적인 적응만을 의미하지 않는다. 문화는 인간 삶의 모든 측면에 영향을 미친다. 의사결정의 방법과 감정의 표현법, 무엇이 공과 사를 구분하는지, 어떻게 개인이 집단과 관계하는지, 사회 권력은 어떻게 사용되는지, 성별이나 세대, 계층, 인종 간에 어떤 식으로 관계가 맺어지는지 등이 문화에 의해 결정되는 것이다.

우리 문화는 시간에 대한 이해, 갈등 해결, 문제 해결, 그리고 심지어 사고하는 방법에까지 영향을 미친다. 따라서 복음 사역을 하려면 이 모든 요인들을 반드시 고려해야 한다. 데이비드 웰스(David Wells)는 말한다. "상황화는 단순히 성경 교리의 실천적인 적용에 대한 것이 아니라, 우리가 살아가고 있는 삶에서 지배적 힘을 발휘하는 사회적 구조와 삶의 방식, 현실과 연결되는 개념들로 교리를 번역하는 것이다."[7]

상황화를 공교하게 하는 것은 오늘날 효과적인 사역의 열쇠 가운데 하나이다. 특히 교회는 도심과 문화적 중심 지역에서 상황화과 관련한 이슈들에 아주 예민해야 한다. 왜냐하면 거기에서 한 사회의 문화가 형성되고, 새로운 방향으로의 전환이 일어나기 때문이다. 또한 도시는 다양한 인간 문화가 불편한 긴장 속에서 공존하는 곳이며, 문화적 구성 요소들이 보다 복잡하게 혼합되어 있는 곳이기도 하다.

상황화의 역사

상황화(contextualization)라는 용어는 1972년 쇼키 코(Shoki Coe)에 의해 처음 사용되었다. 그는 세계교회협의회(WCC) 창설에 중요한 역할을 한 대만 출신 신학자이다.[8] 코는 헨리 벤(Henry Venn)과 루푸스 앤더슨(Rufus Anderson)의 '토착 교회 운동'의 유효성에 대해 의문을 제기했다. 벤과 앤더슨은 서구 선교사들이 새로운 문화권에 자립(self-supporting), 자치(self-governing), 자전(self-propagating)하는 교회들을 세우도록 지휘했던 사람들이다. 더 이전의 선교사들은 외국 문화권에 교회들을 세울 때 그들에 대한 통제권을 지속적으로 주장했다. 현지 그리스도인들은 단지 보조로서의 역할만 했다. 그들은 또한 현지의 그리스도인들이 전체적으로 서양식을 따르게끔 명시적으로 지도했다. 하지만 '토착 교회 운동'은 선교사들이 일시적으로만 사역하게 하여, 초기 전도 활동을 한 후에 가능한 빨리 현지 지도자들에게 교회의 리더십을 넘기도록 했다. 그래서 현지 교회들이 본래의 언어와 음악 및 문화 속에서 예배하고 사역하게 하는 것을 목적으로 삼았다.

이것은 기독교 선교가 어떻게 이루어져야 하는지 이해함에 있어서 매우 유익하고도 중요했다. 그러나 타이난(Tainan)신학대학의 교장으로 일한 바 있는 코는 단순히 현지 지도자들에게 권한을 위양하는 것 이상이 필요하다고 주장했다. 그는 선교사들이 여전히 현지 지도자들에게 교회 사역의 형태를 제공한다고 보았다. 복음을 표현하고 형태화하는 것과 교회의 구조를 정하는 방식들은 대부분 서구적인 것이었다. 현지 그리스도인들은 복음 메시지를 자신들의 문화권 안에서 어떻게 효과적으로 소

통할지 창의적으로 생각하지 못했다.[9]

세계교회협의회의 신학교육 기금은 이 새로운 용어를 처음으로 사용했고, 그 업무 범위 안에서 그것을 추구했다. 하지만 이 이름으로 이루어진 최초의 작업은 깊은 우려를 불러일으켰다. 루돌프 불트만과 -1970년대에도 여전히 큰 영향력을 끼쳤다- 에른스트 케제만의 실존주의 신학 사상에 영향을 받은 WCC 관련 신학자들은 신약성경 자체가 지금은 유효하지 않은 헬레니즘 세계관에 맞추어져 있다고 주장했다. 따라서 그리스도인들은 "기독교의 (성경적) 계시가 지닌 내면적 핵심"과 특정한 문화가 맞는지 아닌지를 자유롭게 결정하고 나머지는 버리거나 조정해야 한다고 논쟁을 이어갔다.[10]

상황화에 대한 이러한 접근법은 본문(성경)과 상황(문화)이 모두 상대적이며 동등하게 권위적이라고 가정한다. 두 가지가 변증법적 과정을 통해서 상호관계를 이루며 특정 시대와 문화에 맞는 기독교 진리의 특정 형태를 추구하게 된다는 것이다. 이렇게 되면 사실상 기독교 신앙의 어떤 부분이든 -그리스도의 신성, 하나님의 삼위일체, 복음의 은혜 기초- 특정 문화적 환경에 따라서 버려지거나 전혀 새로운 내용으로 채워질 수 있다. 교회는 문화에 대한 상황화란 이름으로, 역사적인 기독교 교리에 근본적인 변화를 가할 수 있는 가능성을 부여하는 것이다.

이는 엄청난 아이러니가 아닐 수 없다. 상황화에 대한 본래의 요청은 자국 교회가 성경 외적인 부분, 곧 서구의 사고방식을 강요받지 않고 스스로 신학적 자성을 하도록 허락하자는 것이었다. 그런데 에큐메니컬의 WCC 신학교육 기금에서 주장한 상당 부분은 서구 사상에 의해서 깊이 형성된 것이다. 반권위주의적인 성경의 개념에 근거한 상황화는 현대 서구 신학자들의 관점에서 파생한 것이다. 이것은 기적적이며 초자연적인 것에 대하여 회의하는 유럽 계몽주의를 수용한 관점이다. 다시금 그 결과는 기독교 신앙이 문화에 과도하게 적응되었다. 이번에는 오래되고 더 보수적인 19세기 선교사들의 서구 문화가 아니라, 20세기 서구 학계의 자유주의적인 문화일 뿐이다.

상황화의 위험성

이런 역사 때문에 상황화라는 말은 보수적인 신학 진영의 사람들에게 매우 신경 쓰이는 일이 되었다. 사실 그들의 반응은 타당하다. 상황화에 대한 논문에서 크레이그 블롬버그(Craig Blomberg)가 지적했듯이, "보편주의를 포용한 많은 사람들이 처음에는 복음주의자로 출발했었다. 사실 스페인어권의 많은 자유주의 신학자들도 이전엔 복음주의자들이었다."[11] 이 모든 경우들은 문화의 가치가 성경의 권위보다 더 높은 우선순위를 차지하며 벌어진 일이었다.

상황화라는 단어는 그레샴 메이첸(J. Gresham Machen) 당시에 사용된 것이 아님에도 불구하고, 메이첸은 20세기 초반에 미국 장로교에서 동일한 문제를 대하고 있었다. 《기독교와 자유주의》에서 그는 자유주의 기독교가 문화를 풀려고 시도하고 있다고 기록했다.

기독교와 문화는 어떤 관련성을 가지고 있는가? 기독교는 과학의 시대에도 유지될 것인가?

이것은 현대 자유주의자들이 풀려고 애쓰는 문제들이다. 자유주의 신학자들은 기독교의 특정 사항에 대해서는 과학적인 반대를 하면서도 -그리스도의 인성과 그분의 죽으심, 부활을 통한 구속의 교리들을 거부하면서도- 종교의 일반적 원리들의 어떤 것들은 구제하려고 한다. 이런 것들을 단지 시대적인 상징으로 주장하면서 일반적인 종교 원리들이 '기독교의 핵심'을 구성한다고 주장하는 것이다.

사실상 자유주의 신학자들이 기독교의 교리를 하나씩 하나씩 원수에게 포기한 다음에 남은 것은 결코 기독교가 아니다. 다만 기독교와는 전적으로 다르고, 전혀 다른 범주에 속하는 하나의 종교일 뿐이다.[12]

메이첸은 20세기 초반에 들어 문화가 '자연주의적'(naturalistic)으로 되었다고 진단했다. 곧 하나님에 의한 초자연적 개입의 이야기를 전적으로 거부하게 되었다. 자연주의적 관점에서는 모든 것이 반드시 자연적, 과학적으로 설명되어야 한다. 메이첸 시대의 자유주의적 기독교의 문제점은 이러한 문화적 신봉을 당연한 것으로 여긴다. 그것이 성경과 모순되는데도 말이다.

자유주의 기독교는 문화와 충돌해야 할 때 문화에 적응했다.[13] (그들의 생각에) 기독교를 현대인의 구미에 맞추기 위해, 자유주의 기독교 지도자들은 모든 교리를 자연주의적 관점에서 재정의했다. 그 이후 재형성된 기독교 버전은 다음과 같다.

1. 성경은 신적인 지혜로 가득하지만 이것이 무오류임을 의미하지 않는다. 성경은 오류와 모순을 갖고 있는 인간의 문서다.

2. 예수는 하나님의 아들이지만 이는 그가 창세전에 선재하신 (preexisting), 하나님의 신적 아들이라는 의미는 아니다. 그는 하나님의 영으로 충만한 위대한 사람이었다.

3. 예수의 죽음은 하나님의 진노를 해결한 우주적 사건이 아니다. 그것은 그의 모범을 보고 감동함으로써 우리를 변화시키는 희생적인 사랑이다.

4. 그러므로 그리스도인이 된다는 것은 거듭남의 초자연적인 행동을 수반하지 않는다. 그것은 예수의 모범을 따르는 것을 의미한다. 산상수훈의 가르침을 따르며 이 세상에서 사랑과 정의의 삶을 사는 것이다.

메이첸은 기독교를 자연주의적 철학과 화해시키려는 노력들이 성경적 믿음의 조정 판(version)이 아니라 전적으로 새로운 종교를 만들어 내는 것이며, 정통 기독교와 거의 모든 면에서 직접적으로 모순된다고 강하고 설득력 있게 논증한다. 어쩌면 그가 가장 말하고 싶었고 엄청난 일격을 가한 부분이 있다면 '구원'이라고 이름 붙인 장이다. 그는 만일 예수님의 속죄가 단지 우리가 따라 살아야 할 모범에 불과하고 그리스도인이 되는 것이 거듭나는 것이 아니라 예수님처럼 살아가는 것이라면, 그것은 은혜를 통한 구원의 복음을 공로를 통한 구원의 종교로 대체하는 일이라고 말한다. 그는 "그런 가르침은 율법주의를 세련되게 변형시킨 형태에 불과하다"[14]라고 결론을 짓는다.

복음을 상황화하라는 부르심은 종교적 혼합주의의 구실로 이용되어 왔고, 지금도 그러하다. 혼합주의는 복음이 특정 문화에 적응하는 것이 아니라 완전히 항복하는 것이며, 기독교를 이질적인 세계관에 과도하게 적응시킴으로써 전혀 다른 종교로 만드는 것이다. 하지만 정당한 상황화에서 위험한 혼합주의로 옮겨갔는지 않았는지 여부를 우리가 어떻게 판단할 수 있을까? 나띠 딴잔퐁스(Natee Tanchanpongs)는 한 유용한 에세이에서 복음주의자들에게 상황화는 기독교의 덜 중요한 부분을 적응시키는 것인데 반해, 혼합주의는 복음의 '결정적이고 기본적인 요소들'을 잃어버릴 때 일어난다고 주장한다.[15] 이 관점에서 상황화는 필수 요소에 대해선 고수하면서, 비필수적인 요소에 대해선 유연한 태도를 가진다.

딴잔퐁스는 성경을 보면서 어떤 핵심적, 필수적 가르침들이 다른 것들보다 더 중요하거나 다른 것들은 더 주변적이라고 보는 것은 잘못되었다고 주장한다. 사실 하비 콘(Harvie Conn)은 우리가 (문화의 이름으로) 성경에 귀 기울이지 않을 때 혼합주의가 발생한다고 논증했다. 모든 문화마다 보다 매력적으로 다가오는 성경 본문이 있고, 보다 거슬리는 부분이 있기 때문이다. 그래서 덜 거슬리는 부분들을 더 '중요하며 필수적인' 것으로 보는 개연성이 존재한다. 이것은 메이첸 시대에 자유주의가 성경의 초자연적인 요소들에 반발하여 거부했던 바로 그것이다. 사실 혼합주의는 성경 전체의 권위를 거부하는 것이다. 성경의 여러 가르침들 중에서 이것저것을 택해서 사람들이 반발하거나 화내지 않는 부류의 기독교를 만들어 내는 것이다.[16] 그러므로 충성스러운 상황화는 모든 성경의 가르침을 문화와 소통하고 실천하는 것을 적응해야 한다(아래에서 상황화할 때에 '정경 안의 정경'을 갖는 것의 위험성에 대해서 읽어 보라).

상황화 작업의 불가피성

간과하기 쉬운 역설이 있다. 우리가 보편적인 진리를 특정한 문화의 맥락에서 표현해야 한다는 사실은 진리 자체가 상실된다거나 덜 보편적이라는 의미는 아니다. D. A. 카슨은 말한다. "인간이 설명하려는 어떤 진리도 문화를 뛰어넘어 분명히 표현되지 않는다. … 물론 그렇게 표현되는 진리가 문화를 초월하지 못한다는 뜻은 아니다."[17]

이 세심하고 중요한 문장의 균형을 유지하려고 하는 것은 매우 중요하다. 이 말의 의미는 첫째, 모든 문화와 사람들에게 기독교 믿음을 보편적으로 표현할 수 있는 단 하나의 유일한 방법 같은 것은 존재하지 않는다는 것이다. 당신이 복음을 표현하는 순간, 그것은 피할 수 없이 어떤 문화의 사람들에게는 더 많이 이해되거나 보다 접근하기 쉬울 것이며, 다른 문화의 사람에게는 그렇지 못할 것이다. 둘째, 문화를 뛰어넘어 복음의 진리를 설명하는 방법은 없지만, 오직 하나의 참된 복음이 존재하는 것이다. 복음의 진리는 어떤 문화의 산물이 아니다. 이 진리는 모든 인간 문화의 심판을 견뎌온 것이다.

만약 당신이 첫 번째 진리를 -문화를 뺀 복음 제시는 존재하지 않는다- 망각한다면, 복음을 전달하는 오직 유일한 참된 방법이 있다고 생각하게 될 것이다. 그래서 융통성 없고 문화적으로 묶인 대화를 하게 될 것이다. 만일 당신이 두 번째 진실을 -오직 하나의 참된 복음이 있다- 망각한다면, 상대주의에 빠지게 될 것이다. 어느 쪽이 되었든 충성되지 못하며, 사역에서 많은 효과를 얻지 못하게 될 것이다.

우리는 이것으로부터 어떤 결론을 내릴 수 있는가? 만일 초문화적이고 단일한 복음을 제시하는 방법이 없다면, 상황화는 불가피한 것이다. 당신이 어떤 언어를 사용하고 어떤 표현을 사용할지를 선택하는 순간, 언어와 표현에 담긴 문화적 요소들이 결부될 것이다. 우리는 종종 한 언어를 다른 언어로 통역하는 것이 단순하다고 생각한다. 다른 언어에서 동의어만 찾으면 된다는 식으로 이해한다. 하지만 진짜 동의어는 거의 없다.

영어의 God은 독일어로 Gott다. 매우 단순하다. 그러나 독일어를 사용하는 문화권에서 Gott는 영어 문화권에서의 God과 전혀 다른 느낌으로 다가온다. 영어권에서 이해하는 God 개념을 독일어권 사람에게 설명하려면 무엇인가를 더 설명해야 한다. 어쩌면 다른 단어를 사용하는 것이 더 적합할 수도 있다. 당신이 단어를 선택하는 순간 상황화는 이미 진행되고 있는 것이며, 누군가에게는 다가서기 쉽고 누군가에게는 다가서기 어려운 어떤 선택이 수반된다. 다시 말해 모든 사람에게 보편적으로 적용되는 복음 제시는 존재하지 않는다.[18]

심지어 같은 언어 안에서도 다양한 요인들이 불가피하게 상황화 작업에 개입된다. 지루한 설교를 다시 떠올려 보자. 때때로 어떤 설교들은 너무 길기 때문에 (또는 너무 짧기 때문에) 회중의 반응을 이끌어 내지 못한다. 인간의 삶에서 가장 예민한 영역 중 하나가 시간 개념이다. '늦었다'

01 계획적인 상황화를 준비하라 53

와 '너무 길다'고 생각하는 기준은 사람과 문화마다 크게 다르다. 미국의 흑인 교회들이나 중남미계 교회들 안에서 이루어지는 찬양, 기도, 설교는 보통의 백인들이 편안하게 느끼는 예배 집중 시간보다 적어도 50퍼센트는 길다. 그러니까 예배를 인도하는 사람은 불가피하게 어떤 사람은 끌어들이고 다른 사람은 밀어내는 상황화를 하는 것이다.

또한 설교는 사용되는 예시나 비유 때문에 청중을 잃기도 한다. 복음에 적대적인 사람에게 복음을 전하는 것과 관련하여 예수님은 돼지에게 진주를 던지지 말라고 비유로 말씀하셨다(마 7:6). 이것은 예수님께서 두 개의 분야, 곧 복음 전하는 것을 돼지를 기르는 실세계와 연결해 훨씬 구체적이고 설명력 있는 의미를 전달하신 것이다.

이 말씀의 의미는 단지 "적대적인 사람들에게 복음을 전하지 말라"고 하시는 것과 다르다. 예수님은 예시를 사용하셨다. 모든 예시는 구체적인 삶의 경험을 반영하는 것이다. 우리가 어떤 예시를 선택할 때, 그 삶의 경험을 공유하는 사람들에게는 쉽게 느껴지지만 그렇지 않은 사람에게는 어려운 동떨어진 일이다.

나는 한 성숙한 영국인 성도와 대화한 적이 있다. 그는 근로자 계층으로 한때 복음주의적인 교회에 출석했다. 그가 다닌 교회는 지도자들과 목사들이 모두 상류층이었고 명문 대학 출신이었다. 따라서 설교에는 설교자들이 잘 아는 상황이나 개념이 등장했다. 주로 크리켓이나 럭비와 관련된 예시가 많았다. 그 남자는 이렇게 말했다. "우리 세계의 사람들은 그 스포츠들에 대해서 잘 모릅니다. 그 예시들을 듣다보니, 내가 그들이 다닌 학교에 다니지 않았고, 그런 특권층이 아니라는 것을 상기하게 됐습니다. 그런 이야기들이 종종 주의를 산만하게 하긴 했지만, 극복하지 못할 정도는 아니었습니다. 왜냐하면 우리는 모두 그리스도 안에 있으니까요.

하지만 내가 돌보는 근로자 동료들을 그 교회에 데려갈 수는 없겠다는 것을 깨달았습니다. 내 친구들이 상류층에 관한 이야기들을 계속 듣는다면 말씀에 집중하지 못할 것이기 때문이죠. 당신은 그들에게 '왜 이리 까다로워?'라고 반응할 수도 있습니다. 하지만 아직 칭의도 알지 못하는데 성화까지 기대할 수는 없지 않습니까? 아직 신자가 아닌 사람들이 문화적으로 예민한 부분들을 극복하리라고 기대할 수는 없습니다." 결국 그는 그 교회를 떠났다.

이 상황을 통해 그 교회는 어떤 면에서 실패했는지 알겠는가? 교회가 근로 계층의 사람들에게 문화적으로 덜 낯설고 거리감을 줄이는 방법을 알기 위해서 이 남자나 다른 사람들과 상의를 했더라면 좋았을 것이다. 그렇지만 이러한 유연성에도 항상 한계는 있다.

설교자들은 '어떤' 특정한 예시나 개념을 선택해야 한다. 그러면 그것은 필연적으로 어떤 문화 그룹의 사람들에게는 다른 그룹의 사람들보다 더 의미 있게 다가오게 된다. 우리는 할 수 있는 한 많은 사람들을 포함할 수 있도록 넓힐 필요가 있다. 하지만 우리의 한계도 인식해야 한다. 우리는 모든 사람에게 모든 것을 단번에 전달하는 복음 사역을 할 수 있다는 환상 속에 살아서는 안 된다.

분명한 설교가 효과가 별로 없는 또 다른 이유는 감정의 표출 정도가 청자의 문화에 정확하게 맞추어지지 않을 때다. 언젠가 한번은 우리 교회에 다니는 히스패닉 교인이 머뭇거리면서 이런 말을 한 적이 있다. 그는 자신의 동료들을 리디머교회에 데려왔을 때, 다음과 같은 설명을 해야만 했다고 한다. "목사님의 표정에도 불구하고, 우리 목사님은 그가 말하는 것을 정말로 '믿고' 있어." 그가 이런 설명을 한 것은, 그의 문화권 사람들이 볼 때 나의 감정적인 표현 정도는 설교 주제에 대해 내가 무관심하다는 인상을 주었던 것이다. "우리 문화에서는 '정말로' 무엇을 믿고 거기에 헌신되어 있으면, 더 많은 '감정'을 표현합니다." 어떤 문화에서는 감정을 격렬하게 표현하면 그것이 광란처럼 받아들여지고 설득력을 가지지 못하게 된다. 보편적인 전달이란 없다. 우리는 상황화를 피할 수 없다.

우리는 지금까지 설교의 방법과 분위기에 대해서 이야기했다. 그러나 상황화는 내용과 많은 관련이 있다. 문화 안에서 살아가는 사람들이 신앙에 대해 가진 주요 반대 의견들과 질문들을 다루지 않는다면, 설교가 비록 정확한 성경적 진리를 전달한다 하더라도, 흡입력을 잃게 된다.

몇 년 전 나는 런던에서 열린 전도에 대한 자문 모임에 참석한 적이 있다. 우리가 토의했던 난제 중 하나는 특정 지역 안에 있는 두 개의 비그리스도인 그룹에 대한 것이었다. 한 쪽에는 수백만 명의 힌두교도와 무슬림들이 사는데, 그들은 기독교가 너무나도 도덕적이지 않다고 믿고 있었다. 다른 한 쪽에는 세속적인 영국인들이 살고 있는데, 이들은 기독교가 너무 딱딱하고 도덕적이라고 생각했다. 물론 복음은 율법주의도 아니고 율법폐기론도 아니다. 그래서 하나의 설교로 두 그룹의 청자들을 끌어들이는 것이 가능하다. 그러나 만일 우리가 이런 그룹들이 다수인 지역에서 목회를 한다면, 우리는 이 그룹의 사람들이 마음에 품고 있는 특정 반대 의견들을 염두하고 성경을 가르쳐야 한다. 양쪽의 사람들에게 동일하게 다가오거나 끌리는, 보편적인 설교는 없다.

마지막으로 상황화는 단순히 언어, 어휘, 감정적 표현, 예시만을 포함하는 것은 아니다. 오히려 이보다 훨씬 깊이 들어가 우리가 생각하는 것에 영향을 미친다. 문화마다 더 설득력 있게 다가오는 것이 다를 수 있다. 어떤 사람들은 더 논리적이고, 어떤 사람들은 더 직관적이다. 설득하는 특정한 방법을 택할 때, 불가피하게 우리는 어떤 종류의 사람들에게 더 많이 적응하고 있는 것이다.

다시 말해 우리가 소통을 시작하는 순간 자동적으로 어떤 종류의 문화적 선택을 하는 것이다.

상황화를 고려하지 하지 않을 때의 위험성

모든 복음 사역과 설교는 이미 특정 문화에 깊이 적응되어 있다. 그러므로 상황화를 '계획적'으로 하는 것이 무엇보다 중요하다. 우리가 복음 사역을 문화 속에서 타당하게 상황화하는 방법들에 대해서 계획적으로 깊이 생각하지 않는다면, 우리는 무의식적으로 어떤 특정한 문화에 깊이 상황화될 것이다. 그렇게 되면 복음 사역은 우리 문화에 너무 많이 적응되거나 너무 적게 적응될 수 있다. 양자는 결국 복음 메시지의 왜곡으로 나타나게 된다.[19]

상황화의 주제는 사회의 지배 그룹 및 특정 분야에서의 주류층에게는 이해하기 어려운 점이 있다. 소수 민족들은 두 문화 속에서 -주류 문화와 그들만의 문화- 살아간다. 따라서 그들은 문화가 얼마나 깊이 우리가 사회를 인식하는 틀에 영향을 주는지 잘 알고 있다.

영화 〈그랜 토리노〉(Gran Torino)에서 나이 많은 미국인 노동자 월트 코왈스키(클린트 이스트우드)는 쇠퇴한 도시 디트로이트에서 아시아인 가족과 나란히 살고 있다. 그는 몽 족의 특유한 문화적 관습을 이해하기 어려워하고, 마찬가지로 몽 족 노인들도 미국인 월트가 이상하기만 했다(그들은 영어를 못하며 그들만의 세계에서 살고 있다). 그렇지만 몽 족의 십대 소녀인 수(Sue)는 이 두 문화 사이에서 살아간다. 수는 월트와 자기 부모님, 조부모님을 이해했고, 결과적으로 서로에게 서로를 완벽하게 소통시킬 수 있었다. 이것은 우리가 복음에 완전히 낯선 사람들에게 복음을 소통할 때마다 하는 일이기도 하다.

미국 백인들의 공적인 삶과 사적인 삶은 동일한 문화에서 이루어진다. 그 결과로 백인들은 종종 문화적으로 감각이 없다. 그들은 마치 물고기가 "무엇이 물이지?"라고 묻는 것과 비슷한 방식으로 자신의 문화를 대한다. 물 바깥에 나가본 적이 없는 사람은 자신이 그 안에 있다는 것조차 알지 못한다. 백인 그리스도인들은 종종 상황화에 대해 이야기하는 것을 당혹스러워한다. 그들은 복음을 표현하거나 복음대로 살아가는 모습들 가운데 어떤 것이 '영미 문화'인지도 알지 못한다. 원래 그런 것이라고 생각한다. 그리고 설교나 예배, 목회의 방식을 조금이라도 바꾸는 것에 대해 복음을 타협이라고 느낀다. 이는 예수님이 경계하신 일이기도 하다. '사람의 유전'을 성경의 진리만큼 중요하게 생각하는 것이다(막 7:8). 시간이나 감정적 표현, 말하는 방식 등에 대한 자문화의 접근법을 '유일한 기독교적 방식'이라고 신성시하면 이런 일이 발생하는 것이다. 브루스 니콜스는 다음과 같이 적고 있다.

> 문화적 혼합주의의 현대적 예로는 '미국식 삶의 방식'을 성경적 기독교와 무의식적으로 동일시하는 것이다. 이런 종류의 혼합주의는 서구세계와 제3세계에서 모두 발생한다. 중산층이고, 안정적 주거지에서 살며, 보수적이며, 복음주의적인 교회들은 그들의 삶의 방식이 신약성경의 실제와 닮았다기보다는 자본주의 사회의 소비주의에 더 가깝다는 것을 알지 못한다. 그리고 전도와 해외 선교에 대한 열정이 물질주의와 자기만족을 정당화하기 위한 수단으로 사용된다는 것도 깨닫지 못한다.[20]

문화적 인식이 결핍되면 그리스도인의 삶과 사역에 왜곡이 생긴다. 개인주의 문화 속에서 사는 그리스도인들은 친밀한 공동체나 영적 상호 연대, 훈련의 중요성 같은 것에 대해 무지하거나 무관심하다. 이리저리 교회를 옮겨 다니며 다양한 모습의 교회에 다니지만 어떤 교회에도 제대로 정착하거나 소속되지 못한다. 교회 멤버십을 선택 사항으로 보는 것이다. 미국 교인들은 성경적이지 않은 미국적 삶의 방식을 그들의 신앙생활에 들여온다.

반면 좀 더 권위주의적이고 가부장적인 문화에 사는 사람들은 종종 성경이 양심의 자유 및 은혜에 입각한 삶에 대해 가르친다는 것에 대해 무지하다. 교회 지도자들은 의무를 강조하고, 스스로 "누구든지 첫째가 되고자 하면 뭇사람의 끝이 되며 뭇사람을 섬기는 자가 되어야 하리라"(막 9:35)라는 말씀을 기꺼이 따르기보다는 강압적인 리더십을 행사한다.

우리가 문화에 포위되어 있음을 알지 못하면 그로 인한 다른 결과들에도 봉착하게 된다. 목회자들이 가장 많이 저지르는 실수 가운데 하나는 개인적으로 영향을 끼친 방법이나 프로그램을 무조건 반복하는 것이다. 어떤 곳에서 영향력 있는 사역을 경험하고서는, 그 방법론이나 프로그램을 그대로 다른 세계에 가져다가 전혀 변화 없이 반복하는 것이다. 만일 그들이 45분 동안 한 절 한 절 강해하는 설교에 의해서 영향을 받았다면, 또는 특정한 형태의 찬양 사역에 은혜를 받았다면, 또는 특별한 예배 순서나 시간에서 도움을 받았다면, 그들은 그것을 아주 자세한 세부 사항까지 그대로 복제한다. 그들은 이미 부지불식간에 방법론 중심, 프로그램 중심이 되어 사역 방식을 자기 자신에게 맞추고 있는 것이다. 곧 복음을 전하기 원하는 사람들에게 전혀 상황화하지 않은 것이다.

—

나는 전 세계의 교회들과 사역 단체들이 리디머교회에서 우리가 하는 것을 관찰하고 배우기를 원한다는 사실에 감동했었다. 그러나 우리 프로그램들을 모방한 몇몇 교회들을 직접 방문하고 나서는 실망을 감출 수 없었다. 그들은 심지어 우리 교회의 주보까지도 모방했지만, 우리를 활기 있게 하는 기저의 신학적 원리들은 포착하지 못했다. 달리 말해 그들은 상황화의 고된 작업을 수행하지 않았다. 자신들의 문화적 상황과 관점을 반추하면서 그 상황에서 복음을 더 잘 전하기 위한 노력을 기울이지 않은 것이다. 리디머교회에서 관찰한 것들을 보다 깊이 생각하는 시간을 가지지 않았고, 우리가 어떻게 미국의 도시 문화에 적응했는지 살피지 않았던 것이다.

누구나 상황화를 한다. 그러나 자신들이 어떻게 그것을 하고 있는지 생각하는 사람은 별로 없다. 우리는 상황화를 할 뿐만 아니라 '어떻게' 그것을 하는지에 대해서 생각해야 한다. 상황화 과정을 자신과 다른 사람들에게 계획적이고, 가시적인 것으로 만들어야 한다.

토론과 성찰을 위한 질문들

1. 상황화란 '특정 시기와 특정 지역에서 사람들이 삶에 대해 갖는 질문에 대해 그들이 이해할 수 있는 언어와 형태로, 그리고 그들이 힘 있게 느낄 수 있는 호소와 논증을 통해서, 비록 그들이 듣고 싶어 하지 않고 심지어 반대할지라도 성경의 답을 주는 것'이다. 이 정의의 네 가지 요소를 구분해서 살펴보라. 상황화의 요소들 중에 당신은 어떤 것을 가장 잘하는가? 어떤 것을 놓치고 있는가?

2. 가끔 복음주의자들은 상황화를 기독교의 덜 핵심적인 부분을 적용하는 것이라고 변명한다. 만일 복음의 '결정적이고 기본적인 요소들'이 상실되면 혼합주의와 타협이 일어난다고 우려한다. 이 관점에 따르면, 상황화는 비본질적인 것에는 유연하면서 본질적인 것은 지키는 것이 된다. 본 장에 따르면, 이 관점의 위험성은 무엇인가?

3. "모든 사람에게 보편적으로 적용되는 복음 제시는 존재하지 않는다"라는 말의 의미는 무엇인가? 당신은 동의하는가, 동의하지 않는가?

4. D. A. 카슨은 말한다. "인간이 설명하려는 어떤 진리도 문화를 뛰어넘어 분명히 표현되는 것은 전혀 없다." 당신의 복음 소통에 영향을 끼치는 특정 가치관이나 편견이 당신이 받은 문화 교육을 통해서(가정, 지역, 국가, 인종, 교회 등) 형성된 것은 무엇인가? 성경의 어떤 주제들이 가장 쉽게 배제되는가? 당신은 어떻게 편견을 깨닫게 되었는가?

5. "목회자들이 많이 저지르는 실수 중 하나는 개인적으로 영향을 끼친 방법이나 프로그램을 무조건적으로 반복하는 것이다. 어떤 곳에서 영향력 있는 사역을 경험한다면 그 방법론이나 프로그램을 그대로 다른 세계에 가져다가 전혀 변화 없이 반복하는 것이다. 그들은 사역 방식을 자신에게 맞추는 것이다. 곧 복음을 전하기 원하는 사람들에게 전혀 상황화하지 않은 것이다." 당신은 이런 실수가 사역에서 벌어지는 것을 본 적이 있는가? 계획적인 상황화를 위해서는 무엇이 필요한가?

02
균형잡힌 상황화를
추구하라

◇◇◇

존 스토트는 설교에 대한 자신의 저서 《현대 교회와 설교: 성경적 강해 설교》(*Between Two Worlds*)에서 기독교의 소통을 성경과 현대 세계 사이에 다리를 놓는 것으로 비유했다.[1] 그는 어떤 설교들은 '도착점이 없는 다리'와 같아서 성경 본문에 대한 견실한 주석은 있지만 전혀 현실로 내려오지 않는다고 했다. 다시 말해 성경의 진리를 사람들의 마음과 삶의 주제들에 연결시키지 못하는 것이다.

다른 설교들은 그 어디서도 '출발점이 없는 다리'와 같아서 현대의 관심사들을 잘 반추하지만 현대 사회의 문제와 필요에 대한 그 영감들이 성경 본문에서 흘러나온 것이 아니라고 했다. 적절한 상황화는 건실한 성경 교리가 다리를 건너 올 수 있도록 특정 문화 안에서 일관된 언어로 그것을 다시 표현하는 것이다.

어떻게 그것이 가능한가? 학자들은 성경을 이해하기 원하는 독자라면 누구나 두 개의 지평 사이를 오고가야 한다고 지적한다. 존 스토트의 비유에 따르면 두 개의 강둑 사이에 다리를 놓는 것이다. 성경 본문과 독자의 문화적 상황 사이에 말이다. 성경은 최고의 권위를 갖고 있기에 틀릴 수 없으며 수정될 수 있는 것이 아니다. 하지만 그리스도인 설교자의 성경 이해는 분명히 틀릴 수 있다. 사실 늘 부분적으로 틀리기도 하다. 그러므로 수정의 여지가 있다. 복음 설교자가 청자의 상황을 이해하는 것도 동일하다. 더 많은 통찰과 수정을 통해 유익을 얻을 수 있다.

새로운 문화에 복음을 전하기 원하는 많은 그리스도인들이 단순히 이 주제를 다루려 하지 않거나 다룰 능력이 없다. 그들은 단지 자신들의 임무가 성경 교리를 새로운 문화에 놓을 다리로 가져가기만 하면 된다고 믿는다. 다시 말해서, 그들은 복음 설교를 '일방통행의 다리'라고 여긴다. 그들은 다리 위로 또 다른 정보가 유입되어야 한다는 생각을 싫어한다. 이것이 중요하다고 여기지 않기 때문이다. 그들은 이것을 성경의 권위에 대한 위협이라고 생각한다.

선교에 대한 이 견해의 문제점은 다리 한 쪽에 있는 우리가 복음에 대해 왜곡되지 않은 이해를 갖고 있다고 가정하는 것이다. 그리고 다른 쪽에 있는 문화에 대한 지식이 중요하지 않다고 가정하는 것이다. 이런 관점은 우리는 단지 죄인일 뿐만 아니라 유한한 존재이며 그래서 무엇에 관한 분명하고도 포괄적인 지식을 가지기 어렵다는 점을 인식하지 못하는 것이다. 우리는 대체로 일들에 대한 이해를 규정하는 문화의 권력들에 대하여 무지하다.[2]

그러면 우리는 어떻게 성경의 권위와 무오를 수호하면서도 우리의 이해가 수정되도록 열어 놓을 수 있는가? 새로운 문화에 던지는 우리의 메시지가 어떻게 신실하면서도 동시에 열매 맺을 수 있겠는가? 그 답은 다리 위에 이중 방향의 교통 상황을 허락하는 것이다.

성경 본문을 접근할 때, 우리는 '기존의 이해'(pre-understanding)를 가지고 접근한다. 이는 성경에서 다루는 주제에 대해 이미 수립된 신념이 있는 것이다. 이 신념들은 강하고 깊으며, 많은 경우 암묵적이다. 언어화하거나 공식화하기도 힘들며, 심지어는 스스로 인식하기도 어렵다.[3] 이 기존 이해들은 우리가 문화 속에서 들어 왔던 다양한 음성들을 통해서 온다. 그렇다고 해서 우리가 성경의 가르침에 대해 충분하고 참된 이해를 할 수 없다는 것은 아니다. 다만 그 과정이 단순하지 않다는 것이다. 왜냐하면 우리가 가진 기존 신념 때문에 (그중 대부분은 사실상 무의식적으로 존재하는데) 성경을 바르게 읽는 것 자체가 방해받는 것이다. 이것은 또한 우리가 바르게 생각하는 것과 성경을 필요로 하는 사람에게 충실하게 전달하는 것을 방해받는 까닭이기도 하다.

이러한 문화적 맹점들 때문에 우리는 다리 위에 있는 사람들에게 말해야 할 뿐만 아니라, 그들의 이야기에 귀 기울여야 한다. 그들의 말을 들을 뿐 아니라 그들의 질문이나 우리가 말하는 것에 대한 반대 의견들, 그리고 그들의 소망과 열망들을 진지하게 받아들여야 한다. 종종 새로운 문화와의 교류를 통해서나 혹은 우리가 전적으로 간과하거나 중요하지 않다고 생각했던 것들에 대해, 우리 문화가 가진 기존 전제들이라는 렌즈를 통해 성경을 잘못 읽고 있었다는 것을 알게 될 때가 있다.

필라델피아의 웨스트민스터신대원의 교수로 재직하고 있었을 때 학생들 중에 많은 수가 한국에서 유학을 왔다. 우리는 한국 학생들과 영미 백인들이 모두 참여하는 실제 목회 상황들을 연구하는 세미나를 자주 열었다. 모든 학생들이 보수적 개혁주의 신학을 똑같이 공유하고 있음에도 불구하고, 그들은 사역에 대하여 매우 다르게 접근했다. 그 차이점 중에 핵심적인 것이 하나 있었는데, 아시아에서 온 학생들이 인간의 권위를 사용하고 이해하는 방식이었다.

한국인들은 목회자와 아버지에게 더 많은 권한을 부여하는 반면, 미국인들은 보다 더 평등적이고 민주주의적이었다. 한국 학생들은 미국 학생들에게 성경에 나오는 정부, 부모, 연장자, 사역자의 권위에 대한 성경 구절들을 가르쳐 주었다. 미국 학생들은 그런 구절들을 무시하거나 배제하는 경향이 있다. 이는 미국 문화가 제도와 권위에 대해 깊이 의심하기 때문이다.

그러나 한국 학생들이 로마서 13장이나 히브리서 13장 17절과 같은 구절들을 제시할 수 있는 반면에, 미국 학생들은 아시아 학생들에게 마태복음 20장 24-28절, 베드로전서 5장 1-4절(지도자들에게 "군림하는" 것을 경고하는 구절), 또는 사도행전 4장 19절과 5장 29절(인간의 권위가 하나님의 권위를 가로채서는 안 된다는 말씀), 또는 요한계시록(여기서 인간의 권위는 너무 지나친 나머지 마귀적이 된다)의 말씀을 제시하였다.[4]

무슨 일이 일어났을까? 바로 다리 위에서 정보가 오고갔다. 다른 문화와의 교류를 통해서, 이전에는 전혀 던지지 않았을 질문을 던지게 되었고, 전에는 명료하게 볼 수 없었던 많은 것들을 볼 수 있게 된 것이다. 다른 관점에서 본문에 들어간다는 것은 복음에 대해 가졌던 우리 문화만의 제약과 전제들을 분별하도록 도움을 받는 것이다. 결과적으로 우리는 언제나 존재했던 성경의 진리와 깨달음을 가질 수 있다. 우리는 단지 그것을 못 보고 있었을 뿐이었다. 새로운 문화와의 교류를 통해서 의사소통자로서 우리가 가진 문화적 맹점들이 있다는 것을 알게 된 것이다.

다른 예를 들자면, 서구 문화에서 세속적인 사람들은 매우 개인주의적이며, 인종을 근거로 개인의 자유를 침해하는 것에 대해 매우 민감하게 반응한다. 개인의 자유에 대한 이들의 헌신은 어디나 존재하는 인종적 편견에 대한 민감함으로 연결된다. 세속주의자들과 교류하는 많은 그리스도인들은 성경을 볼 때, 인종차별의 악에 대해 그들이 생각해야 하는 것보다 훨씬 많이 언급하고 있음을 발견한다.

그리스도인들은 성경을 수정하지 않는다. 그러나 성경 바깥의 철학들과 겸손하게 상호작용하면서 성경에 대한 우리의 이해를 수정하게 된다. 우리는 말씀을 통해 하나님의 자비 가운데 이방인들도 도덕적으로 깨우쳐진 양심을 가질 수 있음을 알고 있다(롬 2장). 그들의 전반적인 세계관이 충분한 근거가 되어 주지는 못할지라도 진짜 악과 진리를 알아차리는 것이다.

성경에 대한 우리의 이해가 왜곡되는 또 다른 주요 경로는 소위 '정경 안의 정경'이라고 불리는 생각들이다. 그것은 성경의 어떤 부분을 더 중요하게 여기고 나머지 부분은 사소하게 여기거나 무시하는 태도이다. 모든 그리스도인들은 성향이나 경험, 문화에 따라 어느 정도 이러한 실수를 범하는 경향이 있다.

D. A. 카슨은 이런 사례들을 여러 번 언급한 바 있다. 성경은 하나님이 세상 모든 사람들을 당신의 신적 사랑으로 사랑하신다고 가르치며, 그럼에도 불구하고 구원받은 이들에겐 자비로운 사랑을, 악한 자들에게는 분노를 나타내신다고 가르친다.[5] 각기 다른 문화들은 하나님 사랑의 이러한 성경적 측면들에 대해서도 상이하게 반응한다. 서구 문명의 일원이라면 모든 사람을 사랑하신다는 관점은 좋아하지만, 악에 대한 하나님의 심판 교리로부터는 뒷걸음치려고 한다. 보다 보수적이고 집단적인 문화에서는 심판의 하나님이 그다지 문제가 되지 않으며, 도리어 어떻게 그분이 모든 사람들이 속한 그룹을 평등하게 사랑하실 수 있는지에 대해서 문제를 삼는다. 각각의 문화마다 성경의 어떤 가르침들은 강조하고, 다른 것들은 무시하는 경향이 있다. 그리하여 정경으로부터 작은 정경들이 모인다.

그러나 우리가 만일 첫 번째 성경의 가르침을 강조하면서(하나님의 보편적, 신적 사랑) 두 번째를 경시한다면(하나님의 심판) -또는 반대로 한다면- 우리는 믿음을 왜곡하는 것이다. 우리는 다른 문화와 접촉하면서 우리 시야를 가리는 것들을 제거하는 데 도움을 받게 된다. 천천히 그러나 착실하게 더 온전한 성경적 기독교 신앙으로 나아가게 된다.

다른 예들도 많다. 성경은 부와 가난에 대해서도 많은 것을 이야기하는데 거기에는 매우 다양하고 섬세한 부분들이 있다. 어떤 곳에서는 사유재산과 부에 대해서 매우 긍정적이다. 예를 들어 하나님은 아브라함과 욥, 그리고 다른 사람들에게 큰 부의 복을 주셨다.

다른 본문들에선 돈의 위험성에 대해 엄하게 경계한다. 그리고 하나님의 백성이 가난한 사람들을 돌보며 정의를 추구해야 할 것에 대해서 강하게 선포한다. 사람들은 대개 어느 한쪽의 가르침은 무시하고 다른 한쪽으로 기우는 경향이 있다. 주로 자신들이 부유한 조건에서 살고 있는지 가난하게 살고 있는지에 따라 달라진다.

카슨은 "이 게임의 이름은 환원주의이다"라고 요약한다. 이것은 성경을 우리 식으로 길들여서 우리에게 모든 것을 말하지는 못하게 하는 것이다.[6] 곧 우리의 사회문화적 지점에 따라서 성경의 가르침을 축소시키거나, 어떤 부분은 무시하고, 다른 부분은 과장하는 것이다. 다른 문화나 사회 환경에서 온 사람들과 교류할 때 우리가 가진 어떤 특정한 왜곡들이 도전을 받을 수 있다. 이때 복음 소통자(gospel communicator)는 반드시 듣는 사람들의 문화적 신념을 복음으로 수정하려는 시도를 할 뿐 아니라, 새로운 문화와의 접촉을 통해서 복음에 대한 자신의 이해를 수정해야 한다.

그러므로 다리는 양방향으로 왕래되어야 한다. 성경이 비그리스도인 문화에 의해 수정될 수는 없지만, 개별적인 그리스도인들과 그들의 성경에 대한 문화적 이해들은 수정될 수 있고 수정되어야만 한다. 다리 위에는 양쪽을 향하는 많은 교류와 교통이 있어야 한다. 우리는 말하고 듣고 말하고 듣고 다시 말해야 한다. 이것을 매번 계속 하다보면 더 성경적으로, 더 강력하게 문화 속에서 말할 수 있게 될 것이다.

다리(bridge)**와 나선형**(spiral)

양방향 다리의 이미지는 아주 중요하다. 사실상 1970년대의 '상황화'는 본래 오래되고 일방통행이던 '토착 교회'(Indigenous Church) 모델에 양방향 소통을 요청했다.

오래된 모델은 현지의 그리스도인 지도자들로 하여금 어떻게 복음이 기존 문화에 신선한 반향을 일으킬 수 있는지에 대해 깊은 신학적 성찰을 하도록 격려하지 않았다. 오래된 모델은 서구 기독교가 유일하고 참되고 왜곡되지 않고 보편적인 믿음의 모습이라고 간주했다. 다리를 건너오는 데 필요한 것은 단지 사소한 적응뿐이라고 보았다. 예를 들어 언어적 번역과 현지의 음악과 의복에 맞추는 것 정도이다.

하비 콘은 토착화 모델이 문화에 대한 '기능주의' 관점에 근거한다고 주장한 바 있다. 이것은 문화를 연관성 없는 관습들의 집합으로 보는 것이며, 그 관습들을 통해서 사람들이 환경에 적응하도록 도움을 준다는 것이다. 문화에 대한 이런 관점에서는, 문화에서 한 가지를 빼낸다고 하더라도 (예를 들어 힌두교를 기독교로 대체하는 것) 문화의 다른 부분들(음악, 예술, 가족 구조, 계층 간의 관계 등등)이 바뀔 것이라고 기대하지는 않는다.

이러한 관점은 현지 국가의 그리스도인들이 그들의 토착 문화를 전체적으로 수용하게끔 인도하며, 문화를 성경의 관점에서 조사하지 않고 무비판적으로 수용하도록 허용한다. 토착 교회 운동은 또한 자신들의 신학과 관습이 문화적으로 적용된 양상들을 서양 선교사들이 인정하도록 요청하지 않음으로써 실패를 경험했다.

하지만 여러 유익들에도 불구하고, 양방향 다리는 상황화를 설명하는 비유로서 그 한계를 가지고 있다. 결국 복음주의자들은 다리의 양쪽이 동등한 권위를 가진다고 믿지 않는다. 최고의 권위는 성경에 있다. 이는 맞는 말이다! 우리가 문화와 상호작용하는 것은 성경에 대한 이해를 더 좋은 쪽으로 적용시키며 변화시키는 데 도움을 주는 것이지만 최종적으로 성경이 문화와 우리의 인식에 대해 궁극적 권위를 가진다.[7]

만약 우리가 성경을 인간 문화의 오류를 지닌 생산물로 본다면, 우리는 끝없는 '해석의 원'에 갇혀 문화와 성경 사이를 계속해서 오고가게 될 것이다. 이런 관점에서는 성경과 문화가 동일한 가치를 지닌, 똑같이 상대적인 것이 될 것이다. 그래서 성경을 사용해서 문화를 수정하기도 하지만, 문화를 사용해서 성경의 어떤 부분은 이제 쓸모없다고 주장하기도 한다. 이런 이유로 미국의 어떤 기성 교단에서는 성경을 사용해서 다양한 형태의 경제 불의를 비난하지만 동시에 성경이 성(性)에 대해 가르치는 것들은 억압적이며 낡은 것이라고 주장한다. 이런 방식으로 보면 모든 세대와 문화마다 기독교는 근본적으로 다른 모습이 된다. 다른 세대와 다른 나라의 가르침에서도 모순이 생기게 된다. 진리를 붙잡는 것이 점점 더 어렵게 되는 것이다.

그러나 이러한 '해석학적 원' 접근법의 더 깊은 오류는 실제 삶에서는 존재할 수 없다는 것이다. 비록 성경과 문화가 동등한 권위를 갖고 있다고 말할지라도, 사실상 우리는 그렇게 대하지 않는다. 만일 우리가 성경의 이 부분이 말씀하는 것은 진리이지만 성경의 다른 부분이 말하는 것은 낡고 구식이라고 말한다면, 우리는 우리 문화를 절대화한 것이며 성경에 대한 최종 권위를 문화에 부여한 것이다. 성경이 최종 권위를 가진 채 문화 가운데 무엇이 수용할 만한 것인지 아닌지를 결정하든지, 문화가 성경에 대해 최종 권위를 갖고 본문 가운데 무엇이 수용될 만한 것인지 아닌지를 결정하든지인 것이다.

그래서 원의 이미지(또는 양방향의 완전히 대칭적인 그림)는 단점이 있다. 결국 원은 반드시 끊어져야 하는데, 타락한 피조물인 우리는 언제나 우리의 문화적 편견에 특권을 부여함으로써 원을 끊어낸다. 이런 이유로, 복음주의자들은 비록 상황화가 양방향 과정이어야 하지만, 성경의 최종 권위는 유지되어야 한다고 주장했다.[8]

그래서 이제 많은 이들이 상황화를 원이 아니라 '해석학적 나선형'으로 설명한다.[9] 만일 성경과 문화가 동등하게 권위적이라면, 본문과 상황 사이의 오고가는 운동은 끝없는 변화의 원이 되고 만다. 그러나 성경이 지상 권위를 가진다면 문화와의 상호작용은 본문을 더 정확하게 이해하기 위한 작업이 되며(문화에 동화하게 하는 목적이 아니라), 본문-상황의 운동성은 나선형이 되어 우리를 하나님의 말씀에 대한 더 나은 이해로 이끌게 된다. 그리고 말씀이 특정 문화 속에서 어떻게 더 잘 전달되며 소통되어야 하는지에 대한 더 나은 통찰을 우리에게 제공한다.[10]

복음주의자들은 해석학적 나선형을 사용하여, 리처드 린츠가 《신학의 기본 구조》(The Fabric of Theology)에서 설명한 스펙트럼에서의 양쪽 극단을 피하는 작업을 해 왔다.[11] 한쪽 스펙트럼에는 문화적 근본주의가 있는데, 이는 성경을 문화와 상관없이 본다. 성경을 보편적인 용어로 읽고 신학을 표현할 수 있다고 믿는 견해이다. 다른 한쪽 끝에는 문화적 상대주의가 있는데, 이는 "성경이 현대 상황의 개념들에 의해 설명되지 않는 한

아무런 의미가 없다"라고 주장하는 견해이다.[12]

복음주의자들은 이 스펙트럼의 중간에서 일하려고 애쓴다. 성경의 가르침을 문화의 영향 없이 보편적으로 전달하는 전달법은 존재하지 않는다. 성경은 절대적이며 보편적인 진리를 전달하고 있는 것이다. 나는 이 접근법을 '균형 잡힌 상황화'라고 부르겠다. 왜냐하면 이는 양극단을 피하면서 궁극적으로 견고하게 성경 권위의 지렛대 위에서 작용하기 때문이다.

린츠 교수는 균형 잡힌 상황화의 중간 지대를 찾기 위한 노력에도 불구하고 여전히 많은 특정 사항들에 대한 의견 일치가 부족하다고 말한다. 많은 복음주의자들의 대부분이 스펙트럼의 어느 한쪽에 치우치는 경향이 많다. 어떤 이들은 복음이 어떻게 전달되어야 하는지에 대해 문화에 더 많은 발언권을 주는 쪽으로 움직이고 있다. 이로 인해 다른 사람들은 다른 쪽의 스펙트럼으로 기울어서, 우리의 신학적 사고가 어떻게 문화에 의해서 영향을 받았는지 인정하는 것을 거부한다.

이 책은 실천가들을 위한 책이므로 상황화와 관련된 좀 더 이론적인 이슈들은 상세히 들어가지 않으려 한다. 다만 린츠와 많은 학자들이 말한 균형을 유지하는 것이 얼마나 중요한지를 확인하는 선에서 마치려 한다.

하지만 균형을 유지하는 것뿐 아니라 성경의 양상과 예시에서 보이는 방식들로 하는 것 또한 중요하다. 다음 장에서는 상황화를 위한 세 가지 성경적 기초와 함께 바울의 사역을 통해 실제적인 예와 '방법과 수단들'을 제시하려고 한다.

토론과 성찰을 위한 질문들

1. 복음을 상황화하는 데 있어서 당신은 '도착점이 없는 다리'를 만드는 경향이 있는가, 아니면 '출발점이 없는 다리'를 만드는 경향이 있는가? 어떤 점에서 당신은 그런 실수를 범하는가? 어떤 요인이나 신념으로 그런 경향이 나타난다고 생각되는가?

2. "다른 문화와의 교류를 통해서 우리는 이전에는 전혀 던지지 않았을 질문을 본문에 던지게 되며, 명료하게 볼 수 없었던 많은 것들을 볼 수 있게 된다. 결과적으로 우리는 언제나 존재했던 성경의 진리와 깨달음을 가질 수 있다. 우리는 단지 그것을 못보고 있었을 뿐이었다." 다른 문화의 사람들과 교류함으로써 이런 유익을 경험한 적이 있는가? 나누어 보자. 성경과 복음의 이해에 있어 당신에게는 어떤 맹점들이 있었는가?

3. '정경 안의 정경'의 예를 자신에게서 발견할 수 있는가? 당신이 특별히 중시하는 성경의 주제 목록들을 잠시 기록하는 시간을 가져 보자. 당신이 강조하지 않지만 다른 그리스도인들이 강조하는 주제들은 어떤 것들이 있으며 발견할 수 있는 양상은 무엇인가? 이것을 통해서 당신의 영적 또는 문화적 맹점들이 무엇인지 찾아보라.

4. "복음주의자들은 스펙트럼에서의 양쪽 극단을 피하는 작업을 해 왔다. 한쪽 스펙트럼에는 문화적 근본주의가 있는데, 이는 우리가 성경을 문화와 상관없이 보편적인 용어로 읽고 신학을 표현할 수 있다고 믿는 견해이다. 다른 한쪽 끝의 문화적 상대주의는 '성경이 현대 상황의 개념들에 의해 설명되지 않는 한 아무런 의미가 없다'라고 주장하는 견해이다." 이 두 극단 중에서 어떤 쪽의 위험성에 더 가까운가? 당신의 경우 어떤 예를 발견할 수 있는가? 어떤 쪽의 오류를 더 자주 범하는 경향이 있는가?

03
상황화의
성경적 원리와 방법

◇◇◇

성경은 인간 문화와 인간이 문화와 어떤 관계를 형성해야 할지에 대하여 많은 복음적 틀을 제시한다. 성경적인 상황화를 이해하는 데 있어서 가장 도움이 된 세 본문을 살펴보며 이야기를 시작하려고 한다.

먼저 로마서 1장과 2장은 상황화를 위한 기초를 제공한다. 성경은 문화에 대해서 복합적인 관점을 가진다. 문화의 많은 요소들을 긍정하지만, 먼저 복음의 관점에서 조사하지 않은 채 무비판적으로 문화를 수용하는 것은 피해야 한다고 가르친다. 고린도전서 9장은 상황화를 위한 우리의 동기에 대하여 이야기한다. 그리스도인이라면 문화에 대해 유연할 필요가 있으며, 복음 메시지를 전달하기 위해서라면 적용할 수 있는 문화의 부분에 대해서 준비되어 있어야 한다고 말한다. 마지막으로 고린도전서 1장은 상황화를 위한 기본적인 공식을 제공한다. 문화를 긍정하는 것과 맞서는 것 사이에서 그리스도인이 어떻게 균형을 찾을 것인지를 알려 준다.

로마서에 나타난 문화의 복합적 성격

각각의 문화는 좋고 나쁜 요소들이 들어 있는 가방과 같다. 우리는 어떤 문화의 모습들이 단지 우리의 것과 다르다는 이유로 배제해서는 안 된다. 이런 생각은 상식적이며 실제로도 로마서 1장과 2장에서 이러한 생각에 대하여 지지하고 있다.

각각의 문화는 중요한 질문들에 대한 대답들을 가정한다. 왜 우리는 여기 있는가? 무엇이 삶에서 가장 중요한 일들인가? 세상에는 어떤 문제들이 있는가? 무엇이 그것을 바로잡을 수 있는가? 그리고 각각의 사회는 최고의 가치라고 여기는 것들이 있어서 사회 환경이 그 가치를 위해 섬기도록 한다. 어떤 문화도 이런 부분에 있어서 중립적이지 않다. 이런 점에서 모든 문화 작업은 '언약적'이라고 할 수 있다. 우리는 모두 무엇인가에 헌신되어 있기 때문이다. 그러한 전제들과 가정들이 의식적으로 표현되지 않을 때도 그렇다.

로마서 1장과 2장은 모든 사람이 죄를 지었고 하나님의 영광에 이르지 못했다는 것을 우리에게 말함으로써 이것을 가리키고 있다. 유대인과 이방인은 모두 상실된 상태이다. 이방인들은 감각을 우상으로 삼지만, 유대인들은 정신적 의로움을 우상으로 삼는다. 모든 문화에서 사람들은 하나님이 아닌 다른 것에 의지하여 자신들을 정당화하고 구원하려 한다.

그러나 로마서 1장과 2장을 통해 모든 인간은 하나님에 대한 타고난 지식을 갖고 있음을 보게 된다. 로마서 2장 14-15절에서 바울은 하나님의 법이 모든 인간의 마음에 새겨져 있음을 이야기한다. 모든 사람은 정직과 공평, 사랑, 그리고 황금률 등 무엇이 옳은지에 대한 내적 감각을 갖고 있다.[1] 인간이 하나님의 형상으로 만들어졌기 때문에(창 1:26-28), 모든 사람은 어떤 깊은 수준에서 하나님이 계신다는 것을 알고 있으며, 우리가 그분의 피조물이라는 것과 그분을 섬겨야 한다는 것, 그리고 그분이 우리를 책임지고 있다는 것을 알고 있다.

'일반 계시' 또는 '일반 은총'은 하나님이 당신의 형상을 가진 모든 사람에게 주시는 하나님에 대한 지식과 형상을 말한다. 이는 구원을 얻게 하는 지식은 아니지만, 모든 문화에 어떤 형태로든 존재한다. 예수님에 대해 알려 주거나 우리를 위해 무엇을 하셨는지는 말하지 않는다. 그것은 성경의 '특별 계시'를 통해서만 알 수 있다. 그러나 하나님에 대한 막연한 이해는 존재한다. 하나님이 진리와 지혜를 모든 사람에게 어느 정도는 나타내시기 때문이다.

이런 이유로 이사야 28장 23-29절에서, 농업에 능숙한 사람이나 농업 과학에 진보를 가져오는 사람은 누구든지 "하나님으로 말미암음이라"고 말할 수 있는 것이다. 한 주석가는 "적절한 계절, 파종을 위한 상태, 농장 경영, 작물의 순환 농법 등 발견으로 보이는 것이 사실상 창조주가 창조의 책을 펼쳐서 진리를 보이시는 것이다"[2]라고 기술했다. 농업은 인간 문화의 한 요소일 뿐이다. 새로운 음악의 개발, 비행기 여행, 소통하는 기술의 개발, 지혜로운 정치 지도력 같은 모든 것들은 하나님이 창조의 책을 펼쳐서 우리에게 가르쳐 주신 결과들이다(출 31:2-11; 약 1:17을 참조).

로마서 1장 18-25절은 어떻게 일반 계시(또는 일반 은총)가 사람들의 삶 가운데 작용하는지를 동적이면서도 균형 잡힌 그림으로 보여 주고 있다. 우리는 진리가 억압되는 것을 본다(18절). 그러나 진리는 계속해서 우리를 누른다. 영어 성경(NIV)에서는 20절을 "창세로부터 그의 보이지 아니하는 것들 곧 그의 영원하신 능력과 신성이 그가 만드신 만물에 분명히 보여 알려졌나니 그들이 핑계하지 못할지니라"고 표현했다.

여기서 동사들인 누우메나(nooumena, 알려졌나니)와 카쏘라타이(kathoratai, 보여서)는 현재 수동 분사 형태이다. 달리 말하면, 하나님의 본성과 그분에 대한 우리의 의무는 지속적으로 제시되고 있는 것이다. 일반 계시는 단지 생득적 관념이거나 고정적인 원리의 집합이 아니다. 그것은 모든 인간의 의식 속에 계속적으로 작용하는 고집스런 하나님의 진리이다.

모든 인간 문화 안에는 명백한 진리들과 망가진 반쪽짜리 진리, 그리고 진리에 대한 공공연한 거부 등이 복합적으로 섞여 있다. 그리고 모든 문화 안에는 다소 맹신적인 담론들도 있다. 그럼에도 불구하고 하나님의 진리를 보여 주는 증거들도 있을 것이다. 하나님은 지혜와 재능, 아름다움, 기술 등의 좋은 선물을 인간의 공덕과 상관없이 주신다. 하나님은 세상을 풍요롭고 밝게 만들기 위해서, 또한 보존하기 위해서 마치 씨를 뿌리듯이 그것들을 문화 안에 던져 주신다.

문화에 대한 이러한 이해가 없다면 그리스도인들은 세상 사람들의 기여를 축복으로 여기지 않고, 세상과 단절되어 자족할 수 있다고 생각할 것이다. 하나님이 보다 넓은 문화 속에 은혜롭게 나누어 주신 지혜들을 높이 평가하지 않는다면, 그리스도인들은 왜 비그리스도인들이 종종 도덕의 실천이나 지혜, 기술에 있어서 더 뛰어난지 이해하는 데 어려움을 겪을 것이다.

죄의 교리가 의미하는 것은 우리가 추구하는 바른 세계관만큼 우리가 선하지 않다는 것이다. 동시에 하나님의 형상을 따라 창조된 것과 일반 은총에 대한 교리는 우리에게 비신자들이 그들의 잘못된 세계관만큼 완전히 결함이 있는 것이 아님을 상기시켜 준다.

모든 인간 문화에 대한 관점은 비판적 향유와 적절한 경계여야 한다. 우리는 다른 사람들과 문화들의 영감과 창작을 즐겨야 한다. 그리고 각각의 문화 안에 있는 정의와 지혜, 진리, 그리고 아름다움의 표현들을 경축해야 한다. 하지만 동시에 우리는 의식을 갖고 이것들을 바라보아야 한다. 특히 죄와 우상 숭배로 인해 왜곡된 것을 잘 살펴야 한다.

모든 문화들은 어둠과 빛의 요소들을 가지고 있다. 우리는 단순하게 "전통적이고 보수적인 문화들은 성경적이며, 진보적이고 세속적인 문화들은 부도덕하며 악하다"라고 말할 수 없다. 전통적 문화도 나름의 우상들을 가지고 있는데, 종종 가족이나 국가를 절대적인 가치로 격상시키곤 한다. 이는 인종주의, 부족주의, 가부장주의, 그리고 다른 형태의 도덕주의와 억압으로 발전한다. 반면 진보적 문화들은 개인 및 인간의 자유를 절대적 가치로 격상시킨다. 그래서 가정과 공동체의 붕괴, 비즈니스 및 성적 행동에 있어서 윤리성의 파괴로 나타난다. 가정의 중요성, 그리고 개인의 가치와 자유는 성경적 세계관의 중심에서 발견되어야 한다.

복음에 대한 일관성 있고 성경적인 이해가 필요하다(그리스도인들은 구원 받은 죄인들이다). 하나님의 형상에 대해(사람들은 잃어버린 상태지만 하나님의 본성을 반영한다), 일반 은총에 대해(모든 사람들은 하나님에 대한 진리를 은폐하지만, 그럼에도 불구하고 그들은 진리를 '들으며' 그것을 '안다') 바른 이해가 필요하다. 이러한 이해는 문화에 대한 설득력 있는 지식을 제공하여 상황화의 든든한 기초를 이룬다.

고린도전서에 나타난 문화 유연성

고린도전서 9장은 상황화라는 주제와 관련하여, 많은 사람들이 가장 먼저 생각하는 성경일 것이다. 이것은 상황화를 생각할 때 중요한 구절이기도 하다.

> 내가 모든 사람에게서 자유로우나 스스로 모든 사람에게 종이 된 것은 더 많은 사람을 얻고자 함이라 유대인들에게 내가 유대인과 같이 된 것은 유대인들을 얻고자 함이요 율법 아래에 있는 자들에게는 내가 율법 아래에 있지 아니하나 율법 아래에 있는 자 같이 된 것은 율법 아래에 있는 자들을 얻고자 함이요 율법 없는 자에게는 내가 하나님께는 율법 없는 자가 아니요 도리어 그리스도의 율법 아래에 있

는 자이나 율법 없는 자와 같이 된 것은 율법 없는 자들을 얻고자 함이라 약한 자들에게 내가 약한 자와 같이 된 것은 약한 자들을 얻고자 함이요 내가 여러 사람에게 여러 모습이 된 것은 아무쪼록 몇 사람이라도 구원하고자 함이니 내가 복음을 위하여 모든 것을 행함은 복음에 참여하고자 함이라(고전 9:19-23).

이 말씀 바로 앞에서 바울은 스칸달론(skandalon, 걸림돌)에 대해 이야기하며, 고린도교회 안에 있는 갈등에 대한 사례를 제시한다. 유대인 그리스도인들은 종종 우상 숭배 행사에 사용된 고기를 구입하곤 했다. 유대인들은 우상의 실체가 없음을 잘 알고 있었고 그래서 고기를 먹는 것에 아무런 문제가 없다는 것을 알았다. 그렇지만 이방인 그리스도인들은 이것을 용납할 수 없었다(이전에 이교도였으므로). 그들은 그 고기를 먹으면 영적으로 더럽혀진다고 생각했다(고전 8:7). 그래서 유대인 형제들의 행동을 보면서 마음에 번민했다. 그들 중의 얼마는 분명한 양심으로는 할 수 없는 일을 하려는 유혹도 받았다.

바울은 신학적으로는 유대인들이 옳다고 반응했다. 사실 고기는 아무런 해가 없으며, '약한' 양심을 가진 이방인 그리스도인들이 그렇게 생각하는 것은 엄격한 문화적 금기의 지배를 받기 때문이라고 보았다(고전 8:4-5). 그럼에도 불구하고 바울은 유대인 그리스도인들에게('강한' 자들이) 그 상황에서는 문화적 자유를 사용하지 말라고 권한다. 그들은 고기 먹는 것을 삼가서, 이방인 형제들과 자매들에게 문화적으로 거치는 것, 곧 걸림돌을 없애야 했다.

여기에서 문화적 적응은 사랑의 한 표현으로 보인다. 바울은 고린도전서를 통해 원칙의 형태를 표현한다.

> 유대인에게나 헬라인에게나 하나님의 교회에나 거치는 자가 되지 말고 나와 같이 모든 일에 모든 사람을 기쁘게 하여 자신의 유익을 구하지 아니하고 많은 사람의 유익을 구하여 그들로 구원을 받게 하라 내가 그리스도를 본받는 자가 된 것 같이 너희는 나를 본 받는 자가 되라(고전 10:32-11:1).

성경이 자유를 주는 영역에서 기독교 사역을 시작할 때, 우리는 항상 그 문화에 적응하는 시간을 가져야 한다. 문화적으로 틀에 박힌 개념들을 가진 사람들에게 불필요하게 걸림돌이 되지 않도록 어떤 태도나 행동을 조심하는 것이다. 예를 들어 특정 형태의 음악이나 의복, 음식, 그리고 비본질적 관습들과 개념들을 주의해야 한다. 또한 복음을 분명하게 이해하고 받아들이지 못하도록 산만하게 방해하는 요소들을 삼가야 한다.

이와 비슷하게, 성경이 말씀하시지 않은 영역에서 우리는 상대적인 인간 문화의 규범들을 절대화하지 않도록 해야 한다. 예를 들어 리듬 음악(rhythmic music)은 멜로디 음악(melodic music)보다 하나님이 기뻐하시지 않기 때문에 사용해서는 안 된다고 말하는 식이다. 이처럼 특정 의복 스타일이나 음악 스타일을 절대시해서는 안 된다.

카슨 교수는 고린도전서의 말씀에 대해 다음과 같은 소견을 말하고 있다.

> 19세기 중국내지선교회(지금의 OMF)의 창시자인 허드슨 테일러는 당시의 중국인들처럼 머리를 길게 길러서 땋았으며, 현지인들이 입는 옷을 입고 그들이 먹는 음식을 먹었다. 그때 많은 동료 선교사들이 그를 조롱했다. 그러나 허드슨 테일러는 복음에 있어서 무엇이 핵심인지(그래서 타협불가한지), 그리고 무엇이 이러나저러나 상관없는 문화적인 형식인지 깊이 생각했다. 문화적인 형식은 때로 효과적인 복음 선포에 불필요한 장벽이 되곤 한다.
> 모든 문화적 요소들이 도덕적으로 중립이라는 말은 아니다. 전혀 그렇지 않다. 각 문화 안에는 선하고 악한 요소들이 모두 다 포함되어 있다.… 그럼에도 모든 문화 안에서 복음 전도자나 교회 개척자, 그리고 기독교 증언자들이 그들이 할 수 있는 한 최대로 유연해지는 것이 중요하다. 그래서 복음이 단순히 문화적 수준에서 불필요하게 이질적으로 보이지 않도록 해야 한다.[3]

카슨 교수는 "각 문화 안에는 선하고 악한 요소들이 모두 다 포함되어 있다"라고 말한다. 새로운 문화의 어떤 요소들이 복음 자체를 손상시키지 않으면서 사람들에게 더 다가가도록 돕는다면 (배려와 사랑의 마음으로) 그 요소들에 적응하지 않을 이유가 없다. 설령 그것이 자신의 취향이 아니더라도 말이다.

어쩌면 복음은 나 때문에 "불필요하고 이질적으로" 보일 수도 있는 것이다. 복음 자체보다는 우리가 문화에 대하여 적대적이기 때문에 사람들이 복음에 등을 돌리는 일을 피해야 한다. 이렇게 본다면 건전한 상황화는 이기심을 극복하는 표지가 된다. 사랑 가운데 자신의 특혜를 추구하지 않는 것이며, 그리스도인으로서 자신의 완전한 자유를 사용하여 사람들이 그리스도의 부르심을 듣고 따를 수 있게 하는 것이다.

다른 한편으로, 우리의 메시지와 가르침에서 스캔달론(거치는 것), 즉 십자가의 도전적인 요소를 제거해서는 안 된다(고전 1:23). 성경이 선명하고 절대적으로 가르치는 것을 우리가 상대화하거나 버릴 수는 없다. 만일 그렇게 한다면, 문화에 적응하는 것이 아니라 항복하는 것이다. 우리가 상대적으로 부유한 회중들에게 사회 정의를 외치지 않는다면 -이는 복음의 적용점 중에 하나이다(약 1-2장)- 우리는 성경적인 스캔달론을 제거하는 것이다. 적절한 상황화가 의미하는 것은 복음이 모든 죄인들에게 주는 바른 스캔들을 일으키는 것이며, 불필요한 다른 것들을 모두 제거하는 것이다. 이것이 상황화의 동기이다.

고린도전서와 성경적 균형

이처럼 로마서 1-2장과 고린도전서 9장이 상황화의 토대와 동기를 확립해 주긴 하지만, 고린도전서 1장 22-25절만큼 상황화의 주제에 있어 도움이 되는 성경 본문은 없다. 여기에는 상황화를 실시하는 기본적인 공식이 나타나 있다.

유대인은 표적을 구하고 헬라인은 지혜를 찾으나 우리는 십자가에 못 박힌 그리스도를 전하니 유대인에게는 거리끼는 것이요 이방인에게는 미련한 것이로되 오직 부르심을 받은 자들에게는 유대인이나 헬라인이나 그리스도는 하나님의 능력이요 하나님의 지혜니라. 하나님의 어리석음이 사람보다 지혜롭고 하나님의 약하심이 사람보다 강하니라(고전 1:22-25).

바울은 문화의 복합적인 특성에 대해 상정한다. 그는 헬라인에게 말할 때는 그들 문화의 우상인 지혜에 대하여 맞선다. 헬라 문화는 철학이나 지적 성취, 그리고 예술 등에 높은 가치를 부여했다. 헬라인들에게 있어서 가르침이나 깨달음을 통한 구원이 아닌, 십자가에 못 박힌 구세주를 통한 구원은 완전히 어리석은 것이었다.

이와 달리 유대 문화는 전혀 다른 것에 최상의 가치를 부여했다. 바울은 이것을 세 가지 동의어로 표현한다. '표적'과 '능력', 그리고 '강함'이다. 유대 문화는 헬라 문화와는 달리 매우 실제적이며 행동이나 결과를 중시한다. 담론적인 사상보다는, 능력과 기술을 통해서 일을 성취하는 것에 가치를 두었다. 유대인에게 십자가를 통해서 오는 구원이란 약하고 비효과적인 것이었다. 메시아라면 로마제국을 무너뜨리는 것처럼 무엇인가를 눈에 보이는 행동을 해야 했다. 고통받고 약한 구원자는 유대인들에게 전혀 다가오지 않았다.

하지만 여기서 우리가 발견하는 것은, 복음이 각 문화에 대해 다소 불쾌하게 비치는 면이 있지만, 반면에 사람들로 하여금 그리스도와 그분의 사역을 다른 방식으로 보게 한다는 것이다. 구원받은 헬라인들은 십자가가 궁극적인 지혜임을 알게 되었다. 그것은 하나님께서 그분의 의로움을 지키면서도 동시에 믿는 자를 의롭게 하시는 지혜이다. 그리고 구원받은 유대인들은 십자가가 참된 능력임을 알게 되었다. 우리의 가장 강력한 적들이(죄, 죄책감, 죽음 자체) 패배했기 때문이다.

바울이 복음을 각 사회의 기저에 있는 문화적 내러티브에 적용하는 (맞닥뜨려 완성하는) 모습을 보면 놀라울 뿐이다. 그는 이 일을 부정적으로도 긍정적으로도 모두 해낸다. 바울은 각각의 문화가 갖고 있는 우상들에 도전하면서, 그들의 열망과 궁극적 가치들을 긍정적으로 부각시킨다. 그리고 십자가를 통해 헬라인의 지성적인 오만함에 맞서며, 행함에 기초한 유대인의 의에 도전을 던진다. 하지만 그는 또한 가장 근본적인 집단적 열망들을 수긍하며, 그리스도만이 헬라인이 추구하던 참된 지혜가 되며, 유대인이 추구하던 참된 의가 된다는 것을 보여 준다.

문화에 대한 바울의 접근법은 완전한 부정도, 완전한 긍정도 아니다. 바울은 단지 헬라인의 지성에 대한 자만과 유대인의 능력에 대한 자만을 강력하게 고발한다. 그리고 그들이 추구하는 그러한 선들의 방식이 궁극적으로 어떻게 헛된지를 보여 준다. 바울은 문화 안에 있는 치명적인 모순들과 내재하는 우상들을 밝히 보이고 난 후, 오직 그리스도 안에서만 가능한 해결책을 제시하는 지점까지 나아간다. 이것이 상황화의 기본적인 공식들이다. 이제 이러한 공식이 어떻게 바울의 실제 사역 현장에서 이루어지는 지 살펴보도록 하자.

바울의 사도행전 설교들

지금까지 우리는 자문화의 전제들을 인지하면서 상황화에 접근해야 할 필요성에 대해 살펴보았다. 또한 성경에 대해서 다른 문화가 던지는 질문들을 접하지 않으면 성경과 그 메시지에 대한 기존의 전제들도 볼 수 없다는 것을 살펴보았다. 그리고 모든 문화는 선한 요소와 악한 요소가 공존하는 복합성을 가지고 있기에 성경적 토대의 수립이 필수적이라는 것도 살펴보았다. 성경의 메시지를 제대로 전하기 위해서는 특정한 문화의 상황에 맞추어 전할 필요가 있다.

바울은 로마서 1-2장에서 상황화의 토대를, 고린도전서 9장에서 상황화의 동기를, 그리고 고린도전서 1장에서 상황화의 기본 공식을 다룬다. 실제로 우리가 바울이 어떻게 상황화 작업을 했는지 살펴보는 것은 사도행전의 설교들을 통해서 가능하다. 그가 여러 다른 그룹의 사람들에게 어떻게 복음을 전했는지 보도록 하자.

우리는 즉각적으로 바울이 전혀 다른 배경을 가진 다양한 사람들과 소통할 때 어떻게 메시지를 전했는지 볼 수 있다. 사도행전 13장 13-43절을 보면, 바울은 안디옥에서 성경을 믿는 신자들로 이루어진 청중에게 말씀을 전하고 있다. 그들은 유대인과 개종한 이방인, 그리고 "하나님을 경외하는 이들"(이방인으로서 성경을 믿고 회당에서 모이지만, 할례는 받지 않은 사람들)로 구성되어 있다. 그리고 사도행전 14장 6-16절, 루스드라에서는 서민층이자 다신론자였던 무리에게 말씀을 전한다. 이들은 오래된 미신을 믿었고, 교육받지 않은 민중이었다.

다음으로는 사도행전 17장 16-34절, 아테네를 방문했을 때다. 바울은 교육 수준이 높은 이방인들에게 복음을 전했다. 이들은 대개 신에 대한 믿음은 버렸지만 다양한 철학적 견해를 지지하는 사람들이었다(스토아학파 및 에피쿠로스학파 등). 사도행전 20장 16-34절을 보면, 밀레도에서 그리스도인 장로들에게 고별 설교를 한다.

반면, 사도행전 21장 27절부터 22장 22절까지는 예루살렘의 적대적인 유대인 군중 앞에서 연설한다. 마지막으로 사도행전 24-26장은 가이사랴에서 벨릭스, 베스도, 헤롯 아그립바에게 연설하는 장면이다(이들은 유대교와 이방인에 대한 복합적인 문화적 배경과 지식을 갖고 있는 지배집단이다).

이러한 설교들을 통해, 그가 듣는 이들의 문화에 따라서 얼마나 다양하게 복음을 제시했는지 알게 되고 그로 인해 놀라게 된다. 우리는 이를 통해 무엇을 배워야 하는가? 매우 세심한 결론이 내려져야 할 것이다. 모든 경우에 우리는 성경에 기록된 이 설교들이 실제로 행해진 설교의 일부분이라는 것을 기억해야 한다. 예를 들어, 사도행전 17장에서는 바울이 메시지를 마치기도 전에 방해를 받게 되었다. 그럼에도 불구하고 이런 주의사항을 마음에 두면서, 사도행전에 나타난 바울의 공적 소통의 몇 가지 양상들을 찾아볼 수 있어야 한다.[4]

먼저 설교들 사이에 차이점부터 보자. 바울이 인용하는 권위들은 청중에 따라 달라진다. 성경을 믿는 신자들에게는 성경과 세례 요한을 인용한다. 이방인들에게는 일반 계시와 위대한 창조 세계로부터 논증을 시작한다. 복음 제시에 있어서 성경의 내용도 청중에 따라서 다양하다.

바울은 다양한 진리들을 소개하는 순서와 신학적 강조점들을 다양하게 적용한다. 유대인들이나 하나님을 경외하는 이들에게는 신론에 대해서는 짧게 하고 그리스도에 대해 바로 이야기한다. 그러나 이방인들에게는 하나의 개념을 이야기하는 데 많은 시간을 사용한다. 헬라인과 로마인들에게 바울은 십자가보다는 그리스도의 부활에 대해 먼저 이야기한다.

죄에 대해 말할 때는 유대인들에게는 율법이 그들을 의롭게 할 수 없으며, 도덕적 노력이 그들을 구원할 수 없음을 명료하게 이야기한다(행 13:39). 사실상 바울은 성경을 믿는 신자들에게는 "여러분이 선하다고 생각하지만, 그렇게 선한 것은 아닙니다"라고 말하는 것이다. 반면 이방인 회중에게는 우상의 "헛된 일을 버리고", "기쁨"의 참된 원천이신 "살아 계신 하나님께" 돌아와 그분을 섬기라고 설교한다(행 14:15-17). 실상은 바울이 "여러분은 자유롭다고 생각하고 있습니다. 그러나 죽은 우상에게 노예가 되어 있습니다"라고 말하는 것이다.

바울은 자신의 감정이나 이성, 어휘, 도입과 결말, 수사법과 예증 등을 다양하게 구사할 뿐 아니라 청중의 걱정이나 소망, 필요 등에 자신을 동일시하고 있다. 모든 경우에 있어서 바울은 자신이 제시하는 복음을 청중들에게 맞춘 것이다.[5]

이 모든 중요한 차이점들에도 불구하고, 바울의 설교들은 몇 가지 중요한 공통점을 가지고 있다. 데이비드 피터슨(David Peterson)은 '복음 제시'에서 표준 형태는 없지만, 사도행전 전반에 모든 사람들을 위한 단 하나의 복음이 있다고 주장한다.[6] 이는 "주 예수를 전파함"(11:20), "복음"(the good news)(14:7, 21), "구원의 말씀"(13:26), "은혜의 말씀"(14:3), "복음의 말씀"(15:7), "복음"(the gospel)(16:10), "하나님의 은혜의 복음"(20:24), 그리고

"그 은혜의 말씀"이다(20:32). 이 모든 제시어들이 갖는 공통점은 무엇인가? 바울이 설교에서 나누고자 하는 공통 핵심은 무엇인가?

그의 모든 복음 제시에는 일종의 인식론적 도전이 있다. 그는 모든 사람들에게 그들의 신에 대한 이해와 궁극적 실체에 대한 이해가 틀렸다고 말한다. 유대인들을 향해서는 비록 그들이 성경의 하나님을 이해하고 있다고 생각하지만, 심각하게 성경을 오해했음을 말하고 있다. 또한 이방인들을 향해서는 비록 그들이 세상을 이해한다고 생각하지만 창조세계와 그들의 본성을 심각하게 오해했음을 말하고 있다. 오직 참되신 한 하나님이 존재하며 그분은 만물을 창조하신 분이다. 양쪽의 회중들은 전능하시며 선하신 하나님에 대해 듣게 된다(행 13:16-22; 14:17).

또한 바울의 복음에는 죄나 청자의 타락한 상황에 관한 개인적인 도전도 있다. 유대인들은 율법을 지키려고 애쓰며(행 13:39), 이방인들은 만족시킬 수 없는 우상과 신들에게 자신을 드린다(14:15). 한쪽의 사람들은 공로 의라는 함정에 빠져 있고, 다른 쪽은 보다 전통적인 우상 숭배에 빠져 있다. 양쪽 모두 스스로를 구원하려 애쓰고 있지만 양쪽 다 실패했다.

마지막으로 바울의 복음에는 사람들의 죄 문제에 대한 답과 해결책으로써 그리스도의 선포가 있다. 데이비드 피터슨이 말하듯, "예수님의 메시아적 왕권과 그 적용은 이방인 회중에게 선포할 때도 핵심이 된다. 비록 용어와 접근법은 성경에 익숙한 유대인에게 말할 때와 달라지지만 말이다."[7] 바울은 이방인들에게 부활을 강조한다. 이는 예수님이 이 세상에 오신 신적 구세주임을 증명하는 것이다. 그분은 유일한 참 왕이시다. 유대인에게는 고난받는 메시아 안에서 실제적으로 성취된 언약의 약속들을 증명한다(눅 24:25-26 참조). 그래서 유대인과 이방인 모두 그들의 자기 구원 전략으로부터 돌이킬 것을 설득한다. 하나님이 역사 속으로 들어오셔서 우리의 구원을 실현해 주시기 때문이다.

요약하면 그의 복음 안에는 하나님에 대한 진리("당신은 하나님을 안다고 생각하고 있으나 사실 그렇지 않다"), 우리의 죄와 구원의 필요성에 대한 진리 ("당신은 스스로를 구원하려고 하나 사실은 불가능하다"), 예수님에 대한 진리("그는 메시아이며 왕이다. 그는 당신을 위해 구원을 이루려고 오신 왕이다")가 있다. 그리고 회개와 믿음으로 이 진리들에 반응하라는 부름이 있다.[8] 바울의 연설들은 우리에게 상황화를 어떻게 하는지에 대해 사려 깊으면서도 강력한 성경적 변증을 주고 있다.

바울의 설교들을 통해서, 우리는 모든 문화의 사람에게 딱 맞는 유일무이하고도 초문화적 형태의 복음 제시 방법은 없다는 것을 상기하게 된다. 성경에 나오는 예들을 보면, 복음의 진리는 다양한 순서들로 제시되기도 하고, 다양한 전제들 위에서 논증되기도 하며, 다양한 방법으로 사람들의 심령에 적용된다. 바울은 분명히 한 자리에서 그의 청중에게 복음의 전체 그림을 다 그려 주려고 하지 않았다. 그는 이교도인 이방인들에게는 매우 점진적인 속도로 나아갔고 곧바로 그리스도의 사역을 다루기보다는 근본적인 원리들을 먼저 다루었다.

그리고 비록 복음의 진리가 모든 사람에게 일률적으로 표현된 적은 없지만, 분명히 그들은 똑같은 내용을 받았다. 하나님의 공의롭고 자비한 성품, 우리의 죄와 타락한 상태, 그리스도께서 이루신 구원과 그 실제성, 은혜를 통해 믿음으로 구원을 받아들여야 할 필요성이 그것이다.

성경의 호소

몇 년 전 예수님과 부자 청년의 만남에 관한 책을 읽은 적이 있다. 그 책의 결론은 우리가 전도할 때에 반드시 "유죄 판결을 받은 자임을 전하는 데" 시간을 쓰라는 것이었다. 그 본문에서 예수님이 자기 의와 자만심에 빠진 젊은 남자에게 죄책감과 결핍을 깨닫게 하기 위해 애썼기 때문이라는 것이다. 이 주장이 가진 문제점은 그것이 예수님의 유일한 전도 방법이 아니라는 점이다.

요한복음 4장에서 예수님은 우물가의 여인이 자신의 죄를 깨닫도록 하기 위해 많은 시간을 할애하지 않으셨다. 오히려 율법의 문제보다는 상당히 부드럽게 영혼의 갈증을 채우시는 하나님의 능력에 더 초점을 맞추셨다(요한복음 4장의 예수님의 행동은 3장에서 니고데모와 대립했던 것과 대조가 된다).

이처럼 여러 가지 복음 전도의 형태들 중에서 어느 한 가지를 유일무이한 패러다임으로 삼으려 한다면, 사역에서 열매를 맺기가 어려울 것이다. 우리들은 대부분 문화와 기질이 어떻게 복음 사역 형태에 영향을 미치는지 인지하지 못하는 경향이 있다. 하지만 성경을 살펴보면 놀랍도록 다양한 형태의 복음 사역이 전개되고 있음을 알 수 있다. 이것을 주의 깊게 살핀다면 우리의 사역도 보다 더 확장될 것이다.

보수적인 기질을 가진 사람들은 성경이 말하는 것보다 더 많이 심판에 대하여 강조하고 싶어 한다. 반면 자유로운 기질을 가진 이들은 성경이 말하는 것보다 더 많이 무조건적 사랑을 강조하고 싶어 한다. 이성적 사고가 강한 사람들은 이야기를 중시할 수 있어야 하고, 이야기를 사랑하는 사람들은 바울서신처럼 매우 이성적인 논증들을 중시해야 한다.

D. A. 카슨은 상황화 작업에 있어서 중요한 자료가 되는 글을 쓴 바 있다.[9] 그의 주장은 성경 저자들이 독자들로 하여금 진리를 믿고 순종하도록 하기 위해 여러 가지 동기부여 방법을 사용했다는 것이다. 단 한 가지 방법으로 설득한 것이 아니다. 선교학자들이 짚어내듯, 기질과 문화가 다르면 논리의 모습도 달라진다.

어떤 사람들은 매우 논리적이지만 다른 이들은 직관적이며, 또 다른 이들은 실용적이다. 사람들을 설득하기 위해서는 이러한 차이에 적응해야 한다. 카슨 교수는 비그리스도인들이 복음을 믿도록 호소할 때 사용하는 여덟 가지 동기부여 방법을 제시한다. 나는 그의 범주들을 여섯 개로 정리하고 단순화했다.

1. 심판과 죽음에 대한 두려움에서 하나님께 나아오도록 종종 호소한다. 히브리서 2장 14-18절은 그리스도께서 "죽기를 무서워하므로 한평생 매여 종노릇하는 모든 자들을 놓아 주려" 하신다고 말한다. 그리고 히브리서 10장 31절은 "살아 계신 하나님의 손에 빠져 들어가는 것이 무서운 것"이라고 말한다.

2. 죄책감과 수치심의 짐에서 해방되려는 열망으로 하나님께 나오도록 종종 호소한다. 갈라디아서 3장 10-12절은 "우리가 율법의 저주 아래 있다"라고 말한다. 죄책감은 객관적인 것만이 아니라 우리 양심이 느끼는 주관적인 짐일 수 있다(시 51편). 우리가 다른 사람들의 기준, 혹은 자신의 기준을 깨뜨렸다면, 수치심과 함께 낮은 자존

감에 시달리게 된다. 성경은 우리에게 이러한 짐으로부터의 해방을 준다.

3. '진리가 지닌 매력'에 감사해서 하나님께 나오도록 종종 호소한다. 카슨은 "진리는 놀라운 모습으로 나타날 수 있다. … 사람들은 진리의 아름다움과 그것이 지닌 강렬함을 보게 된다"라고 말했다. 고린도전서 1장 18절에서 바울은 "복음이 멸망하는 자들에게는 미련한 것이지만, 구원받는 사람들에게는 하나님의 능력"이라고 했다. 그리고 바로 뒤이어 "십자가의 지혜만이 완벽한 지혜"라고 주장한다. 이성에 호소하여 논리를 펼치고 있는 것이다. 그는 사람들의 생각 안에 있는 일관성 없는 모순을 보여 주고 있다(예를 들어 "당신들의 정의에 따르면, 당신 문화의 지혜는 지혜가 아니군요"). 그는 사람들이 아름다움과 가치를 볼 수 있도록 진리를 견고히 붙잡는다. 마치 다이아몬드를 쥐고 있는 사람이 사람들에게 찬탄을 불러일으키는 것처럼 말이다.

4. 채워지지 않은 실존적 열망을 채우기 위하여 하나님께 나아오라고 종종 호소한다. 예수님은 우물가의 여인에게 '생수'를 약속하셨다 (요 4장). 이것은 명백히 영생, 그 이상의 것이다. 다시 말해 현재 경험할 수 있는 내적인 기쁨이자 만족이라 할 수 있다. 여인은 지금까지 그것을 남자들에게서 찾았다.

5. 문제 해결의 도움을 받고자 하나님께 나아오도록 종종 호소한다. 카슨이 '절박한 필요'라고 말한 여러 형태의 문제들이 있다. 그는 혈루증을 앓는 여인(마 9:20-21), 두 맹인(마 9:27), 그리고 예수님께 나

아와 실제적이고 긴급한 도움을 요청한 사람들을 언급한다. 그들은 마음으로 이렇게 말하고 있다. "나는 곤경에 빠져 있어요. 이 문제를 해결할 방법이 없습니다. 도움이 필요합니다!" 성경은 예수님께서 그러한 도움을 지체 없이 답을 주셨음을 보여 준다. 그분은 사람들이 자신의 죄를 보며 영원한 심판으로부터 구원받아야 할 필요성을 볼 수 있도록 도우셨다(막 2:1-12; 눅 17:11-19를 보라).

6. 마지막으로, 단지 사랑받기 원하는 마음에서 하나님께 나아오라고 호소한다. 복음서에 묘사된 그리스도의 인성은 아주 매력적이다. 겸손과 부드러움, 지혜, 특히 예수님의 사랑과 자비는 자석처럼 사람들을 끌어들인다. 런던의 성 헬렌 비숍스 게이트(St. Helen Bishop's Gate)에서 오랫동안 목회한 딕 루카스(Dick Lucas) 목사는 "성경에서 하나님은 완벽한 논증을 주시기보다는 완벽한 사람(person)을 보내 주셔서, 결국 아무 이론의 여지가 없게 하신다"라고 말했다. 모든 인간은 사랑받기 원하는 본능적 갈망이 있다. 우리는 그리스도의 사랑을 분명하게 묘사함으로써 사람들이 그리스도와의 관계 안으로 들어오도록 이끌 수 있다.

이 여섯 가지 방법들은 성경 저자가 사람들을 설득할 때 사용한 방법들로 다양한 양상을 띠고 있다. 어떤 것들은 '채찍'이라 부를 수 있고, 다른 것들은 '당근'이라 부를 수도 있다. '진리의 매력'은 본질적으로 논리적이며, 생각하는 것을 필요로 한다. '예수님의 매력'이나 '갈망의 충족' 같은 것들은 직관적이며, 설득력 있는 서사와 이야기들에 의존한다. 때로는 '절박한 필요'처럼 단기간에 해결되어야 하는 경우도 있고, 다른 경우처럼 장기적인 관점에서 심판과 지옥을 피해야 하는 경우도 있다.

결론적으로 카슨은 "우리가 한 가지 동기부여만을 선택해서 사용할 권한은 갖고 있지 않다"고 주장한다. 설교자와 전도자로서 우리들에게 있는 큰 위험 중 하나가 바로 이것이다. 우리는 대부분 이 몇 가지 동기부여 가운데 한 가지를 통해서 그리스도께 나아왔다. 그리고 어느 한 가지 종류의 동기부여가 더 설득력 있다고 생각하는 사회의 구성원으로 살아간다. 우리는 다른 사람들을 설득할 때도 이 중에 어떤 것만을 사용하는 경향이 있다. 그리고 특정 본문을 강해할 때도, 성경 본문이 다르게 말하는 경우에도, 성경 저자의 의도와 상관없이 우리에게 '익숙한' 동기부여를 사용하는 경향이 있다. 그러면 설교가 온전히 성경적이 되지 못한다.

카슨은 또한 "다른 한편으로, 다른 동기부여들보다 우리의 것을 강조할 권리도 있다"고 말한다. 왜 그런가? 듣는 대상이 성경을 아는 유대인과 회심자들인지(행 13장), 아니면 성경을 전혀 모르는 이교도인지에 따라서(행 17장), 바울의 전도 설교의 구조와 강조점이 달라질 수 있는 것과 마찬가지로, 우리도 청중에 대한 이해도에 따라 우리가 의지하는 특정한 동기부여들을 사용할 수 있다.[10] 이것이 성경적 상황화의 강력한 예들이다. 결국 우리는 사람들에게 성경이 말하는 모든 것을 제시해야 한다. 그러나 카슨이 주장하듯, 청중의 마음을 열 수 있는 가장 효과적인 본문들과 접근법을 사용하는 것이 맞다.

복음과 상황화

신뢰할 만한 상황화란 오직 은혜에 의한, 그리고 오직 믿음을 통한 구원의 복음을 직접적으로 적용하는 것이라고 나는 믿는다. 바울은 갈라디아서 2장 14절에서 베드로에게 칭의의 복음을 사용했다. 바울은 베드로가 이방인 신자들을 문화적으로 품지 못하는 잘못을 비판했다. 우리가 보았듯, 복음은 두 가지 방향으로 움직여서 균형 잡히고 성경적인 상황화를 이루게 한다.

만일 우리가 종교("나는 순종한다 -그러므로 나는 인정받는다")의 기준에 따라 살면 교만으로 이어지고, 그 기준에 미흡하면 열등감으로 이어질 것이다. 그러나 복음은("나는 그리스도를 통하여 인정받았다 -그러므로 나는 순종한다") 우리를 겸손하고 담대하게 만든다. 이 두 태도들은 충성되고 건전한 상황화를 하는 데 있어서 매우 중요하다.

만일 우리가 문화의 인정을 너무 많이 받으려고 한다면(복음에 대한 확신이 부족한 것이다), 우리는 호감을 얻기 위해 그것과 타협하게 될 것이다. 또한 만일 우리가 속한 특정 문화를 너무 자랑스럽게 생각한다면(복음적 겸손이 부족한 것이다), 너무 경직되어 다른 것에 적용할 수 없는 사람들이 될 것이다. 오직 복음만이 우리에게 필요한 균형을 가능하게 한다.

상황화에 있어서 우리에게 복음이 필요한 주된 이유는, 우리가 기본적으로 항상 자신을 정당화시키는 존재라는 결함 때문에 중립적인 문화적 특성들을 도덕적 미덕으로 격상시키는 경향이 있기 때문이다.

몇 년 전 결혼식을 주례했었다. 신랑은 영미 문화권이었고, 신부는 중남미 문화권이었다. 결혼식을 시작할 시간이 다 되었는데, 당사자인 신부는 물론이고 신부의 가족이나 친구들도 거의 교회에 도착하지 않았다. 예정된 시간보다 45분이나 늦게 신부와 가족이 교회에 도착했다. 영미 쪽의 손님들은 이것이 얼마나 무례하고, 수준 낮고, 센스 없는 것인지 알기에 분노가 가득했다. 누군가 이렇게 말했다. "그럼 그렇지. 이 사람들은 안 된다니까." 중남미계 사람들이 보기에는 영미 사람들이 늘 그렇듯 엄격하고 깍쟁이 같으며 목표 중심적이고 관계성보다는 일정을 너무 신경 쓴다고 생각했다. 각각 자기 문화의 시간 감각을 도덕화한 것이다.[11]

복음은 위대한 겸손을 일으킨다. 은혜의 복음을 깨달아 마음이 새로워지면 더 이상 다른 사람 위에 군림하여 이용할 필요성을 벗어나게 된다. 리처드 러브레이스는 다음과 같이 기록했다.

> 그리스도 안에서 안전함을 누리지 못하는 사람들은 불안감을 채워 줄 영적 보완물을 찾아 나선다. 그들은 필사적인 탐색 끝에 자신의 능력이나 의의 조각들을 의지하기도 하지만, 대개는 자신의 민족이나 당파, 친숙한 사회적 계층, 교파, 그리고 자신의 문화를 자기 고양의 수단으로 삼는다. 자기 의심 위에 문화가 마치 갑옷처럼 덧입혀지는 것이다. 그러나 이것은 종종 육체의 포승줄이 되어 버리는데, 그리스도의 구원 사역에 대한 포괄적인 믿음이 없이는 결코 제거되지 못한다. 그리스도인들이 믿음을 사용하게 되면, 문화에 함몰되지 않을 수 있다. 자기 문화를 편안한 한 벌 옷을 입듯 하지 않게 된다. 원한다면, 문화적으로 다른 의복을 입을 수 있는 것이다. 이것이 고린도전서 9장 19-23절에서 바울이 제시하는 것이다. 다른 문

화에서 그리스도가 색다르게 빛나는 것을 보고 인정하고 존경할 수 있게 된다.[12]

그러나 우리를 상황화로 이끄는 것은 복음의 요청만이 아니다. 성경의 고상한 관점도 우리를 상황화로 이끈다. 왜인가? 우리는 오직 성경을 믿는다. 오직 성경만이 삶에 대해 최종적인 권위를 갖는다. 그리고 성경이 우리의 양심에 자유롭게 맡겨 놓은 영역에서는 문화적으로 유연해야 한다. 성경은 어떻게 옷을 입을지, 어떤 종류의 음악을 들을지에 대해 세부 사항을 지시하지 않았다. 따라서 우리에게는 성경적인 범위 안에서 옷과 음악을 문화에 적합한 모습으로 만들어 갈 자유가 있다.[13] 기독교의 많은 부분에 문화적으로 상대적인 영역들이 있음을 부인하는 것은 문화와 전통을 절대적인 수준으로 격상시키는 것이며, 이는 곧 성경을 낮추는 것이다.

프랜시스 쉐퍼는 종종 성경적으로 처방된 '형태'와 문화적 '자유' 간의 차이점에 대해 이야기했다. "교회의 형태와 관련하여 신약성경이 명하지 않는 것은 어떤 것이든지 성령님의 지도 아래 특정 시간과 장소에서 자유롭게 정할 수 있다."[14]

다음 장에서는 이 자유를 지혜롭게 사용하면서 복음 메시지의 실제적인 상황화를 어떻게 이룰 것인지 구체적인 단계들을 살펴보고자 한다.

토론과 성찰을 위한 질문들

1. 로마서 1-2장에 나타난 상황화의 기초는 무엇인가?

2. 다음 문장을 생각해 보라. "그리스도인들은 왜 비그리스도인들이 종종 도덕의 실천이나 지혜, 기술에 있어서 더 뛰어난지 이해하는 데 어려움을 겪을 것이다. 죄의 교리가 의미하는 것은 우리가 추구하는 바른 세계관만큼 우리가 선하지 않다는 것이다. 동시에 우리가 하나님의 형상을 따라 창조된 것과 일반 은총에 대한 교리는 우리에게 비신자들이 그들의 잘못된 세계관만큼 완전히 결함 있는 것은 아니라는 것을 상기시켜 준다."
일반 은총에 대한 이러한 이해를 통해서 본다면 문화에 대한 우리의 태도는 어떠해야 하는가? 이러한 인식을 통해서 우리는 어떻게 문화 참여에 균형적인 자세를 가질 수 있는가? '비판적 향유와 적절한 경계'의 균형을 이루기 위해서 어떤 종류의 관계성, 영적 훈련, 독서, 그리고 실천이 필요한가?

3. 고린도전서 1장에서 드러난 상황화를 위한 공식은 "복음을 각 사회의 기저에 있는 문화적 내러티브에 적용하는"(맞닥뜨려 완성하는) 것이다. 이는 반드시 부정적인 동시에 긍정적으로 이루어져야 한다. 각각의 문화에 있는 우상들과 맞서면서도 또한 문화의 열망들과 궁극적인 가치를 긍정적으로 부각시켜야 한다. 당신의 문화에 있는 우상을 한 가지씩 말해 보라. 바울이라면 사람들이 추구하는 그 우상의 헛됨을 어떻게 드러내겠는가? 또한 하나님이 본래 주신 열망들을 어떤 식으로 긍정하겠는가? 사람들이 깊이 갈망하는 것들에 대한 진정한 답이 오직 예수님 안에서만 발견된다는 점을 어떻게 설득하겠는가?

4. 이 장에서는 사람들이 하나님께 나아가도록 성경적으로 호소하는 여섯 가지 방법을 요약한다.

- 심판과 죽음에 대한 두려움
- 죄책감과 수치심의 짐에서 해방되려는 열망
- '진리가 지닌 매력'에 대한 감사
- 충족되지 않은 실존적 열망
- 문제 해결을 위한 도움
- 단지 사랑받기 원하는 마음

여섯 가지 방식들 중에서 어떤 것이 당신에게 가장 편안하고 자연스러운가? 가장 어려운 것은 무엇인가? 그 이유는 무엇인가? 이 모든 방법들을 능숙하게 사용하도록 도움을 주는 책이나 자료는 어떤 것이 있는가?

04
적극적 상황화의
실제적인 과정

◇◇◇

효과적인 상황화를 하려면 무엇이 필요한지 구체적으로 알아 보기 위해 '폭파'의 세계에 대해 예를 들어 보자. 만약 당신이 고속도로를 건설하기 위해 거대한 바위 덩어리를 제거해야 한다고 치자. 그렇다면 먼저 바위의 중심부에 작은 구멍을 뚫을 것이다. 그리고 구멍 속으로 폭약을 집어넣어 바위의 중심부에서 폭발시킬 것이다. 만일 구멍만 뚫고 폭발시키지 않으면, 바위 덩어리를 제거하지 못할 것이다. 반대로 구멍을 뚫지 않고 폭약을 바위의 표면에서 폭발시킨다면 그저 표면만 그을릴 뿐 바위는 그대로 남을 것이다. 폭발시키지 않고 구멍만 뚫는다거나, 구멍을 뚫지 않고 폭파만 시킨다면 둘 다 실패에 이르게 된다. 두 가지를 다 할 때만 바위를 제거할 수 있다.

문화 속에서 균형 있게 상황화를 하고 사람들에게 성공적으로 전도하기 위해서는 문화를 존중하고 공감하면서 문화 속으로 들어가야 한다(착암기로 바위를 뚫는 것과 비슷하다). 문화가 성경적 진리와 충돌하는 곳에서 문화에 맞서야 한다(폭약을 터뜨리는 것과 비슷하다). 이 두 가지 모두 필요하다. 우리가 단지 '터뜨리기만'(문화의 악한 요소들을 비난하기만) 한다면 전도하려는 사람들로 귀를 열어 듣게 하지는 못할 것이다. 우리의 메시지는 그들에게서 그 어떤 것도 끌어내지 못한 채 묵살되고 지워질 것이다. 담대하게 말하는 것을 미덕으로 생각할지 모르지만, 사실은 복음을 영화롭게 하는 데 실패하는 것이다. 가장 강력한 형태로 복음을 제시하지 못했기 때문이다.

다른 한편으로 우리가 단지 '뚫기'만(문화를 긍정하고 반영하며 사람들이 받아들일 만한 것만 이야기) 한다면 진정한 회심을 보기 어려울 것이다. 두 경우 모두 '바위를 치우지' 못한다. 감각적인 열린 마음으로 대화한다는 자부심은 느낄 수 있겠지만, 요점을 가지고 선지자적으로 말함으로써 복음을 영화롭게 하지는 못했다. 복음이 사람들에게 영향을 끼치는 것을 보려면 먼저 구멍을 뚫고, 폭발 시킬 때만 가능하다. 문화가 믿고 있는 타당한 가치들을 근거로 문화의 오류들에 맞설 때 복음의 영향력이 나타날 수 있다.

예를 들어 '만인 제사장'의 성경적 교리를 생각해 보자. 이 교리는 자유와 개인의 권리를 중시하는 서구적 개념과 잘 부합한다. 따라서 서구 교회는 평신도 사역의 중요성을 강조함으로 이러한 문화의 이야기 속으로 쉽게 '구멍을 뚫을 수' 있다. 하지만 서구 개인주의는 교회에 불건강한 영향을 미칠 수도 있다. 개인들이 교회의 권징을 거부하거나 교회 지도자들이 자신들의 삶을 향해 옳은 말을 할 때 거부할 수도 있기 때문이다. 이런 부분은 '폭발시키는' 작업이 반드시 필요한 영역이다. 하나님 말씀의 진리로서 현대 신앙의 개인주의에 맞서야 하는 것이다.

구멍을 내는 것과 폭발시키는 것은 문화에 대한 존중과 이해, 그리고 문화와의 대립이 모두 필요한 일이기에 만만찮은 작업이 된다.[1] 우리는 우리 문화의 포로가 되는 것(새로운 시대와 새로운 문화에 적응하기를 거부하는 것)과 세상 문화와 혼합되는 것(비성경적인 관점과 관습을 기독교 안으로 끌어들이는 것)을 모두 피해야 한다. 전자의 위험성은 문화에 대한 몰이해와 문화와의 무관함으로 가는 것이며, 후자의 위험성은 기독교의 정체성과 고유성을 상실하는 것이다.

그러면 우리는 어떻게 나아갈 것인가? 복음의 상황화에 관한 거의 모든 책과 기사들은 (나에게) 비현실적으로 다가왔으며 절망감을 안겨 주었다. 기독교 지도자들은 (1)상황화의 개념에 대해서 무지하거나 (2)순진하게 막연히 거부하거나, 아니면 (3)찬성하기는 하지만 어떻게 해야 할지 모른다. 그 결과 거의 모든 상황화가 수동적으로 일어난다.

이런 식으로 우리는 무의식적이고 비효과적인 여러 방식으로 복음을 문화에 적응시킨다. 하지만 보다 실제적이고 적극적인 방식이 필요하다. 우리는 모든 단계를 적극적으로 대하며, 상상력을 발휘하여 용기 있게 임해야 한다.

그렇다면 이 단계들은 무엇인가? 적극적인 상황화는 세 부분의 과정을 거친다. 문화 속에 들어가는 것, 문화에 맞서는 것, 청자에게 호소하는 것이다. 이 세 부분은 단계로서 볼 수도 있지만, 서로 중복되기도 한다.[2]

앞으로 이 세 단계를 차례로 다룰 때, 이제까지 상황화에 대해 살펴본 모든 것들이 적용될 것이다. 우리는 앞서 살펴본 것처럼 우리의 추정과 절차를 계획적으로 생각해야 하며, 균형의 필요성을 주지해야 하며, 상황화의 성경적 양상에 충실해야 한다.

문화 속에 들어가 적응하기

적극적인 상황화에서 첫 번째 단계는 전도하려고 하는 청중을 이해하는 것이다. 우리는 최대한 그들과 폭넓은 공감대를 형성해야 한다. 이 작업의 시작점은 그들의 사회적, 언어적, 문화적 현실에 최대한 정통해지기 위해서 근면하게 노력하는 데 있다. 그들의 희망과 두려움, 반대나 신념들을 표현하는 법을 배우고, 그들이 생각하기에 그들보다 더 선명하게 그들의 의견을 이해하는 것이다.

프랜시스 쉐퍼는 1976년에 열린 로잔회의 연설('두 내용, 두 현실')에서 건전한 교리의 중요성을 강조했다. 그러나 그는 곧 이어 이 교리가 "정직한 질문에 대한 정직한 답변"의 형태로 소통되어야 한다고 주장했다. 진리는 진공 속에서 선포될 수 없다. 진리는 특정한 사람들의 질문들에 대한 답변으로써 선포되어야 한다. 이것이 문화를 이해한다는 말이 지닌 의미다. 그는 다음과 같이 적고 있다.

> 그리스도의 주재권은 모든 영역 위에 있다. 여기에는 영적인 것뿐만 아니라 지성이나 창조성, 그리고 문화적인 것들도 포함된다. 기독교는 우리에게 이 세대의 질문들을 알아볼 만큼 넉넉한 연민을 요구한다. 질문에 답하는 것은 고단한 일이다. … 동정심을 갖고 경청하는 것부터 시작하라.[3]

질문에 귀를 기울이라는 강조점은 상황화에서 매우 중요한 요소이다. 교회가 '신앙고백'을 작성할 때, 그것은 단순히 성경의 가르침을 받아 적는 것이 아니다. 고백문은 그 교회가 묻는 여러 가지 질문들에 대한 성경의 답변들을 모아서 기록하는 것이다. 어떤 질문들은 모든 사람이 성경에 던지는 것들이다. 그러나 요청할 수 있는 모든 질문을 정직하고 유효하게 묻는 개인이나 그룹은 없다. 개별 교회의 질문들은 그들만의 경험이나 사회적 지형, 역사적 배경, 문화적 상황에 따라 달라진다.

선교학 교수인 하비 콘은 종종 미국과 유럽의 선교사들이 한국의 새로운 장로교 신자들에게 웨스트민스터 문답을 신앙고백으로 채택하도록 지도했던 예를 들곤 했다. 웨스트민스터 신앙고백은 17세기 영국에서 작성된 것이기 때문에, 놀라울 것도 없이 조상이나 부모, 조부모를 어떻게 섬길 것인지에 대한 내용은 별로 없다. 그렇지만 한국 문화에서는 가족에 대한 존중과 조상 예배에 대한 내용이 다른 무엇보다 중요한 자리에 있다. 그리스도인으로 살기 원하는 한국인들은 성경이 가족에 대해서 어떻게 가르치는지 알아야 했다. 그러나 웨스트민스터 고백서를 만든 사람들은 이러한 주제에 대해 성경이 뭐라고 말하는지 묻지 않았다. 대부분의 아시아 성도들에게 필요한 구체적인 수준까지 들어가지 못한 것이다.[4]

만일 20세기 한국인들이 자신들의 신앙문답서를 작성한다면, 17세기 영국인들이 묻지 않았던 여러 가지 질문들을 던질 수 있을 것이다. 그럼으로써 영국인들에게는 사실상 보이지 않던 많은 진리들을 성경으로부터 배우게 될 것이다. 그러나 칸 교수의 의견에는, 한국인들이 이러한 상황화 작업을 하지 않았으며, 권위와 가족에 대한 사회 문화적 관점들을 성경의 빛으로 살펴보지 않고, 많은 경우 무비판적으로 수용했다고 말한다.

물론 한국인의 신앙고백이나 남미 사람의 신앙고백이 영국인의 신앙고백 또는 더 오래된 신앙고백들과 모순될 것이라는 이야기는 아니다. 인류가 성경에 던지는 질문들은 공통적인 부분들이 많기 때문에 상당한 공통점이 있을 것이다. 그렇지만 다른 문화와 다른 시대는 다른 종류의 질문들을 요구한다. 모순되지 않으면서 서로 다른 맥락을 가진 신앙고백들이 존재할 수 있다는 것이다. 그것들은 다 성경적으로 탄탄한 것일 수 있다.

문화 속으로 어떻게 들어갈 것인가

그러므로 상황화의 첫 번째 작업은 문화가 던지는 질문들과 희망들, 신념들 속으로 당신이 들어가는 것이다. 그래서 그 질문들에 대해 성경적이고 복음 중심의 대답들을 주는 것이다. 바울이 아테네에서 철학자들에게 설교할 때, 그는 그들이 섬기는 예배의 대상들을 주의 깊게 조사하고 밝히는 것으로 시작했다(행 17:23). 우리도 바울과 똑같이 해야 한다. 특정 문화의 질문들과 신념들에 친숙해지는 몇 가지 방법들이 있다. 그중 하나는 외부 전문가(대부분의 경우 학자들이다)의 도움을 받는 것이다.

내가 북부 출신이었기 때문에, 남부 버지니아의 호프웰에 목사로 부임했을 때 그들의 문화 역사를 읽는 것이 매우 중요했다. 특히 남북전쟁과 인권 운동의 역사가 요긴했다. 뉴욕 시로 와서 사역을 시작할 때는, 1980년대 맨해튼의 당대 정신을 알 수 있는《허영의 모닥불》같은 소설과 더불어 뉴욕의 인구 통계에 관한 연구 자료들을 많이 읽었다.

궁극적으로 학습에 필요한 가장 중요한 자료는 사람들에게 가까이 다가가 그들의 말에 귀를 기울이고 더불어 많은 시간을 보내는 것이다. 뉴욕 시에서 사역을 시작하던 초창기에 나는 매 주일, 아침 예배와 저녁 예배에서 설교를 했다. 뉴요커들은 모이기를 좋아한다. 그들은 각각의 설교가 끝난 다음에 자신이 들은 설교에 대해 솔직한 의견들을 말했다.

나는 그들과 약속을 잡아서 좀 더 길게 토론하는 시간을 가졌다. 매주 열다섯 명 내지는 스무 명의 사람들이 설교에 대한 피드백을 나누었다. 믿음을 가진 성도들은 많은 비그리스도인 친구들을 데리고 왔다. 그래서 성숙한 성도든, 의구심을 가진 사람이든 간에 다양한 배경을 가진 사람들이 내 설교에 어떻게 반응했는지를 들을 수 있었다.

그들의 말에 귀 기울이면서, 나는 네 가지 범주의 반응들을 보았다. 어떤 사람들은 내가 말한 것이 그들에게 혼란을 주었다고 했다. 어떤 사람들은 자신의 마음이 감동되었고 도움이 됐다는 말들을 했다. 또 어떤 이들은 자기를 분노하게 한 것들에 대해 말했다. 이 마지막 범주는 둘로 나뉠 수 있다. 한 부류는 명확하고 축소될 수 없고 성경적이며 복음적인 진리 때문이었다. 다른 부류가 화가 난 것은 그들이 갖지 않은 신념을 내가 가정했기 때문이고, 그 논점을 분명히 표현하지 못하거나 근거를 제시하지 못했기 때문이었다. 달리 말해 나는 청중에게 세심하게 말할 만큼 그들의 신념이나 두려움, 편견들을 충분히 알지 못했던 것이다. 불필요하게 그들을 화나게 했던 것이다.

시간이 흐르면서 이 만남들은 나의 설교 준비에 깊은 영향을 끼쳤다. 성경을 연구할 때 새로이 알게 된 교우들의 질문들과 반대들이 여전히 귀에 울리면서, 전에는 보이지 않던 본문의 새로운 의미들과 적용들이 보이기 시작했다: 지난주에 만났던 회의론자가 생각나면서, "이것이 바로 그녀가 불평하던 것이구나!" 또는 "이것은 그의 질문에 답을 주고 있어!" 하는 순간들이 생겼다.

우리 지역에 있는 사람들의 목회적 필요들을 깊이 알고 전도의 현장에 계속 참여하는 것보다 더 중요한 것은 없다. 우리가 그들의 삶과 질문, 걱정에 깊이 관여하게 되면, 성경을 연구하고 설교를 준비할 때 하나님이 그 질문에 대한 답들을 주시는 것을 발견할 것이다. 우리가 문화 속에서 살아가며 사람들과 벗이 된다면 상황화는 자연스럽고도 유기적으로 일어나게 된다. 우리의 삶과 목회에서 만나는 사람들을 통해서 더욱 풍성하게 일어날 것이다.

문화 속에서 무엇을 보아야 하는가

소통이 상황화된다는 것은 청중의 '개념성'(conceptuality)에 적응한다는 것이다. 곧 우리가 사용하는 예시는 사람들의 세계에서 나온 것이어야 한다. 감정 표현의 정도는 사람들이 편하게 느끼는 범위 안에서 이루어져야 한다. 질문과 이슈들은 그들에게 잘 다가오는 것들이어야 한다. 인용되는 사람들은 그들에게 존경받는 사람들이어야 한다.[5] 이처럼 상황화된 복음 소통은 사람들을 설득하고 호소하고 논증하는 방식으로 문화에 적응할 것이다.

선교학자 데이비드 헤셀그레이브(David Hesselgrave)는 세 가지 논증의 방식에 대해 말한다. 그리고 개념적(또는 '서구적'), 구체적/관계적(또는 '중국적'), 그리고 직관적(또는 '인도적')으로 명명한다.[6] 그가 제시한 범주를 나는 다음과 같이 정리했다.

- 개념적 논증: 사람들은 분석과 논리를 통해 의사 결정을 하고 확신에 도달한다. 여기에는 전제를 세운 후 결론을 도출하는 삼단논법이 포함된다.
- 구체적/관계적 논증: 사람들은 관계성과 훈련을 통해 의사 결정을 하며 확신에 도달한다. 이들은 자신이 속한 공동체가 믿는 것을 믿는 경향이 있다. 이들은 또한 실제적인 삶에 관심이 많다. 이들은 어떤 원리가 "어떻게 작동되는지" 봐야만 믿으려 한다.
- 직관적 논증: 사람들은 통찰과 경험을 통해서 의사 결정을 하고 확신에 이른다. 직관적인 사람들은 논증을 통한 증명보다는 이야

기와 서사가 더 설득력 있으며 이것이 마음에 변화를 일으킨다.

설득의 어느 한 가지 방법이 다른 방법들보다 내재적으로 더 뛰어난 것은 아니다. 이 모든 방법들은 하나님을 아는 지식에 가까이 가기도 하고 멀어지기도 한다. 개념적인 사람은 우리가 하나님의 존재하심을 증명해야 한다고 주장한다. 직관적인 사람은 느낌에 따라 헌신의 여부를 결정한다. 실제적인 사람은 진리에 대해서는 그다지 신경 쓰지 않으며 오직 결과에만 초점을 맞춘다. 그렇지만 성경은 이 모든 세 가지 논증을 다 사용한다. 우리가 문화 속으로 이미 들어갔다면, 이 접근법들과 여기서 파생된 다양한 방법들 중에서 어느 것이 우리가 전도하려는 문화의 사람들에게 가장 효과적인지를 분별하기 시작할 것이다.

예를 들자면, 대개 교육을 덜 받은 사람들은 교육을 받은 사람들보다 더 구체적이고 직관적이다. 서구 사람들은 비서구 사람들보다 훨씬 합리적이고 개념적이다. 그러나 문화는 단순히 구분할 수 있는 것보다 훨씬 복잡하다. 넓은 범주 안에서도 세대 간, 지역 간에 차이가 존재한다.

18세기의 목회자 겸 학자였던 조나단 에드워즈는 설교 사역의 대부분을 노스앰튼(Northampton)의 회중 교회에서 했다. 이곳은 매사추세츠 주 서부에서 가장 중요한 지역으로 교회는 늘 많은 유력 인사들로 붐볐다. 하지만 그가 회중에게서 쫓겨나 매사추세츠의 스톡브리지(Stockbridge)로 갔을 때, 그곳은 미국의 변방이라 많은 인디언들이 포함된 회중에게 설교해야 했다.

에드워즈의 설교는 극적으로 달라졌다. 물론 설교의 내용도 아주 단순해졌다. 그는 논점의 수를 줄였고, 기본적인 신학 개념을 정리하는 데 공을 들였다. 이에 더해, 자신의 논증 방법에도 변화를 주었다. 그는 더 많은 이야기들과 예화들, 비유들을 사용했다. 서사와 직관을 더 많이 사용하고 삼단논법의 논증은 덜 사용했다. 그는 바울 서신을 설교하기보다는 예수님의 생애와 관련한 이야기를 더 많이 설교했다.[7]

문화 속으로 들어가기 위한 또 하나의 중요한 작업은 그 문화의 지배적인 세계관, 즉 신념 체계들을 분별하는 것이다. 상황화된 복음 사역을 할 때 그 문화의 신념들 중에서 훌륭한 것들은 긍정해야 하기 때문이다. 문화 속으로 들어갈 때, 우리는 두 종류의 신념을 찾아낼 것이다.

첫 번째를 A신념이라고 하겠다. 이것은 사람들이 이미 붙들고 있는 신념이다. 하나님이 주신 일반 은총 덕분에 성경적 가르침의 일부를 대략적으로 이미 수용하고 있는 부분들이다. 사람들은 A신념이 있기 때문에, 성경적 가르침(A교리)이 어느 정도 타당하다고 받아들일 준비가 되어 있다. 하지만 우리는 B신념도 찾아내야 한다. 이것은 '반박'(defeater) 신념이라고 불리는 것인데, 기독교 진리가 타당하지 않거나 불쾌하다고 생각하게 만드는 그 사회 문화의 신념들이다. B신념들은 이른바 B교리가 만나는 곳에서 기독교 진리와 배치된다.

첫 번째 단계에서는 A신념을 정확히 확인하는 것이 중요하다. 이것은 하나님이 일반 은총을 통해 그 문화에 허락하신 지혜와 진리에 대한 증거들이다. A신념은 문화마다 다르므로 우리는 주의 깊게 경청해야 한다. 확실한 예를 하나 들자면, 맨해튼에서는 한쪽 뺨을 맞았을 때 다른 쪽 뺨을 들이대는 것은 환영을 받는다(A신념). 그러나 성경이 성에 대해 말하는 바는 거부한다(B신념). 중동에서는 이와 정확히 반대이다. 다른 뺨을 돌려대는 것은 불의하고 비현실적인 것으로 받아들여진다. 그러나 성에 대한 성경의 금지 사항들은 수긍된다.

복음 소통에 있어서, 우리는 사람들이 쉽게 긍정할 수 있는 교집합의 신념을 피력함으로써 그들의 문화 속으로 들어간다. "여러분의 문화에 이런 것이 있지요? 잘 알려진 신념 가운데 이런 것이 있지요? 성경도 똑같은 것을 이야기합니다. 훨씬 더 강력하게, 훨씬 명확하게 말입니다."

바울이 아테네에서 연설했을 때 그는 이 방법을 사용했다. 이방인 시인의 말을 인용해서 하나님의 창조와 섭리에 대해 말한 것이다(행 17:28). 우리도 이런 식으로 회중의 마음에 성경의 지혜에 대한 존경심을 만들 수 있도록 충분한 시간을 할애해야 한다.

가족 관계나 공동체에 높은 가치를 두는 문화에서는 가족에 대한 강력한 성경적 가르침을 제시해야 한다. 개인적 인권과 정의를 강조하는 문화에서는 인권의 역사적, 논리적 토대로서 하나님의 형상에 대한 성경적 가르침을 제시해야 한다. 이처럼 A신념과 교리를 긍정하기 위해서 많은 주의를 기울여야 하는 이유 가운데 하나는 그것이 우리가 문화와 맞설 수 있는 전제가 되며, 도약 지점이 되기 때문이다.

문화에 들어가 그 문화에 대해 확인하는 것을 멈추지 않도록 명심하라. 이것은 한번 하고 지나가는 '단계'가 아니다. 언제나 존중과 공감을 표현하라. 문화에 맞서거나 비판할 때도 언제나 이렇게 말하라. "여러분들이 이에 대해 불편해 할 것이라는 건 압니다만." 당신이 이해하고 있음을 보여 주어라. 사람들이 비록 당신의 말에 동의하지는 않더라도 어떤 이슈에 대해서건 당신과 이야기하고 싶은 사람이 되도록 하라.

문화에 직면하여 맞서기

앞서 보았듯이, 바울의 전략은 헬라인의 지혜 사랑과 유대인의 능력 사랑을 단순히 비난하는 것이 아니었다. 오히려 그는 그들이 실패할 수밖에 없는 방식으로 그것들을 추구하고 있음을 보여 주었다. 능력에 가치를 두는 것은 (유대인들이 그렇듯이) 좋은 것이었다. 그러나 그리스도 없이 힘을 추구하는 것은 약함으로 귀결된다.

이는 데이비드 포스터 월리스가 날카롭게 지적한 바 있다. 그러나 그리스도의 약하심은 진정한 힘을 가져온다. 바울은 단순히 문화의 열망들을 무시하지 않았다. 오히려 그는 그것들을 긍정하면서도 사람들 마음속에 있는 내적인 모순들을 드러내는 것으로 이에 맞섰다. 이것이 바로 문화와 맞서기 전에 먼저 문화 속으로 들어가야 하는 이유다. 문화에 대한 우리의 비판은 사회 문화적 신념들과 가치들 가운데 우리가 긍정할 수 있는 근거 위에서 이루어져야 설득력을 갖춘다. 우리는 사람들이 믿고 있는 바른 것들을 토대로 해서 잘못된 것들에 맞서야 한다.

앞에서 말했듯, 모든 문화마다 그리스도인의 신념과 교차되는 지점들이 어느 정도씩 있다. 이러한 그리스도인의 신념(A교리)은 문화의 구성원들에게 상당한 공감을 이끌어낸다. 반면 기존 문화와 다른 것들은 꽤나 불편하다(B교리)[8]. 문화의 A교리와 B교리를 어떻게 구분할지 배우는 것은 아주 중요하다. 이것을 아는 것이 문화에 강력한 도전을 던지는 열쇠가 되기 때문이다. 문화를 변혁시키는 일은 우리가 A교리에 근거해서 곧바로 B교리의 논거를 제시할 때 가능해진다.

이와 관련된 좋은 예가 있다. 우리 모두가 알고 있듯이 통나무는 뜨고 돌은 가라앉는다. 그런데 여러 통나무를 줄로 묶고 그 위에 돌들을 올려놓으면 통나무와 돌을 모두 강 저편으로 이동할 수 있다. 만약 돌들만 묶어서 통나무 위에 올려놓는다면, 돌들은 가라앉고 통나무들은 흩어질 것이다. 우리는 항상 나무 위에 돌을 올려놓아야 한다. 반대로는 안 된다. 이와 마찬가지로 A교리 위에 B교리를 올려놓아야 한다. 각각의 문화들은(우리 문화도 포함된다) 진리의 어떤 부분은 쉽게 이해하지만 진리의 모든 부분에서 그런 것은 아니다. 우리는 성경적 진리가, 그것이 하나님으로부터 왔기에, 그 자체로 일관성 있고 논리적이라는 것을 안다.

우리가 A와 B교리라고 부르는 것들은 모두 참이며 상호의존적이며 서로서로 연결되어 있다. 대척이 발생하는 것은 각각의 문화에 심각한 비일관성이 존재하기 때문이다. 이 때문에 어떤 성경 진리에는 쉽게 동의하고 다른 것에는 그렇지 않다. 어떤 문화의 사람들이 A신념들을 갖고 있는데, B신념들은 반대하는 것은 일관성이 없는 것이다. 왜냐하면 성경은 하나님의 계시한 진리로서 언제나 일관성이 있기 때문이다. 그러한 비일관성은 문화가 어떤 지점에서 취약한지를 잘 보여 준다.

바울은 아레오바고에서 이런 식으로 논증했다(행 17장). 사도행전 17장 28절에서 바울은 이방인의 글들을 인용해서 하나님께서 모든 존재와 생명의 근원이시라는 생각을 가르친다. 29절에서 바울은 이렇게 말한다. "이와 같이 하나님의 소생이 되었은즉 하나님을 금이나 은이나 돌에다 사람의 기술과 고안으로 새긴 것들과 같이 여길 것이 아니니라."

바울이 "주님"이라고 칭하지 않았고, 무에서의 창조를 말하지 않았음을 주목하여 보라. 이런 단어들은 성경과 이방 신념 사이의 차이를 부각시키는 것들이다. 대신에 바울은 논거를 위해서 듣는 이의 신념과 성경 사이의 유사점을 강조한다. 그러나 바울은 그들을 향해서 이와 같은 주장을 한다.

> 만일 우리가 신에 의해 지음을 받았다면, 어떻게 우리 손으로 그분을 만들 수 있겠는가? 그리고 우리가 만든 형상과 성전을 통해 우리 식으로 예배할 수 있겠는가?

바울은 그들의 신념이 그들이 가진 전제에 근거했을 때 잘못된 것임을 보여 준다. 그는 우상 숭배가 이방인들이 신에 대해 가진 이해와 불일치한다는 것을 보여 준다. 실제로 그는 "만일 당신이 신에 대해 A신념을 가지고 있다면 -그것은 맞는 신념이다- 그럼 어떻게 B신념을 가질 수 있는가?"라고 묻는다.

데이비드 피터슨은 사도행전 주석에서 이와 같은 결론을 내린다. "바울의 비평은 철학자들이나 시인들과 타협점을 찾기 위해서 너무 많이 나간 것처럼 보이지만, 사실 그의 전제들은 플라톤주의나 스토아학파에서 나온 것이 아니라, 분명히 구약성경에서 도출된 것이다."[9]

이것은 우리가 어떻게 문화에 맞서 그들을 신실하게 설득할지를 보여 준다. 우리의 전제는 모두 성경에서 도출되어야만 한다. 그럼에도 우리는 문화의 신념들 가운데 그나마 참된 것을 찾아서 우리의 비판을 세우는 데 사용해야 한다. 우리는 이런 식으로 말할 수 있을 것이다. "당신도 알다시피 A신념을 가지고 있지요? 성경도 동일한 것을 이야기합니다. 우리도 거기에 동의합니다. 그런데 만일 A가 참이라면 왜 B를 믿지 않습니까? 성경은 B도 가르칩니다. A가 진리라면, B를 부인하는 것은 옳지도, 타당하지도, 일관적이지도 않습니다. 만일 당신이 이것을 믿는다면, 저것도 믿을 수 있을 것입니다."

우리는 현실에 대한 문화적 신념들과 가정들 안에 들어 있는 비일관성을 드러낸다. 그리고 성경의 권위를 가지고 문화의 한 부분이 다른 부분을 비판하도록 해야 한다.[10] 문화 안에서 우리가 긍정할 수 있는 것들에 근거하여 잘못된 것을 비판할 때 사람들을 설득하는 힘이 나오는 것이다.

하나님의 사랑과 심판

나는 몇 년 전 한국에서 윤락녀들을 대상으로 사역했던 한 선교사와 이야기를 나눈 적이 있다. 그는 그 사회 여성들이 하나님이 그들에게 은혜를 베푸신다는 생각 자체를 받아들이지 못하는 것을 발견했다. 그들의 자기혐오는 매우 심각했다. 선교사가 아무리 많이 예수님의 용서 이야기와 하나님의 사랑과 은혜에 대한 말씀을 가르쳐도 소용이 없었다. 마침내 그 장로교 선교사는 혁신적인 생각을 떠올렸다. 그는 비기독교인 아시아 윤락녀들에게 예정 교리를 가르치기로 결심했다.

누가 믿을지 하나님이 미리 예정하시고 선택한다는 성경 구절을 부인하는 사람은 없다. 다만 이 구절들이 정확히 무슨 의미인지에 대해서는 많은 논쟁이 존재한다. 서구의 평등적이고 민주주의적인 문화에서는 하나님의 주권과 섭리는 분명히 B교리이다. 서구인들은 하나님이 역사를 주관하고 계심을 가르치는 성경의 구절들을 좋아하지 않는다. 하나님이 영생을 주기 위해 선택하신 사람들의 마음을 여신다는 부분도 마찬가지이다(행 13:48; 16:14). 그래서 복음을 나눌 때 우리는 이런 교리를 애써 회피한다. 서구권에서 예정은 B교리 정도가 아니라 C교리이다!

이 선교사는 20세기 중반의 한국에서는 다르다는 것을 알았다. 그래서 윤락녀들에게 왕이신 하나님에 대해 말했다. 그는 왕은 자기 뜻대로 행동할 권리가 있다고 말했다. 왕은 다스리는 분이며 이 위대하고 신성한 왕은 인류 가운데 자기를 섬길 사람들을 선택하기로 결정한다. 이것은 단지 그의 주권적 의지이다. 그러므로 백성은 왕의 뜻 때문에 구원을 받는 것이지, 삶의 질이나 자신이 성취한 무엇 때문에 구원받는 것이 아니다.

이것은 그녀들에게 통했다. 권위를 가진 인물이 이렇게 행하는 것을 받아들이는 데 아무런 문제가 없는 것이다. 그들에게 이 교리는 아주 자연스럽고 옳아 보였다. 이것이 의미하는 것은 사람들이 구원을 받을 때 그들의 배경이나 공로, 노력에 의해서가 아니라, 하나님의 뜻에 의해서 된다는 것이다(요 1:13 참조).

그들이 이 신념을 받아들였을 때, 은혜에 의한 구원을 이해하고 믿는 가능성이 열리게 되었다. 그들은 내 친구인 선교사에게 질문했다. 그것은 서구의 비그리스도인이라면 결코 묻지 않는 질문이었다. "내가 선택을 받았는지 어떻게 알 수 있나요?" 그는 대답하기를, 그들이 복음을 들으면서 복음을 받아들여 믿고 싶다면, 그것이 성령님께서 그들의 마음에 일하고 계시며, 하나님께서 그들을 찾고 계신 표지라고 말했다. 그들 중에 몇 명이 받아들였다.

이 선교사는 A신념과 B신념을 분별해 내어 전자의 기초 위에 후자를 세운 것이다. "당신이 전능하신 하나님을 믿는다면, 당신이 행한 것에 의해서가 아니라 은혜에 의해 구원받을 수 있다는 것을 왜 못 믿습니까?"

이런 종류의 논증에 관한 전형적인 예는 C. S. 루이스가 영국 독자들을 향해 질투하시는 거룩한 하나님을 받아들일 것을 호소한 데서도 발견된다.

> 하나님이 사랑이시라면, 단순한 친절을 넘어서는 분임이 분명합니다. … 그는 가장 깊고 가장 비극적이며 가장 불가항력적인 의미에서 우리를 사랑하셔서, 황송할 정도로 극진한 대접을 해주셨습니다. … 어떤 여자를 사랑하게 되었을 때, 그녀가 깨끗하든 더럽든 아름답든 추하든 신경 쓰지 않게 됩니까? 오히려 그제야 비로소 그런 점들에 신경을 쓰게 되지 않습니까?
> 하나님은 두렵고도 놀라우며 참된 의미에서 우리를 사랑의 대상으로 삼으셨습니다. 여러분은 사랑의 하나님을 만나고 싶어 했습니다. 그 하나님이 여기 계십니다. … 꾸벅꾸벅 졸면서 여러분이 그 나름대로 행복해지기를 바라는 연로한 할아버지의 인자함이나 양심적인 치안판사의 냉담한 박애주의, 손님 대접에 책임감을 느끼는 집

주인의 배려로서가 아니라, 소멸하는 불로서, 세상을 창조해 낸 사랑으로서, 작품을 향한 화가의 사랑처럼 집요하고 자식을 향한 아버지의 사랑처럼 신중하고 숭고하며 남녀의 사랑처럼 질투할 뿐 아니라 꺾일 줄 모르는 철두철미한 사랑으로서 여기 계십니다. 어떻게 이런 일이 가능한지 저는 모르겠습니다. 피조물이, 더욱이 우리 같은 피조물이 창조자의 눈에 그토록 엄청난 가치를 지니는 이유를 인간의 이성으로는 설명할 길이 없습니다. 이 부담스러운 영광은 우리가 감히 받을 자격도 없고, 어쩌다 은혜가 임하는 순간이 아니면 감히 바랄 수도 없는 것임이 분명합니다.[11]

루이스가 자신의 문화와 어떻게 대면했는지 주목하라. 그는 서구 사람들이 붙잡고 있는 A교리를 확립한다. 곧 신이 있다면, 그분은 사랑의 신이라고 포석을 깐다. 그의 논증은 하나님이 정말로 우리를 사랑한다면 화도 내실 것이라는 것이다. 그분은 사랑하는 사람들을 해치는 것이라면 무엇이든 대적하셔야 한다. 어떤 사람은 "나는 사랑의 하나님은 믿지만, 죄에 대해 진노하는 하나님은 믿지 않아"라고 말한다. 그러나 루이스는 우리를 진정으로 사랑하시는 하나님을 믿는다면, 죄에 대해 진노하시는 하나님도 믿어야만 한다고 논증한다.

우상 숭배로서의 죄

내가 처음 맨해튼에서 사역을 시작했을 때, 그곳에서 기독교의 죄 개념에 대한 문화적 알레르기 반응을 접하게 되었다. 그럼에도 우상 숭배에 관한 성경의 광범위한 가르침을 전했을 때 사람들을 가장 많이 이끌어 낼 수 있었다. 나는 죄를 "여러분의 삶의 의미를 하나님 아닌 다른 것 위에, 비록 그것이 아주 좋은 것일지라도 세우는 것"이라고 설명했다. 삶을 어디에 건설하든지 그것은 우리의 열정과 선택을 빼앗아갈 것이고 우리는 그것의 노예가 될 것이라고 설교했다. 나는 종종 어거스틴이 그의 고백록에서 죄를 '고장(disorder)난 사랑'이라고 표현한 것을 언급했다. 예를 들어, 우리가 진리보다 자신의 평판을 더 사랑한다면, 거짓말을 할 가능성이 커진다. 또는 우리가 가족보다 돈을 더 사랑한다면 승진 때문에 자녀들을 소홀히 하게 될 것이다. 고장난 사랑은 언제나 불행과 붕괴로 귀결된다. 우리의 사랑을 '고치는' 유일한 길은 하나님을 지극히 사랑하는 것이다.

이 접근법은 젊고 세속적인 직장인들에게 두 가지 이유에서 아주 효과적이었다. 첫째, (잠깐이라도) 포스트모던한 사람들의 문화적 다양성에 대한 감수성을 중화시켜 주었다. 당신이 그들에게 "죄는 하나님의 법을 어기는 것입니다"라고 말하는 순간, 그들은 이렇게 반박할 것이다. "네, 그렇지만 문화가 다르고 시대가 다르면 도덕 기준도 달라집니다. 모든 사람은 서로 다른 기준을 갖고 있습니다!"

물론 포스트모던한 사람들도 결국에는 진리에 대한 그들의 순진한 관점을 재고해야 한다. 그러나 우상 숭배의 개념은 어떤 철학적인 이슈를 논하지 않으면서도 그들이 그리스도를 필요로 한다는 점을 강하게 느끼게 하는 데 큰 도움이 된다.

우상 숭배의 개념은 그들로 하여금 자신들이 가진 집착이나 두려움,

중독, 도덕의 결여, 타인에 대한 시기심, 그리고 분노 등을 적절하게 이해하게 한다. 그들이 오직 하나님 안에서 찾을 수 있는 구원을 그들의 직업과 로맨스에서 추구하고 있었음을 말해 주는 것이다. 더욱 중요한 것은, 이 접근법은 받아들일 수 있는 A교리에 기초해서('당신은 자유로운 존재로 창조되었다') B교리를 ('당신은 하나님 앞에서 죄인이다') 지지하는 시범 케이스가 된다.

서구 사회에서 이전의 세대들은 선한 사람이 되는 것이 가장 중요하다고 믿었다. 오늘날에는 그 가치들이 바뀌어 지금의 문화적 서사는 우리에게 자유로운 사람이 되는 것이 가장 중요하다고 말한다. 우상 숭배에 대한 성경의 주제는 바로 이 지점에서 현대인들과 만난다. 역설적으로 그들이 하나님을 섬기지 않으면 그들은 자신들이 원하는 대로 자유로울 수도, 자유롭게 될 수도 없다.

구약의 선지자들로부터 바울에 이르기까지(바울은 사도행전 17-20장에서 이렇게 했다), 그리고 그 이후에도 기독교 신학자들과 주석가들은 종종 우상 숭배 범주를 사용해서 문화 비판을 했다. 예를 들어 미국에 관해 쓴 알렉시스 드 토크빌(Alexis de Tocqueville)의 유명한 책에서는 미국인들이 어떻게 풍요로움이 많은 행복을 가져다주리라 믿게 되었는지 주목하고 있다. 그러나 그런 희망은 환영에 불과하다고 토크빌은 주장했다. 왜냐하면 "이 세상의 불완전한 기쁨은 결코 [인간의] 마음을 채우지 못하기" 때문이다.[12] 결과적으로 그는 "풍요의 한복판에서 민주주의 시민들 사이에 감도는 수상한 우울"에 대해서 말한다.[13] 물론 이 우울함은 필연 실망으로 종결되는 우상 숭배의 쓴 열매이다. 거짓 신들은 결코 그들이 약속한 것을 주지 않는다.

우리는 이미 데이비드 포스터 월리스의 강렬한 통찰력을 살펴보았다.

> 하루하루 이어지는 삶의 참호 속에는 무신론 같은 것은 존재하지 않는다. 예배 없는 삶도 없다. 누구나 예배한다. 유일한 선택이란 무엇을 예배할 것이냐이다.[14]

월리스는 그리스도인이 아니었지만 그의 증언은 그 무엇보다 힘이 있다. 먼저 그는 성경적 가르침(종교적 인간 - 인간은 예배하는 존재이다)이 참이라고 주장한다. 이것은 강력한 폭로이다.

대부분의 사람들은 이렇게 생각한다. "나는 좋은 작가가 되기 위해서 단지 열심히 일하는 것이다. 나는 단지 나를 사랑해 줄 누군가를 찾을 뿐이다. 나는 몸을 잘 관리하기 위해서 열심히 운동할 뿐이다. 나는 정치에서 무엇인가 이루려 할 뿐이다. 경력을 잘 쌓고 싶을 뿐이다. 미래를 위해서 돈을 좀 더 벌려고 할 뿐이다." 그러나 월리스는 봐주지 않는다. 그는 이 모든 활동들을 '예배'라고 부른다. 우리가 인정하지 않을지라도 말이다.

그리고 나서 월리스는 하나님이 아닌 어떤 피조물을 예배하는 것은 영혼의 황무함으로 이어진다는 것을 보여 준다. "어떤 종류의 신이나 영적 대상을 예배하기로 선택할 수밖에 없는 이유는 … 아마도 당신이 무엇을 예배하든 그것에게 산 채로 삼켜질 것이기 때문이다."[15] 우리가 하고 있는 무엇이 예배라는 것을 깨닫기 전에는, 그것에 의해서 산 채로 삼켜질 것이다. 우리는 이유를 모른 채 막연히 자유가 없고 불행하다고 느낄 것이다.

나는 우상 숭배라는 용어로 삶을 지배하는 것들을 묘사할 때, 포스트모던한 사람들이 많은 저항을 하지 않는다는 것을 발견했다. 그들은 재빨리 때로는 부끄러워하면서 자신들이 실제로 그러하다는 것을 인정한다. 마음의 우상 숭배라는 성경의 메시지가 그들의 문화적 감성에 맞춘 죄의 메시지로 적용된 것이다. 이는 사람들이 듣고 싶어 하는 것을 말해주는 것과는 전혀 다르다.

이것은 그들이 죄인임을 선고하는 동시에 죄를 더욱 개인적인 것으로 인식하게 한다. 무엇인가를 우상으로 만드는 것이 뜻하는 바가 창조주이며 통치자이신 하나님께 드려야 할 사랑을 그것에게 바친다는 의미이기 때문이다. 죄를 단순히 법을 어긴 것이 아니라, 대상이 잘못된 사랑이라 설명하는 것은 현대 문화의 많은 사람들에게 보다 더 설득력이 있다.

물론, 죄와 은혜에 대한 완전한 성경적 묘사에는 반드시 하나님의 법과 권위에 대한 우리의 반역이 나타나야 한다. 그러나 사람들이 자신들의 죄를 우상 숭배와 대상이 잘못된 사랑으로 확신한다면, 죄의 결과 중에 하나가 하나님에 대한 적대감을 부인하면서 살아가는 것임을 좀 더 쉽게 확신시킬 수 있다.

왜 그런가? 어떤 면에서 우상 숭배는 상당 부분 중독과 비슷하다(중독이란 말은 현 세대에 아주 친숙하다). 우리는 영적인 우상들이라는 올가미에 걸려드는데 이는 술과 마약에 얽매이는 것과 비슷하다. 일단 이것을 이해하면, 로마서 1장의 메시지를 듣고서 우리가 하나님에 대한 거부 상태에서 살았다는 것을 인정할 수 있게 된다. 다시 말해 우리가 하나님에 대한 반역과 적대감 속에 살면서 진리를 '막는', 즉 '억누르는' 삶을 산 것이다. 우상 숭배에 대한 성경의 가르침을 통해서 죄의 개념을 설명하는 것은 포스트모던한 사람들에게 영적인 어두움과 반역이 무엇인지를 가르치는 데 아주 효과적인 방법이다.

죄를 우상 숭배로 이해하는 것은 이신칭의에 대한 바울의 복음과 일치하는가? 그렇다. 사실상 이것은 이신칭의로 가는 자연스러운 징검다리를 제공한다. 루터는 그의 대요리문답에서 우상 숭배가 (첫 계명을 어기는 것으로서) 우리의 칭의를 위해 예수님 대신 다른 것을 의지하는 것과 아주 동일하다고 설명했다.[16] 다시 말해 우상 숭배는 오직 그리스도를 믿음으로써 받는 은혜의 구원을 언제나 받아들이지 못하게 한다. 우상으로부터 회개하고 그리스도를 통하여 자유를 얻으라고 요청하는 설교는 사람들로 하여금 공로칭의에서 이신칭의로 옮겨갈 것을 요구하는 것이다.

다른 중요한 지점들

오늘날의 세속적이고 다원주의적인 문화에 맞서는 다른 방법들은 없을까? 서구 문화에는 도전에 취약한 몇 가지 '급소'들이 존재한다. 서구 문화는 A신념들이라 할 수 있는 공동체와 정의를 갈망한다. 그러나 서구 문화의 신념은 이 소중한 것들을 파괴하는 결과를 낳는다. 몇 가지 예를 살펴보자.

첫째, 성의 상품화이다. 사상가들은 오랫동안 소비 관계와 언약 관계의 차이점을 밝혀 왔다. 전자는 시장의 특성을 가지고 있고, 후자는 역사적으로 인간관계로 특징 지워진다. 특히 가족 안에서는 더욱 그렇다. 소비 관계는 소비자가 적절한 가격에 상품과 서비스를 얻는 한도 내에서 유지된다. 소비자는 이득이 되지 않는 거래 관계를 지속할 의무가 없다.

반면, 언약 관계는 유리한 조건에 달려 있지 않고, 다른 사람의 유익 및 관계 자체에 대한 사랑의 헌신으로 맺어진다. 사회역사학자들은 전통적으로 언약 관계로 여겨지던 인간관계의 영역에 시장 가치들이 적용되고 있다고 설명한다. 요즘 사람들은 가족 내에서도 감정적으로 충족이 되지 않으면 관계를 단절하기도 한다.

상품화는 사회적 관계가 경제적 교환으로 축소되는 과정을 의미하는 단어다. 이것은 성에 관한 주제로 연결된다. 전통적으로 사람들은 배우자가 아닌 이와 성관계를 하지 않았다. 다시 말해서, 누군가와 육체적으로 함께할 때는 삶을 함께하는 것이었다. 결혼은 개인의 자유를 내려놓고 혼인 언약에 자신을 묶는 것이다. 그런데 현대의 성인들은 성적 자유를 포함한 자유를 원한다. 그래서 삶을 함께하지 않으면서도 성관계를 하려고 한다. 그 결과로 만성적인 외로움과 성적 도구로 이용된다는 느낌이 남게 된다. 사실 이용된 것이다. 우리 문화에서 성은 더 이상 공동체에서 사람들을 묶어 주는 것이 아니며 단지 교환 대상의 재화가 되어 버렸다.

그러나 성경은 성이 하나님에 의해 설계된 것임을 가르친다. 성은 자기만족의 수단이 아니며, 안정된 인간 공동체를 만들기 위한 자기 기부의 수단이다. 그리스도인의 성 윤리가 공동체의 유익이라는 A신념으로 설명된다면 이는 매우 설득력이 있을 것이다.[17]

둘째, 인권의 문제다. 서구 사회는 정의와 인권에 대해 매우 강한 관심이 있다. 동시에 하나님이 없다고 말하는 세속적 가치관도 조장되고 있다. 세속 세계관은 우리가 단지 우연과 진화에 의해서 이곳에 있으며, 초자연적 세계나 내세는 없다고 말한다. 점점 더 많은 수의 사려깊은 비기독인들은 양립 불가한 두 가지 생각이 충돌하고 있다고 인정한다. 인권에 대한 신념과 신에 대한 불신 사이에는 모순이 존재한다.

철학자 자크 데리다는 "오늘날 국제법의 기초는 신성함에 있다. 인간이 당신의 이웃으로서 신성한 이유는 그가 하나님에 의해서 만들어졌다는 것이다. 그런 면에서 인류에 대한 범죄라는 개념은 기독교의 개념이다. 내 생각에 기독교의 유산이 없다면 오늘날 국제법은 존재하지 않았을 것이다"[18]라고 말한다.

장 폴 사르트르는 똑같은 관점을 부정적 형태로 표현했다. "하나님은 존재하지 않는다. 그리고 … 신이 부재함으로 벌어지는 결과들을 끝까지 그려 낼 필요가 있다. 선험적으로 선한 것이란 존재할 수 없다. 왜냐하면 무한하며 완벽한 의식이란 생각할 수 없기 때문이다.… 도스토옙스키가 이런 글을 쓴 적이 있다. '만일 하나님이 없다면, 모든 것이 허용되었을 것이다.' … 신이 존재하지 않는다면 정말 모든 것이 허용된다."[19]

보다시피 만약 우리가 단지 약육강식의 원리에 따른 진화의 산물이라면 무엇을 근거로 강대국이 약소국을 압제하는 것에 반대하겠는가? 또는 권력자들이 힘없는 사람들을 억압하는 것을 반대하겠는가? 만일 눈에 보이는 물질 세상이 전부라면 그런 억압들은 아주 자연스러운 일일 것이다. 만일 사람이 하나님의 형상대로 지어진 것이 아니고 단지 맹목적인 어떤 힘들의 우연적인 결과라면 어째서 인간이 돌이나 나무 같은 다른 존재보다 가치 있는 것이겠는가? 이것은 오늘날 아주 의미 있는 급소가 된다. 젊은이들은 특히나 불의에 민감하기 때문에 그들에게 인권과 정의는 무신론적 세계에서보다 하나님이 만드신 세계에서 더 의미 있음을 보여 줄 수 있다.[20]

셋째, 문화적 희망의 상실이다. 컬럼비아대학교 교수인 앤드류 델반코는 자신의 저서 《진정한 미국의 꿈: 희망에 대한 묵상》에서 '하나님', '나라', '자기 자신'이라는 장을 통해 미국 문화의 희망이 어떻게 변천했는지를 보여 준다. 그가 관찰한 바에 따르면 원래 미국인들은 하나님의 영광을 위해서 살 때 삶의 의미와 국가의 의미가 있다고 믿었다. 그런데 오늘날은 "희망이 자기 자신으로만 좁아졌다." 그래서 미국인의 희망의 역사는 '축소'되었다.[21]

마지막 장에서 델반코는 문화적 위기가 도래했다고 주장한다. 삶의 의미가 단지 자아실현일 뿐인 사회에서는 일관성 있고 건강한 문화를 만들 수 없다. 문화적 서사는 사람들에게 희생(무엇을 위해 살고 무엇을 위해 죽을지)의 이유를 설명해야 한다. 그러나 자아실현은 그 일을 할 수 없다.

델반코는 철학자 테오도르 아도르노를 인용한다. 그는 "현대 문화에서 '개인주의의 명분이 개인의 폐지와 비례하여 증가했다'라고 말했다. 이 말의 의미는 현대인의 자아는 실체적이고 영속적인 것으로부터 더 많이 단절될수록 가식적이며 경쟁적인 자아 과시를 통해 보상받으려고 한다는 것이다."[22]

델반코는 이어서 다음과 같이 적고 있다.

> [알렉시 드] 토크빌이 진단한 '풍요 가운데 감도는 수상한 우울'은 오늘날 특별한 부각을 받는다. 왜냐하면 현대인들은 옛 이야기들(종교, 국가)을 해체하는 데 성공했지만, 새로운 이야기를 하는 데는 막혀 있기 때문이다. 우리는 전례 없는 부의 시대에 살고 있지만, 의미에 대한 가려움증은 수그러들지 않았다.[23]

간단히 말해서, 우리가 자신을 정의하고 창조할 절대 자유를 부여받는다면, 우리는 우리보다 크고 영속적인 것의 끈을 잃어버리게 될 것이다. 그리고 그것의 결과는 의미 없음, 근원의 상실, 미래에 대한 절망의 가속화이다. 이것은 현대의 세속적인 사람들에게 설득력 있는 복음 소통을 펼칠 수 있는 어마어마한 기회이기도 하다.

청중을 위로하며 호소하기

고린도전서 1장 18절부터 2장 16절에서 보았듯이, 청중에 접근했던 바울의 방법은 단순히 문화를 책망하는 것이 아니었다. 그는 단순하게 지성에 대한 헬라인의 열정을 비난하지 않았고, 실제적인 능력에 대한 유대인의 갈망을 비난하지도 않았다.

대신 그는 좋은 것들을 추구하는 그들의 방식들이 결국에는 파멸로 이르는 길임을 보여 주었다. 그러고 나서 그들 문화가 열망하는 것들을 결국 예수 그리스도 안에서 채우라고 권면한다. 그는 긍정적인 어조로 마무리한다. 회개하며 믿으라는 요청이 뒤따르지만, 초청과 위로로 마무리하는 것이다.[24]

문화 속으로 들어가서 문화의 우상들에 맞선 다음에는 사도 바울이 했던 것처럼 청중들이 궁극적으로 찾던 것이 그리스도임을 제시해야 한다. 우리가 조심스럽게 문화 속으로 들어간다면, 이렇게 발언할 권한을 얻게 된다. 그렇게 문화의 신념 체계와 맞서게 되면 청중들은 토대가 흔들리는 느낌을 갖게 된다. 이제 상황화의 마지막 단계인 새로운 평형상태를 맞출 때가 되었다. 기존 신념과 맞섰으므로 이제는 그들이 찾던 것이 오직 그리스도 안에서만 발견된다는 것을 보여 줌으로써 그들을 위로하면 된다. 달리 말해서, 그들의 삶의 이야기가 예수님 안에서만 '해피엔딩'이 될 수 있음을 보이는 것이다. 우리는 문화의 이야기를 예수님 안에서 새롭게 말해 주어야 한다.

호소와 초청은 앞 단계의 상황화와 단절된 채 별도로 이해해선 안 된다. 복음 소통 전반을 통해서 우리는 청중들의 깊은 열망과 연결하려고 노력한다. 우리는 블레즈 파스칼이 팡세에서 준 조언에 귀를 기울이려고 한다. "사람들은 종교를 경멸한다. 종교를 미워하고 그것이 사실일까 봐 두려워한다. 이것을 고치기 위해서는 종교가 이성과 반대되는 것이 아님을 보여 주어야 한다. 그것은 덕망 있는 것이며, 존경할 만한 것이다. 우리는 종교를 매력적인 것으로, 좋은 사람들이 그것이 참이기를 바라는 마음을 가질 수 있도록 제시해야 한다. 마지막으로 그것이 참임을 증명해야 한다."[25]

어떻게 하면 그렇게 호소할 수 있을까? 앞서 살펴 보았듯이 성경을 연결하는 성육신의 주제는 풍성하며 다양하다. 성경은 추방과 귀향의 언어를 사용해서 죄와 구원을 말하며 성전과 임재, 희생제물을 통해 언약과 충성 및 나라와 승리에 대해 말한다. 우리가 복음을 특정 문화와 소통시키려 할 때, 어떤 주제들은 다른 주제들보다 더 사람들의 마음에 다가감을 발견한다. 바울은 지혜에 집착하는 문화에 성경의 큰 주제 중 하나를 사용해서 이야기했다. 하나님의 지혜가 예수 그리스도 안에서 최고조로 드러났다는 것이다(고전 1:18-2:16 참조). 성경은 지구상에 존재하는 어떤 문화의 이야기에도 메시지를 연결할 수 있는 충분한 다양성을 가지고 있다.

속죄 문법

성경에는 몇 가지 다른 '속죄 모델'이 있다고 흔히 말한다. 나는 이것을 그리스도께서 십자가에서 이루신 일들이 표현되는 '언어' 또는 '문법'이라고 표현하고 싶다.

- 전쟁터의 언어: 그리스도는 죄와 사망의 권세에 맞서 우리를 위해 싸우셨다. 그분은 우리를 위해 악의 권세를 무찌르셨다.
- 시장의 언어: 그리스도는 속전, 곧 값을 지불하셨다. 우리의 부채를 지불하시고 채무 상태에서 우리를 건지셨다. 그분은 노예였던 우리에게 자유를 주셨다.

- 추방의 언어: 그리스도는 우리를 위해 공동체를 벗어나 이 땅으로 오셨다. 그것은 추방되었던 우리들을 다시 데려가기 위한 것이었다. 그분은 우리를 고향으로 이끄신다.
- 성전의 언어: 그리스도는 우리를 정결하게 하는 희생제물이다. 우리로 거룩한 하나님께 가까이 나아가게끔 이끄신다. 그분은 우리를 깨끗하고 아름답게 하신다.
- 법정의 언어: 그리스도는 우리를 대신해서 재판장 앞에 서시며 우리가 받아야 할 처벌을 받으신다. 그분은 우리의 죄책감을 제거하시며 우리를 의롭게 만드신다.

때때로 어떤 것은 우리가 선호하는 모델이고 다른 것은 무시해도 되는 것처럼 말하지만, 이는 잘못된 것이다. 속죄를 표현하는 각각의 방식은 영감 받은 성경의 일부분들이다. 각각은 우리의 구원에 관해 위대한 것들을 알려 주며, 다른 방식들로는 명확하게 제시하지 못하는 것들을 보완적으로 제시한다.

각 언어마다 특별히 공감되는 기질들이나 문화들이 있다. 억압 또는 예속과 싸우며 오랫동안 자유를 갈구하는 사람들은 처음 두 가지 문법들이 도움이 될 것이다(전쟁터와 시장). 죄책감과 수치심으로부터 해방되기 원하는 사람들은 마지막 두 가지에 특히 감동을 받을 것이다(성전과 법정). 단절되고, 뿌리 뽑히고, 거절된 감정과 씨름하는 사람들은 추방의 언어가 보다 강렬하게 다가올 것이다.

그러나 아마도 가장 위로와 공감이 되는 주제는 신학자 로저 니콜

(Roger Nicole)이 이 모든 모델들을 관통하는 단 하나의 주제라고 말한 것이다.[26] 그것은 대속이다. 니콜 박사는 어떤 문법이 사용되든지 상관없이 속죄의 핵심은 언제나 예수님이 우리를 대신하여 행하신다는 것이라고 가르쳤다. 예수님은 우리를 위해, 우리의 자리에 서서, 우리에게 유익이 되도록, 권세들과 싸우고, 값을 치르고, 추방을 견디고, 희생을 드리시고, 처벌을 받으신다. 이 모든 문법에서, 예수님은 우리를 위해 우리 힘으로는 할 수 없는 것을 하신다. 그분은 구원을 성취하신다. 우리는 아무것도 하지 않는다. 그렇기 때문에 예수님의 대속의 희생이 이 모든 것의 중심에 있는 것이다.

다른 사람을 구하기 위해 자신의 생명을 주는 이런 행동은 가장 강력하고 매력적이며 독자를 전율하게 하는 이야기이다. 예를 들어, J. K. 롤링은 《해리 포터》 시리즈를 다른 어떤 방식으로 마무리할 수 없었다. 왜냐하면 이것이 가장 궁극적인 드라마이며, 가장 감동적인 마무리이기 때문이다. 어떤 문화에서나 그리스도의 대속적인 희생이 높임 받을 때 사람들은 그리스도께 마음이 이끌린다. 속죄에 대해서 말하는 다양한 방법들을 통해서 우리는 각각의 문화에 맞게 예수님의 속죄 사역이 엄청난 문제들을 어떻게 해결하며 강력한 열망들을 충족시키는지를 보여 줄 수 있다.

—

우리는 해피엔딩이 유치한 예술 작품에서나 나오는 것이라고 믿는 최초의 시대에 살고 있다. 현대 비평가들은 삶이 그렇게 녹록하지 않다고 주장한다. 오히려 깨어짐과 모순, 역설, 좌절로 가득 차 있다고 말한다. 스티븐 스필버그는 〈쉰들러 리스트〉를 감독하기 전까지 해피엔딩으로 끝나는 영화를 만드는 동안에는 오스카상을 받지 못했다. 그럼에도 여전히 사람들은 동화 같은 마무리로 끝나는 영화나 책을 보려고 몰려든다. 현대의 사실주의적 소설들이 결코 채우지 못하는 인간의 깊은 동경이 있기 때문이다. 죽음을 피하고 영원히 사는 것, 요정이나 외계인이나 천사와 같은 다른 인격적 존재와 교류하는 것, 영혼을 온전히 치유하며 결코 이별 없는 사랑을 하는 것 등이다. 우리는 대부분 할 수만 있다면 이 세상에서 악을 영원히 끝장내는 승리에 동참하기를 원한다. 사람들은 동화를 통해 자신들의 열망이 성취되는 것을 보기 때문에 동화에 눈을 돌린다.

복음은 인생에 대해 결코 감상적인 관점을 제시하지 않는다. 사실 성경은 현실에 대해 어떤 세속 비평가보다도 더 어두운 시각을 제시한다. 성경은 사탄과 마귀의 무리가 세상에 일하고 있음을 말한다. 그리고 우리에게 깊은 오류와 잔인함이 있어서 하나님의 개입 없이는 스스로를 구원할 수 없다고 말한다.

그럼에도 복음은 사랑과 죽음과 승리에 대한 열망들보다 더 충격적인 메시지를 품고 있다. 첫째, 복음은 이 모든 것을 설명한다. 인간 존재는 하나님의 형상대로 지음을 받았다. 이 모든 것을 이해하고 경험할 수 있도록 원래 지음을 받은 것이다. 우리는 영원히 살도록 창조되었다.

둘째, 복음은 예수 그리스도의 부활이 이 모든 것이 이루어질 것에 대한 강력한 증거라고 말한다. 만일 당신이 예수 그리스도를 믿는다면, 당신은 죽음으로부터의 탈출과 이별 없는 사랑, 악에 대한 승리를 보고 알게 될 것이다. 당신은 천사들과 초자연적 존재들과 대화하게 될 것이다. 그리고 영원히 살 것이다.

그러면 왜 우리는 영원한 생명을 갖게 되는가? 예수 그리스도께서 죽임 당했기 때문이다. 그리고 우리는 영원한 사랑을 갖게 될 것이다. 예수 그리스도께서 버림 당하셨기 때문이다. 또한 우리는 악에 대해 승리할 것이다. 예수 그리스도께서 고문받으셨고, 살해당하셨고, 패배하셨기 때문이다. 예수 그리스도의 구원 안에서 우리가 배우게 되는 것은, 우리가 열망하던 해피엔딩이 동화가 아니라는 것이다.

복음은 인간의 마음에 줄 수 있는 가장 깊은 위로이다. 일단 당신에게 귀 기울이는 사람들 속으로 조심스레 들어가서 그들의 세상에 맞설 용기가 있다면, 이것을 먼저 경험한 사람의 열정을 가지고 반드시 이 위로를 전하길 바란다.

토론과 성찰을 위한 질문들

1. "상황화의 첫 번째 작업은 문화가 던지는 질문들과 희망들, 신념들 속으로 당신이 들어가는 것이다. 그래서 그 질문들에 대한 성경적이고 복음 중심의 대답들을 주는 것이다." 당신 주변의 문화를 읽고 연구할 수 있는 방법들이 있는가? 사회 문화는 어떤 질문들을 던지고 있는가? 당신이 속한 지역의 목회적 필요를 채우는 일들 중에서 어떤 것들이 문화와 사람들을 더 잘 이해하는 데 도움이 되었는가?

2. 이 장은 논증의 세 가지 방식을 부각시키고 있다.

   - 개념적: 분석과 논리를 통해서 결정을 내리고 확신에 이른다.
   - 구체적/관계적: 관계성과 훈련을 통해서 결정을 내리고 확신에 이른다.
   - 직관적: 직관과 경험을 통해서 결정을 내리고 확신에 이른다.

이 세 가지 방식들 중에서 어떤 것이 당신과 가장 가까운가? 당신이 전도하려는 사람들은 어느 쪽에 속하는가? 만일 그들이 당신과 다른 유형이라면, 그 간격을 채우기 위해서 할 수 있는 것은 무엇인가?

3. 상황화의 또 다른 작업은 그 문화의 지배적인 세계관, 곧 신념 체계를 분별하는 것이다. 팀 켈러는 "상황화된 복음 사역을 할 때 그 문화의 신념들 중에서 훌륭한 것들은 긍정해야 한다"고 말한다.
이 장에서 A신념은 성경적 가르침의 일부를 대략적으로 이미 수용하고 있는 부분들이며, B신념은 반박 당하는 기독교 진리(B교리)로서, 사람들이 맞지 않거나 불쾌하다고 생각하게 것들이다.

어떤 것들이 A교리에 해당하는지 생각해 보라. 대상 청중에게서 일반적으로 받아들여지고 긍정될 수 있는 성경의 가르침은 무엇인가? 그리고 그것이 문화 가운데 어떻게 A신념으로 표현되고 있는가? 당신의 문화 가운데 B신념의 예는 무엇이며, 어떤 B교리들이 그것과 직접적으로 충돌하는가?

4. 다음을 생각해 보라. "문화의 A교리들과 B교리들을 어떻게 구분할지 배우는 것은 아주 중요하다. 이것을 아는 것이 문화에 강력한 도전을 던지는 열쇠가 되기 때문이다. 문화를 변혁시키는 일은 우리가 A교리들에 근거해서 곧바로 B교리들의 논거를 제시할 때 가능해진다."

앞에서 생각한 예에 적용해 볼 때, 당신은 어떻게 이 작업을 할 수 있겠는가?

5. 이 장은 여러 가지 문화적 긴장 지점들과 속죄의 문법들을 결론으로 제시한다. 긴장 지점들과 문법들 중에서 당신에게 덜 친숙하거나, 낯설지만 탐구할 가치가 있는 것은 무엇인가? 당신의 목록에 어떤 것을 추가할 때 사역의 효과성이 강화되겠는가?

'복음 상황화'에 대한
논평

다니엘 스트레인지

이 장들에 대한 나의 논평을 쓰기 전에 미리 나의 견해의 전모를 밝히려 한다.

나는 팀 켈러가 복음 상황화에 관해 말한 것에 전반적으로 동의한다. 그의 설명과 성경적 근거와 적용에 대해서도 동의한다. 좀 더 열정을 갖고 표현하자면, 나는 이 장들이 신실하고 복음 사역의 열매를 위해 큰 도움이 된다고 믿는다. 이 장들은 그리스도와 십자가만을 선포하는 것을 대체하는 것이 아니다. 그렇기 때문에 지지한다.

그리하여 어지러울 정도로 다양성 있는 오늘의 세상 가운데 그리스도를 닮은 제자들과 공동체를 만들 수 있게 돕는다.

나는 켈러가 제시하는 모델에 깊이 감사한다. 그것이 새롭고 혁신적인 것이어서가 아니다. 오히려 그렇지 않기 때문이다. 비록 구형이긴 하지만 나는 점점 더 유사한 모델에 만족한다. 켈러는 직접적인 연속선상에 있다. 그렇다. 그의 장비들과 주변 장치들은 어떤 이에게는 신형처럼 보일 수도 있다. 그렇다. 그의 운전 스타일은 다른 어떤 이들에겐 격려일 수 있다. 그렇다. 그는 우리를 여기에서부터 새로운 목적지로 이끌어 갈 수도 있다. 그러나 기본 차체는 언제나처럼 견고한 정통과 전통이다. 업그레이드가 브랜드에 대한 배신을 포함하지 않을 것이라는 것을 확신할 수 있다.

그러므로 나는 어떤 미세 조정 또는 세부 작업이 되어야 할 필요가 있다고 본다. 이 작업은 후드를 열고 손에 먼지를 묻히는 작업이 될 것이다. 이제 다음에서 켈러의 글로 시작해 보려 한다. 그 후에 우리는 '오직 성경으로'를 지지하는 이들에게 무엇이 정말 중요한지를 살펴볼 것이다. 켈러의 모델에 대한 성경적 근거를 살피려 한다.

팀 켈러를 상황화하기

복음 상황화에 대한 켈러의 장들에서 우리 인간은 모두 특정 장소에서 살고 있는 특정한 존재임을 발견하게 된다. 우리는 어디로부터 왔다.[1]

이는 나도 다르지 않다. 나는 인종적으로 절반은 백인이고 절반은 인도-가이아나 출신인 40세 남자 영국인으로서 보수적 신앙고백을 하는 런던의 복음주의 신학교에서 행복하게 살고 움직이고 존재하고 있으며 특정한 생태계와 네트워크와 함께하고 있다. 내 세계 속에서 켈러의 이야기는 어떻게 들리겠는가?

《팀 켈러의 센터처치》가 출간되고 여러 리뷰를 읽었을 때, 켈러가 중요한 무엇을 말하고 있다는 전반적인 인식이 있는 반면 동시에 그의 복음 상황화 주장에 대해 '걱정'과 '관심'이 또한 존재했다. 내가 살고 있는 영국은 점점 더 이교적 문화 상황이 되어 가고 있었다. 나의 동료들은 '납득 가능성, 설득, 효과성'과 같은 표현들을 직관적으로 포용하지 못한다. 오히려 그들에게 켈러의 요점은 복잡하게 설명되어 져서 헷갈릴 지경이다. 우리가 정말 이런 것을 숙고해야 하는가? 어쩌면 사역에 방해가 될 수도 있다. 되려 언제나 자연스러웠던 것에 대해 추측하거나 머뭇적거리게 될 수 있다는 것이다. 최악의 경우에 켈러 자체는 혼합화와 타협, 문화적 상대주의, 세속주의의 위험성과 거리가 매우 멀다 하더라도(어떤 이들은 켈러가 이런 위험이 있다고 본다), 덜 성숙하지만 더 열성적인 실행가들은 위험에 빠질 가능성이 있다.

분명히 우리는 그의 주장을 가감하여 들을 수 있다. 다만 우리는 그의 주장에 대해 조정할 수 있으며 함정에 빠지지 않을 수 있다. 그러나 솔직히 말해서 어떤 이들은 상황화가 복음을 약화시킨다는 염려를 하는 사람들이 있다는 것을 알고 있다.

메시지 자체에 충분한 능력이 있다고 생각지 못한 채 영리한 상황화를 통해 메시지를 보충하려고 시도한다는 것이다. 메시지를 보다 설득력 있게 하거나 강하게 하려는 시도는 역설적으로 메시지를 더 약하게 만든다. 이는 고린도전서 말씀과는 반대의 결과이다. 여기에는 사람들이 '값싼 믿음'에 빠져들거나 진정으로 회심하지 않거나 또는 하나님의 능력이 역사하지 않아서 회심이 전혀 일어나지 않을 것이라는 우려가 깔려 있다. 상황화가 전도를 위한 다른 능력에 의존하는 것으로 여겨진다. 슐라이어마허 등의 자유주의 신학은 초자연을 제거함으로써 이 길을 걸었다. 또 다른 이들은 표적과 이적을 제거했다. 이제는 켈러가 상황화와 관련하여 이런 일을 하고 있는 것이다.

그런데 나는 켈러가 옳다고 본다. 그는 혼합주의라고 인식되는 것과 상반되는 방식으로 상황화를 하고 있기 때문이다. 내가 주장하는 바는 문화적 근본주의는(역설의 역설로서) 말을 타다가 '똑같은 땅에 떨어질' 위험성이 있다는 것이다-혼합주의, 변질, 문화적 상대주의, 세속성의 땅으로. 이 지점에서, 켈러가 '균형'을 정기적으로 반복하는 것은 오해의 소지가 있고 생산적이지도 않다. 상황화의 관점에서 보면, 올바른 접근법은 과소 적응과 과도 적응의 중간 지점이 아니다. 과소 적응이 '곧' 과도 적응이다. 이것은 보수적인 복음주의자들에게 매우 중요한 부분이다. 그들은 상황화를 거부한다고 주장하지만 실제로는 근대의 철학 사조에 깊이 영향을 받았다.

켈러가 정확하게 지적하는 부분은 우리가 이런 일이 일어나지 않는 듯이 귀를 막고 딴소리를 읊조릴 수 없다는 것이다. 또는 다음과 같은 식으로 생각할 수 없는 것이다. "의심이 되거든 조심하고, 안전하게 하고,

수용하지 말라." 오히려 우리는 우리에게 계시된 하나님 말씀의 진리, 안정성, 위엄 있는 능력을 의도적으로 투명하게 반영해야 한다(하나님의 말씀은 건전한 교훈과 믿음의 규칙을 따라 사역되어야 한다).

또한 어리석고 거침돌이 되는 메시지를 통해 우상들과 문화의 우상들을 폭로하고 파괴하는 말씀의 능력을 믿어야 한다.[2] 내가 바라는 것은 켈러가 담대하게 충성스러운 상황화를 연결하는 것이 오직 믿음을 통한, 오직 은혜에 의한 구원의 복음의 적용으로서 우리에게 기상나팔과 같은 역할을 하기를 바란다. 좀 더 강하게 표현한다면, 우리가 그동안 머물렀거나 안주했던 자리에서 일어날 수 있도록 목동의 막대기 역할을 하기 바란다. 그렇다. 우리가 다시 운동력을 회복하면 처음에는 고통과 불편함, 거부감이 있기도 하겠지만, 결국 우리의 마음은 그것으로 인해 훨씬 좋아질 것이다. 투명하게 말해서 우리가 듣지 못하는 문제가 생기는 이유는 무엇이고 그것은 어떻게 해결될 수 있겠는가?

첫째, 팀 켈러는 하나님의 형상으로 빚어진 '육체와 영혼'을 가지고 특정 지역에서 살아가는 사람이다. 나는 그를 몇 번 직접 만났을 뿐이다. 그에 대한 나의 관점은 그의 책들을 읽고 지켜보는 것에서 나온다. 그는 신체적 모습으로 묘사할 수도 있고(키가 크고, 백인이며, 대머리이고, 안경을 착용한다 등), 전반적인 매너와 몸짓으로 이해할 수 있고(그의 말씨에서 느껴지는 전반적인 것, 어조에서 느껴지는 학문적이고 '지적인' 분위기, 따뜻하고 관계적인 모습 등), 그리고 관심사를 통해 알 수도 있다(미디어, 예술, 사회학, 심리학 등).

나의 요점은 이것이다. 켈러는 타당성, 설득력, 그리고 호감의 필요에 근거해서 말하고 쓴다. 그는 타당하고 설득력 있고 호감 가는 사람인 것 같다. 인간으로서의 그의 특징은(신체적인 것을 포함해서) 그의 가르침을 보완한다. 어떤 사람이 보기에 이것은 행복한 섭리일 수 있다. 하나님께 감사하며 사역을 진행할 수 있다. 그런데 어떤 사람들은 설득과 호감에 대해 불편한 이들이 있다. 왜냐하면 이것이 십자가의 거치는 것과 어리석은 것과 거슬리는 것을 무색하게 한다는 관점을 가지기 때문이다. 분명히 그가 사역하는 문화는 그를 한 명의 개인으로 보고 끌리게 하는 면이 있다.

그렇다면 켈러는 충분한 자기 인식을 갖고 있는 것으로 보인다. 신학적으로 인식하고 있고(죽은 심장을 다시 뛰게 만드는 책임은 궁극적으로 성령님의 주권적 사역에 있다는 것을 인식한다), 역사적으로 인식하고 있고(교회 역사를 알고 있고), 전 세계적으로 인식하고 있어서(세계 그리스도교의 관점에서 보고) 그의 이미지를 만들려는 유혹에 무릎 꿇지 않는 것이다. 개인의 역할을 인정한다는 것은 개인 우상의 문화를 추종하는 것과는 다르다.

둘째, 켈러는 특정한 글을 쓰고 있다. 그는 전문가들이 아니라 실행가들을 위해서 글을 쓴다. 그는 폭넓은 스펙트럼의 복음주의 신앙을 가진 이들에게 범교단적으로 호소하려고 한다. 이는 칭찬할만한 목표이다. 더욱이, 그는 연사로서 탁월한 재능을 가졌다. 복잡한 개념을 분명하고 단순하게 전달하는 요령을 터득하였다. 《팀 켈러의 센터처치》는 하드커버로 된 두꺼운 책인데, 이 책은 교과서 스타일로 사람들이 반복해서 읽고 찾아볼 수 있는 형태이다.

그러므로 켈러는 "지식의 저주"라는 커뮤니케이션 이론가들이 말하는 것을 알고 있다. "잘 모르는 것 같은 것을 기억하는 것은 어렵다."[3] 이러한 이유들로 우리가 가질 수 있는 전통과 관련된 핵심 질문들에 대해서는 답하지 않는다. 그러나 우리가 가질 만한 모든 질문에 그가 답하지 않는다고 해서 비난할 수는 없다. 물론 이 장들에서 그가 몇 가지 이슈들을 의도적으로 다루고 있지만, 그가 파헤치지 않는 다른 종류의 신학적 깊이도 있다.

셋째, 종종 밀봉되고 단절되며 전문화되고 개별화된 신학 분야들의 세계에서, 팀 켈러는 기독교 선교의 더 큰 깊이와 명확성을 이루기 위해서 분과들을 넘어 연결하는 아주 드문 사람이다. 어떻게 그를 묘사하겠는가? 목사? 설교자? 신학자? 변증가? 선교학자? 아주 좋은 의미에서 그는 다방면에서 박학다식한 종합자이다. 내 생각으로 그의 영속적인 공헌은 레슬리 뉴비긴과 같이 다문화적, 선교적 정신과 선교적 방법론을 보수적인 교회에 끌어들인 것이 될 것이다. 보수 교회에서는 이전까지 선교학을 미심쩍게 보았으며 다소 동떨어지고 주변적인 분야라고 생각했었다.

승부처가 여기에 있다. 나는 주로 신학자이지 선교학자는 아니다(분명 나는 왜 팀 켈러가 이 장들에 대해서 선교학자가 아니라 신학자에게 리뷰를 요청하는지 자문해 본다). 상황화라는 용어를 짓누르는 많은 짐들이 있다. 이 용어는 보통의 목사나 기독교 지도자에게는 겁을 주는 단어이고, 혼란스러운 것이다. 켈러는 대담하게 이 단어를 사용하는 뜻을 정의하고 왜 우리가 이것에 대해 생각해야 할 필요가 있는지 말한다.

나는 우리가 복잡한 것을 좀 정리해서 상황화를 단순히 복음 설교, 복음 적용, 그리고 복음 생활과 같은 것으로 보면 어떠할까 생각해 본다.

이 용어들은 훨씬 넓게 사용되고 있는 바, 켈러가 더 많은 사람들에게 경청될 수 있을 것이다. 왜냐하면 어떤 곳들에서는 상황화가 판매하는 것을 의미하기 때문이다. 분명 켈러가 우리에게 요청하는 것은 스스로 깨어서 반성하고 스스로 비판함으로서 우리의 삶과 사역에서 보다 더 하나님을 영화롭게 하며, 복음으로 형성되라는 것이다. 이 요청은 비합리적인 것이 전혀 아니다. 역사적으로나 당대에, 충성되고 열매 맺는 복음 사역에 대한 반박도 아니다.

넷째, 가장 중요한 것은 상황화에 대한 켈러의 주해는 '균형 잡힌' 것이 아니다. 그 불균형이야말로 내가 동의하는 이유이다! 존더반 마케팅 팀은 내가 이런 말을 하는 것을 좋아하지 않을 수도 있다. 그의 주해는 매우 전통적이며 신앙고백적이다. 켈러는 신학적으로 개혁주의자이다. 변증학적으로 전제론자이다. 선교학적으로는 수백 년의 역사를 거슬러 올라가 네덜란드 개혁주의 사상의 분명한 계승자이다. 그는 웨스트민스터신학교의 교수였던 하비 콘(Harvie Conn)에게 진 빚을 기록한다.

내가 여기서 더 다루고 싶은 것은 (나의 영웅인) J. H. 바빙크에 대한 것이다. 그는 하비 콘에게 중대한 영향을 끼쳤는데, 켈러의 모델과는 조금 차이가 있는 견해를 제시했다. 물론 그 차이는 가문 내의 차이에 불과하다. 이 신앙고백적 전통 바깥의 사람들을 켈러가 설득한다는 것은 놀라운 일이다. 그러나 그의 신학적 전제들은 여기에 뿌리 내리고 있음을 잊지 말아야 한다.

개혁주의 세계관을 구성하는 큰 구조물에 대한 켈러의 신앙고백은 중립적이지 않다. '균형'과 '센터'라는 표현들이 중간에 위치하는 것 같은 인상을 주거나, 또는 어떤 관용구처럼 "좋은 것은 다 취한다"[4]는 것처럼 보일 수도 있지만, 켈러의 상황화 모델은 분명한 신학과 인간학에 근거하여 독특성이 있다.

이런 연결고리들을 살피는 것이 중요하다. 내 자신의 전제적 표현을 빌리자면, 켈러의 상황화 모델은 개혁주의 통나무들로 만들어진 뗏목 위에서만 떠 있을 수 있다. 그 통나무들은 누구든지 혼합주의의 물살로 휩쓸려가거나 문화적 타협의 격류에 떨어지는 것을 막는다. 한 가지 긴밀히 연결된 적용점은 교회와 강좌와 신학교에서 상황화에 대한 강의는 성경을 아는 엄밀한 지식을 대체할 수 없다는 것이다. 성경주해, 성경신학, 조직신학, 그리고 교회사의 상호보완적인(바라기는 통합적인) 분과들 안에 깊이 뿌리를 두어야 한다.[5]

아테네로 돌아가기

유사한 신학적 토대 위에서, 켈러가 상황화에 대해 사용하는 문법과 연구는 우리의 "체제 전복적 성취"(subversive fulfillment) 모델과 유사하다. 이것은 복음과 타종교와의 관계성을 고려하여 내가 만든 것인데,[6] 일반적으로 문화에 적용이 가능하다.[7] 나의 학생이었던 사람이 켈러의 모델과 나의 모델,[8] 그리고 다른 친구들의 모델을 연구한 적이 있다. 각각 다른 사역에서 일하면서 비슷한 공감대를[9] 갖고 있다. 일전에 나의 학생이 다음과 같이 나에게 나누었다.

저는 최근에 스포츠 선수들의 모임에서 믿음에 대해 이야기하도록 초청을 받았습니다. 저는 정체성의 이슈를 파기 시작했고, 그들에 대한 평가가 어떻게 어릴 때부터 다른 사람들의 의견에 의해서 형성되고 있는지를 제시했습니다. 부모님들은 그들의 재능을 확인하고는 밀어붙이기 시작합니다. 그들이 경기를 잘하면 집도 재미있어집니다. 그렇지 않으면 달라집니다. 교사들, 코치들, 학년 코치들, 전문 코치들, 국제 코치들, 미디어, 팬들 등.

그 사람들의 눈에, 그들의 가치는 선수들의 성과로 결정됩니다. 나는 그들이 기쁨이나 만족, 그리고, 궁극적으로 그들의 정체성을 그러한 것들에 묶어 둔다면 그것은 그들에게 상처로 돌아올 것에 의지하는 것임을 보여 주려고 했습니다. 저는 크리켓 운동선수들의 자살 통계를 사용했습니다(다른 어떤 스포츠보다도 크리켓 선수들 중에는 은퇴 후에 자살하는 비율이 높습니다). 그래서 이것이 얼마나 중요한지를 결과로 보여 주려고 했습니다. 토론은 두서없이 흘러갔습니다. 그런데 선수 중 한 명이 동의한다며 말했습니다. "나는 스포츠라는 바구니에 모든 달걀을 넣지 않으려고 합니다." 그의 '신앙'은 그의 가족이었습니다. 그러면서 저는 그것이 궁극적으로는 당신을 배신하고 떠나게 되는지를 살폈습니다.

다른 생각을 통해서 같은 길에 도달하게 되는 사람들이 있다. 위험하고 취약한 것에 자신의 정체성을 세우는 경우이다.

거기로부터 나는 그리스도만이 확실하고 안전한 지지대임을 드러냈습니다. 정체성이 견고하게 세워지는 유일한 곳입니다. 우리의 가족, 코치들, 팬들, 미디어가 요구를 하는 한 우리는 부응을 해야 합니다. 그럴수록 우리는, 상황이 나쁠 때, 거짓말을 하고 꾸며내게 됩니다. 그리스도는 우리의 최악이 무엇인지 아시며 우리를 어떤 상황에서나 받아 주십니다. 다른 사람들의 의견과 사랑에는 변덕이 있습니다. 우리의 성적에 따라 변합니다. 그리스도는 무조건적으로 우리를 받아 주십니다. 우리를 자유롭게 하여 다른 사람들에게 정직하며 겸손할 수 있게 합니다. 문화는 우리가 할 수 있는 것을 보고 우리를 용납합니다. 그러나 우리가 성적을 낼 수 없을 때에도 그리스도는 우리를 용납하십니다. 왜냐하면 우리의 정체성은 하나님의 형상을 가진 구속 받은 존재이기 때문입니다. 그는 자신을 위하여 우리를 만드신 분입니다.

물론 나는 자신에게 초점을 맞추고 사는 것이 결국엔 하나님을 얼마나 모욕하는 것인가를 보여 주어야 했습니다. 다른 사람들의 의견에 당신의 정체성이 붙잡혀 있다면 그것은 그들을 예배할 뿐만 아니라 당신 자신을 예배하는 이중 독성입니다. 그리스도 안에서 안전함을 누리는 것은 당신이 회개할 때만 일어납니다. 한 남성이 나에게 무엇을 해야 기독교인이 될 수 있는지를 물었습니다. 또 다른 사람은 복음서를 읽고 싶다고 했습니다. 만일 저의 복음 제시가 100퍼센트 전통적인 스타일이었다면 이 일은 일어나지 않았을 것입니다. "하나님이 다스립니다. 당신은 죄를 지었습니다. 정말 큰 문제가 생길 것입니다. 당신은 회개해야 합니다"라는 접근법 말입니다.

물론 아주 다른 상황들 가운데에서 예를 찾을 수 있다. 말하자면, 이
슬람.[10] 그리고 근로자 계층과 사회적으로 결핍된 지역들.[11]

되풀이 말하지만, 이러한 모델들에는 많은 유사점이 있다. 그런데 신
학적 인간학 차원에서 몇 가지 미묘한 차이점들이 남아 있다. '누가 신경
쓰나?' 이렇게 물을 수도 있다. '시시콜콜 따져야 하나? 단지 일만 하면 되
지 않나?' 기억하라. 나는 신학자이다! 근본적 차원에서의 작은 차이들이
보다 실제적인 차원에서는 중요한 시사점이 될 수 있다.

나와 마찬가지로 켈러는 복음은 모든 문화를 도전하는 동시에 연결
한다는 것을 인정한다. 그러나 이 두 요소 사이에 어떤 역동성이 있는가?
그는 "모든 인간 문화는 극히 복잡한 혼합물로서, 명백한 진리와 망가진
반쪽짜리 진리에 대한 공공연한 거부가 복합적으로 섞여 있다"고 쓴다
(80쪽). 죄의 교리가 의미하는 것은 하나님의 형상을 따라 창조된 것과 일
반 은총에 대한 교리들이 문화에 대하여 완전히 결함이 있는 것이 아님
을 지지한다(타락에 대한 그의 설명을 참조하라. 81쪽). 우상 숭배의 개념은 이
모든 교리들을 한데 묶는다. 우상 숭배를 통해 우리는 기독교와 다른 모
든 세계관 사이의 피상적인 구조적 유사성에 대해 이야기할 수 있게 된
다. 우상은 만들어진 것이고 기생하기 때문이다.

달리 말해서, 역사 내내 인간 존재는 인생, 우주, 그리고 모든 것에 대
해 유사한 질문들을 던지며 살아온 것이 전혀 놀랍지 않다.[12] 그런데 진
리를 억압하는(롬 1:18) 경향과 전체화하고, 전염시키고, 동화시키는 우상

숭배의 성향이 크면, 켈러가 생각하는 것보다 훨씬 더 대결적이고 도전적인 비기독교인 문화가 만들어질 것이다. 여기에서 나는 도전할 것이냐 연결할 것이냐에 대한 어조, 방식, 심지어 비율이나 순서를 말하는 것이 아니다. 오히려 내가 의미하는 것은 복음과 우상 숭배적 문화 사이의 강렬한 불연속성이 주는 시사점이다. 다르게 표현하면, 모든 연결점은 대결의 속에서 이루어진다. 바빙크는 말한다. "이교의 어둠에서 복음의 빛으로 이어지는 직접적인 대로는 존재하지 않는다. … 이교에서 기독교로의 이동은 연속선상에서 부드럽게 이어지는 것이 아니다. 둘 사이의 협곡을 감추려는 시도들은 그리스도에게 불충하는 것이며 정직하지 못한 것이다."[13]

사도행전 17장으로 돌아가 보자. 어떤 이들은 너무 많은 무게가 이 본문에 주어지고 있다고 생각한다. "정경 안에 정경"을 두는 죄를 짓고 싶지는 않지만, 누가가 (하나님의 감독 아래) 사도행전에 기록된 사건들과 사도들의 행적들을 여러 문화 환경 속에서의 복음 사역의 예들로 기록하였다.[14] 사도행전 17장은 현대 영국의 특정한 문화 속에서 적절한 지도 원리가 된다.

그림자와 햇빛

바울의 연설 프레임은 그가 아테네에서 본 우상 숭배에 대한 그의 격렬한 혐오감과 의로운 분노에 있다. 그 도시 전체가 우상 숭배에 푹 잠겨 있었다. 하나님이 신명기 32장 16-19절에서 우상들에게 격동하시듯이,

바울은 그 앞에 펼쳐진 풍경을 조사하면서 격동한다(행 17:16). 이러한 서론은 결코 도외시되지 않아야한다. 이것은 매우 부정적인 반응인데 이야기 전체의 분위기를 형성한다. 바울의 연설이 존중적이고 지성을 고려하는 태도일지라도 우리는 이러한 배경을 잊으면 안 된다. 만일 누가 이러한 우상 숭배에 대한 혐오감을 의심한다면, 회개에 대한 요청을 연설의 절정에서 한다는 것을(30절) 확실히 기억할 필요가 있다.

우리는 성경적 관점과 성경적인 담대함을 가지고 있는가? 우리의 모든 전도적이고 변증적인 만남들이 우상 숭배로 인해 이루어지며 본성적으로 거스르는 성격이라는 것을 보고 느낄 수 있는 담대함이 있는가? 나는 유창하게 열변을 토하는 적용에 대해 말하는 것이 아니다. 배경이 되는 신학적 헌신에 대해 말하는 것이다. 그리스도에게 속하지 않는 모든 것들의 진정한 신학적 성격을 이해하는 문제이다. 이것은 표면으로 보이는 것과 상당히 다를 수도 있다. 우리가 지금보다 좀 더 자주 격분해야 하는 것은 아닌가? 우리가 좀 더 자주 격분한다면 우리의 사역에 긴박성이 새로워질 것인가?

켈러가 우상 숭배가 죄를 이해하고 우리 자신과 관계에 초래된 피해를 이해하는 데 유용한 도구라고 말하는 것은 옳다. 그러나 언제나 우선시 되어야 하는 것은 그것이 우리와 하나님의 관계 사이에 끼친 피해이다. 그렇다. 켈러가 말하듯, 우상 숭배는 비신자들이 진리를 억누르고 하나님에 대한 적대감을 갖고 있다는 것을 보여 준다(127쪽). 그러나 우리는 또한 하나님의 거룩하심과 우리의 반역 때문에 '그가 비신자들에게 진노하시는' 분임을 알려야 한다. 이것을 나는 그림자와 햇빛이라고 부른다.

"하나님의 진노가 하늘로부터 나타나나니…"(롬 1:18)는 성경이 "임박한 진노"(살전 1:10)라고 말하는 것의 '그림자'가 현재에 드리우는 것이다(이는 테드 터나우-Ted Turnau가) "작게 쓰인 지옥"이라고 부른 것이다.[15] 상황화된 소통은 비신자들이 매일 다양한 방식으로 경험하는 "경험된 저주"로부터 시작한다. 그리고 이것들이 어떻게 크게 쓰인 지옥의 경고 사인인지를 보여 준다. 물론 이는 큰 섭리에서 볼 때 은혜로운 것이다. 이와 유사하게, 하나님의 일반 은총은, 그의 선하심이 모든 만물에게 보여지는 바, '햇빛'이라고 부른다(이는 "작게 써진 천국"이라고 부를 수 있다). 이는 모든 선의 원천이신 하나님 자신을 가리킨다. 이것들은 이와 같이 해석되어야 하며 감사함으로 받아들여져야 한다. 그런데 선물을 주시는 분과 선물이 혼동될 때(이는 우상 숭배이다), 하나님께 감사하지 않을 때(롬 1:21), 결과가 따른다. 언젠가 반드시 드러나야 하는 영원한 결과가 뒤따른다.[16]

그림자든 햇빛이든, 오직 합당한 반응은 회개와 믿음이다. 켈러의 접근법에서 우리의 복음 커뮤니케이션은 그림자와 햇빛에서 머물 수 없다. 그것들이 가리키는 자리까지 반드시 나아가야 한다. 우리가 그림자와 햇빛을 단순히 지나쳐 무시할 수 없다. 왜냐하면 이러한 이슈들이야말로 사람들이 종종 "느끼지" 못하는 영원한 실재와 사람들의 삶을 유용하게 연결하는 지점들이기 때문이다. 우리의 비기독교인 친구들과 지인들과의 피상적인 관계들에는 역사가 없다. 그들의 전체 삶에 참여할 수 있게 하는 관계 형성이 필요하다. 지적, 의지적, 감정적인 것뿐만 아니라 과거, 현재, 미래의 관점에서 다룰 수 있어야 한다.

"공격 지점"

켈러가 A교리라고 부르는 것이 무엇인지에 대해 좀 더 정교하게 생각하는 것이 도움이 되리라고 본다. 그는 성경의 가르침에 의해 일부분 "대략적으로 수용하는" 신념들이라고 묘사한다(114쪽). 비록 그런 신념들이 하나님의 일반 은총을 통해 접촉점으로서 도움이 되기는 하지만, 바울이 "종교성이 많은" 아테네 사람들에게 설교를 시작하면서 "알지 못하는 신에게"를 언급한 것은 그들의 의심성 없는 종교성을 직접적으로 추천하거나 긍정하거나 지지한 것이 아니다. 오히려 그들의 우상 숭배적이며 무지한 탐색과 추구를 묘사한 것이다. 따뜻한 악수의 지점이 아니라 씨름의 지점인 것이다. 바빙크는 이렇게 말한다.

> 엄격한 신학적 관점에서 보면 이방 사상에는 결코 접촉점이 존재하지 않는다. 기독교 증거의 기초로 사용될 만한 설익은 진리를 제공하는 것은 없다. 만일 이것이 우리가 접촉점이라는 말로 의미하는 것이라면, 전혀 없다는 것이다. 그러나 실제적으로 말해서, 현실적인 선교 경험 속에서, 우리는 잦은 '접촉'을 안할 방법이 없다. 그러나 우리는 결코 연관된 위험성을 간과해선 안된다. 우리는 그들의 이방적 의미가 담겨 있는 어휘들을 정화하는 노력을 해야 한다. 이것은 사도들이 구원, 구속, 로고스 등의 많은 단어들과 씨름한 것들이다. 그 단어들은 오해의 세상으로 쉽사리 오도될 수 있는 것들이었다. 그러므로 우리는 '접촉 지점'과 '공격 지점'을 구분하는 것이 좋다. 공격 지점이란 우리에게 있어 비기독교인 국가에서 자주 접촉하

는 필요, 결핍, 무능과 같은 것들이 무엇인지 알 수 있게 하는 것들이다. 물론 이는 우리의 환경 속에서도 발견되는 것들이다.[17]

내가 믿기에 바울이 사도행전 17장 28절에서 이방인 시인을 인용하는 것은 "무지"와 "어둠 속의 방황"에서 일어나고 있다.[18] 그렉 반센(Greg Bahnsen)이 말하듯, "바울은 아레오바고 광장 연설에서 이방인의 생각을 이용한 것이 아니다. 그는 신앙심 없는 사상가들이, 비록 진리를 억누르고 왜곡했음에도 불구하고, 살아계시고 참되신 하나님에 대한 모든 생각을 뿌리뽑지 못했음을 보이기 위해 이방인의 표현을 사용했을 뿐이다."[19] 우리가 A교리들의 존재를 인정해야 하지만, 그것들이 서로 떨어질 수 없이 연루돼 있는 전반적인 우상 숭배 구조로부터 분리하거나 단절할 수 없다. 더욱이, 문화의 장벽을 뛰어넘어 소통해야 하는 우리의 필요와 관련된 위험성을 인지하고 있는가? 바빙크는 이렇게 쓴다. "부지불식 중에 수많은 이방적 관념들을 매순간 흡수하고 있다. 오염된 용어들을 쓰지 않을 수 없다는 단순한 이유로 계속 사용되고 있다. 선교사는 말할 때마다 모든 단어에 이방적 사상을 내뿜는다. 달리 말할 방도가 없는 것이다. 왜냐하면 그가 사용할 수 있는 다른 어휘가 없는 까닭이다. 그렇지만 그는 때때로 자신의 일을 의식하게 될 때 몸서리를 치게 된다."[20]

도움닫기와 마무리
바울이 아레오바고에 서서 직접 설명할 때 그는 세상의 세계관들을 비교하며 직접적인 충돌을 했다. 누가가 사도행전에 기록하듯, 연설의 모든 기초는 예수님과 그의 죽으심과 부활하심의 복음을 말하기 위한 목적으로 세워졌다. 17장 초반부에서, 바울이 "메시아가 고난 받으시고 죽으시고 부활하실 것을 성경으로부터 설명하고 증명하며 설득하였음"을 우리는 알 수 있다(17:2-3). 아테네에서 그는 아레오바고 앞에 서기 전에 "예수님과 부활에 대한 기쁜 소식"을 선포하였다(17:18). 그리스도와 십자가에 못 박히심은 아주 현재적이며 정확했다. 그러나 이 메시지를 수용하는 것은 혼란스러운 일이었다. 그러므로 바울이 앞에 서서 이야기를 시작할 때, 그의 목적은 메시지의 걸림돌을 축소하는 것이 아니었다. 오히려 이 좋은 소식을 변호하는 것이며, 삶과 세상과 모든 것에 다가가게 하는 것이었다. 그래서 인류를 위한 복음의 의미와 적용점들을 보여 주었다. 무식함뿐 아니라 성경적 무지함도 다루어야 한다. D. A. 카슨은 말한다. "바울이 제공하는 것은 성경적인 통섭(메타 내러티브)이다. 성경 안에 있는 큰 이야기로서, 모든 작은 이야기들을 설명하는 것이다. 이 큰 이야기가 없이는 예수님의 이야기는 납득이 되지 않는다."[21]

바울이 여기에서 하는 것은 "도움닫기"와 "마무리"이다. 예수님의 복음이 아테네에서 납득되게 하기 위해, 바울은 좀더 긴 도움닫기가 필요했다. 이는 아테네 사람들이 갖고 있지 않은 기본적 개념들을 먼저 제자리에 있게 하는 것을 수반했다. 그래서 바울의 설교는 기독교 세계관으로 마무리 되었다. 바울은 말한다. "좋습니다. 기본으로 돌아가 봅시다. 여러분 아테네 사람들은 궁극적 실재의 본성, 창조, 시각, 만물의 끝 등에 대해서 온갖 종류의 관점을 가지고 있습니다. 그런데 내가 어떻게 보는지 이야기하려 합니다."

절대적이며 인격적인 하나님, 멀리 있으면서 동시에 가까이 계신 분, 창조된 피조물과 구별된 창조자, 목적이 있는 섭리, 타락("갈망"), 인고의 시간, 역사의 끝, 그리고 다가오는 심판. 이러한 기본적인 구성 요소들이 제자리에 있지 않다면, 예수님과 그 부활은 납득이 되지 않는다. 바울은 이러한 차이점들을 일찌감치 짚을 필요성을 인식한다. 이방 철학자들의 말을 인용하는 것은 그 후에야 이루어진다. 그리스도교 세계관을 펼치는 작업을 한 다음에 되는 것이다.

우리가 비신자와의 대화들 가운데 더 멀리서 시작할 필요가 있는 것인가? 이러한 세계관의 기본점들을 살피는 데 더 많은 시간을 보낼 필요가 있는가? 그래서 그림 가운데 예수님과 그의 부활이 납득되도록 해야 할 것인가? 이 부분에서 오해하지 않도록 하라. 우리의 목표는 언제나 예수님의 대한 좋은 소식을 전하는 것이다. 이러한 도움닫기와 마무리 작업은 복음 선포를 '대신'하는 것이 아니다. 오히려 선포를 '지지'하는 것이다. 이 작업은 우리가 과거에 했던 것보다는 훨씬 많은 시간과 인내와 기도가 필요할 것이다.

결론적인 성찰

앞서 상황화의 이슈를 복음 소통의 측면에서만 살펴보았다. 상황화는 단순히 소통의 문제만이 아니라 살아가고, 예배하고, 문화를 만들고, 신학화하는 모든 것이다.

어떤 영역에서 우리가 상황화를 말하든 간에, 더 "적극적이고" 심지어 "강력한" 관점은 복음과 우상 숭배 문화 사이에 존재하는 충돌에 대한 것이다. 예를 들어, 복음에 대해 타협하거나 수정하고 있는지 반드시 의문시되어야 한다. 바빙크의 '포제시오' 논의가 보다 적절해 보인다.

> 기독교인의 삶은 이교도적 삶의 형태에 타협하거나 수정하는 것이 아니다. 이교적인 것을 취해서 새롭게 변화시키는 것이다. 누구든지 그리스도 안에 있으면 새로운 피조물이다. 비기독교인의 관습과 관행들의 틀은 우상 숭배적 경향성을 섬긴다. 사람을 하나님께로부터 멀어지게 한다. 기독교인의 삶은 그것들을 손에 취하여 전혀 다른 방향으로 이끈다. 그것들은 전혀 다른 내용으로 채워지게 된다. 외적인 모습으로 보면 과거의 관행들과 비슷해 보이는 부분들이 많이 있다고 할지라도, 실제에 있어서는 모든 것이 새로워지는 것이다. 이전 것은 본질 상 지나간 것이며 새 것이 온 것이다.
> 우리가 무엇을 어떻게 "소유하는지"에 대한 현실적인 복잡성과 위험성을 부인하지 않지만, 우리가 상황화에 대해서 덜 걱정하고 더 열려야 할 것인지가 궁금하다. 왜냐하면 그리스도를 위하여 적극적으로 "소유하는" 것이지, 소극적으로 문화에 "타협하는" 것이 아니기 때문이다.[22]

둘째, 계속해서 소유하는 작업이 누구의 책임인지를 물어야 한다. 여기에서 우리는 관계적 역동성에 대해 깨어 있을 필요가 있다. 이는 선교학 내에서는 잘 알려진 것인데, 성경의 문화, 전달자의 문화, 그리고 이 소통이 일어나는 '새로운' 토착 문화 사이의 관계에 대한 것이다. 우리의 전반적인 목표는 새로운 현지 문화가 성경과 직접적으로 교류하게 하는 것이며, 성경에 도달하기 위해서는 타문화에서 온 전달자의 문화 속으로 굳이 돌아가게 할 필요는 없다는 것에 심정적으로 동의한다. 우리는 현지 리더십을 지원하며 자기 신학화의 작업을 격려해야 한다. 이는 상호 성장의 목적에 부합하는 것이다.[23]

> 우리는 어떤 해석이든지 다른 모든 해석과 마찬가지로 좋다는 가정을 정당화하기 위해 상황화의 원리들을 사용하지 않는다. 또한 우리는 하나님의 모든 진리가 하나의 특정한 해석학적 공동체에게 주어졌다고 말할 수도 없다. 그 결과로 우리는 서로에게 배우기를 힘쓸 것이다. 서로를 교정하고 서로에게 교정받는다. 그리스도와 성경에 나타난 하나님의 은혜로운 자기 계시에 합당한 순종을 하는 한 그러하다. 진리는 하나이지만, 하나의 음표가 아니라 교향곡처럼 울려퍼지는 것이다.[24]

'어떤' 문화에서든지, 우리가 창조적으로 상황화하고 "소유하는" 모래밭에는 분명한 경계선들이 있다는 점을 주지해야 한다. '정통 신학'과 '정통 실천'의 범주들은 분명 존재한다. 또한 사도적인 '바른 교훈의 모양'도 존재한다(이는 독한 창질 같은 가르침들과 대비된다). 또한 사역적 '믿음의 규칙'도 존재한다.[25] 우리의 교회들은 신학 교육과 신앙 형성의 필요성에 대하여 인식하고 돌아간다.

결론적으로, 이 모든 상황화의 대화에 대한 걱정들은 이것이다. 성경의 부요함과 범주들과 이야기들을 "번역하며 빗겨가는" 것에 대한 걱정이다. 성경의 언어, 관습, 그리고 타당성에서 벗어나는 것이다. 성경을 통해 우리의 상상력이 자극되고 세계에 대한 새로운 비전을 형성하고 우리의 언어와 관습과 가능성에 대한 새로운 그림을 그리는 대신 말이다. 이에 대해 리처드 린츠는 이렇게 말한다.

> 우리 시대 신학이 교회 교육에 있어 당면한 근본적인 과제는 교회가 성경에 대해 무지하며, 성경적 이미지와 메타포들이 과거에 신학을 어떻게 형성했는지에 대해 무지하다는 것이다. 성경의 구속사 메시지를 현대 문화의 일상어로 번역하는 작업은 만일 교회가 성경의 일상어에 대해 교육받지 않는 한 무의미하다. 앞으로 나아가기 위해서는 우리가 뒤로 돌아가야 한다.[26]

존 파이퍼가 핵심을 짚어 말했듯이, 설교는 우리 안에 계신 성령님의 사역에 의해 "개념 창조"를 하는 것이다. 기존의 개념적 범주들을 상황화하는 것만이 아니다.[27] 만일 우리가 우상의 유사품적 특성을 인지한다면, 우리가 그리스도의 복음이 가져오는 근본적인 전복성과 실질적인 성취를 인정한다면, 우리가 타협이 아니라 소유에 대해서 말한다면, 그러면 우리는 단절성 속에서 문화적 연속성을 인정하는 상황화의 관점을 지지할 수 있다. 새로운 것과 낯선 것을 구분하지만 사실상 오래되고 익숙한 문화의 재창조인 것이다. 이 재창조 속에서 하나님은 우리의 연합과 다양성을 지키면서 하나님을 예배하고 영화롭게 할 수 있도록 우리를 배치하셨다. 어쩌면 우리는 일거양득을 할 수도 있다.

다니엘 스트레인지에 대한 답변

팀 켈러

감사한 부분

다니엘 스트레인지의 탁월한 에세이는 상황화에 대한 나의 작업이 어떤 이들에게는 '격하지만' '정통적'이라고 평함으로써 시작된다. 조금 도발적이기도 하며 동시에 매우 건전하다. 나이 들고 대머리인 백인 남성이 "격하다"라는 말을 듣는 것은 어떤 의미에서든 흥미로운 일이다. 그래서 나는 이 칭찬을 받아들인다! 특별히 그가 복음 상황화에 대한 내용들을 "큰 도움이 된다"고(140쪽) 하는 것에 대해 크게 감사를 느낀다.

또한, 그가 조금은 역설적으로 나의 관점을 그의 영국 전도에 대입하는 것에 대해 감사를 표현하고 싶다. "혼합주의라고 인식되는 것"을 너무 두려워하는 사람들이 갖는 위험성에 대해서도 지지한다. "문화적 근본주의는 (역설의 역설로서) 말을 타다가 '똑같은 땅에 떨어질' 위험성이 있다는 것이다 - 혼합주의, 변질, 문화적 상대주의, 세속성의 땅이다"(143쪽). 과다적응과 과소적응 사이의 균형을 유지하라는 나의 조언에 대해 그는 "과소 적응이 곧 과도 적응이다"는 사실을 일깨워 준다.

스트레인지는 또한 상황화에 대한 나의 접근법이 새로 만들어진 것이거나 혼합주의적인 것이 아님을 탁월하게 확인시켜 주고 있다. 선교와 변증학에 대한 접근법에 있어서는 "수백 년의 역사를 거슬러 올라가 네덜란드 개혁주의 사상의 분명한 계승"이다(147쪽). 스트레인지가 지적하듯, 나는 1980년대에 웨스트민스터신대원에서 가르칠 때 보다 이론적인 접근법들을 개발했다. 그곳에서 하비 콘 교수는 아브라함 카이퍼, 코넬리우스 반 틸, 그리고 J. H. 바빙크의 전통을 잇는 변증학을 가르쳤다. 그는 이를 현장에 대한 복음주의적 접근법을 정의하는 프로젝트에 사용했다. 그와 나는 동일한 정신적 조상들을 두었기 때문에 변증학에 대한 신학자로서의 그의 관점과 실천가로서의 나의 관점은 근본적으로 유사한 방향으로 발전했다.

사실, 스트레인지는 그의 모델을 "체제 전복적 성취"라고 불렀다(148쪽). 이 이름은 내가 성취하고자 하는 것과 아주 닮아 있다. 우리는 문화 속에 우상적이 되는 특정한 욕망들과 열망들이 있음을 찾아낸다. 그 우상들이 얼마나 파괴적이며, 환상에 불과하며, 자기 파괴적인지를 보여 준다. 그러나 여기에서 우리는 복음을 사람들이 보도록 이끈다. 복음은 우상들을 전복하며 도전할 뿐만 아니라 우상들이 결코 채울 수 없는 열망을 성취될 수 있게 한다. 그는 에세이 미주에서 이 모델의 개관을 제시하는데 본질적으로는 복음 상황화의 장들에서 사용한 방법들이다.

이러한 중심적인 동의로 인해 다니엘 스트레인지의 비판은 모델을 변경하라는 것이 아니라 모델을 개선하라는 메시지로 이해된다.

유용한 부분

스트레인지의 첫 번째 비판은 상황화(contextualization)라는 단어를 사용하지 말라는 제안이다. 그의 주장은 내가 이 장들에서 이야기하는 것이 오직 소통의 측면에 국한된다. 포괄적인 의미에서 상황화란 "살아가고 예배하고 문화를 만들고 신학화 하는 모든 것"이라는 것이다(158쪽). 그러므로 나에게 사실상 복음의 소통과 적용에 대해서 이야기하면서 "복음 상황화"를 말하는지 질문하는 것이다. 그는 내가 세계교회협의회 진영에서 사용하는 원래 의미를 무시하고 "담대하게"(144쪽) 상황화를 정의한다고 말한다. 보다 정통적인 진영에서는 즉각적으로 위험 신호등을 켜는 단어를 말이다. 내 생각에 스트레인지는 상황화를 어떤 면에서 잘 상황화 할 수 있는 몇 가지 힌트를 제시하고 있다.

나는 이러한 주장이 갖는 무게를 느낀다. 왜냐하면 여러 곳에서 이 장들에 대한 반대 의견을 받았기 때문이다. 심지어 이 부분에 대해 반대하는 사람들은 내용에 문제가 있다고 하지 않았고, 단지 용어상의 문제를 제기했다. 그들의 불만은 상황화(contextualization)라는 단어가(불행히도 그들

의 입장에서는 '복음 중심성' 또는 '은혜 부흥'이라는 표현과 마찬가지로) 유익하지 않은
숱한 태도들과 관행들과 연결된 깃발을 떠올리게 했다. 많은 젊은 지도
자들은 문화적으로 세련되게 보이고 싶은 갈망으로 이 용어를 사용했다.
그들은 전통적인 모델의 날카로운 강해설교와 회개를 요청하는 전도에
서 멀어졌다(이에 대해서는, 1권의 마이클 호튼의 논평과 나의 답변을 참조하라).

이 모든 것에 대한 나의 반응은 많은 상황들에서 이것을 '복음 소통'
내지는 '변증'이라고 불러야 한다는 것이다. 그러나 나는 하비 콘, 존 스
토트, J. I. 패커 등이 1978년 복음과 문화협의회에서 표현했던 염려를
공유한다. 즉, 인간 문화에 대한 깊은 성찰 없이 복음이 소통될 수 있다
고 복음주의자가 믿는 부분이다. 문화로부터 메시지가 나오고 문화 속으
로 메시지가 선포되는 것이다.[1]

스트레인지의 그 다음 비판은 매우 중요하다. 그는 "켈러가 생각하
는 것보다 훨씬 대결적이고 도전적인 비기독교인 문화가 만들어진 것 같
다"(151쪽). 그는 곧바로 말하기를 "도전할 것이냐 연결할 것이냐에 대한
어조, 방식, 심지어 비율이나 순서를 말하는 것이 아니다"라고 덧붙인다.
오히려 그가 의미하는 것은 "모든 연결점은 대결 속에서 이루어진다"라
는 점이다. 그는 J. H. 바빙크를 인용한다.

> 둘 [복음과 이교] 사이의 협곡을 감추려는 시도들은 그리스도에게 불
> 충하는 것이며 정직하지 못한 것이다.

이론가보다는 실천가인 관점에서 그에게 묻고 싶다. 도전하는 어조,

방식, 실제적인 시간 분량 등을 조정하지 않으면서 어떻게 대결적인 관점이 듣는 이에게 전달될 수 있는가? 이에 대해 스트레인지는 두 가지 답을 한다. 한 가지는 바울이 아테네에서 우상들을 보면서 격앙하고 혐오하는 장면을 조사하는 것이다. "안이하게 고함 지르기"를 하는 대신에, 스트레인지는 우리가 문화의 우상 숭배에 대해 더 "고통스럽지" 않겠는가 묻는다. 그는 우리가 더 고통스러워하고, 우리를 둘러싼 거짓말과 망상들에 대해 덜 타협해야 한다고 주장한다. 그래서 "우리의 사역에서 긴박성"(153쪽)을 더 많이 가져야 한다고 주장하는 것이다. 나는 이러한 안타까움과 긴박성은 복음 상황화 장들에 나타나지 않는 것이 사실이다. 조금이라도 그런 것이 있다면, 저술가로서 나는 복음주의자 독자들이 믿지 않는 문화에 참여하면서 내려다보는 관점과 배려 없는 태도를 덜 갖기를 바란다. 스트레인지는 이 뒤틀리고 어두운 것들 속에서 우리의 안타까운 마음을 잃지 않도록 경고한다.

우리가 비신자들과의 관계 속에서 보다 도전적인 관점을 취하는 또 다른 실제적인 방법은 죄들이 단지 채워지지 않은 그리움을 만들 뿐만 아니라 하나님과 원수가 되게 한다는 사실을 전달하는 것이다. 스트레인지는, 다른 작가들을 인용하면서, 하나님의 진노의 "그림자"에 대해 말한다. "작은 글씨로 쓴 지옥"에 대한 경험과 통찰은 "사람들의 삶의 구체적인 일상들" 속에 발견된다. 이는 그들이 하나님과 단절되어 있을 뿐만 아니라 하나님이 그들과 단절되어 있다는 실제적인 증거가 된다.

이 부분에 대해 나는 완전히 동의한다. "체제 전복적 성취" 모델에서 사람의 가장 깊은 열망을 충족하는 복음의 방식에 너무 많은 강조를 하다보면, 듣는 이들에게 죄란 단지 그들만을 해칠 뿐이라는 인상을 줄 수 있다는 것이 사실이다. 죄는 하나님을 슬프시게 하고 불명예스럽게 하고 진노하시게 한다. 스트레인지는 어떻게 이것을 하는지 구체적인 예는 제시하지 않는다. 그러나 이것을 제시할 수 있는 많은 방법들이 있다. 이는 오랫동안 나의 설교 사역 가운데 계속 언급해온 부분이다.

이것을 하는 방법들 중에 하나는 역사나 소설 속 어떤 인물을 언급하는 것이다. 말하자면, 맥베드 부인과 같이 죄책감으로 상처 입은 존재말이다. 그리고 나는 죄책감이라는 것이 현대인에게는 구식으로 보일 수 있음을 인정한다. 그렇지만 설교자가 다음과 같이 말한다면, 언제나 침묵 가운데 회중이 빠져든다.

> 그러나 여러분은 죄를 믿지 않을 수도 있습니다. 여러분은 지옥을 믿지 않을 수도 있습니다. 여러분은 하나님의 법을 믿지 않을 수도 있습니다. 그러나 당신은 떨칠 수 없는 정죄를 느꼈습니다. 여러분에게 거짓말쟁이라고, 사기꾼이라고, 제대로 살지 못하고 있다고 말하는 음성이 있습니다(그런 음성을 들었습니까?). 여러분은 그것이 어떤 심리적 콤플렉스라고 설명합니다. 어쩌면 부모님이 당신을 인정해 주지 않았기 때문에 생긴 것이라고 말합니다. 그렇지만 아주 인정적인 부모님을 가진 이들도 이 음성을 동일하게 듣습니다. 당신은 더럽혀졌다고 느낍니다. 단지 "당신이 제대로 살지 못하고 있습니다"라고 말하는 것 이상으로 깊이 들어 갑니다.

우리의 죄책감이 지워지지 않으며, 신속하게 떠오르며, 생생한 이유는 죄책감이란 것이 단지 과거에 우리가 지은 무엇에 대한 기억 문제가 아닌 까닭이다. 우리의 양심은 죄책감을 새롭게 하는 무엇인가와 연결되어 있다. 심판에 대한 하나님의 기준이 있다. 우리의 양심들은 양심에서 흘러나오는 미세신호를 포착하는 심장 모니터와 같다. 깊은 곳에서, 우리는 마땅히 되어야할 존재가 되지 못하였음을 안다. 다른 누군가가 계속 그 사실을 이야기해 준다. 우리 모두가 서야만 하는 법정이 있다. 우리가 모두 직면해야 하는 정의의 법정이 있다. 우리 모두가 깨뜨린 표준이 있으며, 우리는 이 모두를 알고 있다. 우리는 모두 그 앞에 옷을 벗고, 방어막 없는 채로 선다.

그래서 스트레인지가 죄는 단지 우리를 해할 뿐만 아니라 하나님의 불쾌와 진노를 초래한다는 것을 지적하고 있음을 보여 주어야 한다고 하는 것은 옳다. 우리는 반드시 하나님 심판의 증거가 그들의 삶 가운데 어떻게 나타났는지를 비신자들에게 보여 줄 방법을 찾아야 한다. 이러한 측면들은 복음 상황화에 대한 장들에서 강조되지 않았다. 이러한 강조점들과 함께 전반적으로 죄의 성경적 교리를 현대인에게 어떻게 전달해야 할지에 대해서는 협의가 많지 않다.

흥미로운 부분

가장 "내용 있는" 신학적 토론은 논평의 마지막 부분에 등장한다. 거기에서 그는 정말로 A교리의 존재 여부를 다룬다. 즉, 비기독교인들이 신자들과 공유하는 신념이 있는지를 묻는다. 과연 공통 지대를 구축할 수 있는가 하는 것이다(154쪽). 실제적인 측면에서 내 모델의 핵심은 (1) 듣는 이와 어떤 지점에서 동의하고, (2)그들이 동의한 신념에 무엇인가 일치하지 않고 잘못된 것이 있음을 보여 주고, (3)그들에게 일관성을 가지라고 도전하는 것이다. "여러분이 이것을 믿는다면, 왜 저것을 믿습니까?" 스트레인지는 바빙크와 그렉 반센의 관점을 취한다. 궁극적으로 공통 신념이란 존재하지 않으며, 심지어 유사해 보이는 신념조차도 그 기저에는 우상 숭배적이어서, 접촉점이 없으며, 단지 공격점만 있다고 주장한다. 이론적으로 동의한다. 하지만 인도네시아에서 사역했던 바빙크가 "오염된 용어"를 채택하지 않을 방법이 없다고 인정하는 것은 흥미로운 일이다. "사용하지 않을 방법이 없기 때문에 사용한다"고 하는 것이다.

나 역시 그렉 반센의 토론을 담은 녹음을 들어보았는데, 거기에서 그는 흔히 받아들여지는 용어와 개념들을 사용하였다. 그의 반대편에게 내가 사용하는 것과 똑같은 방식으로 일관성을 요구하였다. 그래서 무엇이 근본적으로 다른 것인지 궁금하다. 아마도 스트레인지의 주장으로 돌아가 보아야 할 것이다. 우리는 내면의 고통을 갖고 있고, 아울러 사람들이 동의한 용어와 개념 속에서 우상 숭배의 매트릭스를 결코 잊지 못한다.

이것은 나로 하여금 훨씬 더 나은 교사가 되도록 돕는다. 나는 전도에 대해 글을 쓰거나 성찰하기보다는 훨씬 많은 실제 전도와 변증을 했다(《팀 켈러의 센터처치》의 주제들에 대해서도 마찬가지이다. 이 책의 앞부분에 이 내용을 담았다). 다니엘 스트레인지가 주장하는 모든 것은 그가 나의 상황화 모델에서 추가하거나 정선하려는 주장들인데, 이미 나의 사역 가운데 실천되는 것들도 있지만, 어떻게 상황화를 하는지에 대한 성찰과 훈련에 대해서는 아직 미흡한 부분도 있다. 그러므로 나는 각각의 필드에 있는 전문가들에게 계속 귀를 기울여야 함을 이야기했다. 이론과 실제가 훨씬 더 잘 통합되도록 하려면, 우리가 교회의 차세대를 훈련할 때 각각의 필드에서 성도들의 관점이 필요하다.

복음으로
도시를
품으라

05
도시에 대한
성경의 정의와 긴장

◇◇◇

오늘날 대다수 그리스도인들은(특히 미국의 경우) 도시에 대해서 무관심하거나 적대적이다. 어떤 이들은 도시를 생각할 때 부정적 이미지를 떠올리거나 신앙과 도덕을 저해하는 곳으로 여긴다. 또 다른 이들은 도시가 그리스도인의 삶이나 사명과는 아무런 관련이 없는 곳이라고 생각한다. 물론 일부 젊은 그리스도인들은 도시의 낭만에 젖어들기도 한다.[1]

그러나 성경 저자들의 태도는 매우 다르다. 도시에 대한 성경의 관점은 적대적이지도 낭만적이지도 않다. 도시는 인류가 집중적으로 모여 사는 곳이기에, 인간 본성의 최선과 최악이라는 이중적 특성이 드러나는

곳이다.[2]

이런 이유로 성경은 도시를 타락과 폭력의 장소로 묘사하기도 하고, 피난처와 평화의 장소로 보기도 한다. 창세기 4장과 11장에서 도시 건축자들은 첫 번째 살인자인 가인의 계보로부터 등장한다. 창세기는 소돔과 고모라 도시의 악을 그리기도 한다. 시편 107편은 이렇게 기록한다.

> 그들이 광야 사막 길에서 방황하며 거주할 성읍을 찾지 못하고 주리고 목이 말라 그들의 영혼이 그들 안에서 피곤하였도다. 이에 그들이 근심 중에 여호와께 부르짖으매 그들의 고통에서 건지시고 또 바른 길로 인도하사 거주할 성읍에 이르게 하셨도다. 여호와의 인자하심과 인생에게 행하신 기적으로 말미암아 그를 찬송할지로다(시 107:4-8).

시편 기자는 성읍(도시) 없는 삶이 힘들었다고 기록한다. 이어 성읍(도시)이 인간이 번창할 수 있는 곳, 다시 말해 긍정적인 사회 형태라고 추정한다. 따라서 성경에 드러나는 도시에 대한 묘사는 미묘한 뉘앙스를 가지고 있다. 성경은 도시의 긍정적인 역량이 하나님의 영광을 위해서 실현될 수 있음을 강조하며, 동시에 하나님께 대한 인간의 반역을 도모하는 사회적 공간으로 쓰일 수 있음도 보여 준다. 우리는 도시가 구원 역사에서 핵심적인 역할을 한 것도 살펴보게 될 것이다.

이 장에서는 하나님을 높이는 약속과 인간을 높이는 그림자의 긴장이 도시에 있는 것을 살펴보려고 한다. 또한 성경에 등장하는 도시의 두 가지 성격이 어떻게 나타나는지 알아보고, 현대 사회에서는 어떻게 반영되는지도 살펴볼 것이다. 많은 경우 도시들은 과거나 현재나 항상 그대로다.

도시의 정의

우리는 먼저 도시가 무엇인지 알아야 한다. 오늘날 도시는 대개 인구수로 정의된다. 인구가 많이 모이는 곳은 '도시'(city)로, 중간인 곳은 '소도시'나 '읍'(town)으로, 적은 곳은 '마을'(village)이라고 불린다. 하지만 이런 도시에 대한 현대적 이해를 성경 용어에 주입하지 않도록 주의해야 한다. 히브리어에서 도시를 표현하는 말로 가장 많이 사용된 단어는 '이르'(ir)인데, 요새나 벽으로 둘러싸인 인간 거주지를 말한다.[3] 고대 도시들은 대부분 1천 명에서 3천 명 정도의 인구로 구성되었으며, 거주민들은 성벽 안에서 오밀조밀하게 모여 살았다.[4] 그러므로 성경이 말하는 도시의 요체는 인구수에 있는 것이 아니라 밀도에 있다. 도시는 사람들이 밀집하여 모여 사는 사회적 형태이다.

시편 122편 3절은 인구 밀도에 대해서 다음과 같이 말한다. "예루살렘아 너는 잘 짜여진 성읍과 같이 건설되었도다."[5] 요새가 있는 도시에서 사람들은 좁은길을 따라 밀집된 작은 집에 모여 살았다. 한마디로 도시 생활은 거리 생활과 같아서 언제 어디서나 사람들이 물리적으로 가까이 있었다. 사실 대부분의 고대 도시들은 규모 면에서 5-10에이커 정도로 추산되며, 에이커(약 1천 224평-역주) 당 평균 240명이 살았다.[6] 이해를 돕기 위해 현재와 비교해 본다면 뉴욕 맨해튼에는 에이커 당 105명이 산다. 고층 빌딩 숲인데도 그렇다.

느헤미야가 예루살렘 성벽을 재건한 후에 예루살렘 성 안에는 너무 많은 빈집들이 있었다(느 7:4). 다시 말해 도시로서 역할을 하기에는 인구가 너무 적었다. 그래서 인구의 10분의 1에 해당하는 사람들에게 이주 명령을 내려서 도시를 채우게 했다(느 11:1). 먼저 도시가 세워지면, 사람들은 벽으로 보호되는 공간 안에서 독특한 인간 문화와 고유한 삶의 방식을 창출한다. 여기서 도회적 인간 생활의 표지가 되는 세 가지 특징들이 형성된다.

안전(safety)과 안정(stability)

예전의 도시들은 성벽이 있었기 때문에 더 안전하고 안정감을 느끼게 했다. 도시의 첫 번째 중요성은 적대적 세력에 대한 저항에 있었다. 적대적 군대들, 침입자들, 피의 복수를 하려는 사람들 또는 맹수로부터의 보호였다. 벽으로 둘러싸인 도시에서 사람들은 이전보다 훨씬 안전한 생활을 할 수 있었고, 문명의 발전을 이룰 수 있었다.

'문명화된다'는 것은 '도시화되다'라는 것으로도 해석할 수 있다. 이스라엘 백성이 가나안을 정복할 때, 그들은 성벽으로 둘러싸인 도시들의 강함에 놀랐다(신 1:28; 9:1; 수 14:12). 이스라엘 또한 정착을 위해 도시를 건설했다(신 32:16-42). 성경에서 도시가 안전에 대한 비유로 쓰인 것은 놀라운 일이 아니다(잠 21:22; 신 28:52). 잠언 25장 28절은 우리에게 "마음을 제어하지 아니하는 자는 성읍이 무너지고 성벽이 없는 것과 같다"고 말한다.

이러한 안정성 때문에 도시 환경에서는 가장 먼저 법과 질서 체계가 자라날 수 있었다. 초기 도시들에는 성문이 있었는데 거기에서 장로들이 앉아서 법의 규칙에 따라 재판을 했다. 성문 바깥에서는 모든 분쟁이 칼로 해결되었으며 이는 피의 분쟁, 파멸, 그리고 사회의 무질서로 귀결되곤 했다. 폭력 없이 정당하게 일을 처리하는 사법 체계가 만들어지기 위해서는 성벽과 성문이 모두 필요했다. 하나님은 이스라엘 백성에게 '도피성'을 건설하도록 요구하셨는데, 이곳에서는 우발적으로 사람을 죽인 개인들이 모여 자신의 사건을 호소할 수 있었다(민 35:6).

현대의 독자들에게는 도시가 안전과 안정의 장소라는 말이 즉각적으로 와닿지는 않는다. 초기 도시들이 안전한 곳이었다는 것은 수긍할 수 있지만, 오늘날의 도시들은 여전히 범죄율이 높은 곳이라고 생각한다. 그러나 이런 생각은 최근 연구들을 돌아볼 때 오류임을 알 수 있다.[7]

그리고 우리는 '안전한 곳으로서의 도시'라는 정의의 개념을 넓힐 필요가 있다. 많은 도시들은 혼란스러운 세상 속에서 '안전한 도시'라는 개념을 붙잡은 끝에 성장과 성공을 기할 수 있었다. 홍콩, 싱가포르, (보츠와나에 있는) 가보로 등은 무질서한 세상 가운데 법 규칙의 교두보로서 제 역할을 했기 때문에 엄청난 투자와 인적 자원이 몰려드는 도시로 번성할 수 있었다.

하지만 대부분의 도시들이 번성할 수 있었던 또 다른 이유는 주변부 그룹들과 사람들이 피난처를 찾아서 들어올 수 있었다는 점이다. 구약시대에는 죄인들이 피의 복수를 피해서 도시로 들어와 피난처를 찾았고 성읍의 장로들에게 도움을 요청할 수 있었다(민 35장; 신 19장; 수 20장).

오늘날에도 경제적으로 궁핍하거나 정치적으로 억압받는 사람들이 자국을 떠나 다른 나라로 옮길 때 새로운 도시에서 보다 나은 삶을 성취할 수 있다. 이민자 그룹들이 자신들의 제도를 유지하며 소도시를 형성할 수 있는 것은 도시의 밀도와 근접성 덕분이다. 이민자들은 그 안에서 새로운 나라의 방식들을 익히고 배운다.

도시가 살아가기에 더 안전한 장소라고 느끼는 것은 이민자들만은 아니다. 모든 인구학적 소수 그룹들은 (예를 들어, 나이든 싱글들과 소수 인종) 도시에서 살아갈 때 타인의 눈에 덜 띄고 덜 이상하게 비쳐진다. 그래서 도시들은 넓은 의미에서 여전히 안전한 곳으로 여겨지며 번성하고 있다.

다양성

두 번째로 도시에 대한 성경적 이해에는 더 큰 다양성(diversity)이 포함된다. 이는 밀도 있고 안전한 도시가 가지고 있는 자연적인 결과물들이다. 안디옥교회에서는 다양한 인종적 그룹이 지도자 그룹을 형성했다(행 13:1). 이는 다양한 민족들이 살아가는 도시에서 복음이 선포될 때 나타나는 자연스러운 일이다. 소수 민족들은 안전하게 자신들을 지키기 위해 도시로 이동한다. 때문에 도시는 점점 인종적으로, 문화적으로 다양해진다. 물론 이것이 다양성의 전부는 아니다. 도시는 단지 인구 구성만이 아니라 땅의 사용에 있어서도 다양성이 나타난다.

인간 사회는 몇 가지 요소들을 필요로 한다.

- 경제 질서- 사람들이 일하고 사업 거래를 하는 곳에서 요구되는 질서
- 문화 질서- 학문이나 예술, 공연을 추구하는 데서 요구되는 질서
- 정치 및 법 질서- 소송들이 결정되고 정부 관료들이 만나는 곳에서 요구되는 질서

만약 이것들을 피자의 재료들이라고 생각한다면(토마토소스, 치즈, 페퍼로니, 반죽 등) 도시의 모든 이웃들은 피자의 한 조각과 같다. 주거지와 함께 일터, 쇼핑 센터, 서점, 학교, 전시장, 공연장, 예배 장소, 놀이터 등이 시청, 법원 등의 정부 건물과 함께 모여 있다. 모든 것이 섞여 있고 밀착되어 있으며 걸어갈 만한 곳에 모여 있다. 고대 농경 지역과 마을들은 이 모든 요소들을 제공할 수 없었다. 오직 도시만이 모든 것을 제공할 수 있다. 어떤 사람들은 이런 이유로 도시를 "걸어 다닐 수 있는 복합 용도의 거주지"[8]라고 정의한다.

현대의 거주지(교외)는 의도적으로 이런 도시적 패턴을 피하고 있다. 교외는 보통 단독 목적으로 지구 결정이 이루어진다. 주거, 업무, 여가, 학습 등 서로 떨어져 별도로 이루어지며 차로만 이동할 수 있고, 보행자에게는 위험한 환경이 된다. 교외와 농촌 지역도 피자의 요소들을 지니고 있지만, 피자의 형태는 아니다. 여기에 토마토가 있고, 저기에 반죽이 있으며, 페퍼로니는 다른 곳에 있는 식이다.[9]

생산성과 창조성

세 번째, 성경에서 도시는 엄청난 생산성과 창조성이 있는 곳이다. 앞으로 살펴보겠지만 도시가 건설되면서 인간 문화(기술, 건축, 예술 등)도 더불어 발달했다. 도시에는 거리와 시장이 발달하게 되며, 그 어느 곳보다 사람 간의 상호작용과 교환 행위가 많이 일어난다. 같은 직업을 가진 사람들이 많이 모일수록 서로 자극을 받아 새로운 아이디어들이 늘어나고 더 빨리 확산된다. 재원이 많이 모이면 재원들의 생산성도 더 커지며, 그에 대한 수요도 형성된다. 현대 컨벤션의 목적은 연결에 있다. 컨벤션에서 사람들은 전문가나 동료, 투자자, 그리고 다른 자원들과 연결된다. 이러한 연결들을 촉진하는 최고의 방법은 임시적인 도시를 만드는 것이다! 모든 연결들은 결국 창조적 결과로 이어진다. 새로운 연대, 사상, 예술, 운동이 형성된다.

그래서 유사 이래로 도시들은 의미와 상관없이 문화적으로 집중된 중심부였다. 다시 말하지만 도시화는 인구 규모가 아닌 근접성으로 이루어진다. 에드워드 글레이저(Edward Glaeser)는 도시에 대해 "사람들 사이에 물리적 거리가 사라진 곳"[10]이라고 적고 있다. 이것이 여러 가지 인간의 거주 양식 가운데 도시에만 있는 독특성과 잠재력이다.

구약성경 속 도시의 모습

성경은 도시 안에서 선과 악이 어떻게 작동하는지에 대해 균형 있는 관점을 제시한다. 우리는 이것을 도시에 대한 성경적 관점의 '긴장'이라고 부를 것이다. 이 긴장은 시간이 지남에 따라 구원사의 각 단계에서 도시들이 확실한 역할을 하게 되면서 명확해진다. 구속사가 진전될 때 성경은 도시에 대한 부정적인 관점에서 긍정적인 관점으로 시선을 옮겨간다. 초기 성경 역사에서 도시가 어떻게 등장하는지부터 살펴보도록 하자.

초기의 도시

도시라는 단어 ir(이르)가 처음 쓰인 곳은 창세기 4장 17절이다. 가인은 형제를 죽이고 하나님의 임재로부터 멀리 떠난다. 그리고 에덴의 동쪽 놋의 땅에 거주하며(창 4:16) 도시를 건설한다.[11] 이 때문에 어떤 사람들은 "창세기에 반도시적인 성향이 있을 것이다"[12]라고 생각한다. 그러나 이러한 연상은 이야기를 자세하게 보지 못한 탓이다.

도시의 건설은 반역자 가인이 안전을 추구한 결과로 생긴 것이며, 하나님은 그의 요청을 받아들이셨다(창 4:14-15). 달리 말해 도시는 그 출발점부터 피난처인 것이다. 가인이 도시를 구축한 이래 예술이 시작되었고(21절), 도구의 제작과 기술의 발전이 나타났다(22절). 농업, 건축, 기술, 예술은 모두 도시의 시작과 함께 출발한다. 도시는 인간의 생산성이 결집된 곳이다.

이러한 문화적 표현들은 이스라엘 주변의 고대 근동 국가들에게는 큰 충격이었을 것이다. 왜냐하면 그들은 과학, 글쓰기, 예술 등의 문화 발전이 신적인 신화의 주인공들에 의해서만 이루어진다고 생각했기 때문이다. 문화의 역사적 기원을 추적해 보면 이는 당시 고대 근동의 지배적인 문화적 관점과 상반되는 것이다.

창세기에서 인간은 하나님의 통치 아래 문화 창조를 통해 하나님의 지속적인 창조 작업에 기여한다. 우리는 도시 생활이 인류가 낙원으로부터 추방된 다음에 생긴 형벌이 아니라는 점을 배운다. 오히려 도시는 안전을 형성하고 문화를 창출하도록 사람들을 모으는 내재적인 잠재력을 갖고 있다.

하지만 가인 이야기에서 보듯 하나님께 대한 죄와 반역의 영향 아래에서는 이러한 잠재력이 커다란 악을 만들어 내는 것으로 작용한다. 가인의 후손 라멕의 노래는 가나안의 도시 거주민들이 자신들의 힘을 사용해서 결국 사망의 문화를 만들었음을 보여 준다(창 4:23-24). 여기에 도시의 이중성격에 대한 분명한 표지가 처음으로 나타난다. 예술, 과학, 기술 등의 문화를 형성할 수 있는 엄청난 능력이 어마어마한 악을 짓는 데 사용될 수 있는 것이다. 앙리 블로쉐(Henri Blocher)는 하나님을 대적하는 문화의 형성과 도시 건축이 함께 나타나는 것이 결코 우연이 아니라고 주장한다. 그는 또한 잘못된 결론에 대해서도 경고한다.

> [창세기 4장에서] 예술과 기술의 발전이 가나안의 '도시들' 안에서 이루어졌다는 것은 분명히 중요한 사실이다. 그러나 이것을 보고 문명이 죄의 결과라는 결론을 내려서는 안 된다. 그런 결론은 마니교 식의 이원론이나 장 자크 루소 식의 자연주의로 빠져들게 된다. 성경은 도시를 정죄하지 않으며 (오히려 하나님의 도성이라는 비전으로 끝난다) 예술이나 기술도 정죄하지 않는다.[13]

블로쉐는 아마도 게할더스 보스(Geerhardus Vos)와 같은 저자들에게 반응한 것 같다. 보스는《성경 신학》에서 '도시의 문제'를 다루면서 "도시는 문화적 에너지를 축적하지만 동시에 죄의 잠재력도 축적한다"라고 주장했다(암 3:9; 미 1:5).[14]

이런 문화 형성의 자리들은 때때로 하나님의 이름에 영광을 돌리기 위해 세워지며(고전 10:31), 하나님과 이웃을 섬기는 수단이 되기도 한다(예를 들어 브살렐의 경우, 출 31:3-5). 반면 "우리 이름을 내고"(창 11:4)라는 목적으로도 세워지는데, 이는 교만과 자기 구원(self-salvation), 폭력, 억압으로 귀결된다(창 4:17-24).

보스는 인간 도시를 타락하게 만드는 것이 인구 밀집이 아니라(실은 인구 밀집으로 문화적 에너지가 축적된다) "하나님과 맞서 스스로 독립하려는 반역적인 영"[15]이라고 말했다. 말은 쥐보다 훨씬 가치 있는 동물이지만, 미친 말은 미친 쥐보다 훨씬 큰 피해를 입힌다. 마찬가지로 죄 아래 있는 도시는 더 많은 파괴적인 악을 풀어놓게 된다. 창세기 이야기가 풀어내듯, 도시의 위대한 잠재력에 대해 타락과 우상 숭배의 깊은 성향이 갈등하고 있는 것이다.

창세기 나머지 부분에선 도시가 대체로 부정적인 관점으로 보인다. 저주받은 함과 관련하여 도시가 언급되고(창 10:12) 그 다음은 창세기 11장 4절, 시날 평지에 모인 사람들이 도시를 건설하려는 이야기가 등장한다. 시날이라는 이름은 바벨과 연결되기 때문에 각별한 의미가 있다(창 10:10; 사 11:11; 단 1:2). 이 도시에서 사람들은 함께 모여서 서로에게 말한다. "자, 벽돌을 만들어 견고히 굽자." 성경은 이렇게 기록한다.

벽돌로 돌을 대신하며 역청으로 진흙을 대신하고[여기에서 도시는 다시 한 번 기술 발전의 장소로 기록되고 있다] 또 말하되 자, 성읍과 탑을 건설하여 그 탑 꼭대기를 하늘에 닿게 하여 우리 이름을 내고 온 지면에 흩어짐을 면하자 하였더니 여호와께서 사람들이 건설하는 그 성읍과 탑을 보려고 내려오셨더라(창 11:3-5).

가인 후손들의 영성은 바벨이라는 도시를 건설하는 노력에서 정점에 도달한다. 도시 거주민들은 하나님을 섬기는 대신 새로운 도시와 건물을 고안함으로써 자기들의 정체성을 얻으려 했다. 여기서 우리는 어떻게 도시들이 자기 영광과 자기 구원을 위해 죄의 동력을 극대화했는지 볼 수 있다. 자기 영광을 위해 힘을 합쳐 일하는 사람들의 열심은 하나님의 관심을 끈다. 하나님은 그들의 언어를 혼잡하게 하시고 그들을 "온 지면에 흩으시는" 것으로 반응하신다. 그리하여 그들의 계획은 실패로 돌아간다. 심판의 결과는 그들이 "도시를 건설하기를 그쳤더라"(8절)로 마무리된다.

족장들과 도시

창세기의 나머지 부분은 도시의 어두운 측면을 부각하고 있다. 매우 악명 높은 소돔과 고모라가 등장한다. 하나님은 다시 한 번 소돔을 심판하러 "내려오셔서"(창 18:21) 바벨에서 하셨던 것처럼 행하신다. 바벨은 나중에 바벨론으로 불리는데 종종 하나님을 대적한 도시 문명의 전형으로 등장한다(사 13:19 참조). 소돔 이야기는 도시 거주민들이 하나님을 대적한 오랜 역사 가운데 있다.

당시 하나님의 백성은 아직 농경 유목민이었다. 하나님은 아브람을 불러서 우르를 떠나게 하셨다. 우르는 당시 가장 위대한 도시 중 하나였다. 아브람은 평생 가축을 치며 살았다. 창세기는 아브람의 조카 롯이 도시 생활을 선택하는 중대한 실수를 저질렀음을 보여 준다. 그는 소돔에서 의로운 사람으로 남아 있기는 했지만 그곳의 죄 된 생활 방식 때문에 심령이 상했다. 그의 아내와 딸들의 행동은 롯이 신앙 공동체를 떠나서 도시에서 살기로 한 결정이 가족에게 영적인 재앙이 되었음을 알려 준다.[16]

그럼에도 불구하고 아브라함은 하나님의 도시를 갈망했다. 그리고 이후에 볼 수 있듯이 당대의 도시에 들어가기를 거부했다. "믿음으로 아브라함은 장막에 거하였으니 하나님이 계획하시고 지으실 터가 있는 성을 바랐음이라"(히 11:8-10).

만일 사회적 형태로서 성(도시) 자체가 본질적으로 인간 존재나 우리 신앙에 악한 것이라면, 아브라함의 소망의 근거로서 이상화될 수는 없을 것이다. 인간의 자기 극대화에 봉사하는 도시는 하나님이 만드신 세상을 파괴하며 주님의 주권에 반항할 것이다. 그러나 도시 형태가 하나님께 봉사하면 실제로 인간의 삶에 대한 하나님의 뜻을 이루게 된다.

이스라엘과 도시

이스라엘이 약속의 땅에 거주하게 되면서, 도시에 대한 성경의 묘사는 보다 긍정적으로 바뀐다. 하나님은 이스라엘이 가나안 땅에 정착할 때, 피난 도시(도피성)를 지으라고 명하셨다. "너희를 위하여 성읍을 도피성으로 정하여 부지 중에 살인한 자가 그리로 피하게 하라. 이는 너희가 복수하는 자에게서 도피하는 성을 삼아 살인자가 회중 앞에 서서 판결을 받기까지 죽지 않게 하기 위함이니라"(민 35:11-12).

하나님은 왜 도시 건축을 명하셨는가? 그것은 많은 인구가 모여 있고 성벽을 갖춘 도시들이 기소되는 사람들을 잘 보호할 수 있고, 시골이나 마을에서는 할 수 없는 재판을 열 수 있기 때문이었다. 도시가 없다면, 범죄나 사고는 끝없는 폭력과 복수로 이어진다. 도시가 지닌 밀도와 안전함은 사법 제도를 법률 제도의 중심으로 형성되게 한다. 거기서 장로들은 소송을 들어주고 평화롭게 이를 해결할 수 있다(신 19:11-12). 하나님은 이스라엘 가운데 도시 형성을 통해 정의를 세우도록 명하신다.

그러나 구속사에서 도시 역할의 가장 큰 변화는 예루살렘의 발전에 있다. "우리를 위하여 이름을 내자"라던 바벨과는 다르게(창 11:4), 예루살렘은 하나님의 이름이 거하는 장소가 되었다(왕상 14:21). 이는 예루살렘이 다윗에 의해 편입되고(삼하 5장), 하나님의 언약궤가 도시로 들어오고(삼하 6장), 마침내 솔로몬에 의해 성전이 지어지면서 시작되었다. 예루살렘은 열방에 증인이 되며 하나님의 미래 도시를 상징하는 곳이 되었다(삼하 7:8-16). 하나님은 도시의 높은 곳 시온에 성전이 건설되도록 하셨다. 이제 성전은 '마천루'로서 도시 위에 우뚝 솟게 되었다.

하나님의 도시는 바벨과 같은 인간의 도시들과 다르다. 인간 도시에는 건축자들의 번영과 명성을 위해 마천루가 세워진다. 반면 하나님의 도시의 마천루는 "온 세상의 기쁨"이 된다(시 48:2). 도시의 문화적 부요함은 생산자들의 영광을 위해서가 아니라, 온 땅의 기쁨과 하나님의 영광을 위해서 만들어진다. 또한 도시 사회는 하나님의 계획 가운데 이기심이 아니라 봉사에 근거하여 형성된다.

선지서와 도시

다윗 시대 이래로 선지자들은 하나님의 미래 세계를 도시 사회라고 말한다. 성경학자 알렉 모티어는 "이사야의 문서들은 정확히 '도시의 책'이라고 묘사할 수 있다"[17]라고 말했다. 그는 이사야서에서 예루살렘, 시온, 산, 도시라는 용어들은 서로 호환 가능한 것이며, 이는 하나님의 생각과 계획에서 도시의 중요성을 반영하는 것이라고 했다.[18]

이 지점에서 영적 전쟁의 두 계보가 분명히 드러난다. 역사의 커다란 영적 갈등은 도시 거주자와 시골 거주자 사이의 것이 아니었다. 오히려 '두 도시 간의 이야기'였다. 역사는 바벨론과 예루살렘 간의 갈등이었고 이는 인간의 도시와 하나님의 도시 사이의 갈등이다.[19] 세상 도시는 하나님 없이 자기 구원과 자기 성취, 자기 영광을 위해 조직화된 인간의 삶에 대한 비유이다. 그것은 착취와 불의로 이루어진 그림이다. 그러나 하나님의 도시는 하나님의 영광과 이웃에 대한 희생적 봉사에 근거한 사회이다. 그 도시는 평화와 의의 풍경을 보여 준다.

어거스틴이 말했듯, "겸손한 도시는 거룩한 사람들과 선한 천사들의 사회이다. 반면 거만한 도시는 사악한 사람들과 악한 천사들의 사회이다. 한 도시는 하나님의 사랑으로 시작했고, 다른 도시는 자기애로부터 시작되었다."[20]

요한은 그의 묵시록을 맺으면서(계 22:19), 말씀을 멀리하는 사람들이 "이 예언의 책"을 멀리 하는 것에 대해 경고한다. 하나님의 말씀을 멀리 하는 사람들은 "생명나무와 거룩한 도시에 참여함"으로부터 제외될 것이다. 요한은 계시록 내내 거대한 도시 바벨론[21]과 하나님의 도시 예루살렘을 비교하고 있다.[22] 전자는 하나님의 종말론적 심판을 받지만, 후자는 종말론적 축복과 구원을 얻는다.[23]

유배지로서의 도시

우리는 요나서에서 도시에 대한 성경 신학이 한 차례 확장되는 것을 발견한다. 이스라엘의 역사에서, 선지자들이 훈련되고 파송되는 것은 하나님의 백성을 대상으로 그들에게 회개와 부흥을 전하는 데 목적이 있었다. 하지만 요나는 독특한 사명을 받는다. 처음으로 이방 도시인 니느웨에 가서 이교도들에게 설교하도록 보냄을 받은 것이다. 요나의 첫 번째 반응은(욘 1-2장) 도망치는 것이었다. 3장에서 큰 물고기와의 만남 이후, 요나는 니느웨에 가서 복음을 전한다. 그리고 사람들은 회개로 반응한다. 하나님은 전에 경고하셨던 것처럼 그 도시를 파멸시키지 않으셨다. 이 때문에 요나는 몹시 불쾌해졌는데, 하나님은 요나가 니느웨의 잃어버린 백성들에 대한 긍휼이 없음을 꾸짖으신다. 하나님의 말씀은 이렇다.

여호와께서 이르시되 네가 수고도 아니하였고 재배도 아니하였고 하룻밤에 났다가 하룻밤에 말라 버린 이 박넝쿨을 아꼈거든 하물며 이 큰 성읍 니느웨에는 좌우를 분변하지 못하는 자가 십이만여 명이

요 가축도 많이 있나니 내가 어찌 아끼지 아니하겠느냐 하시니라(온 4:10-11).

하나님은 이 도시의 중요성을 거주민의 수를 언급하는 것으로 옹호하신다. 그리고 "어떻게 이렇게 많은 잃어버린 백성들을 보고서도 마음에 긍휼히 없을 수 있느냐?"라고 물으신다. 이는 오늘날 도시가 그렇게 중요해진 결정적인 이유이다. 우리는 이를 도시에 대한 정서적 논증이라고 부를 수 있다. 하나님은 "그 지으신 모든 것에 긍휼을 베푸시는도다"(시 145:9). 그러나 만드신 모든 것들 중에서 가장 중요한 것은 무엇보다 인간이다. 하나님의 형상을 따라 지음 받았기 때문이다(창 9:6; 약 3:9). 도시는 문자적으로 지구에서 단위 면적당 하나님의 형상들이 어느 곳보다 많은 곳이다. 만일 하나님이 관심을 가지시는 것들에 관심을 가진다면 어떻게 이렇게 많은 사람들에게 마음이 안 끌릴 수 있겠는가?

왜 하나님은 이스라엘 선지자를 이교도들의 도시로 보내셨을까? 어떤 이들은 유대인들이 그 다음 역사를 준비하도록 하기 위함이었다고 주장한다. 사실 그들은 문자적으로 바벨론으로 이주하여 살게 될 것이었다. 예루살렘의 중요성은 분명했다. 그것은 "온 세계가 즐거워하는"(시 48:2) 도시가 되는 것이었다. 하나님의 주권 아래 인간의 삶이 어떨 수 있는지를 세상에 보여 주는 모델 사회가 되는 것이었다. 그러나 이스라엘이 악하고, 이교적이고, 잔인한 도시로 갔을 때 어떤 일이 벌어졌는가?(렘 28-29장) 하나님의 백성은 지상의 큰 도시들과 어떤 관계를 맺어야 할까?

바벨론의 주요 전략은 정복한 백성들의 영적인 정체성을 뿌리 뽑는 것이었다. 패배한 나라의 전문직과 지도층은 대개 바벨론으로 이주해서 살아야 했다.[24] 유다를 강제 이주시킬 때 그들의 의도는 자녀들과 후손들이 그들의 민족적 정체성을 잃고 바벨론에 동화되어 사는 것이었다.

거짓 선지자 하나냐는 이스라엘이 바벨론에서 긴 시간 살게 된다는 것을 상상할 수 없었다. 그는 부정직하게 예언하여 하나님이 이스라엘을 2년 안에 예루살렘으로 돌아가게 할 것이라고 말했다(렘 28:3-4). 만일 유배된 백성들이 하나냐의 조언을 따랐더라면, 그들은 바벨론에서 고립되어 지냈을 것이다. 하나님이 곧 구해 주실 것을 막연하게 기다리면서 말이다.

하지만 하나님은 선지자 예레미야를 통하여, 바벨론의 전략과 거짓 선지자의 조언에 모두 모순되는 일을 하셨다. 하나님은 한편으로 백성들에게 "거기서 번성하고 줄어들지 아니하게 하라"(렘 29:6)고 말씀하여 그들이 공동체적으로 고유한 정체성을 지키면서 성장하도록 하셨다. 그리고 그 큰 도시의 생활에 참여하고 정착해서 살라고 하셨다.[25] 그곳에서 집을 짓고, 전원을 가꾸라고 하셨다(5절). 가장 놀라운 것은, 도시를 섬기라고 말씀하신 것이다. "그 성읍의 평안을 구하고 그를 위하여 여호와께 기도하라"(7절). 바벨론에 살면서 그들은 단순히 도시의 게토에서 고립된 채 숫자만 늘리는 것이 아니라, 그들의 자원을 사용해서 공동선의 유익을 끼쳐야 했다.

이것은 상당한 균형점이다. 창세기 11장에서부터 요한계시록에 이르기까지, 바벨론은 이기심과 교만과 폭력 위에 세워진 문명의 전형이며 궁극적으로 인간의 도시다. 이 도시의 가치들은 하나님 도시의 가치들과 완전히 반대된다. 그러나 여기에서 하나님 도시의 시민들은 인간 도시의 최고의 거주민이 되라는 사명을 받는다. 하나님은 유배자들에게 도시를 공격하지도, 경멸하지도, 도망치지도 말라고 하신다. 오히려 도시의 평화를 구하며 도시를 사랑하며 숫자를 확장하라고 하신다.

하나님의 가장 큰 관심은 여전히 구원 계획에 있다. 하나님은 당신의 백성을 세우셔야 하고, 복음은 반드시 선포되어야 하며, 인간은 하나님과 화해해야 한다. 그럼에도 그의 백성에게 이 이교도 도시를 섬기는 것이 바로 이 계획의 부분임을 확신시키신다. "그 성읍이 편안함으로 너희도 평안할 것임이라"(렘 29:7).

도시를 사랑하고 섬기는 것은 단순히 사랑과 자비를 나타내는 것일 뿐 아니라, 하나님의 사람들의 손을 강하게 하는 것이다. 이들은 세상에 복음의 메시지를 전하는 손들이다. 유배당했던 유대인들은 이 명령에 순종했기에, 결국 돌아와서 고국 땅을 복구할 수 있는 영향력과 추진력을 축적할 수 있었다. 이처럼 하나님은 당신 백성의 번성과 도시 사역의 효과성을 연결하셨다.

—

안타깝게도 이 땅의 도시들은 인간의 죄와 타락에 젖지 않았던 때가 없었다. 우디 알렌(Woody Allen)의 유머를 패러디한다면, 어디를 가나 도시들은 똑같다. 단지 정도의 차이가 있을 뿐이다. 도시는 다른 지역에 비해 좋기도 하면서 나쁘기도 하다. 들어가서 살기에 편리하면서도 어렵다. 격려가 넘치면서도 억압도 심하다.

구속의 역사가 펼쳐지면서, 우리는 도시의 긴장이 어떻게 해결되는 지를 보기 시작한다. 하나님의 백성과 이교 도시 사이의 관계 변화는 하나님이 세상을 축복하시고 세상을 구원하시는 핵심 양상이 된다. 신약성경에서 우리는 도시들이 초대 교회의 급속한 성장과 복음 메시지의 전파에 있어서 중요한 역할을 하고 있음을 보게 된다.

토론과 성찰을 위한 질문들

1. 도시에 대한 당신의 태도는 어떠한가? 무관심, 적대적, 낭만적, 긍정적 등 어떤 점에서 이번 장이 도시에 대한 당신의 태도에 도전을 주는가?

2. 도시들은 안전, 다양성, 그리고 생산성의 장소들이다. 이 세 가지 요소는 어떻게 현대 문화에 고유한 특성을 부여하는가?

3. "도시는 문자적으로 지구에서 단위 면적당 하나님의 형상들이 어느 곳보다 많은 곳이다. 만일 하나님이 관심을 가지시는 것들에 관심을 가진다면 어떻게 이렇게 많은 사람들에게 마음이 안 끌릴 수 있겠는가?" 도시에서 사역하는 것을 사람들이 꺼리는 이유는 무엇인가? 어떤 점에서 도시 사역은 매력적인가?

4. 당신과 당신이 속한 공동체는 어떻게 "도시의 평화와 번영을 추구"하겠는가? 당신의 상황에서 이것은 어떤 형태겠는가?

06
도시의
구속사적 이해

◇◇◇

앞 장에서 보았듯이 하나님은 바벨론에서 유배자로 살아가는 이스라
엘에게 이방 도시를 섬기라("도시의 번영을 추구하라")는 예상 외의 명령을 하
신다. 어떤 면에서 하나님의 백성들은 (아직은 아니지만) 고향으로 다시 돌
아갈 사람들이었다. 이 장에서 우리는 어떻게 유배 모델이 신약시대와
현시대에 교회와 도시의 관계를 이해하는 데 도움을 주는지 살펴볼 것이
다. 마지막 때에 하나님께서 이를 통해 어떻게 도시의 큰 긴장을 풀어 가
시는지 살펴보자.[1]

유배 기간 동안 이스라엘은 정부나 법률을 갖춘 국가 형태로 존속할

수 없었다. 대신 다른 국가 안에 있는 대항 문화적 공동체로 존재했다. 이는 많은 면에서 신약시대 교회의 형태와 닮아 있다. 베드로와 야고보는 신자들을 "흩어져 있는 열두 지파"(약 1:1)와 "흩어진 나그네"(벧전 1:1)라고 불렀다. 베드로는 '유배'에 해당하는 단어 '파레피데모이'(parepidēmoi)를 두 번이나 사용한다. 이 단어는 종종 '거주 외국인'이라고 번역된다.

'파레피데모이'는 한 나라의 시민이면서 다른 나라에서 살아가는 존재를 말한다. 그들의 주된 충성은 다른 나라에 있다. 그러나 해당 나라의 문화는 그들의 신념과 관습에 열려 있다. 그들은 거주 국가에서 온전한 삶을 살아간다. 영구적인 뿌리가 있는 것은 아니지만 스쳐지나가는 여행자와는 많이 다르다.

지금 그리스도인들은 "위에 있는 예루살렘"(갈 4:26; 빌 3:20)의 시민으로 인식된다. 예수님이 자신을 따르던 자들을 향해 "너희는 … 산 위에 있는 동네(도시)"(City on a Hill)라고 명하신 것은 아주 중요한 언급이다(마 5:14). 그리스도를 따르는 자들의 공동체는 지상의 도시 안에 있는 하나님의 '도시'이다. 그들은 하나님의 새로워진 백성이다(사 32:14; 단 9:16). 그들의 궁극적인 충성은 하나님과 그분의 나라에 있다. 그러나 베드로와 야고보가 말한 것처럼, 신자들은 단순히 이 땅의 도시를 "지나가는" 것이 아니다. 이것은 유대인 유배자들이 바벨론을 향해 부름 받았던 것과 동일하게 균형 잡힌 태도를 요구한다. 유대인 유배자들은 이방 도시에 머물 때 떠날 날을 고대하며 그 도시를 미워하지 않았다.

그들은 도시 생활에 완전히 참여하여 일했고 그 도시를 위해 기도해야 했다. 동시에 그들은 도시의 문화를 무조건 수용하거나 하나님의 백성으로서 자신들의 정체성을 상실하지 않아야 했다. 하나님은 유대인 유배자들이 당신의 영광을 위해 도시의 긴장을 받아들이고 포용할 것을 요청하셨다. 이것은 오늘날 우리를 향한 하나님의 부르심이기도 하다.

이방인 거주자들은 언제나 칭찬과 오해를 동시에 받으며 살 것이다. 예수님은 그리스도인들을 향해 "선한 행실"을 이방인들에게 보여야 한다고 가르치셨다(마 5:16). 그러면서 동시에 제자들에게 오해와 박해 받을 것을 예상하라고 경고하셨다(10절). 베드로도 이와 비슷하게 이방 사람들이 그들의 "선한 일을 보고 … 하나님께 영광을 돌리게"(벧전 2:12) 살아가라고 요구한다. 그리고 핍박도 예상하라고 경고한다. 베드로와 예수님 모두 이러한 '선한 일'로 말미암아 어느 정도 이방인들이 하나님께 영광을 돌릴 것이라고 말한다('선한 일'이란 헬라어에서는 단순히 개인적 도덕뿐만 아니라 타인을 향한 봉사도 포함된다).

이러한 유사점에도 불구하고, 그리스도인 교회는 유대인 유배자들과 두 가지 중요한 면에서 다르다. 첫째, 유대인들은 바벨론에서 거의 전적으로 출산과 육아라는 방법을 통해 수적으로 번성해야 했다. "너희가 거기에서 번성하고 줄어들지 아니하게 하라"(렘 29:6). 교회도 이방 도시에서 하나님의 새로운 인류로서 번성해야 하지만 그 방법은 전도와 제자 삼는 사역을 통해서다(행 6:17, 7절; 9:31; 12:24).

또한 구약과 신약에는 하나님의 선교적 부르심에 중요한 차이가 있다. 구약에서 선교는 구심적인 것이었다. 중심을 향하여 바깥에서 모여드는 흐름이었다. 이스라엘은 하나님의 말씀을 준행하는 백성으로 부름을 받았으며, 열방이 그것을 보고 하나님께 영광을 드리는 본보기가 되어야 했다(신 4:6-8). 나라들은 이스라엘 공동체를 보고 '들어와' 하나님께 예배했다. 그러나 신약의 선교는 원심적인 것이다. 중심에서 바깥을 향해 움직인다. 하나님의 백성은 복음을 선포하기 위해 바깥 세상으로 파송된다(마 28:16-20; 행 1-2). 이스라엘의 바벨론 유수와 요나의 사명은 이러한 미래 변화를 예고하는 것이었다.

둘째, 유대인들은 바벨론 사회에 참여하면서도 모세의 법을 지켰다. 의복이나 음식 및 다른 관습들을 계속 지키면서 문화적으로 바벨론 사람들과 구분되었다(단 1:8 참조). 음식 법만 하더라도 이교도들과 많이 구별되었다. 하지만 하나님은 사도행전에서 베드로에게 생생하고 강력한 비전을 보여 주시며 그가 이방인 군인의 초청을 받아들이도록 하신다(행 10:28-29).

그리스도 안에서 구약의 의례적이고 문화적인 규제와 차이점들은 철폐되었다(막 7장; 행 15:1-35). 예수님의 중요한 사역 가운데 하나는 세리와 죄인들 같은 다양한 사람들과 식사하는 것이었다. 이러한 신약의 가르침에 적응한다는 것은 그리스도인들이 바벨론에서 유대인들이 했던 것보다 훨씬 많이 도시 문화에 참여할 자유를 가지게 되었다는 것이다. 하지만 이러한 자유는 동시에 동화와 타협의 위협이 훨씬 극심해졌다는 의미이기도 하다. 천국의 미래 시민으로서, 그리스도인들은 세속 문화의 우상 숭배와 불의를 피해야 한다. 비록 일반 은총의 축복 가운데 그런 것들이 이루어진다고 하더라도 그렇다.

그렇다면 왜 우리는 예레미야 29장의 가르침을 오늘날의 교회에 적용해야 하는가? 성경에는 하나님의 사람들이 세 가지 형태의 삶을 영위

했음이 나타난다. 아브라함의 때는 확장된 생물학적 가족으로 존재했다. 모세 시대부터는 국가 정부로 존재했다. 법률과 왕이 있었고 시민 제재를 통해 법을 집행할 군대가 있었다. 유배 시부터는 여러 다른 국가에 흩어진 회중 모임(회당)으로 존재했다. 하나님의 법은 아직 시민법적 성격을 띠지 않았다. 불순종하는 사람들은 회중으로부터 축출은 되었지만 처형을 당하지는 않았다.

유배 이후에 유대인들은 다시 국가 정부가 될 수 있었다. 그러나 신약 성경은 그리스도인 교회를 이런 식으로 그리지 않는다. 대신 교회가 하늘 아래 모든 나라로부터 헤쳐 모인 모임으로서 존재한다는 것을 보여 준다(행 2장). 이스라엘이 유배 때에 했던 것과 동일하다(약 1:1, 벧전 1:1 참조). 그러므로 교회는 우리 시대의 도시들에 대해, 하나님의 백성들이 아브라함이나 모세나 다윗 때에 했던 모습이 아니라 바벨론 유배 시에 했던 모습으로 관계해야 할 것이다. 그렇게 하는 것이 타당해 보인다.

초대 교회의 도시 사역

초대 교회에서 하나님의 구원 선교는 더 이상 예루살렘이나 바벨론과 같은 특정 도시를 중심으로 하지 않았다. 세상의 모든 도시들이 선교의 주 대상이 되었다. 《성경 이미지 사전》은 '도시'에 대한 항목에서 다음과 같이 기록한다.

사도행전의 세상은 모든 성경을 통틀어 가장 현대적이다. 도시라는 정체성 때문이다. 대부분의 사역들은 동네 마을이나 시골이 아닌 그리스-로마 시대의 유명 도시에서 벌어진다. 그곳은 대도시들이 주도하는 세상이며, 무엇보다도 국제적이고 세계적인 세상이었다. 초대 교회사에서 도시는 옹호되고 있는 것처럼 보인다. 도시가 좋아서라거나 복음에 열려 있다거나 하는 의미에서가 아니라, 그곳이 많은 사람들이 살아가는 영향력 있는 권력 구조들이 존재하는 곳이기 때문이다. … 초대 교회의 선교 전략이 도시를 복음화하는 것이었음은 우리가 쉽게 관찰할 수 있는 내용이다. 사도행전에서 교회는 대부분 도시와 연결되어 있었다는 말은 결코 과장이 아니다.[2]

사도행전 17장에서 바울은 아덴으로 여행한다. 아덴은 그리스-로마 세계의 지식 중심지로서 역할을 하던 도시였다. 그리고 사도행전 18장의 고린도는 로마제국의 상업 중심지 가운데 하나였다. 바울이 다음으로 가게 된 사도행전 19장의 에베소는 로마제국의 종교적 중심지였다. 이곳에는 많은 이교 종파들과 더불어 황제 숭배의 중심축이라 할 수 있는 세 개의 황제 신전이 있었다. 사도행전의 마지막 장에서 바울은 로마로 향하는데 그곳은 황제의 군사적, 정치적 힘을 보여 주는 제국의 수도였다. 존 스토트는 "바울은 하나의 전략적 거점 도시에서 다른 도시로 옮겨 가는 의도적 정책을 가졌던 것으로 보인다"[3]라고 요약하고 있다.

바울의 에베소 사역은 도시 사역의 몇 가지 강점들을 잘 보여 주고 있다. 사도행전 19장 1절을 보면 "아볼로가 고린도에 있을 때에 바울이 윗지방으로 다녀 에베소에 와서"라고 되어 있다. 스토트는 그 지역의 모든 길이 에베소로 통한다고 말한다.[4] 이와 유사하게 모든 주요 도시들은 그 지역과 사회에서 모든 길과 통하는 교차로 역할을 하고 있다.

바울은 에베소에 들어가서 '두란노서원'(lecture hall)을 임대했다(9절). 스토트의 말에 의하면 그곳은 학교로 사용되던 강의실로 사람들이 점심을 먹고 휴식을 취하는 두세 시간 동안 비어 있던 것 같다.[5] 그곳에서 바울은 복음 강론(dialegomenos)을 펼쳤다. 단순히 설교만 한 것이 아니라 대화를 통해 예수님이 메시아임을 변증하고 설득시켰으며 사람들의 질문과 반론에 대답했다. "두 해 동안 이같이 하니 아시아에 사는 자는 유대인이나 헬라인이나 다 주의 말씀을 듣더라"(10절).

바울의 사역이 지역의 주요 도시에서 이루어졌기 때문에, 사실상 그 지역의 모든 사람들이 복음을 접할 수 있었다.

스토트는 이렇게 기록한다. "소아시아의 모든 거주민들은 시시때때로 물건을 사고팔기 위해, 친척을 방문하기 위해, 목욕탕에 가기 위해, 경기장에서 관람을 하기 위해, 극장에서 연극을 보기 위해, 또는 [아르테미스] 신전에서 예배하기 위해 에베소를 방문했다."[6] 바울은 그 도시를 전도함으로써 사회의 모든 부류에게 복음의 말씀을 전할 수 있었다.

이는 골로새교회에 보낸 편지에도 드러난다. 골로새서에서 바울은 그 지역의 도시 안에 거하고 있던 제자들에게 말한다(골 4:13-16). 이들은 바울의 에베소 사역을 통해서 회심한 사람들로 바울이 개인적으로 방문한 적은 없었던 사람들이다. 이처럼 복음이 도시 중심에서 펼쳐지면, 보다 효과적으로 그 지역과 주변 사회를 복음화할 수 있다.

스토트는 J. A. 알렉산더를 인용하며 사도행전이 "제국의 중요 지점들에 점진적으로 영향력의 근원지를 세움으로 열기를 발산하는 중심지"
가 되어 복음을 확산시키는 모습을 보여 준다고 말했다.[7] 그리고 다음과
같이 마무리하고 있다.

> 이런 도시화 과정은 교회에 큰 도전이 된다. 이 말은 한편으로는 도
> 시에서 정의와 평화, 자유, 그리고 아름다움을 위해 일해야 하는 그
> 리스도인 기획자, 건축자, 지역 정치인, 도시 전문가, 개발자, 사회
> 복지 전문가들이 절실히 필요하다는 것이다. 그리고 다른 한편으로
> 는, 그리스도인들이 도시 속으로 들어가서 그곳에서 사는 것의 고충
> 과 압력을 경험할 필요가 있다는 것이다. 그리스도를 위해 그곳의
> 도시 거주민들을 얻기 위해서다. 살기 좋은 교외 주택에 살면서, 도
> 시에 있는 교회에 출석하는 그리스도인들은 다른 무엇으로 성육신
> 적 참여를 대신할 수 없다.[8]

시골 농경 지역의 대부분은 이교도의 땅으로 남은 데 비해, 초대 교회
는 주로 로마제국의 도시 거주민들을 그리스도에게 인도하는 도시 운동
이었다. 이처럼 기독교 신앙이 도시들을 사로잡았기 때문에, 그들은 결
국 고대 그리스 로마 세계를 잡을 수 있었다. 도시가 이루어지는 곳이면
문화도 형성된다.[9] 거기에는 물론 도시의 지도층도 있었지만 그리스도
인 교회는 그들에게만 초점을 맞추지 않았다. 지금과 마찬가지로 그때도
도시들은 가난한 사람들로 가득 찼고, 도시의 그리스도인들은 빈곤층에
게 헌신적이었다. 그것은 도시인들의 눈에 충격적으로 비쳤다. 도시들을

통하여, 그리스도인들은 지도층을 얻을 뿐 아니라 빈곤층과도 깊이 교류하며 역사와 문화를 바꾸었다. 리처드 플레처는 그의 저서 《야만인의 회심》에서 동일한 일이 500년부터 1500년 사이의 유럽 선교 기간에도 발생했음을 보여 준다.[10]

완성: 도시를 경작하다

구약의 선지서로부터 시작해서 하나님이 구원하시는 미래 세계는 도시로 표현된다. 요한계시록 21-22장에서, 하나님은 창조와 구속의 의도를 완전하게 이루시는데, 그 결과는 사실상 벽들과 문들과 거리들로 가득한 도시이다. 어떤 면에서 이 도시는 현재 우리의 도시들과 다른 '동산-도시'(garden-city)이다. 곧 다양하고 밀집된 사람들을 통해 얻는 도시의 영광스러운 혜택들과 자연의 아름다움과 평화가 완벽한 균형을 이룬 곳이다. 하나님 도성의 오랜 적(敵)이었던 바벨론은 마침내 무너진다. 그리고 하나님의 백성이 평화와 번영 가운데 융성한다(계 18장).

이 거룩한 도시에서 가장 놀라운 것은 이 도시가 무로부터 만들어지는 것이 아니라는 점이다. 그 중앙에는 수정 같은 강이 흐르고, 강의 주변에는 생명나무가 있어서 그 열매와 잎들이 신성한 언약의 저주로 말미암은 만국의 상처들을 치유한다(계 22:1-3). 이 도시는 사실상, 창세기에서 보았던 동산과 거의 같다. 그곳도 중앙에 강이 있고, 생명나무가 위치한다(창 2:8-10).

그것이 하나님의 동산-도시로 확장되며, 새로 만들어진 것이다. 이것은 에덴동산이다. 그러나 충실하게 가꾸어진 것이다. 하나님이 에덴에 가지신 목적이 이루어진 것이다.[11] 사실 창세기 2장에서 쓰인 동산이라는 단어는 거친 자연이 아니라 공원을 의미한다.[12] 도시나 궁궐 근처에서 볼 수 있는 잘 가꾸어진 땅이었다.

이것이 중요한 이유는 무엇인가? 하나님이 아담과 하와에게 땅을 "다스리라"고 주신 명령은 종종 '문화 명령'이라고도 불린다. 이것은 그들에게 "세상 속에서 일함으로써 세상을 위해 일하시는 하나님을 닮으라"[13]는 부르심이다. 인류의 원래 소명인 정원 가꾸기는 문화 개발의 패러다임이다. 정원사는 땅을 있는 그대로 내버려 두지 않으며 파괴하지도 않는다. 대신에 그는 땅을 재배열하여 인간의 삶에 필요한 음식과 식물을 생산한다. 그는 땅을 경작한다. '문화'(culture)라는 단어와 '경작하다'(cultivate)는 단어는 같은 어원에서 나왔다. 이런 면에서 모든 직업은 처음 에덴동산을 경작한 데서 확장된 부르심이다.

예를 들어 예술가는 오감과 경험의 원재료를 가지고 음악이나 시각적 작품, 문학, 회화, 춤, 건축, 연극 등의 작품을 만든다. 이와 비슷하게 과학 기술자와 건축가는 물질세계의 원재료를 가지고 이를 창조적으로 재배열해서 인간의 생산성과 번영을 증가시킨다. 우리가 문화를 이런 식으로 창조하도록 부르심을 받았다면, 도시들은 위대한 문화 생산의 장소들이다. 이런 이유로 나는 도시 건축이 하나님의 명령을 성취하는 데 있어 아주 중요한 부분이라고 믿는다.

앞에서 이미 이야기했듯 도시와 문화, 인간의 번영 사이를 잇는 중요한 연결점은 창세기 4장에서 발견된다. 가인은 "도시를 건축한다"(17절).

그 도시가 세워진 직후 우리는 가장 먼저 예술과 농경, 과학 기술이 어떻게 형성되는지를 보게 된다. 이것이 바로 하나님이 부르신 대로, 인간의 문화적 창조성이 시작되는 것이다. 도시를 건설하는 가인의 의도가 비록 반역적이었지만, 그 힘은 선했다. 도시의 긴장은 바로 처음부터 있었던 것이다.

문화 명령, 하나님의 설계를 실현하지 못한 우리의 실패, 도시 건축물과의 연결, 인간의 도시와 하나님 도시의 진보적인 중요성, 이 모든 것들이 요한계시록의 마지막에서 해결된다. 첫 번째 아담은 하나님의 부르심에 충실하게 주의를 기울이지 못했지만, 두 번째 아담이신 예수 그리스도는 첫 번째 아담의 명령을 성취할 것이다. 그분은 백성을 구원하고, 땅을 정복하고, 아버지를 영화롭게 하는 문명을(고전 15:22-25) 가능하게 하신다.

성경은 도시가 두 번째 아담이 우리를 위해서 하시는 것들의 최종 결과라고 말한다. 그렇다면 이것이 하나님이 문화 명령을 첫 번째 아담에게 주실 때 의도하신 것이라고 이해할 수 있다. 다시 말해, 하나님이 아담과 하와를 부르셔서 동산의 울타리를 넓히게 하신 것이다. 하나님의 뜻이 이루어지고 예수께서 우리를 위해 문화 명령을 성취할 때 에덴동산은 마침내 동산 도시가 되는 것이다.

많은 그리스도인들은 구원의 최종 목표가 에덴동산의 농경 사회로 되돌아가는 것이라고 가정한다. 이런 가정에 근거하여, 그리스도인들은 전도와 제자 훈련 사역에 전적으로 매진한다. 그러나 요한계시록은 사실은 그렇지 않음을 우리에게 알려 준다. 인간의 노력에 대한 하나님의 의도는 문명, 곧 도시들을 일으키는 것이다. 하나님을 영화롭게 하는 도시, 하나님이 창조 세계에 두신 끝없는 경이로움과 풍성함을 잘 관리하는 도시가 하나님이 의도하신 바였다. 그래서 하비 콘은 이렇게 썼다. "쉽게 말해 문화 명령은 '도시 명령'이라고 할 수 있다."[14]

—

도시는 다채로운 과거와 아름다운 미래를 가진 본질적으로 긍정적인 사회 형태이다. 구속사가 발전하면서, 도시는 반역하며(바벨), 하나님의 백성은 도시 바깥에서 방황하는 유목민으로 지내게 된다. 그리고 난 후 하나님은 그들을 불러 도시를 건축하거나 재건축하게 하시며(예루살렘), 도시를 사랑하는 유배인(바벨론)이 되게 하신다. 신약시대에 와서는 하나님의 백성들이 도시의 선교사들이 된다(사실 신약성경에는 도시를 벗어난 기독교가 거의 등장하지 않는다).

결론적으로 하나님의 미래가 도시 형태로 임할 때, 백성들도 마침내 온전한 고향을 맛보게 된다. 도시의 타락한 성격은 -죄의 권세에 대한 잠재적 순종의 왜곡- 마침내 극복되고 해결된다. 이로써 문화 명령도 완성된다. 도시 생활의 역량은 하나님을 섬기는 목적 안에서 자유롭게 펼쳐진다. 하나님의 모든 백성은 그분의 거룩한 도시에서 그분을 섬긴다.

토론과 성찰을 위한 질문들

1. 다음을 생각해 보자. "교회는 우리 시대의 도시들에 대해, 하나님의 백성들이 아브라함이나 모세나 다윗 때에 했던 모습이 아니라 바벨론 유배 시에 했던 모습으로 관계해야 할 것이다. 그렇게 하는 것이 타당해 보인다."
어떤 점에서 기독교 교회들이 바벨론 유수 때와 다른가? 이 점이 오늘날 교회의 선교에 어떤 영향을 미치는가?

2. 사도행전 17장을 보면 바울은 처음부터 끝까지 전략적으로 여행했다. 로마 세계의 지성적 중심지(아덴), 상업 중심지(고린도), 종교 중심지(에베소), 그리고 정치적 중심지(로마)로 갔다.
당신이 속한 지역 상황에서 권력과 영향력의 중심지는 어디인가? 당신의 교회는 문화적 영향력을 가진 다양한 중심지들을 어떤 전략적으로 다가가고 있는가?

3. "지금과 마찬가지로 그때도 도시들은 가난한 사람들로 가득 찼고, 도시의 그리스도인들은 빈곤층에게 헌신적이었다. 그것은 도시인들의 눈에 충격적으로 비쳤다."
이것은 오늘날의 교회에도 적용되는 사실이라고 생각하는가? 만일 그렇다면, 예를 들어 보라. 그렇지 않다면, 어떻게 이 전통을 다시 복구할 수 있을까?

4. "인류의 원래 소명인 정원 가꾸기는 문화 개발의 패러다임이다. 정원사는 땅을 있는 그대로 내버려 두지 않으며 파괴하지도 않는다. 대신에 그는 땅을 재배열하여 인간의 삶에 필요한 음식과 식물을 생산한다. 그는 땅을 경작한다. '문화'(culture)라는 단어와 '경작하다'(cultivate)는 단어는 같은 어원에서 나왔다. 이런 면에서 모든 직업은 처음 에덴동산을 경작한 데서 확장이 된 부르심이다."

어떻게 다른 직업들이 문화명령에 대한 우리의 반응이 될 수 있는지 이야기해 보라. 창조 명령이 우리의 일과 직업에 대한 이해를 변혁시킬 수 있는 방법은 무엇인가?

07
도시 사역의
도전과 기회

◇◇◇

바울과 여러 기독교 선교사들은 복음을 전하기 위해 큰 도시로 향했다. 그곳에 기독교가 심겨지면 지역적으로 확산되기 쉽고(주로 도시들은 교통망의 중심지였다), 국제적으로도 퍼지기 때문이었다(도시는 다민족, 국제적 중심지이다. 회심자들이 고국으로 복음을 가져간다). 그리고 결국에는 문화에도 적극적인 영향을 끼친다(교육, 법률, 정부의 중심지가 도시에 있기 때문이다). 우리가 이번 장에서 살펴보듯 그리스도인의 선교에 있어서 도시의 중요성은 더욱 커졌다.

오늘날 도시들은 이전보다 훨씬 더 중요하다. 1950년에 뉴욕과 런던은 도심 지역의 인구가 1천만 명이 넘는 유일한 대도시였다. 그런데 오늘날은 그 이상의 인구를 가진 도시들이 스무 개 남짓 되며, 계속해서 늘어나는 추세이다. 그중에 열두 도시는 지난 20년 동안 인구가 급증했으며, 더 많은 대도시들이 생겨나고 있다.[1]

이 새로운 거대 도시들은 한때 제3세계라고 불렸던 곳에서 자라고 있다. 왜 그런가? 18세기 경 인구 성장과 기술 발전의 조합으로 말미암아 농경 유럽은 포화 상태에 이르게 되고 잉여 인구가 나타나게 되었다. 토지는 대부분 누군가의 소유가 되어 개발되었으며, 각 가정에는 가족 농장이나 시골 또는 작은 마을을 떠나 다른 곳에 가서 사는 식구들이 생기게 되었다. 그 결과 유럽의 큰 도시들이 수적으로 증가하였다.

많은 전문가들은 이러한 변화가 이제는 아프리카와 아시아에서도 발생하기 시작했다고 믿는다. 남미에도 이런 변화가 나타나고 있다. 도시는 농촌에서 유입된 사람들로 폭발하고 있다. 도시 대 농촌의 인구가 75퍼센트 대 25퍼센트로 안정화되면, 유럽과 북미에서 그랬던 것처럼, 그 다음 단계는 아프리카와 아시아에서만 다음 30년 동안 5억이 넘는 인구가 도시로 이주할 것이다.[2]

달리 말하면 인구 1천만 명의 새로운 도시가 생겨나는 셈이다. 현재 뉴욕 시와 같은 서구 도시들은 해마다 12만 5천명의 비율로 성장하고 있다. 그러나 다카, 라고스 등의 도시는 매년 50만 명이 넘는 비율로 성장하고 있다. 많은 자료에 의하면, 세계 인구의 50퍼센트 이상이 현재 도시에 살고 있다. 200년 전에는 단지 5퍼센트만이 도시에 살았다.[3]

국제화와 르네상스

오늘날 도시의 중요성은 그 규모와 더불어 점점 커져 가는 영향력에 있다. 그리고 이 영향력은 국제화의 가속화에서 비롯된다. 기술 혁명의 결과로 인해 현대 사회는 전례 없는 인구와 사상 및 자본의 이동이 일어났다. 인터넷과 통신의 발달로 세계는 그 어느 때보다 쉽게 연결되어 있으며, 특히 서구 도시의 가치들이 어느 곳으로나 퍼져 가고 있다.

국제화로 세상이 '고르게' 된 효과는 무엇인가?[4] 첫째, 국제화는 도시들과 세계를 연결한다. 어떤 사람들은 기술 발전으로 인하여 쓸모없어지고 도시들이 약화될 것이라고 예견했다.[5] 소셜 네트워크와 온라인 서비스들로 인해 비싼 값을 치르고 도시에 거주하는 것이 불필요할 것이라고 주장하기도 했다. 그러나 에드윈 히스코트(Edwin Heathcote)는 이렇게 말한다. "디지털 네트워킹은 도시를 약화시키지 않았으며 앞으로도 마찬가지일 것이다. 오히려 지구의 나머지 지역을 도시화시킬 것이다."[6]

사람들 특히나 젊은이들은 도시에서 살고 싶어 한다. 신기술의 발전과 이동성 증대는 이 욕망을 약화시키지 못했다. 오히려 도시 문화의 영향력과 범위를 증대시켰다. 도시화의 영향력은 도시의 경계선 넘어서까지 뻗어 간다. 가장 외진 나라, 가장 후미진 농촌에도 영향을 끼친다. 멕시코와 루마니아의 아이들은 자국의 어른들보다는 로스앤젤레스와 뉴욕시의 젊은이들과 점점 더 비슷해지고 있다.

둘째, 국제화는 도시들과 도시들을 연결한다. 국제화의 결과로 세계의 나머지 부분이 도시의 사상 및 문화와 연결될 뿐만 아니라 도시들 간에도 연결되어 힘과 영향력이 커진다.[7] 세계의 도시들은 자국의 지역들외에도 다른 나라의 도시들과 연결된다. 뉴욕, 런던, 도쿄의 전문인들은 동일한 다국적 회사에서 일할 뿐 아니라, 같은 대학을 졸업하고, 같은 장소에서 휴가를 보내고 집을 구매하며, 공통적인 사회적, 문화적 가치를 공유한다. 그들은 자국의 비도시민들보다 다른 나라의 도시 전문직들과 더 잘 연결된다.

주요 도시들 사이에 강한 연결 관계는 전문직에만 있는 것이 아니다. 국제 도시들에 들어와 있는 많은 외국인 이주자들은 도시를 수십 개의 나라들과 연결시킨다. 그들은 종종 고국과 왕래하며 매일 소통을 한다. 가령 뉴욕 시의 수천 명의 이주민들은 뉴저지나 코네티컷의 주민들보다는 아테네, 마닐라, 보고타, 홍콩, 라고스 등의 주민들과 더 긴밀하게 소통한다는 의미다. 각각의 국제 도시들은 다른 도시들과 연결되는 관문이다.

이렇게 연결되어 있는 세계 도시들은 각국의 정부보다 경제적으로나 문화적으로 더 강력한 힘을 갖기도 한다. 정부는 자본 이동과 정보 흐름을 통제하는 힘에 있어서 다국적 기업, 국제 기금, 사회적 연결망, 그리고 기술적 연대들보다 더 약한 주체가 되고 있다. 미국 언론인 닐 페어스에 따르면, "대도시 지역은 일반도시나 지자체, 국가 정부와 달리, 세계의 가장 영향력 있는 행동 주체로 떠오르기 시작"[8]했다.

도시들은 단지 성장하고 성숙할 뿐만 아니라, 다시 태어날 수도 있다. 20세기 후반, 서구 도시들에 대한 회의에도 불구하고 많은 도시들이 1990년대와 21세기의 첫 10년 동안 재건되기도 했다. 1970년에서 1990년까지 20년 동안 많은 미국 도시들은 급격히 쇠퇴하였다. 남부에서 북부로 흑인들이 이주하였고, 그 결과 백인들은 도시를 떠났고, 빈곤층이 도시 내부 게토에 갇혔다. 1970년대 후반과 80년대 초반에 이어진 불황으로 말미암아 세금이 감소한 몇몇 도시들은 사실상 파산 상태에 이르렀다.

반면, 20세기 중반의 도시 계획들은 교외를 윤택하게 했다. 도시의 주거지들에 고속도로가 생겼고, 교외 거주민들은 도심 일터로 출근하기가 더 용이해졌다. 도시 계획자들은 주차장이 큰 상가와 운동장을 선호했고, 빈곤층에게는 대단위 주택 프로젝트를 시행했다. 이 모든 결과로 다운타운은 일몰 후에는 유령 촌처럼 변했다. 중산층은 교외로 빠져나갔는데, 그 결과 많은 직장들이 도심에서 사라졌다. 빈곤층은 더 빈곤해지고, 대부분의 지역에서는 범죄가 들끓었다. 도시들은 '도넛'처럼 중앙이 공동화되었다. 주변 교외에는 부요한 백인이 살고, 도시 중심에는 빈곤층이 살았다.

그런데 1990년부터 미국 도시들은 놀라운 르네상스를 경험하게 된다.[9] 이때 많은 도시들이 인구 역전을 겪기 시작했다. 사람들은 다시 도시로 이사 오기 시작했고, 도심지부터 새롭게 변화되기 시작했다. 무슨 일이 벌어진 것인가?

첫째, 중요한 원인 중 하나는 미국 경기가 지속적으로 성장했다는 것이다. 이로 말미암아 지식 산업에서 많은 부와 일자리가 생겨났다. 둘째, 도시에 범죄가 줄어들었다. 그 이유는 자유주의자들이 말하는 것(직장의 증가)과 보수주의자들이 지적하는 것(강력한 제재) 모두가 해당된다. 셋째, 포스트모던이라고 불리는 새로운 문화적 분위기가 생겨났다. 절충주의,

옛것과 새것의 혼합, 불균형, 복잡성과 관리 불가능성, 문화적 다양성, 그리고 예술적이며 유기적인 문화이다. 이 모든 것들은 외곽 문화가 아닌 도시 생활의 특징이 되었다. 젊은이들은 도시 생활을 선호하여 대거 도시로 이주했다. 넷째, 이민법의 변화로 비유럽 국가에서의 이민 유입 문호가 개방되었다. 1965년에서 1970년 사이에 이민자의 수는 배로 늘었다. 그리고 1970년과 1990년 사이에 다시 배로 늘었다. 이 이민자들은 대부분 미국의 도시로 흘러들어 많은 지역들을 새롭고 다양하게 만들었다. 또한 이들의 고유하고 민족적인 분위기는 오래되고 굳어진, 흑백 이분법이 지배하는 사회를 완전히 바꾸었다. 도시는 훨씬 복잡해졌을 뿐 아니라, 다양한 극이 존재하는 많은 민족과 국가가 함께하는 곳이 되었다.

그 결과로 미국의 많은 도시들이 급성장했고, 전문직들이 도심 주변으로 몰렸다. 소수 민족 공동체들은 미국의 오래된 근로 계층과 가난한 계층 사이에 새롭게 형성되었다. 때때로 주택 개량과정은 사회 구조에 단절을 일으키고 파괴적이다. 그러나 어떤 경우에 있어서는 훨씬 건강한 효과가 있었다.

새로운 급증세 속에서 도시로 다시 돌아오는 주요한 사람들이 있었는데 곧 장년들과 도시에 거주하며 일하려는 젊은 직장인들이다. 게다가 도심 빈민가와 교외 빈민가에 사는 이민자들도 물결처럼 도시로 밀려들었다. 내적으로는 대학 졸업 후 도시에 머물며 일하려는 졸업생들이 있었다. 이 그룹들은 도시 공동체 안에 머물기 원하는 게이 및 예술가들 무리와 합쳐졌다.[10]

에드워드 글레이저는 지난 세대에 모든 도시들이 성공한 것은 아니라고 지적한다. 그는 미시간의 디트로이트와 독일의 라이프치히를 예로 든다. 그러나 대부분의 도시들은 자체 부흥할 힘을 찾았는데, 그것은 도시를 도시로 만드는 핵심이 사람들로 하여금 혁신을 이루게 하는 힘에 있기 때문이라고 글레이저는 주장한다.

한 가지 면에서, 이것은 가장 훈련되고 재능 있는 사람들인 '엘리트'를 모은다는 의미이기도 하다. 다른 면에서 보면, 가장 에너지가 넘치고, 야망이 있고, 위험을 감수하는 사람들을 세계의 하위층과 중산층으로부터 모은다. 도시들은 재충전과 재발견의 가마솥이다. 도시들이 늘 새로워진다는 것이 우리에게 놀랍지는 않다.

아마도 현대의 도시 재건설의 가장 흥미로운 예는 '소비 도시'라고 불리는 것이다. 제2차 세계대전 이후에 교외 지역과 통근 도시가 등장하게 되었다. 사람들은 쾌적함과 편안함을 이유로 교외 도시를 선택했고, 도심에는 오직 업무와 공식적인 일을 보기 위해 통근했다.

그러나 밴쿠버와 로스앤젤레스는 이 흐름을 뒤집은 도시들이다. 이들은 소비자 도시가 되었는데, 통근 역전이라는 새로운 현상이 일어났다. 이 도시들은 주민들에게 수준이 있는 삶을 제공하는데, 그것은 주변 다른 지역에서는 찾을 수 없는 것들이다. 눈부실 정도로 다양한 예술, 교육, 문화, 공연의 이벤트들과 장소들이 있으며 또한 안전한 거리, 좋은 학교, 뛰어난 대중교통 수단이 제공되었다. 요즘에는 많은 사람들이 런던, 뉴욕, 파리로 이주하고 있으며, 이들은 도시 중심에서 살기 위해서 프리미엄을 지불할 의향이 있다. 비록 그들이 업무 때문에 날마다 도심을 벗어나야 한다고 하더라도 그렇다.[11]

도시의 미래

인구 증가율이나 국제 도시가 지닌 중요성이 현저하게 감소할 것이라고 믿는 사람은 거의 없다. 적어도 당분간 내다볼 수 있는 미래에서는 그렇다. 도시의 성장 추세와 문화 변동의 추이는 아주 강한 궤도를 그리고 있다. 그러나 미국과 유럽에 불황과 불경기가 닥치게 되면 시 정부는 고통스럽지만 예산을 삭감해야 하고 민간 부문은 높은 실업률에 부딪히게 될 것이다. 이러한 변화들은 각 도시 간의 사회 복지에도 많은 격차를 유발하여 삶의 질에도 분명 지대한 영향을 끼칠 것이다.[12]

그렇다면 서구 도시들이 1970년대와 1980년대에 겪었던 경제 및 인구 감소를 다시 경험하게 될까? 몇 가지 경향을 살펴보면 서구의 대부분 도시들은 오히려 계속해서 번영할 가능성이 크다. 첫째, 세계는 계속해서 국제화되고 있으며 이는 세계와 연결된 도시들에 아주 우호적인 조건이다. 더 많은 도시들이 서구의 가장 큰 도시들(뉴욕, LA, 런던)을 따라가고 있다. 이 도시들의 국제적 연결성과 영향력은 부동산 가치의 상승과 직장의 지속적 증가에 도움이 된다(이는 자국 경제와 무관할 수도 있다). 결과적으로 대부분의 국제적 도시들은 경제적으로 안정을 유지할 수 있다.

둘째, 현대의 서구 도시 개발은 전형적인 도시 형태로 돌아갔다. 조밀해졌으며 대중교통을 지향하고, 걸어 다닐 수 있고, 여러 용도가 합쳐진 개발을 한다(거주, 업무, 상업, 교육, 문화, 휴식 영역이 공존한다). 개발의 강조점은 지역의 학교들을 발전시키고, 보행자들을 위해 '완성된' 거리를 만들며, 자전거 이용자를 위해 도로를 확보하는 것이다. 오래된 형태의 도시에 대한 새 강조점은 종종 '신 도시화' 또는 '스마트 성장'이라고 불리기도 한다.

여러 요인들이 이러한 트렌드를 이끌고 있는데 그중 하나는 환경에 대한 관심이다. 교외와 농촌 거주자들은 도시 거주자들보다 더 많은 에너지, 곧 전기와 화석연료를 소비한다.[13] 에너지 자원의 지속 가능성에 대한 급증하는 요구들이 사회를 도시화하는 힘으로 작용할 것이다. 따라서 도시들은 교외보다 훨씬 매력적인, 사회적 합의로서의 대안으로 남는다.

셋째, 이 글을 쓰고 있는 현재 이민법에 뚜렷한 변화가 없고 미국은 계속해서 이민자들을 세계로부터 받아들일 것이다. 어떤 경우에는 이민자들이 곧바로 교외에 정착하기도 하지만 도시 생활의 구조는 계속해서 새로운 이민자들이 필요한 자원들을 공급할 것이며, 그들은 도시에서 새로운 공동체를 만들게 될 것이다. 오늘날 도시들은 이민자들을 유치하기 위해 경쟁한다. 가장 많은 이민자들을 받아들이는 것이 미래를 위한 최선의 준비이기 때문이다.

넷째, 도시들에 대한 가장 큰 두려움이었던 높은 범죄율이 급속히 줄어들고 있다. 뉴욕 시를 필두로 해서, 지난 20년 동안 북미의 많은 도시들은 놀라울 정도로 범죄율이 하락했다. 이는 도시의 경제 성장과 인구 증가의 중요한 동력으로 작용했다. 범죄율의 하락은 강화된 경찰 운용에 기인하기도 한다. 마이클 블룸버그 뉴욕 시장이 최근에 주장했듯이 말이다.[14] 그러나 범죄학자들은 경찰의 역할은 범죄 하락의 일부분만 설명한다고 본다.

범죄율은 여러 가지 요인들이 합쳐질 때 급격하게 하락한다. 그 요인들을 직접적으로 측정하는 것은 불가능하다.[15] 여기에는 '시민 사회'의 강화라는 요소가 포함될 수 있다. 강력한 부모-교사 연합 모임과 같은 자발적인 단체, 종교 기관의 증가, 다양한 비영리 기구의 증가, 그리고 공공-민간 협력의 증가 등이 해당한다.[16]

다섯째, 내가 알고 있는 한 포스트모던한 분위기가 많은 젊은이들을 이끌고 있다는 것이다. 이들은 교외 생활보다 도심 생활을 선호한다. 이러한 트렌드는 완전히 설명하거나 계량화하기 힘들다. 그러나 젊은이들에게 도시 생활의 매력은 매우 강력하게 유지되고 있으며, 이 젊음의 에너지와 창조성 또한 도시의 성장과 활력에 큰 역할을 하고 있다.

〈월스트리트 저널〉과 〈애틀랜틱 저널〉에 의하면, 미국에서 1978년 이후 태어난 세대의 32퍼센트 정도가 도시에 살고 있다. 또한 88퍼센트 이상이 도시에 살기를 원한다.[17] 문제를 가장 많이 겪고 있는 도시들은 - 예를 들면 디트로이트- 전격적인 변화를 필요로 한다. 도심 범위를 축소하고 훨씬 작은 행정 단위로 재편하는 것 등이다. 그러나 이것이 미국의 규범이 될 것 같지는 않다. 국제화와 현재의 문화적 분위기는 도시들이 야심차고 혁신적인 사람들에게 매우 매력적인 장소가 되게 한다. 이는 도시 문화의 성장과 지배력을 계속하게 하는 결정적인 요소가 될 것이다.

이제 도시들은 이전보다 훨씬 많이, 사회와 전반적인 삶이 나아갈 경로를 결정하고 있다. 유럽과 미국처럼 도시가 빠르게 성장하지 않는 곳에서도 그렇다.[18] 21세기의 세계 질서는 국제적, 다문화적, 도시적일 것이다.

도시 사역의 도전

우리 시대 도시들의 엄청난 성장과 영향력은 기독교 사역에도 크나큰 도전을 던져 주었다. 첫 번째 문제는 엄청난 규모와 경제다. 사람들이 있는 곳이면 어디든지 그리스도인들과 교회가 있지만 전 세계 사람들이 대도시로 몰려드는 속도는 대부분 교회의 성장보다 훨씬 빠르다. 그리스도인의 소통과 사역은 언제나 새로운 언어와 맥락으로 번역되어야 한다. 그러나 교회들은 도시의 급격한 인구 증가에 대처할 만큼 충분히 빨리 대처하지 못하고 있다.

개발도상국에서는 매월 5백만 명의 새로운 사람들이 도시로 몰리고 있다. 그 인구는 필라델피아나 샌프란시스코 정도의 규모이다. 그 정도 규모의 도시라면 과연 몇 개의 교회가 있어야 할까? 만일 5천 명에 하나 꼴로 교회가 있어야 한다고 하더라도 -이것은 미국 평균의 5분의 1[19] - 매월 1천 개의 도시 교회가 세워져야 한다는 의미다.

이 도전은 단지 수적인 것만이 아니라 개념적이고 방법론적인 면에서도 이어진다. 우리의 사역 모델들은 계속해서 도시화되어야 한다. 미국의 선교 단체들은 발전하는 도시들에 보다 많은 사역자들을 내보내고 있다.

2년 전 나는 빠르게 발전하는 중국의 대도시에 파송된 미국인 선교사들을 만난 적이 있다. 그들이 속한 선교 단체는 선교사들에게 필요한 훈련이 현지 언어를 익히고 중국 문화를 이해하는 것이라고 생각했다. 그러나 머지않아 그 선교사들은 도시에서 사는 것이 무엇인지 전혀 이해하지 못하고 있다는 것을 깨달았다. 멤버들은 미국 남부와 중서부의 작은 도시들에서 자랐기에 중국 생활 자체보다 도시 생활과 더 많이 씨름해야 했다. 그들이 전도하려는 사람들은 중국의 시골 사람들보다는 로스앤젤레스나 맨해튼에 사는 사람들과 더 비슷했다. 그 팀의 지도자는 내게 말했다. "우리가 받은 훈련 중에서 언어만 도움이 되었어요. 우리는 도시에서 어떻게 살아야 하는지, 도시 사람들과 어떻게 접촉해야 하는지 전혀 훈련이 되어 있지 않았어요. 그 결과 사역들도 전혀 효과를 못 봤고요."

도시화는 서구인들이 해외에서 어떻게 선교해야 할지뿐 아니라, 서구의 사역 현장까지 변화시키고 있다. 남반구와 동양으로부터 북미와 유럽의 도시들로 이민의 물결이 밀려들고 있다. 정통적이며 초자연적인 기독교 신앙이 확산되던 지역에 살던 많은 이민자들이 대도시로 들어오고 있다. 결과적으로 비서구인들에 의해서 수천 개의 새로운 교회들이 런던과 파리, 뉴욕과 같은 세속적인 도시들에 세워지고 있다.[20]

실제로 런던과 파리에서 가장 규모가 큰 교회들 대부분은 아프리카인들이 이끌고 있다. 뉴욕에서는 수백 개의 새로운 교회들이 아시아, 남미, 카리브 해, 아프리카 출신 사람들에 의해 시작되었다. 처음에 이 교회들은 주류 사회로부터 어느 정도 고립된 채로 남아 있었다. 전도나 성장도 민족 안에서만 이루어졌다. 그러나 이 그리스도인 자녀들이 국립대학에서 교육을 받고 도심으로 이동하게 되면서 금융이나 방송, 문화 영역에서 더 많은 힘과 영향력을 발휘하기 시작했다. 비즈니스 및 정부의 상위 계층에는 백인이 아닌 젊은이들이 대다수 포함되었다. 이들 중 많은 수는 그리스도인이었다.[21]

국제화와 도시화는 국내 및 해외 선교의 경계를 없애고 있다(사실 이것은 낡은 구분법이다)²². 뉴욕 퀸즈 자치구에 있는 한 교회를 예로 들어 보자. 이 교회는 세 개의 교회를 분립시켰다. 하나는 뉴욕의 칼리지 포인트 주변에, 다른 하나는 브롱스 인근에, 다른 하나는 필리핀과 인접한 곳에 세웠다. 그 교회는 필리핀에서 퀸즈로 이민 온 사람들에게 복음을 전했고, 전도를 받아 신앙을 가진 필리핀 그리스도인들은 본국에도 친구들과 친척들을 위한 분립 교회를 세우고 싶어 했다. 그래서 교회는 다수의 사람들을 필리핀에 보내어 새로운 교회를 개척하게 된 것이다.

이런 예는 많이 있다. 모든 주요 도시들은 세계 각국에 복음을 전할 수 있는 관문이 되었다. 다시 말해, 세계의 오지를 전도할 수 있는 가장 좋은 방법이 있다면 바로 당신이 살고 있는 도시를 전도하는 것이다!²³

이제 다른 예를 살펴보자. 우리는 뉴욕 한복판인 맨해튼에 리디머장로교회를 개척했다. 몇 년 후에는 웨스트체스터 카운티와 뉴저지에 분립 교회를 개척했다. 이 두 곳은 뉴욕으로 출퇴근하는 사람들이 거주하는 곳이다. 만일 우리가 처음에 다른 외곽에 개척을 했다면 그렇게 빠른 시간 안에 맨해튼이나 다른 도시에 분립 교회를 세우지 못했을 것이다. 도시는 바깥에서 안으로 전도할 수가 없기 때문이다. 하지만 도시 안에서부터 외곽으로는 가능하다.

도시들은 거대한 심장과 같아서 사람들을 안으로 불러들이고 바깥으로 내보낸다. 학생들은 학교에 다니기 위해서 도시로 들어오고, 졸업한 다음에는 바깥으로 나간다. 싱글들은 도시에서 배우자를 만나 결혼하고 아이가 태어나면 교외로 나간다. 이민자들은 도시로 들어와서 그들의 집단 거주지에 살다가 자산을 형성하고 좀 더 안정이 되면 성장하는 가족을 위해 보다 넓은 공간의 외곽으로 이사를 나간다. 각각의 경우에 움직임은 항상 중심에서 주변으로 흘러간다.

결과적으로 도시에서 번성하는 교회는 그 멤버들이 자연스럽게 인근 지역으로 흩어지고 다른 도시들로 옮겨갈 수 있는 공동체가 된다. 달리 말해서, 지역과 나라를 전도하기 위한 가장 좋은 방법이 있다면 곧 당신의 도시를 전도하는 것이다!

도시 사역의 기회

오늘날 도시의 규모와 그 영향력의 증가는 교회에 가장 큰 도전이 되고 있다. 도시 안에서의 효과적인 사역을 배워야 할 필요성이 이렇게 컸던 시대는 없었다. 그러나 전반적으로 미국의 복음주의 교회들은 비도시적이다.

이러한 도전들과 함께 다양하고 독특한 기회들이 생기고 있다. 교회 선교를 성취하기 위해 반드시 전도해야 할 네 개의 중요한 그룹이 있다. 각각의 그룹들은 도시에서 가장 용이하게 접근할 수 있는 사람들이다.

첫째, 젊은 세대들이다. 성공의 기회, 끊임없는 혁신과 변화의 분위기, 다양한 영향력과 인재들과의 만남 - 이 모든 것은 젊은 성인들에게 매력적으로 다가온다. 미국과 유럽에 있는 압도적으로 많은 수의 젊은이들이 도시에서 살고 싶어 한다. 목표가 높을수록 도시에서 살고 싶은 바람도 커진다. 데이비드 브룩스는 〈뉴욕 타임스〉 사설 칼럼 코너에 "덴버를 꿈꾼다"라는 글을 썼다. 그는 여기서 젊은 미국인들과 나이 든 미국인들 사이에 도시에 대한 선호에 있어서 선명한 차이점이 있음을 퓨 연구소(Pew Research Center)의 결과를 통해 보여 주고 있다.

> 도시는 젊은이들에게 매력적이다. 18세에서 34세 사이의 미국인들 중 55퍼센트가 뉴욕 시에서 살고 싶어 한다. 그러나 도시는 가족이 있는 사람들과 노인들에게는 가장 덜 선호되는 곳이다. 35세 이상 미국인 가운데 뉴욕에서 살고 싶어 하는 사람은 불과 14퍼센트뿐이다. 또한 65세 이상 인구의 8퍼센트만이 로스앤젤레스에 마음이 끌린다고 했다.[24]

이것이 의미하는 것은 만일 서구 교회가 미국 중부의 교외에 자리를 잡고 큰 도시들을 등한시한다면 한 세대 전체의 미국 사회 지도자들을 상실할 위험이 있다는 것이다.

젊은이들이 대도시에 가득 채워지는 이유 가운데 하나는 그들이 대개 학생들이기 때문이다. 대도시에는 많은 학부생과 대학원생들이 살아간다. 그러나 이들은 도시 인구의 규모와 다양성으로 말미암아 눈에 잘 띄지는 않는다. 그럼에도 학생들은 굉장히 중요한 선교 대상자이며, 도시 학생들은 졸업 후 지역에서 직업을 구할 기회가 한층 더 많아진다. 결과적으로 믿음으로 구원된 도시의 대학생들은 도시 교회의 미래를 이끌 중요한 원천이 된다.

둘째, 문화적인 엘리트들이다. 이 그룹은 매우 큰 영향력을 가지고 있다. 이들은 도심에서 많은 시간을 보내며 사업이나 출판, 미디어, 학문,

예술의 영역에서 힘을 발휘하기 때문에, 사회에서 인간의 삶이 어떻게 이루어져야 하는지에 대해 영향을 끼친다. 도시들은 세계의 문화나 가치에 있어서 이전보다 훨씬 많은 영향을 끼치기 때문에, 그리스도인들이 한 나라의 문화에 영향을 미칠 수 있는 가장 효과적인 방법은 많은 엘리트들이 도시에 살면서 도시를 '교회가 되도록' 하는 것이다.

게다가 이런 이유들 때문에 국제도시에서 효과적이었던 사역들은 다른 곳까지 잘 확산된다. 농촌 지역의 사역은 다른 나라의 농촌 지역으로 쉽게 전파되지 않는다. 그러나 중심 도시에서 효과적이었던 사역들은 다른 중심 도시에서도 많은 관심을 끌게 된다. 특히 젊은 세대들에게 더 그렇다.

어떤 그리스도인들은 "우리는 문화 전쟁에서 지고 있어요"라고 불평한다. 이러한 말은 도시에 사는 적은 규모의 사람들이 도심 외부에 사는 수많은 복음주의자들에게 압도적인 문화 영향력을 끼치기 때문에 나오는 것이다. 나는 맨해튼의 42번가 전철역을 지날 때마다 MTV의 모회사인 비아콤(Viacom)을 마주한다. 모든 연령의 사람들에게 MTV보다 더 큰 문화적 영향력을 끼친 것은 거의 없다.

이전에 루마니아의 공산주의가 헝가리 소수파의 고유한 종족 정체성을 침식할 수 없었다는 글을 본 적이 있다. 그러나 이제는 세계의 청소년 문화가 헝가리 청년들의 문화를 그 뿌리부터 흔들고 있다. 청소년들의 소비 문화는 맨해튼과 할리우드로부터 시작하여 전 세계 청소년들이 가진 디지털 기기 속으로 밀려들어가고 있다. 멕시코 농촌의 청소년들은 그들의 부모에 비해서 감각적으로는 훨씬 더 '도시적'이다. 교회들이

MTV와 같은 조직을 만드는 사람들에게 어떤 영향력을 가지려고 한다면, 그들과 동일한 곳에 살면서 사역해야 할 것이다. 바로 도시다.

셋째, 접근 가능한 미전도 종족이다. 많은 사람들이 종교적으로나 문화적으로 접근하기 힘든 사람들에게 선교하는 것이 중요하다는 이야기를 한다. 그런데 역사의 물결은 이 지역에 사는 사람들을 도시로 이동시키고 있다. 시골 경제가 전통적 삶의 방식을 지탱하지 못하는 까닭에 전에는 갈 수 없던 지역의 사람들이 도시로 옮겨 오는 것이다.

엄청난 수의 새로운 이주자들이 급성장하는 도시로 이동하면서 이들은 이전 환경에 있을 때보다 훨씬 더 기독교 신앙에 노출되고 있다. 그들은 대부분 가족이나 전통적 환경의 뿌리를 상실하고 있으며, 그들이 전에 의존했던 친족과 부족 네트워크로부터 자유로워지고 있다.

새 이주자들은 도움과 지지가 필요한데 개발도상국에 있는 대부분의 도시들은 이들을 도울 정부 시스템을 거의 갖추지 못했다.[25] 이들은 도시 생활에서 받는 도덕적, 경제적, 정서적, 영적 압력을 극복할 힘이 필요하다. 이것은 교회에 큰 기회가 된다. 이들을 지지하는 공동체와 새로운 영적 가족, 자유롭게 하는 복음 메시지로 섬길 수 있기 때문이다. 도시 지역으로 들어오는 이민자들은 교회에 다닐 수많은 이유를 갖고 있다. 시골에 있을 때는 전혀 없었던 이유들이다. "새로운 도시민들이 가진 이런 육체적, 영적 필요를 채울 수 있는 그룹이라면 누구든지 풍성한 추수를 할 준비가 되었다."[26]

하지만 이전에는 전도하기 어려웠던 사람들에게 다가가는 또 다른 방법들도 있다. 앞서 언급했듯이, 기술이 젊은 세대들을 도시화와 과잉 문화로 연결시킴에 따라 도시 정신도 전 세계로 뻗어나가고 있다. 많은 젊은이들은 비록 외진 곳에 살더라도 세계화되고 있으며 점점 더 서구화되고 있다. 반면 그들의 부모들은 전통 사회의 사고방식에 아직 머물고 있다. 복음 사역이 도시 거주자들과 잘 연결된다면 젊은 비도시 거주자들에게 보다 적절하고 효과적으로 될 것이다.

네 번째 그룹은 빈곤층이다. 이들은 도시에서 전도할 수 있고 전도해야 하는 사람들이다. 한 통계에 따르면, 개발도상국의 급성장 도시에 살고 있는 사람들의 삼분의 일이 판자촌에서 살아간다고 한다. 세계 빈곤층의 대다수는 도시에 있다.

그리고 도시의 엘리트를 전도하는 것과 도시의 빈곤층을 섬기는 것 사이에는 중요한 연결고리가 있다. 첫째, 빈곤층을 섬기는 사역은 교회의 타당성에 대한 중요한 표지가 된다. 이것이 성경이 말하는 이방인들로 하나님께 영광을 돌리게 하는 '선한 일'이다(마 5:16; 벧전 2:12). 마찬가지로 문화 엘리트들이 그리스도께로 돌아와 제자가 되면 그들의 방향이 전환된다. 자신들을 위하는 대신에 빈곤층과 도시의 필요를 위하여 그들의 부와 힘을 사용하는 것이다. 달리 말하자면 도시 교회는 빈곤층에 대한 사역과 엘리트에 대한 사역 사이에서 양자택일을 하는 것이 아니다. 우리는 빈곤층을 돕기 위해서 엘리트들의 경제적, 문화적 자원이 필요하다. 우리가 빈곤층에 헌신하는 것은 우리의 메시지의 타당성을 지지하는 문화 엘리트층에 대한 전도가 된다.

—

확신컨대 세계의 도시들은 그 중요성과 영향력에 있어서 계속 성장할 것이다. 바울과 초대 교회 시대에 대부분의 선교가 도시 환경에서 일어났던 것과 마찬가지로 -더 많이는 아닐지라도- 도시들은 전략적으로 중요하다. 나는 오늘날 복음주의 교회가 도시 사역을 강조하고 지원하는 것보다 더 중요한 것이 없다고 주장한다.

필요가 큰 만큼 비용도 크다. 도시 중심에서 사역하는 것은 외곽에서 하는 것보다 1인당 비용이 훨씬 많이 든다. 그러나 교회가 오늘날 세계에서 일어나는 돌이킬 수 없는 중대 변화를 더 이상 무시할 수는 없다. 전도하기 원한다면 반드시 도시로 가야 한다. 다음 세대를 전도하려면, 반드시 도시로 향해야 한다. 그리스도를 위해서 문화 창조에 어떠한 영향력이라도 가지길 원한다면, 반드시 도시로 가야 한다. 가난한 이들을 섬기려면 우리는 반드시 도시로 가야만 한다.

도시에서 자연스러운 편안함을 느끼지 못하는 많은 사람들은 아브라함의 예를 따라야 할 것이다. 아브라함은 익숙한 문화를 떠나서 하나님의 도시를 찾는 부르심을 따라 여행자가 되었다(창 12:1-4; 히 11:8-10). 그리스도인들이 어려움 자체를 추구해야 하는 것은 아니지만, 성육신하신 그리스도의 본을 따르지 못할 이유가 무엇인가? 그분은 편안한 곳에 계시지 않고 당신을 필요로 하는 곳에 가셨다(마 8:20; 요 4:34; 롬 15:3). 우리도 그분을 위해 어려움을 마주하며(히 11:26 참조), 도시 생활의 어려움과 풍성함을 모두 품을 수 있지 않을까?

토론과 성찰을 위한 질문들

1. 이 장에서 이야기하는 것들 중에 당신이 사는 도시 근처에서 목격한 것들은 어떤 것들이 있는가(지구화, 도시 재개발, 도시 부흥, 도시에서 교외로의 역 통근, 포스트모더니즘 등)? 그 것들은 도시 생활에 어떤 영향을 끼치고 있는가? 다른 도시에서는 어떤 양상으로 나타나는가?

2. 우리의 미래가 상당 부분 도시 문화로 변화된다면, 교회는 이에 적응하기 위해서 어떤 준비를 해야 할까?

3. 이 장에서 논의된 중요한 추이는 많은 그리스도인 이민자들이 경제와 사회의 중심부로 들어가고 있다는 것이다. 그들의 공헌이 당신의 사역에 앞으로 어떤 영향을 미칠 것이라고 생각하는가?

4. 도시에서 만나는 여러 그룹들 중에서 어느 쪽에 전도의 열정을 갖고 있는가? 젊은 세대, 문화 엘리트, 미전도 그룹, 빈곤층 등이 당신 주변에 있는가? 도시화가 이들에게 어떤 영향을 미치고 있는가? 당신이 발견한 그룹들에게 의미 있는 사역이 되려면 어떤 모습이어야 할지 생각해 보라.

08
도시 복음사역의
실제적 이슈들

◇◇◇

나는 지금까지 할 수 있는 한 심혈을 기울여 도시가 21세기 그리스도인의 삶과 사역의 최고 우선순위가 되어야 함을 주장했다. 이제 한걸음 더 나아가길 원한다. 도시 비전에 관한 장들을 읽으면 마치 내가 모든 그리스도인에게 도시로 와서 섬겨야 한다고 주장하는 것처럼 비추어질 수도 있다. 분명하게 말하지만 그것은 내가 말하고자 하는 바가 아니다.

나는 사람들이 있는 곳에는 반드시 성도와 교회가 있어야 한다고 믿는다. 어떤 면에서, 작은 장소나 적은 사람들이라는 표현은 의미가 없다.[1] 하나님은 작은 사람들을 사용하기 기뻐하시며(고전 1:26-31) 예상치 못한 곳에서 그분의 일을 이루신다(요 1:46). 예수님은 로마 출신이 아니었으며 심지어 예루살렘 출신도 아니었다. 그분은 베들레헴에서 나시고 나사렛에서 성장하셨다.

세계 인구의 50퍼센트가 도시에 살고 있다고 한다. 이것은 곧 나머지 절반은 도시에 살지 않는다는 뜻이다. 그러므로 우리는 지구의 수십만 개 마을과 시골에서 이루어지는 복음 사역을 제지하거나 평가절하해서는 안 된다. 작은 마을에서의 사역이 한 국가를 바꾸지는 않겠지만, 그 지역에서 만큼은 커다란 영향을 끼칠 수 있기 때문이다.[2]

그렇지만 여기에서 실험적으로 이런 생각을 해 보면 도움이 될 것 같다. 당신이 다른 두 지역에 교회를 세우는 일을 맡고 있다고 가정해 보자. 한 지역에는 1백 명의 주민이 살고, 다른 지역에는 1만 명의 주민이 있다. 그리고 당신에게는 네 명의 교회 개척자가 있다. 그들을 어느 곳으로 보내겠는가?

목회철학이 어떠하든 간에, 모든 사역이 동등하게 중요하다고 해서 각각의 지역에 두 명씩 파견하지는 않을 것이다. 1백 명의 주민이 있는 지역에 두 명의 목회자를 파송하는 것은 하나님 나라의 인사 관점에서 볼 때 선한 청지기의 모습이 아니다. 오늘날 일반적으로 비도시 지역에 더 많은 교회가 있고, 도시가 인간의 삶에 더 많은 영향력을 발휘하는 점을 생각한다면, 우리의 관심과 강조점을 도시 목회에 두어야 한다는 주장이 오히려 좋은 청지기의 모습일 것이다.

나는 모든 그리스도인들이 도시로 이사해서 도심 지역에서 살며 사역해야 한다고 주장하지 않는다. 내가 말하고 싶은 것은 세계의 도시들이 기독교적으로 심각하게 외면되고 있다는 점이다. 왜냐하면 일반적으로 세계 인구가 교회보다 훨씬 빠른 속도로 도시로 이동하고 있기 때문이다. 나는 할 수 있는 모든 자원을 사용해서 -성경적, 사회학적, 선교학적, 교회적, 수사적 방법들- 교회가 이 결핍을 다루도록 방향 전환하는 것을 돕고 싶다.

그러나 도시로의 부르심은 여기서 끝나지 않는다. 세계 곳곳의 대부분은 이전보다 훨씬 도시화되었다. 당신이 어디에서 살든, 일하든, 섬기든, 도시는 당신에게 다가온다. 어떤 점에서 모든 교회는 특정 도시를 위한 교회가 될 수도 있고, 또 되어야만 한다. 그 도시가 광역 대도시든, 대도시이든, 마을이든 말이다.

결과적으로, 도시 생활과 문화의 현실 및 양상에 따라 목회의 형태를 계획적으로 적응시킨다면 교회에도 많은 도움이 될 것이다. 이것을 성취하기 위해서, 우리는 반드시 도시의 역동성이 어떻게 우리의 삶에 영향을 미치는지 살펴보아야 한다. 이번 장에서는 어떻게 교회들이 도시 비전(City Vision)을 갖고 이러한 역동성에 대응하여 사역할 것인지를 생각하고자 한다.

도시는 어떻게 우리에게 영향을 미치는가

많은 사람들은 '거리감의 소멸'(death of distance)로 도시가 쇠퇴할 것이라고 생각했지만 사실은 달랐다. 사람들은 '인터넷으로도 학습이 가능한

데 왜 큰 도시에서 높은 주거비를 지불해야 하는가?'라고 생각했다. 그러나 진정한 학습과 소통, 그리고 공동체는 사람들이 생각하는 것보다 훨씬 복잡한 것이다. 많은 연구들은 사람의 대면 접촉 학습이 그 어떤 종류로도 대체될 수 없음을 보여 주었다.

지역적으로 '창의적 활동'의 중심지에 있는 회사들이 훨씬 높은 생산성을 발휘한다는 연구 결과들은 전혀 놀랍지 않다. 왜인가? 같은 분야에서 일하는 다른 사람들과 가까이 있다는 것은 무한한 상호작용을 가능하게 한다. 이중 상당수는 비공식적인 상호작용이다. 이를 통해 신입은 빨리 전문가가 될 수 있고, 전문가들은 서로에게 자극을 주면서 새로운 영감을 받는다.

에드워드 글레이저는 말한다. "밀도 높은 업무 환경의 가치는 주변 사람들이 하는 일들을 관찰하며, 계획에 없던 만남들을 가질 수 있다는 점에서 나온다. 비디오 회의를 통해서는 유능한 신참이라도 배울 수 있는 것이 한정적이다. 성공적인 멘토가 일상적 업무를 어떻게 수행하는지 관찰하고 배울 기회가 제한되는 것이다."[3] 다른 연구들을 살펴봐도, 같은 대도시 안에서 새 특허를 낼 때 기존 특허를 참조하는 비율이 훨씬 높다. "오늘날과 같은 정보 기술 시대에도 아이디어들은 지리적으로 한정되어 움직인다."[4]

도시 이론가들은 이를 '집적화'(agglomeration)라고 부른다. 집적화는 물리적으로 가까이에 있는 경제적, 사회적 이득을 가리킨다.[5] 로스앤젤레스와 토론토에서 애틀랜타보다 더 많은 영화가 만들어지는 것은 전혀 이상한 일이 아니다. 그곳에는 영화를 만들어 낼 수 있는 더 큰 규모의 숙련된 기술 인력(작가, 감독, 배우, 전문 인력 등)이 있기 때문이다. 맨해튼에서 새로운 금융 기법이 고안되고, 실리콘 밸리에서 신기술이 나오는 것 또한 전혀 특이한 일이 아니다. 이 모든 일이 가능한 것은 집적화 때문이다. 같은 분야에 있는 수천 명의 사람들이 지리적으로 가까이 모여서 일을 할 때 새로운 생각과 사업이 일어난다.

그러나 집적화의 이익이 같은 분야에서 일하는 가까운 사람에게만 국한되는 것은 아니다. 당신과 다르지만 당신을 도울 수 있는 기술들을 갖고 있는 많은 사람들을 통해 나오는 이익도 있다. 좋은 사례를 예술의 세계에서 찾을 수 있다. "흔히 예술 운동은 매우 지역적이다." 다른 분야보다 더하기도 하다.[6] 도시학자인 엘리자베스 커리드는 뉴욕 시에서 중요한 문화 종사자들을 대상으로 인터뷰를 했다. 문화 제작자들(패션 디자이너, 음악가, 순수예술가)이나 관문지기 역할을 하는 사람들(화랑 주인, 큐레이터, 편집자)과 같은 그룹의 사람들이 자주 드나드는 클럽 및 건물주, 방송계 인사, 학계 인사, 그리고 예술을 후원하는 재단 운영자, 후원자로 나서는 성공적인 사업가들이었다.[7]

예술은 예술계 생태 시스템의 다양한 분야에서 일하는 사람들의 복잡한 상호작용 안에서 일어났다. 전형적인 업무 회의를 통해서만이 아니라 사회적 만남들과 비공식적 상황의 즉흥적인 만남들을 통해서 발생했다. 커리드가 발견한 것은 문화의 경제가 "집적된 생산 시스템"의 일부로서 "예술가들과 문화 생산자들이 어떻게 밀도 있게 집적되어 있느냐"에 따라 좌우된다는 것이었다.[8] 이런 다양한 계층의 사람들이 지역적으로 가깝게 살 때, 사업을 일으키고 문화를 만들어 내는 수천 개의 면대면

(face-to-face) 상호작용이 일어난다.[9] 이런 상호작용은 다른 방식으로는 일어나지 않는다. 라이언 애번트(Ryan Avent)가 말하듯, "도시는 좋은 친구들의 그룹과 매우 비슷하다. 당신이 무엇을 하는지는 당신이 누구와 함께하느냐는 사실만큼 중요하지는 않다."[10]

이런 집적화의 역동성은 일반적인 도시 그리스도인의 실제 삶에 어떤 영향을 미칠까? 첫째, 도시는 당신 및 당신과 비슷한 많은 사람을 독특하게 연결시킨다. 도시의 도전과 기회는 가장 재능 있고, 야심차고, 멈출 줄 모르는 사람들을 끌어당긴다. 그래서 당신이 누구이든 간에, 도시에서는 당신보다 훨씬 재능 있고 앞선 사람들을 만나게 된다. 자신과 비슷하지만 자신을 능가하는 수많은 사람들을 만나기 때문에 잠재력을 실현하라는 강력한 압박을 느끼며 늘 최선을 다할 것이다.

도시는 다른 무엇보다도 인적 자원을 끌어들이고 모이게 하며 문화형성을 위해 그들의 잠재력을 끌어올린다. 그러나 죄는 도시의 장점을 제거해 버린다. 즉, 문화를 만드는 강렬함은 사라지고, 치명적인 교만과 시기, 그리고 탈진으로 얼룩진 장소로 변질된다. 이것이 죄가 하는 일이다. 선이 기생충적으로 변질된 것이다. 이것의 어두운 면을 막기 위해서는 복음이 필요하다.

둘째, 도시는 당신과 다른 많은 사람들을 독특하게 연결시킨다. 도시는 사회의 하위문화와 약자들을 끌어들인다. 이들은 단결해서 상호 지지를 한다. 도시는 힘이 약한 사람들에게 -싱글들, 빈곤층, 이민자, 소수 민족들- 안전한 공간을 만들어 준다는 점에서 자비롭다. 이런 피할 수 없는 다양성 속에 위치할 때, 당신의 관점과 신념은 끊임없이 도전을 받게 된다. 곧 사상과 실천에 있어서 창조적이고 새로운 접근법들을 대하게 된다. 당신은 전통적인 방식과 신념을 버리든지, 아니면 이전보다 더 깊은 이해를 갖고 전통에 헌신하게 된다. 다시금 죄는 도시의 강점인 문화를 형성하는 다양성을 빼앗아서, 우리의 기존 헌신과 세계관을 저해한다. 죄의 어두운 면을 막기 위해서는 복음이 필요하다.

도시가 도전하는 이러한 방식들에 대해 그리스도인들은 어떻게 반응해야 할까? 우리는 반드시 복음으로만 반응해야 한다. 그리고 정확히 두려움이 아니라 기쁨으로 이러한 도전을 마주하도록 도와야 한다. 명백히 우리는 도시로 복음을 가져가야 하고, 도시 안에서 복음을 듣게 해야 한다. 그러나 우리는 도시 자체가 우리에게 복음을 얼마나 많이 제시하는지 알아야 한다. 도시는 새로운 방식으로 우리가 복음의 능력을 발견하도록 도전한다.

우리는 영적으로, 정신적으로 소망이 없어 보이는 사람들을 발견하며 "이런 사람들은 절대 그리스도를 믿지 않을 거야"라고 말한다. 하지만 구원이 정말 은혜로만 가능한 것이라면, 미덕이나 공덕으로가 아니라면, 왜 우리는 어떤 이들은 그리스도인이 되기가 우리보다 어렵다고 생각하는 것일까? 왜 어떤 사람들의 회심은 우리의 회심보다 더 큰 기적이라고 볼까? 도시는 때때로 우리가 순전한 은혜를 실제로는 믿지 않음을 알려 주기도 한다. 하나님은 우리처럼 착한 사람들을 주로 구원하신다고 믿는 것 말이다.

도시에서 우리는 다른 종교를 가지거나 아무 종교가 없지만, 우리보다 더 지혜롭고 친절하고 사려 깊은 사람들을 많이 만나게 된다. 은혜 가운데 많이 성장했음에도 불구하고 많은 그리스도인들은 비신자들보다 더 약하다. 이것이 당신을 놀라게 한다면, 묵상하기를 권한다. 은혜의 복음이 참이라면 왜 우리는 그리스도인들이 비그리스도인들보다 더 나은 종류의 사람들이라고 생각해야 하는가?

일반 은총의 살아 있는 예들을 보면서 우리는 지적으로는 이신칭의의 교리를 이해하고 있지만, 실제적으로는 여전히 구원이 도덕적 선함과 공로에 의해 이루어진다고 생각하고 있음을 발견한다.

초창기 리디머교회는 그리스도인들이 도시를 불쌍하게 내려다보는 잘못된 경향이 있음을 발견했다. 이처럼 우리가 도시의 '구원자'인양 여기는 것은 해로운 생각이다. 우리는 겸손히 도시와 사람들을 존경하며 배워야 한다. 그들과의 관계는 의도적으로 상호적인 것이어야 한다. 우리는 기꺼이 그들의 삶 가운데 있는 하나님의 일반 은총을 보려고 해야 한다. 그들이 우리를 필요로 하는 것과 마찬가지로, 우리가 하나님과 그분의 은혜를 더 충만히 알기 위해서 그들이 우리에게 필요함을 인정해야 한다.

서구의 많은 그리스도인들이 도시를 외면하는 이유는 도시가 '타인'(the other)으로 가득 차 있다고 생각하기 때문인 것 같다. 도시는 우리와 완전히 다른 사람들로 가득하기 때문에, 많은 그리스도인들이 혼란스러워한다. 깊은 곳에서는 이 사람들을 좋아하지 않으며, 그들이 있으면 안전하지 않다고 느낀다.

하지만 보라. 우리가 얼마나 쉽게 복음을 망각하는지를! 결국 복음 안에서 우리에게 오셨고, 우리 가운데 사셨고, 우리 중 하나와 같이 되셨고, 우리를 죽기까지 사랑하신 하나님에 대해 배우게 된다. 그분께는 우리가 완전한 타인이었는데도 말이다. 도시는 우리가 복음의 이야기와 패턴에 얼마나 영향을 받지 않았는지를 보여 주며 우리를 겸손하게 한다.

복음만이 우리에게 겸손함을 주고("나는 도시로부터 배울 것이 많다"), 자신감을 주고("나는 도시에 줄 수 있는 것이 많다"), 용기를 준다("나는 두려워할 것이 하나도 없다"). 이것들을 통해 하나님을 영화롭게 하고, 타인을 축복하는 효과적인 사역이 가능해진다. 이것을 우리가 이해하게 될 때, 우리의 지속적인 영적 발전과 행복을 위해서, 도시가 우리를 필요로 하는 것보다 더 많이 우리가 도시를 필요로 함을 알게 될 것이다.

그리스도인들은 도시를 위해 무엇을 할 수 있나?

만일 이것이 도시가 우리를 변화시키는 방법이라면 우리는 도시에 무엇으로 은혜를 갚아야 할까?

먼저, 그리스도인들은 도시에 대해 감사하는 태도를 길러야 한다.

요나는 하나님께 순종하여 니느웨에 갔지만 그 도시를 사랑하지는 않았다. 마찬가지로 그리스도인들도 하나님에 대한 의무감으로 도시에 오기는 하지만, 도시의 밀도와 다양성을 싫어하는 마음이 가득할 수 있다. 그러나 도시에서의 사역이 효과적이려면 그리스도인들이 도시를 인정하는 것이 필요하다.[11] 도시 생활을 사랑하고 거기에서 에너지를 얻어야 한다. 왜 이것이 그렇게 중요한가?

첫째, 도시에 살며 영향을 끼치는 많은 사람들은 도시에 사는 것을 즐긴다. 그들을 교회로 이끌려고 할 때 그들이 당신의 부정적인 태도를 눈치 챘다면 복음을 받아들이는 데 장벽이 될 것이다. 둘째, 도시를 싫어하는 사람들이 교회의 주 구성원이 되면, 그들은 도시에 오래 머물려고 하지 않을 것이다. 그러면 교회는 그들의 높은 이동률 때문에 고심하게 될 것이다. 게다가 이동과 변화는 이미 도시의 문제점으로 여겨지고 있다.

도시에 긍정적인 교회를 만들기 위해서는 설교와 강의를 통해 도시 생활에 대해 흔히 던지는 부정적인 반대 의견들을 계속해서 다루어야 한다. 그중에는 도시 생활은 덜 건강하고, 너무 비싸며 가족이 살기에 좋지 않은 곳이라는 신념이 있다. 그리고 다른 것들도 많이 있다. 내가 자주 들었던 말은 "시골은 건전하고, 도시는 타락했다"는 것이었다.

그리스도인들은 이런 생각 뒤에 나쁜 신학과 나쁜 역사가 있다는 것을 인식할 수 있어야 한다. 19세기와 20세기 초반, 자유주의적 인본주의자들은 인간을 근본적으로 선하고 덕 있는 존재로 보았다. 그들은 인간의 문제가 잘못된 사회화에 있다고 보았다. 다시 말해 사람이 환경 때문에 폭력적이고 반사회적으로 변했다는 주장이다. 그들은 인간 사회가 - 특히 도시 사회가 사람을 이기적이며 폭력적으로 만든다고 주장했다.

그렇지만 앞에서 살펴보았듯이, 성경이 가르치는 것은 도시가 단지 인간 심성의 확대경일 뿐이라는 것이다. 도시는 이미 인간 안에 들어 있던 것을 밖으로 끄집어낼 뿐이다. 앞 장에서 우리는 문화를 만들어 내는 도시의 강점들을 살펴보았다. 그러나 인간이 도시로 끌어들인 악에 대해서 도시 자체가 책임이 있는 것은 아니라는 점을 기억해야 한다.

또 하나의 흔한 반대 의견이 있다. "시골에서는 신앙이 살아나고, 도시에서는 믿음이 죽는다." 시골에서 신앙이 살아날 수 있기는 하지만, 도시가 신앙을 찾기에 더 좋지 않은 환경이라고 말하는 것은 잘못된 말이다. 앞서 이야기했듯, 대다수 도시 사람들은 기독교가 문화적으로 억압받는 지역에서 왔다. 그들은 생각의 자유가 보장된 큰 도시에 와서 처음으로 복음을 들을 기회를 가진다. 수백만 명의 사람들이 복음 전도가 거의 차단된 지역에서 살다가 도시로 이주하면서 복음을 접한다.

또한 이름뿐인 그리스도인으로 자랐던 수많은 사람들이 도시에서 새로운 방식으로 도전을 받아 활력 있고 견고한 신앙인으로 바뀐다. 나는 리디머교회의 사역에서 이러한 일을 수천 번 이상 목격했다. 사실상 도시는 사람들이 신앙을 잃기도 하고, 얻기도 하는 영적인 모판과 같다. 이것은 이전의 획일적이고 덜 다원적인 환경에서는 잘 일어나지 않는 일이다. 이는 또한 성경에서 살펴본 도시 긴장의 일부분이기도 하다.

때로 시골과 도시의 대조는 더 선명하게 그려지기도 한다. 웨스트민스터신학교 동료였던 하비 콘 교수가 전해 준 이야기이다. 어떤 사람이 그에게 이렇게 말했다고 한다. "하나님은 시골을 만들었고, 인간은 교외를 지었고, 사탄은 도시를 건축했다." 이런 말 뒤에 있는 신학은 좋게 말해도 수상한 것이다. 신학적으로 보더라도 시골이 본질적으로 더 하나님께 기쁨이 된다고 생각하는 것은 맞지 않다. 도시 선교사인 빌 크리스핀(Bill Krispin)은 그 이유를 다음과 같이 설명한다. "시골은 사람보다 식물이 더 많은 곳입니다. 도시는 식물보다 사람이 더 많은 곳이고요. 하나님은 식물보다 사람을 훨씬 더 많이 사랑하십니다. 그러므로 하나님은 시골보다 도시를 더 많이 사랑하십니다."

나는 이것이 탄탄한 신학적 논리라고 생각한다. 결국 창조의 정점은 하나님이 당신의 형상대로 남자와 여자를 만드신 것이다(창 1:26-27). 그러므로 사람들로 가득 찬 도시는 하나님이 보시기에 심히 아름다운 피조물로 가득 차 있는 곳이기도 하다. 앞에서 살펴보았듯, 도시는 단위 면적당 그 어디보다 많이 '하나님의 형상'을 갖고 있다. 그러므로 우리는 도시보다 시골이 더 영적인 곳이라고 이상화해서는 안 된다. 시골 생활의 미덕을 찬양하는 사람들조차도 (웬델 베리 등) 도시나 작은 마을 모두에서 실현가능한 인간 공동체의 형성에 대해 강조하고 있다.

그렇다면 대도시 근처에 살지 않는 개인이나 교회는 이 가치를 어떻게 실현할 수 있을까? 최선의 전략은 당신의 세계 선교 전략에 도시 사역을 포함시키는 것이다. 이는 도시에서 사역하는 선교사들을 지원하는 것일 수도 있다. 보다 효과적인 전략은 국제도시에서의 교회 개척 사역을 지원하는 것이다.[12] 또 하나의 유망한 경향은 도시 전역에 복음의 총체적 사역을 지지하는 다른 교회들 및 기관들과 더불어, 도시 수준의 동역관계를 구축하는 것이다.

둘째, 그리스도인들은 그들이 사는 곳에서 역동적인 대항문화(counterculture)가 되어야 한다.

그리스도인들이 도시에서 살아가는 것 자체로는 충분하지 않다. 그들은 특정한 종류의 공동체로 살아야 한다. 성경의 두 도시 이야기에서, 인간의 도시는 자기 확대의 원리로 이루어진다(창 11:1-4). 그렇지만 "하나님의 도시는 터가 높고 아름다워, 온 세계가 즐거워함이여"(시 48:1-2).

달리 말해서 하나님이 원하시는 도시 사회는 이기심이 아니라 섬김에 기초한다. 그 목적은 문화적인 풍성함을 가지고 온 세상에 기쁨을 전파하는 것이다. 그리스도인들은 모든 세상 도시 안에서 대안 도시가 되도록, 또한 모든 인간 문화 가운데 대안 문화가 되도록 부르심을 받았다.

그리하여 성, 돈, 권력이 어떻게 비파괴적인 방식으로 사용될 수 있는지 보여 주어야 한다. 계급과 인종이 그리스도 안에서 어떻게 어울릴 수 있는지 보여 주어야 한다. 그리고 예술, 교육, 정부, 비즈니스 등을 사용하여 어떻게 문화를 형성할 수 있는지, 사람들에게 절망이나 냉소 대신 어떻게 희망을 전해 줄 수 있는지 보여 주어야 한다.

이렇게 물을 수도 있을 것이다. "그리스도인이 교외에서 대안 도시가 될 수는 없을까요?" 분명히 가능하다! 이것은 그리스도인이 가진 보편적 부르심 가운데 하나이다. 하지만 여전히 이 땅의 도시는 대안 도시와 그 사역의 효과를 극대화시킨다.

인종적으로 동질한 곳에서는 복음이 고유하게 인종 장벽을 낮춘다는 것을 실용적인 방법으로 보여 주기가 어렵다(엡 2:11-22 참조). 예술가들이 거의 살지 않는 곳에서는 복음이 어떻게 고유하게 예술에 영향을 미치는지 실제적으로 보여 주기는 더 어렵다. 경제적으로 동질적인 곳에서는 그리스도인들이 얼마나 많은 돈을 자신에게 쓰고 있는지 깨닫는 것이 어렵다. 교외와 시골 마을에서 가능한 것들은 도시에 와서 더 명확한 초점을 갖게 된다. 도시는 복음의 열매로서 나타나는 고유한 공동체 생활이 무엇인지 생생하게 그려 낸다.

셋째, 그리스도인들은 도시의 전체적인 유익을 위해 깊이 헌신된 공동체여야 한다.

그리스도인들이 도시의 가치에 단순히 '대항문화'를 형성하는 것으로는 충분하지 않다. 우리는 믿음과 삶의 모든 자원을 가지고, 도시 전체의 유익을 위해 희생적으로 섬기는 데 헌신해야 한다. 특별히 빈곤층에게 그러해야 한다.

특히 그리스도인들은 도시의 소비 지향적인 태도에 현혹되지 않도록 각별히 주의해야 한다. 도시는 성인들의 놀이터가 아니다. 도시는 젊은 이들을 다양한 편의시설과 놀이시설로 유혹한다. 이는 교외나 작은 마을이 제공하지 않는 것이다.

소득이나 교육, 결혼 여부, 연령 등을 고려하더라도, 도시 거주자들은 다른 지역 사람들보다 훨씬 더 많이 콘서트에 가고, 박물관을 방문하고, 극장에 가고, 맥주 집에서 어울린다.[13] 뿐만 아니라 자신들이 훨씬 더 세련되고 유행에 밝다는 뚜렷한 자부심을 가지고 있다.

그리스도인들은 이런 동기를 갖고 도시로 오려는 (또는 도시에 남으려는) 유혹을 피해야만 한다. 이러한 도시 생활의 즐거움으로 인해서 어느 부분 더 풍성해질 수는 있지만, 궁극적으로 그들이 도시에 사는 이유는 섬기기 위해서다.

그리스도인들은 사랑의 언어와 사랑의 행동을 통해 이웃들의 평화와 안전, 정의, 그리고 도시의 번성을 위해서 일해야 한다. 그들이 우리가 믿는 것과 동일한 믿음을 가졌든지 아니든지 상관이 없다. 예레미야 29장 7절에서 하나님은 유대인들에게 도시에 살기만 할 것이 아니라, 도시를 사랑하고 도시의 '샬롬'을 위해서 일하라고 말씀하셨다.

샬롬은 경제적, 사회적, 영적인 융성을 의미한다. 사실 그리스도인들은 하나님의 천국 도시 시민들이다. 천국 시민들이야말로 지상 도시의 최상의 시민이 되어야 한다. 천국 시민은 자신의 생명을 원수들에게 내어 주신 예수 그리스도의 발걸음을 따라 걷는다.

도시 안의 그리스도인들은 주변 도시와 근본적으로 다른, 공공선을 위한 대항문화가 되어야 한다. 그리고 자신들의 고유한 신앙과 정체성의 발로로 도시를 섬겨야 한다. 초대 교회가 시민권을 이해한 방식을 조사해 보면 이러한 균형이 있음을 알 수 있다. 바울은 로마 시민권을 폭넓은 선교 목적을 이루기 위한 도구와 방어 수단으로 사용했다(행 16:37-38; 22:25-29; 또한 21:39와 23:27을 참조). 그는 에베소교회에게 다음과 같이 말한다. "그러므로 이제부터 너희는 외인도 아니요 나그네도 아니요 오직 성도들과 동일한 시민이요 하나님의 권속이라 너희는 사도들과 선지자들의 터 위에 세우심을 입은 자라 그리스도 예수께서 친히 모퉁잇돌이 되셨느니라"(엡 2:19-20).

또한 바울은 빌립보교회에 편지하면서 "그러나 우리의 시민권은 하늘에 있는지라 거기로부터 구원하는 자 곧 주 예수 그리스도를 기다리노니 그는 만물을 자기에게 복종하게 하실 수 있는 자의 역사로 우리의 낮은 몸을 자기 영광의 몸의 형체와 같이 변하게 하시리라"(빌 3:20-21)고 기록했다. 비록 로마 시민권이 바울에게 유익한 것이었고 가치 있는 사회적 지위를 그에게 부여했지만, 바울은 그리스도인들이 무엇보다 하늘의 시민이라는 점을 분명히 한다.

구약에서 요셉은 이러한 긴장을 흥미롭게 보여 주는 인물이다. 그가 총리가 되었을 때(창 41:39-40), 그는 이집트의 번영과 유익을 위해 일했다. 이는 그가 전에 감옥과 보디발의 집에 있을 때 했던 것과 비슷하다. 그 도시의 유익을 추구함으로써 하나님의 백성에게 구원이 임한다. 이 이야기가 놀라운 것은 하나님이 요셉을 하나님의 백성뿐만 아니라 도시 전체를 기아로부터 구원하는 지위에 놓으신 점이다.

결국, 그리스도인들은 권력 투쟁과 강압을 통해 단지 우리 종족과 집단의 번영을 위해서가 아니라, 도시 모든 사람의 유익과 그들을 섬기기 위해서 사는 것이다. 세속주의는 사람들을 개인주의적으로 만드는 경향이 있고, 전통적 종교성은 사람들을 타 집단에 대해 배타적으로 만드는 경향이 있다. 반면 복음은 인간 마음의 자연적인 이기심을 깨뜨리며 그리스도인들이 희생적 봉사로 도시를 유익하게 살도록 이끈다. 만일 그들이 사랑을 추구하고 섬기기를 구한다면, 이웃들의 인정과 함께 큰 영향력을 끼치게 될 것이다. 이는 신뢰할 만한 사람들에게 주어지는 선물이다.

그리스도인들은 도시에서 살기를 추구해야 한다. 단지 위대한 교회를 만들기 위해 도시를 사용하는 것이 아니라, 교회의 자원들을 사용해서 위대하고 발전하는 도시를 추구해야 한다. 우리는 엄밀히 말해서 이것을 '교회 성장' 모델이 아니라 '도시 성장' 사역 모델이라고 부른다. 이는 센터처치의 신학적 비전에서 나오는 사역의 자세이다.

도시 사역 교회의 일곱 가지 특징

우리가 도시를 위해 무엇을 할 수 있느냐고 말하는 것은 실제로 '현장'

에서 살아내는 것보다 훨씬 쉽다. 사실 세계 도시들에 필요한 사역들을 효과적으로 만들어 내고 거기에 참여하는 것은 매우 어려운 일이다. 현재 미국 선교 기관들을 주관하는 복음주의 개신교도들의 대다수는 대개 백인이고 비도시적인 배경을 가지고 있다. 그들은 도시 생활을 이해하지 못하며, 대부분은 좋아하지도 않는다.

앞서 내가 주장한 것처럼, 많은 사역의 방법론들이 도시 바깥에서 만들어진 다음에 도시로 유입된다. 거기에는 도시 거주자들에게 복음에 대한 장벽을 불필요하게 만드는 요소들이 있다. 결과적으로 사역자들이 도시에 들어갈 때 도시 사람들을 전도하고 얻는 것이 매우 힘들다는 것을 발견한다.

물론 회심자들을 제자화하는 것과 그리스도인들을 다원주의적이고, 세속적이고, 문화가 발달한 상황에서 살아가도록 훈련하는 것은 매우 힘든 일이다. 성경이 독자의 일상 언어로 번역되어야 하는 것처럼, 복음도 도시 거주민이 이해할 수 있는 방식으로 체화되고 소통되어야 한다.

도시 규모가 어떻든지 간에, 도시를 이해하고 존중하는 방식으로 사역하는 교회들은 다음의 일곱 가지 특성을 가진다.

1. 도시의 감수성을 존중한다.
2. 문화적 차이들에 대해 각별한 민감성을 가진다.
3. 이웃과 정의에 헌신한다.
4. 신앙과 직업을 통합한다.
5. 전도에 대해 복합적 접근을 한다.

6. 도시 사람들에게 매력적이면서도 도전적인 설교를 한다.

7. 예술과 창조성을 중시한다.

우리는 이 특성들을 아래에서 더 자세히 풀어 보려고 한다. 물론 어떤 부분들은 이 책의 다른 장들에서 더 깊이 다루게 될 것이다.

첫째, 도시의 감수성을 존중한다. 문화는 우리의 눈에 잘 보이지 않는다. 그렇기 때문에 자신이 속한 사회를 떠나서 완전히 다른 문화권에 살게 될 때 문화에 대한 많은 깨달음을 얻게 된다. 우리는 이러한 경험을 통해 내 생각과 행동의 대부분이 보편적인 상식에 근거한 것이라기보다는 특정한 문화적 습관이라는 것을 알게 된다.

종종 커다란 문화적 차이가 작은 차이들보다 눈에 잘 띈다. 자국 내에서 도시로 이주하는 그리스도인들은 종종 그들이 만나게 되는 작은 차이들의 중요성을 간과하는 경향이 있다. 그들은 도시적 감수성과는 보조가 맞지 않게 말하고 행동한다. 그것에 대해 지적을 받는다고 하더라도 비판을 무시한다.

미국의 대다수 복음주의 교회들은 공동체적 특성에 있어서 중산층이다. 이것은 그들이 개인의 자유나 안전, 동질성, 감수성, 공간, 질서, 규율 등을 중시한다는 의미이다. 이와 대조적으로 도시는 역설적이고, 까다롭고, 다양성을 사랑하는 사람들이 모여 있으며, 모호성과 무질서에 대해 관용도가 높은 편이다.

전반적으로 그들은 편안함과 규율보다는 강렬함과 연결성을 더 중시한다. 도심의 거주민들은 소통하는 방식과 그 내용에 있어서 세련됨을 추구하며, 번지르르한 것이나 과장, 과도한 꾸밈을 기피한다. 이러한 미묘한 차이점을 파악하는 것은 단순히 외양적인 것이 아니다. 그리스도인 지도자들과 목회자들은 진실 되게 문화에 소속되어야 한다. 그래서 직관적으로 그것을 이해해야 한다.

도심 문화에는 특히 정보력이 있고, 자기감정을 잘 표현하며, 창의적이고, 자기주장이 강한 사람들이 많다. 이들은 설교자의 권위주의적인 선언에는 잘 반응하지 않는다. 그들은 논리적이면서도 소통과 대화에 열려 있는 사려 깊은 의견을 존중한다. 교회의 사역자들이 도시 문화에서 제 기능을 하지 못한다면, 결국 도시 안에 있는 '선교사 거주 지역'을 만들고 말 것이다. 결국 이웃에 사는 도시 사람들에게 다가가거나, 그들을 회심시키거나, 또는 교회로 이끌 수 없을 것이다.

둘째, 문화적 차이들에 대해 각별한 민감성을 가진다. 도시 사역에서 효과적인 지도자들은 그 지역 안에 있는 다른 그룹들에 대해 기민하게 알고 있다. 도시는 밀도가 높고 다양성이 크기 때문에 문화적으로 매우 복합적이다. 서로 다른 인종들과 사회경제적 계층들이 가까이 모여 살 뿐만 아니라, 민족이나 연령, 직업, 종교 등에 있어서 다양한 요인들이 하부 문화의 매트릭스를 구성한다.

예를 들어 뉴욕 시의 경우, 다운타운의 나이든 예술가들은 젊은 예술가들과는 매우 다른 사람들이다. 뉴욕 시의 유대인 공동체는 넓고 다양하다. 흑인들도 백인들과 비교할 때는 정체성이 폭넓게 공유되는 편이긴 하지만, 아프리카 출신 흑인, 아프리카 이주민, 그리고 카리브 제도 출신 등 흑인 사이에도 차이점들이 확연하다. 어떤 그룹은 특정 그룹과 충돌하기도 한다(예를 들어 미국 흑인과 한국인이 어떤 도시에서 그랬다). 게이 공동체는 주류 문화와 더 통합되기를 원하는 그룹과 그렇지 않은 그룹으로 나뉜다. 아시아인들은 1세, 1.5세, 또는 2세로 자신들을 구분한다.

열매 맺는 도시 사역자들은 이러한 차이를 반드시 인식해야 하며, 그것들이 중요하지 않다는 사고방식을 버려야 한다. 차이가 있는 그룹들을 존중심을 가지고 이해하려고 노력해야 하며, 설교와 사역에 있어서 불필요하게 다른 그룹을 화나게 하지 않으면서 합당하게 행해야 한다.

사실 도시 사역자들은 그들이 다른 문화를 얼마나 잘 이해하고 있는지를 사람들이 계속해서 알도록 해야 한다. 만약 당신이 백인 남자라면 "백인 남자가 이런 것을 알리라고는 생각도 못했어요"와 같은 말을 종종 들을 수 있어야 한다.

문화적으로 동질적인 지역에서 성장한 사람들이 도시로 오면 이전에는 보편적인 상식이라고 여겼던 자신들의 태도와 습관이 인종이나 계급에 얼마나 깊이 연결되어 있는지를 이내 발견하게 된다. 예를 들어, 백인인 미국인은 자신들이 백인의 방식으로 의사를 결정하고, 감정을 표현하고, 갈등을 다루고, 시간 약속을 하고, 의사소통을 한다는 것을 알지 못한다. 그들은 단지 모든 사람들이 그렇게 해야 한다고 생각하며 살고 있다.

도시 환경에서는 사람들이 종종 이런 맹점에 대해서 더 민감해진다. 왜 그럴까? 여러 다양한 배경에서 온 친구들, 이웃들, 동료들과 삶을 함께함으로써 여러 다른 그룹의 열망과 두려움, 열정, 양상들을 알게 되기 때문이다. 다양한 직업을 가진 다른 인종의 사람들을 직접 경험함으로써 그들이 같은 단어나 표현을 다른 의미로 사용한다는 것을 알게 되는 것이다.

어느 교회도 모든 사람에게 모든 것이 될 수는 없다. 사역에 대한 문화 중립적인 방법은 존재하지 않는다. 도시 교회는 어떤 한 문화 그룹의 가치를 반영하는 습관들을 선택해야 한다. 그렇게 되면 다른 문화 그룹들은 다르게 보고, 다르게 듣게 된다. 설교를 할 때 어떤 언어를 사용할지 선택하는 순간, 그리고 어떤 노래를 부를지 선택하는 순간, 어떤 사람들은 참여하기가 더 쉬워지고 다른 사람들은 어려워진다.

그럼에도 여전히 존재하는 도전은 가능한 한 폭넓은 사람들에게 다가갈 수 있고, 할 수 있는 한 타문화들을 포용하는 사역을 하는 것이다. 그렇게 할 수 있는 한 가지 방법은 인종적으로 다양한 지도자들을 앞세우는 것이다. 우리와 비슷한 사람들이 모임에서 발언하거나 사람들을 이끄는 것을 보면 왠지 모르게 환영받는 느낌을 받는다. 다른 방법은 교회에서 상대적 소수라고 느끼는 사람들에게 더 열심히 오래 귀 기울이는 것이다.

결국 우리는 도시 교회 안에 인종적으로 둔감하다는 불평들이 다시 일어나게 될 것도 받아들여야 한다. 도시 사역자들은 다양한 종류의 사람들을 충분히 다 포용하고 있지 못하는 사실을 언제나 느끼면서 살아야 한다. 하지만 교회에서 인종적, 문화적 다양성을 만드는 도전을 기꺼이 그리고 즐겁게 품어야만 한다. 또한 불가피한 비판들에 대해서는 도시 사역의 필수적인 비용이라고 가볍게 여겨야 한다.

셋째, 이웃과 정의에 헌신한다.

도시의 이웃은 매우 복합적이다. 전문직이 모여 사는 재개발 지역도 사실상 '양극화'의 양상을 띠고 있다. 값비싼 아파트에는 부유한 사람들이 산다. 그들은 사립학교에 다니고 다양한 지역 모임과 사교 모임에 참여한다. 반면 그 옆에는 가난한 '그림자 이웃'이 있어서 임대 주택에 살면서 힘겹게 학교를 다니고 있다.

도시 사역자는 지역 사회를 알고 배우려는 집념이 필요하며 이웃을 해석하는 법을 배워서 그들의 사회적 복합성을 이해해야 한다. 도시 인류학과 도시 인구학, 도시 계획 등은 교회의 지도자들과 목회자들에게 큰 도움이 될 수 있다. 하지만 신실한 교회들이 지역을 해석하는 것은 전도 목적만은 아니다. 물론 복음 전도는 중요한 목표 중에 하나지만 신실한 교회들은 지역 사회가 더욱 건강해지기 위한 길을 찾는다. 사람들이 살기에 더 안전하고 더 인간적인 장소가 되도록 하는 것이다. 이것이 예레미야 29장의 정신, 곧 도시의 샬롬을 추구하는 한 방법이다.

도시 교회들은 훈련된 성도들이 단지 소비자가 되는 데 그치는 게 아니라 도시에서 이웃을 이루며 살도록 해야 한다. 앞에서 본 것처럼, 도시들은 수천 가지의 재미와 문화적 선택이 있는 테마 파크와 같아서 많은 젊은 직장인들을 끌어들인다. 그리고 대다수 새 주민들은 도시를 즐기고 경력을 쌓고 친구를 사귀어서 미래에 도움을 얻으려는 경향이 강해서 몇 년간 이렇게 살다가 떠난다. 다시 말해 그들은 도시를 이용하는 것일 뿐 이웃으로서 그 안에 사는 것은 아니다(예수님은 누가복음 10장 25-37절에서 선한 사마리아인의 비유를 통해 이웃에 관해 정의하셨다).

20세기 중반 제인 제이콥스(Jane Jacobs)는 《미국 대도시의 사망과 생명》이라는 탁월한 책을 썼다. 제이콥스의 가장 큰 공헌은 시민 사회에서 거리의 중요성을 증명한 것이었다. 그녀는 경제 활성화, 안전, 건강한 인간관계 그리고 강력한 사회 연대에 있어서 도보 가능한 거리의 삶과 거주지와 상업지가 섞여 있는 것이 얼마나 중요한지를 관찰했다(이는 당시 교외 개발자들과 많은 도시 계획가들이 부정적으로 여겼던 것들이다).

제이콥스는 20세기 중반의 대규모 도시 개발 프로젝트를 반대한 주요 인물이었다. 그 프로젝트들은 지역 이웃을 없애 버리고, 그녀가 촉진했던 거리의 삶을 대부분 사라지게 했다. 제이콥스는 다음과 같이 기록했다.

> 자치 기구로서 도시의 이웃들을 관찰하면서, 나는 오직 세 종류의 이웃만이 유용하다는 것을 발견했다. (1)전체로서의 도시, (2)거리에서 만나는 이웃들 (3)큼지막한 하부도시로서의 단위 지역들(대도시의 경우에는 10만 명 정도로 구성된 구역)이다. 이러한 종류의 지역 이웃은 각각 다른 기능을 한다. 그러나 이 셋은 서로를 복잡한 방식으로 보완한다.[14]

제이콥스는 어떻게 이 세 부류가 실제적인 이웃이 될 수 있는지, 그리고 도시를 건강하게 하려면 어떤 식으로 모든 도시 거주민들이 참여해야 하는지를 설명한다. 다시 말하면, 당신은 문자적으로 옆에 사는 이웃들을 알아야 한다(같은 거리에 사는 이웃들). 그리고 거주지 주변과 어느 정도 친숙해져야 한다. 하지만 이것 자체로는 충분하지 않다. '동네 이기주의'는 한 이웃들이 도시의 다른 이웃들에 대해 이익을 다투고 싸우는 것인데, 이는 건전하지도 않고 건강하지도 않다.

그러므로 그리스도인들과 사역자들은 단지 도로에 인접한 이웃만이 아니라 도시 전체와 이웃이 되는 방법을 찾아야 한다. 도시 전체의 유익에 관여하지 않으면 그 결과는 도시의 가장 가난한 주민들에 대한 관심의 부재로 나타나게 된다. 또한 교회가 지역 이웃의 필요는 무시하면서 도시 전체를 위해서만 일하는 것을 경계하는 것도 동등하게 중요하다. 만일 그런 일이 생긴다면, 교회는 인접 지역에 사는 사람들은 어떻게 도울지 모르면서 바깥으로만 통근하는 교회가 되고 만다.

그러므로 도시 교회들은 지역에서 가깝고 먼 모든 종류의 이웃들에게 선을 행하는 사람들의 모임이 되어야 한다. 모든 주민과 기관이 도시에서 삶의 수준을 확보하려면 이런 종류의 총체적 헌신이 필요하다. 이런 식으로 관여하지 않는 교회는 도시 입장에선 (당연히) 이기적으로 보일 것이다.

넷째, 신앙과 직업을 통합한다.

전통적인 복음주의 교회들은 개인의 경건에 대해서는 강조하지만 믿음의 적용과 실천의 부분에선 깊이 있는 이해를 제공하지 못했다. 곧 신자들이 예술, 사업, 학문, 정부 등의 영역에서 자신의 신앙을 붙들고 적용할 수 있도록 돕지 못했다. 많은 교회들은 교인들을 직장에서 빼내어 교회 활동에 과도하게 몰입하게 하는 것 외에는 어떻게 그들을 제자화할지 알지 못하고 있다. 다시 말해, 그리스도인의 제자화가 주로 저녁이나 주말에 이루어지는 활동으로 이해되고 있다.

도시 거주자의 직업들은 -패션, 방송, 예술, 기술, 사업, 금융, 정치, 공공 정책 등- 대개 많은 시간과 에너지를 요구한다. 주 40시간 정도 일하는 직업들이 아니라 사람의 삶과 생각을 지배하는 직무들이다. 도시 그리스도인들은 날마다 직장에서 윤리적 및 신학적 이슈들과 대면한다. 그러므로 도시 교회의 설교와 사역은 회중들이 직업 세계 속에서 신자들과 연대를 형성하며, 그들의 일 가운데 마주하는 신학적, 윤리적, 실천적 이슈들을 헤쳐 가도록 돕는 것이어야 한다.

개인적 직무를 어떻게 수행할 것인가 하는 실천적인 이슈와 아울러, 도시 그리스도인들은 어떻게 기독교가 문화에 관여하며 영향을 끼칠 수 있는지에 대해 보다 폭넓은 비전이 필요하다. 앞서 논의했듯이, 도시들은 문화를 형성하는 인큐베이터들이다. 그리고 신자들은 도시에서 어떻게 신앙이 공적인 삶 가운데 표현되어야 하는지 그 지침을 상당히 필요로 한다. 이 부분에 대해서는 문화 참여(3부), 통합적 사역(《운동에 참여하는 센터처치》 2부)에서 다루려고 한다.[15]

다섯째, 전도에 대해 복합적 접근을 한다.

두 가지 종류의 도시 교회들은 전도 없이도 성장할 수 있다.

1. 소수 민족, 곧 이민자 교회이다. 대다수 소수 민족 교회들이 전도를 하고 있지만, 이민자들이 계속해서 들어오고 도시 안에서 같은 민족들과 연결되기 원하기 때문에 교회는 회심 없이도 성장할 수 있다. 소수 민족 교회는 같은 민족과 하위문화 사람들에게 비공식적인 '지역 센터' 역할을 하고 있다. 그들은 교제에 참여하고 싶은 새로운 이민자들이 모이기만 하면 성장할 수 있다.

2. 서구 도심에 있는 교회들인데 그들은 전도 없이도 특정 '기독교 하

위 문화'의 필요를 채워 줌으로써 성장할 수 있다. 설교나 음악, 어린이 프로그램 등을 통해 '복음주의 그리스도인'이라는 하위 문화를 만드는 것이다. 과거 미국 남부와 중서부 도시들을 제외하고는 '교회 쇼핑'을 하는 사람들을 끌어들일 곳이 없었다. 그런데 지난 15년 이래 도시가 부흥하게 되면서 상황이 바뀌었다. 도시들은 전국의 젊은 세대들에게 매력적인 장소가 되었다. 리디머교회의 경험은 이 현상을 이해하는 데 좋은 예가 된다.

리디머교회는 1980년대 후반 도시 쇠퇴 시기가 막을 내리던 때에 맨해튼에서 시작되었다. 범죄율은 높았고 도시 인구는 줄고 있었으며 다른 지역에서 뉴욕 시로 이사 들어오는 그리스도인들도 거의 없었다. 리디머교회는 처음 몇 년 동안 공격적이지만 매력적인 전도를 통해 성장했다. 전도하려는 의지가 젊은 회중에 번졌으며, 5년 동안 수백 명의 사람들이 불신앙과 무교회의 배경에서 벗어나 신앙으로 돌아왔다.

1990년대 중반에 도시 재개발이 시작되었고, 기독교 배경을 가진 청년들이 도시로 이주해서 들어오기 시작했다. 1990년대 후반에는 교회가 이 사람들을 수용하고 이들이 도시를 섬기면서 신앙인으로 살아가도록 도움으로써 성장했다. 이것은 물론 아주 좋고 중요한 일이지만, 또한 전도의 결여로 이어질 수 있다. 결국 전도 없는 교회 성장으로는 도시에 더 깊이 다가서지는 못한다. 리디머교회는 이러한 위험성을 알고, 전도의 정신을 다시 불붙이는 데 헌신했다.

도시 교회는 전도에 헌신할 뿐만 아니라, 도시 전도의 복잡성에 대해서도 헌신해야 한다. 모든 도시 주민에게 사용될 수 있는 '만능열쇠'(one size fits all) 같은 방법이나 메시지는 존재하지 않는다. 예를 들어, 런던에 있는 그리스도인 사역자가 스코틀랜드 출신 무신론자와 파키스탄 출신 무슬림에게 똑같은 방식으로 복음을 나누는 것은 불가능하다. 그렇지만 이 둘은 모두 목회자의 문자적인 이웃이 되기도 한다. 도시 전도는 다양한 문화들이 가지는 가장 큰 소망들, 두려움들, 관점들, 그리고 기독교에 대한 반대들을 깊이 알고 있어야 한다. 다양한 방법과 장소를 창조적으로 사용하는 것이 필요하며, 위대한 용기가 필요하다.

여섯째, 도시 사람들에게 매력적이면서도 도전적인 설교를 한다.

도시 환경에 있는 설교자들에게 가장 큰 도전은 아마도 세속적인 사람들과 믿지 않는 사람들이 회중에 섞여 있다는 점일 것이다. 물론 도시 회중도 다른 곳에서처럼 신자들로만 구성될 수 있지만, 도시 생활의 역동성 때문에 안 믿는 사람들이 함께 모여 있기가 더 쉽다.

도심에는 미혼자의 비중이 매우 높다. 싱글인 그리스도인이 믿지 않는 다른 싱글을 교회 모임에 데리고 오는 것이 그리스도인 가정이 믿지 않는 가정 전체를 교회에 오게 하는 것보다 훨씬 더 쉽다. 미혼자들은 다른 사람들과 상의할 필요 없이 독자적인 결정을 내릴 수 있으며, 집 밖에서 많은 시간을 보내며, 새로운 경험에 보다 더 열려 있다. 또한 도시는 '자동차 문화'가 아닌 보행자 문화여서 사람들이 거리를 걷다가, 또는 단지 궁금해서 교회에 들어오는 일이 드물지 않다. 마지막으로, 도시는 사람들이 '성공하러' 오는 곳이기에 엄청난 스트레스 아래 살아가는 사람들이 많다. 대가족으로부터 단절된 경우도 많다. 결과적으로 도시인들은 종종 영적인 탐색 모드이며, 사람들과의 연결이나 소속감에 목이 마르다.

도시 설교자들이 마주하게 되는 도전은 신자들을 교육하면서도 동시에 비신자들을 끌어들이고 전도하는 설교를 어떻게 하느냐이다. 조언만 살펴보자.

1. 예수 그리스도와 그분의 사역에 근거해서 정신적 권면을 담은 설교를 하도록 하라. 우리가 그리스도를 믿고 그분의 구원 사역을 적용할 때만 진정한 삶을 살 수 있다는 것을 보여 주어야 한다. 이런 식으로 비신자들은 매주 복음을 듣게 된다. 그리고 신자들은 그들의 이슈와 문제들이 해결되는 것을 경험한다.

2. 당신의 회중이 가진 전제들을 주의 깊게 살펴보라. 예를 들어 모든 사람들이 성경을 신뢰한다고 간주하지 말라. 성경의 관점으로 이야기할 때는, 다른 신뢰 받는 권위자들이 성경에 동의한다는 것을 보여 주는 것이 필요하다. 그것을 통해 성경에 대한 신뢰도를 높일 수 있을 것이다. "보십시오. 성경은 이미 수세기 전에 지금의 과학이 입증하는 것을 말해 왔습니다."

이것은 청중이 당신의 논점을 받아들이는 데 많은 도움이 된다. 물론 설교 끝에는 오직 하나님의 말씀에만 의존하게 될 것이다. 그러나 설교의 첫 단계에서는 비신자들이 성경에 대해 갖고 있는 의심에 대해 존중을 보여 줌으로써 그들이 따라오도록 해야 한다.

3. 의심하는 사람들을 배려하라. 서너 개의 설교 요점 중에 한 가지는 안 믿는 사람들의 의심이나 관심을 다루는 데 할애하라. 당신의 머릿속에서 사람들이 기독교에 대해 가지는 커다란 10개의 반대 의견들을 다루

라. 종종 그것들을 다루는 특정 성경 구절들이 존재한다. 사람들이 신앙에 대해 가지는 전형적인 질문들을 존중심을 갖고 다루라. 유다는 우리에게 이렇게 상기시킨다. "어떤 의심하는 자들을 긍휼히 여기라"(유 1:22). 절대로 "모든 지성적인 사람들은 나처럼 생각해"라는 인상을 주지 말라. "기독교 교리가 터무니없게 들릴 수 있다는 것을 압니다. 그렇지만 이것을 한번 생각해 보겠습니까?"라고 주저 없이 말하라.

4. 다양한 집단들에게 직접적으로 말하라. 그들이 거기에 있다는 것을 당신이 알고 있다는 것을 보여 주라. 마치 그들과 직접 대화하듯 하라. "당신이 그리스도에게 헌신한다면, 당신은 이것을 생각할 것입니다. 그러나 이 본문은 그러한 두려움에 대해서 이렇게 대답합니다." 또는 "당신이 그리스도인이 아니라면, 또는 믿는 내용을 확실히 모른다면, 당신은 분명히 이것이 편협한 것이라고 생각할 것입니다. 그런데 이 본문이 바로 그 주제에 대해 말하고 있습니다."

5. 당신의 태도를 주의하라. 뉴욕 시의 세속적인 젊은이들은 인위적인 것이면 어떤 것이라도 극단적이고 예민하게 반응한다. 너무 번지르르한 것이나, 너무 절제된 것이나, 너무 반듯하게 준비된 것은 마치 세일즈맨처럼 보이게 할 것이다. 만일 설교자가 남성과 여성에 대한 배타적 발언을 하거나, 그들의 종교에 대해 비하적인 발언을 하면 안 된다. 그리고 만약 그들이 강요받는다고 느끼거나, 진정성이 없다고 생각하거나 또는 교회 특유의 내부 용어를 듣는다면, 더 이상 교회에 나오지 않을 것이다. 특히 설교자가 소리를 지른다면, 강압적이라고 느낄 것이다. 미국 중부에서는 열정적으로 들릴 것 같은 설교가 어떤 도시 문화에서는 위압적인

고함 소리로 들릴 수 있다.

6. 청중이 알고 있는 책이나 잡지, 블로그, 영화, 연극 등에 대해서 그리고 도시의 일상적인 경험에 대해서 깊은 친숙함을 보여 주라. 그것들을 언급하고 성경의 빛으로 해석하라. 그러나 반드시 여러 스펙트럼을 통해서 경험하라. 사람들의 아주 다양한 의견들을 알고 존중하고 소화하는 것만큼 도시적인 것은 없다.

나는 뉴욕에 오고 난 후 처음 몇 년 동안, 정기적으로 〈The New Yorker〉(뉴요커, 세련되고 세속적), 〈The Atlantic〉(애틀랜틱, 절충적), 〈Nation〉(네이션, 역사가 깊음, 세속적인 좌파), 〈The Weekly Standard〉(위클리 스탠다드, 보수적이지만 박학한) 〈The New Republic〉(뉴 리퍼블릭, 절충적이고 해박함), 〈Utne Reader〉(유튼 리더, 뉴에이지 방식), 〈Wired〉(와이어드, 실리콘밸리 자유주의), 〈First Things〉(퍼스트 띵즈, 보수 가톨릭) 등을 꾸준히 읽었다. 잡지들을 읽으면서 저자들과 기독교에 대해 대화하는 모습을 상상한다. 그리고 거의 반드시 설교 아이디어를 스크랩하곤 한다.

일곱째, 예술과 창조성을 중시한다.

미국 인구 조사에 의하면, 1970년과 1990년 사이에 자신을 '예술가'로 기술하는 사람들의 수가 73만 7천 명에서 1백 70만 명으로 두 배 이상 늘었다. 1990년부터 예술가의 숫자는 다시 16퍼센트 증가하여 거의 2백만 명에 이르고 있다. 전문적인 예술가들은 압도적으로 대도시 지역에 거주한다. 또한 예술은 도시에서 인정을 받으며, 비도시 지역에는 예술에 대한 직접적인 관심이 거의 없는 편이다.

도시 교회들은 반드시 이것을 인지하고 예배와 사역의 예술적 표현에 있어서 높은 표준을 가져야 한다. 만일 그런 표준을 가지지 못한다면 교회는 평균적인 도시 거주민들에게 문화적으로 동떨어지게 느껴질 것이다. 도시민들은 심지어 거리에서 접하는 노래와 공연에서도 예술적 탁월성에 익숙해 있다.

또한 도시 교회들은 예술가들을 단지 유용한 기술을 가진 사람들로 대하지 말아야 한다. 오히려 그들을 예배자이며 청취자로서 바라보며 교류해야 한다. 그들의 일에 대해 인정하고 그들의 존재를 공동체가 소중히 여긴다는 것을 표현해야 한다. 이는 다양한 방법으로 이루어질 수 있다. 한 가지는 당신의 지역에서 특정한 예술의 역사를 예민하게 아는 것이다(예를 들어 내슈빌은 음악의 중심지이고. 뉴잉글랜드와 중서부에는 작가들이 많다. 뉴멕시코는 시각 예술의 중심지다).

시간을 들여서 당신의 교회에 있는 예술가들과 음악가들의 작품을 감상해 보라. 그래서 지역 예술 공동체의 특성과 작품이 어떻게 만들어지는지 그 과정을 이해하라. 좋아하는 콘서트나 공연을 보기 위해 멀리 나가는 대신, 최선을 다해 지역 예술가 및 음악인들과 협력하라. 예술가의 재능을 활용할 때는 단순히 지시를 내리지 말고 음악과 예술이 어떤 식으로 이루어져야 하는지에 대한 그들의 의견을 받아들이라.

—

하나님은 당신의 목적을 위해 우리에게 도시를 주셨다. 비록 죄가 도시를 해쳤지만, 우리는 무너진 도시를 고치기 위해 복음의 자원들을 사용해야 한다. 예수께서도 도시로 가셔서 "성문 밖에서"(히 13:12) 십자가에 죽으셨다. '성문 밖'은 성경적으로 버림받음을 의미하는 비유이다. 예수님은 당신의 은혜로 우리가 다가올 도시의 시민이 되게 하시려고 과거의 도시를 포기하셨다(히 11:10; 12:22). 그리고 우리가 현재의 도시 안에서 소금과 빛이 되게 하신다(마 5:13-16).

그래서 우리는 하나님의 모든 백성이 도시의 전략적 강력함을 깨닫고 받아들이기를 촉구한다. 그리고 지구의 모든 위도와 경도에 있는 교회들이, 도시 안에 있으라는 또한 도시를 섬기라는 긴급한 부르심에 반응하기를 바란다. 도시 비전은 하나님이 도시에 대해 갖고 계신 창조의 의도를 이해하는 것이며, 하나님의 백성이 인간의 도시 안에서 하나님의 도시 시민이 되게 하는 것이다.

토론과 성찰을 위한 질문들

1. 만약 당신이 도시에 살고 있지 않다면, 도시 비전이 당신의 현재 사역의 유효성을 제고하는데 어떻게 작용하겠는가?

2. 주변에서 집적화는 어떻게 나타나고 있는가? 당신의 지역에는 어떤 종류의 직업이나 기술, 창조자, 또는 문화 형성자들이 많은가? 이 사람들에게 직접적으로 사역할 기회를 포착했는가? 집적화에 반응하는 교회가 되고 있는가?

3. "우리는 도시 자체가 우리에게 복음을 얼마나 많이 제시하는지 알아야 한다. 도시는 새로운 방식으로 우리가 복음의 능력을 발견하도록 도전한다."
이런 일이 일어나려면 무엇을 해야 한다고 제시하는가? 당신은 이런 일을 경험한 적이 있는가?

4. 도시를 위한 교회의 일곱 가지 특성 중에서 어떤 것이 당신의 현 교회에 나타나고 있는가? 교회 외부의 사람들은 이에 대해 무엇이라고 답할 것 같은가?

'도시 비전'에 대한 논평

가브리엘 살귀에로

팀 켈러와 나는 매우 다르면서도 비슷하다. 우리는 둘 다 맨해튼에서 목사로 섬기고 있다. 나는 나사렛교회를 섬기고 켈러는 장로교회를 섬긴다. 그는 앵글로 색슨이며 나는 라티노이다. 나는 40대이며, 그는 60대이다. 나는 오순절 라티노 교회에서 성장했으며 웨슬리 및 알미니안 전통을 깊이 배웠다. 그는 개혁주의 전통이며 존 칼빈에게 깊이 영향을 받았다.

그래서 몇 가지 차원에서, 켈러와 나는 보는 관점이 다르다. 그럼에도 불구하고, 우리는 형제들이다. 복음과 도시에 대한 우리의 사랑, 그리고 복음을 현대 도시인들에게 분명하게 소통하려는 공통된 헌신이 우리를 연합하게 한다.

이 논평을 시작하면서 나의 출발점은 그리스도교 신앙의 가장 핵심에 놓여 있는 긴장을 반영한다. 복음과 도시들을 이해함에 있어서 "하이브리드" 특성을 이해하는 것이 매우 중요하다. 기독교인으로서, 우리는 하나님이시면서 '동시에' 인간이신 "하이브리드" 그리스도를 섬긴다. 우리는 유대인과 이방인들로 구성된 교회다. 우리의 선교는 이 세상에 있지만 세상에 속하지 않는다. 내가 느끼기로 이러한 변증법적 접근이야말로 켈러가 복음 중심적인 도시 사역에 대한 신학적 비전을 설명함에 있어서 핵심에 존재한다. 이 장들을 읽으면서, 그가 균형을 이루려는 노력들에 대해 우리가 복음 중심적인 도시 사역이 필요하다는 것에 동의를 하게 된다. 복음에 대한 헌신을 우리는 공유하고 있다. 이로 말미암아 우리는 도시 사역의 특정 모델들만을 우상화하는 맹목성을 멀리할 수 있게 된다. 우상을 멀리한다는 의미는 우리가 복음 중심 및 열매 맺음을 위하여 방법론들을 사용할 '뿐만 아니라' 상황화한다는 것을 의미한다.

이 챕터들 가운데, 나는 그 유명한 기독교인이며 뉴욕에 살았던 라인홀드 니버의 메아리를 듣게 된다. 켈러는 창조적이며 독특한 방식으로 죄와 은혜, 초월성과 역사성, 문화와 복음에 대한 질문들을 탐사한다. 이는 니버가 그의 저작 《신앙과 역사》, 《경건하고 세속적인 미국》, 그리고 《빛의 자녀들과 어두움의 자녀들》에서 씨름하였던 주제들이다. 우리 시대의 도시 사역자들은 복음과 도시 사회학을 이해하는 것이 도시에서 복음의 열매를 맺는데 결정적이라는 것을 알고 있다.

새 예루살렘이 생명을 주는 나무와 열매로 가득 채워지는 아름다운 그림이야말로(계 22:2), 많은 도시 기독교인들이 복음 중심적 사역의 목표로서 바라보는 것이다. 이것은 역설적인 비유이다. 도시에서 열매를 맺는다는 생각을 할 때 우리 기독교인들의 도시 전도와 존재를 비판적으로 분석하게 된다. 우리는 복음이 무엇을 의미하며 복음이 도시들의 "평화와 번영"을 위해서(렘 29:7) 무엇을 할 수 있는지에 대해 분명하게 정리할 필요가 있다. 켈러는 도시 중심에서 살도록 부름 받은 우리들이 오랫동안 씨름해 온 것을 붙잡고 씨름한다. 우리는 어떻게 도시에서 그리스도의 복음에 충성할 것인가? 이는 도시에서 열매 맺는 방식으로 가능하다.

켈러의 말은 디트리히 본회퍼가 1940년대에 물은 질문을 떠올리게 한다. "끊임없이 나를 괴롭히는 질문은 이것입니다. 무엇이 정말로 그리스도교인가? 오늘날 우리에게 정말로 그리스도는 누구인가?"[1]

켈러는 우리에게 이 질문도 던진다. "예수 그리스도는 오늘 우리의 도시에서, 우리의 도시를 위하여 누구이신가?"

너희는 나를 누구라 하느냐?

잇사갈 지파의 사람들은 "시세를 알고 이스라엘이 마땅히 행할 바를 아는"(대상 12:32) 사람들이었다. 이것은 우리에게도 마찬가지이다. 복음과 '함께' 도시를 견고하게 이해하는 상황화된 신학 비전이 우리에게 필요하다. 건전한 상황화는 복음을 타협하는 것이 아님을 켈러는 우리에게 기억시킨다. 실제적인 상황화를 섬세하게 행해야 한다는 요청은 분명히 새로운 이야기는 아니지만, 반복해서 듣는 것은 언제나 좋은 일이다. 르네 빠디야, 사무엘 에스코바, 그리고 프란시스 쉐퍼가 처음에 요구했던 적극적인 실천은 새로운 세대의 도시 기독교인들에게 경청을 요구한다.[2] 신실한 도시 전도에는 실존적이며 사회적인 질문에 대해 바르게 응답하는 것이 포함된다. 유명한 소울음악 가수 마빈 게이(Marvin Gaye)가 이렇게 노래했다. "무슨 일이 일어나고 있는가?" 우리의 이웃에, 우리의 거리에, 우리 도시의 삶에 무슨 일이 "일어나고" 있는가?

도시 안에서 일어나는 일들에 대한 적, 문화적 이해력만이 도시에서 영향력 있는 복음 사역에 필요한 '전부'가 아님을 우리는 기억해야 한다. 무엇보다도 첫째, 우리는 복음을 친숙하게 알아야만 한다. 켈러가 말하듯, 복음을 진정으로 알 때 우리는 과도 상황화와 과소 상황화의 위험한 유혹을 모두 피할 수 있다. 내가 도시 사역에 대해 강의할 때 많은 경우, 도시는 '모든 것'이 되곤 한다. 학생들은 도시의 문화와 환경을 이해하는 데 너무 초점을 맞춘 나머지 복음과 그 우선순위를 시야에서 잃는다. 그러나 도시는 모든 것이 아니다. 우리가 하는 모든 상황화 작업 가운데에서, 도시를 우상화하는 오류를 꼭 거부해야 한다. 본 회퍼가 물은 그 핵심으로 돌아가야 한다. "오늘의 도시에서 예수 그리스도는 누구이신가?" 그리고 우리가 도시를 '위해서' 예수 그리스도를 전파하는 것임을 기억해야 한다. 복음과 도시의 이중 지식은 미시오 에클레시아(missio ecclesia) 즉 '교회의 선교'에 있어 심장이다.

내가 도시의 새로운 교회 개척자 세대들에게 보는 가장 위험한 도전은 그들이 방법론을 우상시한다는 점이다. 이 장들에서, 켈러는 우리를 만능열쇠 접근법으로부터 해방하고자 한다. 복음에 대한 신실성과 선교적 열매 맺음에 대한 그의 솔직하고 견고한 이야기는 방법론과 빠진 현대인의 사랑에 도전을 한다. 방법론이나 용어들이 목적이 없다는 의미가 아니다. 그것들은 복음 선교의 시종들이지 주인이 아닌 것이다. 방법론들이 복음 위에 군림하지 않는 것이다. 여기에서 뉴저지에서 성장한 남미계 나사렛 목회자는 펜실베이니아에서 온 영국계 장로교 목회자에게 전적으로 동의를 한다. 복음은 문화 속으로 참여한다. 동시에 문화의 우상을 파괴한다.

있는 모습 그대로 도시를 이해하기

이 중요함을 켈러는 명확히 표현한다. 나는 뉴욕을 배경으로 하는 시트콤 드라마를 예로 드는 것을 좋아한다(섹스 인 더 시티, 사인펠드, 프렌즈 등을 생각해 보라). 보다 젊은 세대들이 뉴욕에 대해 가진 이해는 주로 이런 시트콤 드라마에서 그리는 모습에 의해 만들어진다. 대부분 그 이미지는 맨하튼에 주로 백인 중상층 젊은이들이 사는 이미지이다. 마치 할렘, 워싱턴 하이츠, 차이나타운, 그리고 로이사이다가 맨해튼에 없는 것처럼 그려진다.

그러나 이러한 텔레비전의 묘사는 이 지역의 다양성과는 거리가 아주 멀다. 과거에 다른 텔레비전 프로그램들 역시 고정관념을 그려내긴 매한가지였다. 1970년대와 80년대에 '웰컴 백 코 터'나 '제퍼슨 가족'과 같은 프로그램들이다. 영상 매체에는 맨해튼이 동질적인 사람들이 사는 곳으로 그려지는데, 이는 사실을 호도하는 것일 뿐만 아니라, 도시가 "어떠해야 하는지"를 규정하는 역할까지 나갔다. 도시 선교에 대한 많은 글들이 유감스럽게도 이 유형을 따라갔다. 바로 이 지점이 켈러가 복음적이고 균형 잡힌 도시 사역을 해야 한다고 요청하는 것에 귀를 기울여야 하는 부분이다. 복음은 이 시대의 정신을 반영하는 것보다 훨씬 우리에게 생각하고 참여하게 한다. 복음은 신선함과 활력을 불어넣는다.

요컨대, 우리는 도시에 대한 "서술"과 복음 명령의 "처방"을 혼동하지 않도록 해야 한다. 균형이 여기에서 필요하다. 너무나도 자주, 도시 사역에 대한 서술이 지나치게 단순화된다. 도시가 너무나 죄로 가득찬 곳이어서 범죄 조직, 폭력, 부패, 그리고 불경건으로 얼룩진 곳이라든지, 또는 문화적으로 최첨단의 장소이며, 유행, 권력, 경제의 본산이라고 보는 것이다(이런 관점은 '웨스트사이드 스토리'와 '월스트리트의 늑대'와 같은 뮤지컬이나 영화를 통해 볼 수 있는 이미지다). 이 두 가지 묘사 모두 적합하지 않다. 도시는 이 둘이 훨씬 광범위하게 뒤섞인 복잡한 지형이다. 복음중심적인 사역에는 '서술'과 '처방'이 '모두' 있어야 한다.

몇 달 전에, 나는 맨해튼 남동부에 있는 '푸젠은혜교회'에 초청받았다. 수요일 오전 11시 성경 공부 모임이었다. 내 예상은 몇 명의 노인들이 테이블 주변에 앉아 있으리라는 것이었다. 내 생각은 아주 틀렸다. 그날 아침, 나는 500명의 중국 푸젠(복건성) 출신 젊은이들에게 설교했다. 대부분 20대와 30대였다. 푸젠은혜교회에서 차이나타운의 식당과 호텔 업종에서 일하는 젊은 이민자들을 위해 평일 오전 모임을 열고 있음을 새로 알게 되었다. 이것이 오늘의 뉴욕 시 모습이다. 켈러는 지구의 남반구에서 온 이민자들의 현상을 놓치지 않고 있다. 필립 젠킨스(Philip Jenkins)가 이해하는 바처럼, 도시 안에서 복음 성장은 이민자들의 흐름을 따라 이루어지고 있다. 켈러는 이를 정확하게 언급한다. "남반부와 동양권에서 오는 이민자들의 물결이 북미와 유럽의 도시들로 흘러들어가고 있다. 이들 이민자들 중에 많은 사람들은 정통적, 초자연적 그리스도교가 증가하는 곳에서 왔다. 그 결과, 수천 개의 새로운 교회들이 비서구인들에 의해 개척되고 있다. 런던, 파리, 뉴욕처럼, 전에는 세속적이었던 도시들에서 일어난다"(220쪽).

푸젠교회 방문을 통해 나는 도시 어디에나 선교 기회가 풍부하고 다양하게 있음을 깨닫게 되었다. 달리 말하자면, 이것은 여러분이 시트콤 드라마에서 보는 뉴욕이 아니다. 이것은 지금의 도시 모습이다.

도시에 대한 단편적 이해를 넘어서

흩어진 세대들과 문화들이 수렴할 수 있는 용량이 도시에서는 크다. 이는 복음 선교에 직접적이고 즉각적인 영향을 끼친다. 《십자가와 강도》(the Cross and the Switchblade)가 출간되고 언론의 주목을 크게 받았을 때, 데이비드 윌커슨과 니키 크루즈 목사가 증언한 것을 나는 기억한다. 그 책을 읽으면서 나는 '이제 도시에서 어떻게 전도해야 하는지 알았다'고 생각했던 것을 기억한다. 단순하며 충성된 한 가지 사역 모델의 단면을 보고 우리들 중에 많은 이들이 그 모델을 복제하려고 그것이 도시 사역의 '유일한' 모델인 양 돌진했었다. 이것은 방법론과 메시지를 혼동하는 현대의 유혹이다. 오늘 리디머교회, 크리스천 컬처럴 센터, 트리니티 그레이스 처치 등과 같이 성공적인 모델들을 보고, 사람들은 마치 이 교회 지도자들이 도시에서 복음 영향력으로 열매 맺는 마법의 알약이라도 찾은 것처럼 생각하는 유혹을 동일하게 받는다. 켈러가 여기에서 분명한 경고를 내는 것은 지극히 타당하다. 이 점에 대해 나는 반가운 마음으로 동의한다. 도시들의 복잡성은 어떤 한 가지 모델로 축소될 수 없다. 그 모델이 아무리 성공적이거나 유명하다 할지라도 불가능하다.

이 지점에서 우리는 전 세계 교회와 전 세계 도시들의 기독교 지도자들과 동역하며 건강한 대화 가운데 배워야 할 것들이 있다. 켈러가 이러한 생각에 동조하기는 하지만, 우리가 서양의 도시들 가운데 발견하는 "역사적 순간"에 대한 묘사는 너무나 단편적인 것이라고 말할 수밖에 없다. 전 세계 문화의 실상을 아는 사람들이라면 피상적인 동의만 할 수 있을 것이다. 켈러가 생각하는 도시 문화는 레슬리 뉴비긴, 제임스 데이비슨 헌터, 하비 콕스 및 여러 서양의 사상가들에게 깊은 영향을 받았다. 그들은 최근의 현대성, 문화, 그리고 세속화에 대해 평가를 내놓았다. 뉴비긴, 헌터, 콕스가 서양에서 최근 현대성의 문화 축이 보다 세속적 즉, 후기 그리스도교 사회로 움직이고 있다고 말한 것은 틀리지 않다. 제임스 E. 화이트의 《무종교인의 급증》이라는 책에서 보여 주듯, 종교를 갖지 않은 젊은 층의 급증은 우리가 주목해야 하는 사회 현상이다.[3] 히스패닉 인구 중에서도, 퓨(Pew) 포럼이 2013년에 발표한 바에 의하면, 종교 없는 히스패닉의 숫자는 미국 히스패닉 인구의 10퍼센트까지 증가했다.[4] 이 숫자가 강조하는 것은 이민자들이 지구 북쪽에서는 도시에 더 많이 동화되고 있지만, 그 변화의 방향이 무종교적 세속주의라는 것이다. 이것은 우리가 사람들과 이야기할 때 현장에서 발견하는 느낌과 다르다. 세속화된 문화적 이동이라는 개념에 맞는 면이 많이 있지만, 우리는 또한 지구화, 이민, 그리고 도시의 다양화를 설명하는 다는 결들을 고려할 필요가 있다.

그래서 켈러가 《허영의 모닥불》(*The Bonfire of the Vanities*)이 "1980년대 맨해튼의 당대 정신을 알 수 있는" 책이라고 할 때 나는 동의하기도 하지만, 동시에 머리를 흔들며 부정하게 된다. 분명히 어느 정도 사실이기는 하다. 그러나 맨해튼은 다른 모든 도시처럼, 한 개의 바위로 만들어지지 않았다. 피리 토마스 (Piri Thomas)의 《이 비열한 거리 바닥》(*Down These Mean Streets*)과 《구주여 내 손을 잡으소서》(*Savior, Savior, Hold My Hand*)도 1980년대 맨해튼의 시대 정신을 담고 있다. 맨해튼은 《허영의 모닥불》이 그려 내는 것보다 훨씬 더 큰 곳이었다.

문화인류학자 호미 바바 (Homi Bhabha)는 《문화의 위치》(*The Location of Culture*)라는 저서에서 세계관의 전제들을 탐구하도록 요구한다.[5] 바바는 제임스 데이비슨 헌터의 저서 《기독교는 세상을 어떻게 변화시키는가》(*To Change the World*)가 가지는 몇 가지 전제들에 대해서 도전을 던진다. 즉, 문화가 문화 엘리트들과 제도의 중심에서 만들어진다는 가정을 반박한다. 그의 대조적인 관점은 아래로부터의 힘은 문화를 형성하고 이끌 용량을 갖고 있다는 것이다. 이는 특히 20대 젊은이들을 이해하는데 도움이 된다. 이들은 문화 창조와 정보 민주화에 있어서 소셜 미디어의 권력을 직접 경험한 사람들이다. 물론, 어느 정도로 소셜 미디어가 《인터넷

오순절》이나 《타워 오브 바벨》, 어쩌면 둘 다에, 영향을 끼쳤는지는 아직 불분명하다. 프랑스 포스트모더니즘 학자인 미셸 푸코는 권력과 대리 행위는 보편적이라고 주장한다.[6] 도시 사역자들은 권력과 대리인 문제에 대해 단편적인 견해를 가져서는 안 된다. 그것은 도시의 선교적 운동을 단절시키는 결과를 낳는다.

물론, 제도와 네트워크들이 이러한 운동에 채널이 되고 촉진 역할을 하는 역량이 있다는 헌터의 분석은 옳다. 그렇지만 그 어떤 것도 고정된 것은 없다. 중심부와 주변부 모두 언제나 움직이고 있다. 복음 운동은 도시들에서 바울과 함께 시작한 것이 아니라, 갈릴리에서 예수님과 함께 시작했다. 복음 운동은 변혁에 있어서 일직선상에서 움직이는 것이 아니다. 이 때문에 복음 운동은 현대성이 선호하는 계층적, 엘리트 중심적 변혁 양상을 부정한다.

센터를 우상화하지 말라

내가 바라는 바는 우리가 중심부를 우상화하는 유혹의 포로가 되지 않도록 하는 것이다. 뉴욕의 공동체들이 보다 큰 문화에 끼치는 영향력을 아는 사람이라면 (예를 들어, 할렘 르네상스, 엘 바리오(El Barrio)의 미용 운동, 워싱턴 하이츠(Washington Heights) 지역의 도미니카 창의성), 중심부 '바깥에서' 움직이는 '일반 은총'의 힘에 대해 증언할 수 있을 것이다. 중심 지역 바깥에서 움직이는 이 운동들은 교회를 비롯한 제도들의 사역에도 영향을 끼치며 변화를 계속해서 일으킨다. 진정한 도시 교회론과 선교학은 통합적이고 통일성 있는 모델을 필요로 한다.

켈러는 한 시점 한 도시에 수많은 문화적 흐름들이 언제나 존재한다고 강조한다. 그렇다면 그러한 다양한 문화적, 도시적 흐름들에 어떻게 참여하여 선교와 제자도를 세울 것인가? 도심부들은 젊은 사람들과 이민자들에게 매력적이다. 어떤 필요들은 그룹들 사이에 공통적이지만, 어떤 그룹들은 특수한 필요를 갖고 있다. 내가 마드리드, 암스테르담, 마라카이보, 그리고 멕시코시티를 방문했을 때, 이 다양한 기독교인 회중들이 도시 전체에 흩어진 각각의 저장 창고에서 섬기고, 예배하고, 전반적으로 "살아가고 있는지" 살펴보았다. 세계의 대부분에서 보는 현실은 우리가 여전히 두 도시의 이야기를 살아간다는 점이다. 도심 지역에서 각기 다른 사회적 집단을 형성하는 기독교인들이 예배 공동체로서 서로 최소한 만큼의 교류를 하면서 지낸다는 것이다.

켈러는 이것을 물론 인식하고 있다. 그는 도시에 있는 사역의 기회를 크게 네 개의 중요한 범주로 분류한다. 젊은 세대, 문화 엘리트층, 접근 가능한 "미전도 종족들", 그리고 빈곤층(222-227쪽). 그렇지만 이 네 그룹에 우리가 초점을 맞출 때에도 통합하는 도전은 여전히 명백하다.

여기에서 복음 메시지의 신뢰성과 타당성이 위기에 처한다. 우리가 전하는 복음이 보편적으로 사람들에게 적용되는가? 도시의 상위층과 빈곤층과 그 중간에 있는 모든 사람을 전도할 수 있는가? 인정하건대, 중심 도시들에서 경제적 계층 분화가 더 많이 심화되고 있다. 상위층과 빈곤층 사이에 간격이 극명해지고 있다. 이것은 맨해튼에서도 사실이지만, 브라질 상파울로의 빈민가와 고층 건물 지역 사이에서도 똑같이 나타난다. 푸에르토리코의 라 펄라 지역 빈민 주택 지역과 산후안 엘 콘다도의 사무실 지역 사이에서도 동일 패턴으로 나타난다. 이곳에서 우리는 켈러가 상기시키는 복음의 보편성이 필요하다. "도시 교회는 빈곤층에 대한 사역과 엘리트에 대한 사역 사이에서 양자택일을 할 수 없다"(226쪽). 그렇다. 도시들에서 우리는 다른 곳에서는 발견할 수 없는 독특한 사역 기회들을 발견한다. 그러나 한 그룹에 초점을 맞추면서 다른 그룹은 무시할 위험성이 언제나 존재한다.

일방향적 사역을 피하라

복음의 면모들이 우리의 선교적 초점 사이에서 상실될 수 있는 영역을 다루려고 한다. 켈러는 다양한 그룹을 연결할 필요를 역설한다. "우리는 빈곤층을 돕기 위해 경제적 및 문화적 상위 자원을 필요로 한다. 빈곤층에 대하여 헌신하는 것은 문화 엘리트층에게 복음 메시지의 타당성을 지지하는 증거가 된다(226쪽). 그러나 선교적 초점을 이렇게 제시하는 것은 나에게는 너무나 일방향적이라고 보인다. 물론 우리의 선교에 있어서 방향성을 잘 강조하기는 하였지만, 빈곤층과 "함께"하거나 그들에 "의해" 이루어지는 사역이 아니라, 빈곤층에 "대한" 사역인 것이다.

역사적으로, 좋은 의도를 가진 긍휼 사역들이 예배와 공동체를 나누는 것으로 진행된 적이 드물었다. 도심에서 사역하는 어떤 사람들은 이것을 "잠깐 들르는 사역"이라고 불렀다. 친절한 봉사를 하고 가지만, 결코 그들을 우리의 공동체에 초청하지 않으며 그들의 공동체에 들어가려는 시도도 없었다. 나는 이것이 사소한 부분이라고 생각하지 않는다. 안타깝게도 전형적인 도시 사역들은 세계 선교의 나쁜 모델들을 답습해 왔다. 동등한 협력 관계를 구축하는 것이 아니라 온정주의적 태도를 길렀던 것이다. 그런 모델들은 도심 빈민가에서 살아가는 정통 기독교인들을 통해 나타나는 하나님의 역사를 무시하는 것이다. 초대 교회 때에 많은 도시 빈민들은 복음의 진리를 자신들의 고용주와 주인에게 증언했던 남녀들이었다.

오늘날 우리는 빈민을 (다른 사람들이 그러듯이) 사역의 '대상들'로 여기는 경향이 있다. 도시 전도와 변혁에 있어서 핵심 역할을 하는 사역의 '주체'로 생각지 않는 것이다. 이러한 관점이야말로 진정으로 통합된 회중 형성에 주요 걸림돌이다.

예를 들어, 뉴욕에서 많은 유모들과 파출부들은 문화적 엘리트층을 위해 일하면서 예배는 도시 바깥의 교회에서 드린다. 주중에 그들은 이 상위층의 자녀들에게 영적, 성경적 교육을 제공한다. 내 생각에, 이 현상은 초대 교회 때에 복음이 옛 갈릴리의 시골 지역으로부터 로마 제국의 중심부로 확장된 것과 상당히 유사점이 있다.

기독교의 제자도는 단순히 젊은 세대와 문화 엘리트층과 빈곤층을 복음으로 전도하는 문제만은 아니라는 것이다. 우리는 반드시 스스로에게 물어야 한다. 복음이 과연 우리의 생각과 습관에 충분히 들어와 있는가? 그리하여 우리가 "성도의 공동 생활"을 실천하는 하나의 공동체로 우리를 보고 있는가? 우리가 문화적 관습들과 기질과 계층에 너무나 매여 있어서 우리만의 안전지대에 머물러야만 하는 마음인가?

켈러가 상정하듯, 이것은 빈곤층을 "위한" 자비와 정의의 사역을 시행하거나 또는 문화적 상위 계층, 미전도 종족, 젊은 세대를 전도하는 것보다 훨씬 큰 것이다. 이것은 본 회퍼가 "성도의 공동 생활"이라고 부른 것이다.[7] 공동체 속에서 살아가되, 우리의 아주 현실적이며 현저한 차이점들에도 불구하고 그렇게 하는 것이다. 이것은 단지 누구에게 복음을 나누자고 요청하는 것 이상이다. 함께 앉아서 예배하도록 요청하는 것이다. 그것이 우리 둘 다에게 불편함이 생기더라도 말이다.

개인의 기호를 넘어서

이런 점에서, 문화적 계층적 감수성에 대한 우리의 개인적인 용량이 사역의 결실과 신뢰성에 핵심적인 도구가 된다. 또한 잔재하는 어떤 적대감의 벽을 허무는 데 도움이 된다(엡 2:11-14). 도심 회중은 전 세계적에서 오는 이민자 유입과 아울러 젊은 전문 계층과 예술가들의 유출을 경험한다. 이 가운데 우리가 복음을 어떻게 소통하고 기독교인 제자도와 교제를 형성해야 할지 주의 깊게 살펴보아야 한다.

이 부분에 대해, 켈러는 몇 가지 실용적인 주의를 요청한다. "어느 교회도 모든 사람에게 모든 것이 되어 줄 수는 없다"(249쪽) 그는 우리의 유연성의 한계들에 대해 설명한다. "우리는 할 수 있는 대로 최대한 포용적이 되기 위해 확장해야 한다. 그러나 우리의 한계도 잘 알아야만 한다. 우리는 모든 사람에게 모든 것을 단번에 전달하는 복음 사역을 할 수 있다는 환상 속에 살아서는 안 된다(55쪽).

그렇지만 나는 여기에서 켈러가 주의를 요구하는 곳에서 한걸음 더 나아가려고 한다. 오늘날 우리가 도시 사역을 하면서 여전히 존재하는 도전을 하나 짚는다면, 그것은 우리가 도날드 맥가브란의 《하나님의 다리》(The Bridges of God)에서 지지된 동질성 원리에 부합하는 동질 집단을 벗어나서 "확장"하는 것이다. 이것은 국제 도시들 가운데서 우리가 반드시 직면해야 하는 선교적, 제자도적 도전이다. 이것은 기독교인들이 지성적으로 복음을 수용하게 하는 것 이상의 일이다. 이것은 우리에게 이렇게 묻는 것이다. 복음으로 말미암아 우리들의 편안함의 우상과 개인적 선호의 우상들에 어떤 일이 일어났는가?

나의 사역 여정 가운데 내가 겪었던 가장 힘들었던 과제 중 하나는 나와 다른 사람들과 넓은 교제권을 형성하는 것이었다. 도시 사역의 일부로서, 아내 자네트와 나는 "문화적 엘리트층"에 속하는 사람들을 제자 삼는 일에 참여했다. 월 스트리트, 시정부, 영화계, 프로 선수들을 성경공부 모임에 초대했다. 이것은 우리가 도시와 그 사람들을 사랑하도록 부름 받은 소명의 일부이다.

우리는 또한 중국계 이민자들과 히스패닉 이민자들과 그 자녀들로 이루어진 회중을 섬긴다. 우리는 모두 영어로 말하기는 하지만, 함께 예배하는 것은 여전히 어렵다. 문화적 장벽들이 어떻게 걸림돌이 되고 하나 된 교회를 만드는 것이 얼마나 어려운지 나는 선명하게 인식하고 있다.

우리는 모두 문화적 기호에 대한 우상 숭배와 씨름한다. 또한 개인적 기호를 또한 갖고 있다. 이 부분은 인류학과 사회학이 긴밀히 연결된 영역이다. 우리는 진공 속에서 살아가는 개인들이 아니라, 문화에 의해 만들어진 개인들이다.

그럼에도 불구하고, 십자가는 자기 부인과 희생을 요구한다. 코뮤니오 산토룸 - 성도들의 공동체를 위해서 말이다. 이질적인 도심에서 동질적인 공동체들은 복음의 가시적 증거에 걸림돌이 된다. 내가 전하는 설교와 우리가 이끄는 소그룹들은 의도적으로 "경계선을 넘도록" 사람들에게 요구한다. 예수님께서 던지신 질문을 던진다. "누가 나의 이웃인가?" (눅 10:29). 우리의 한계를 인정하되, 의도적으로 반복해서 포괄적인 공동체에 대한 복음의 생각을 높이 올려야 한다. 이 주제에 대한 복음 중심적 설교와 가르침이 의도적으로 필요하다.

마르틴 루터의 말이 옳다. "크럭스 프로밧 옴니아"(Crux probat omnia) - 십자가가 모든 것의 시험대이다. 문화를 빼놓은 보편적인 복음 제시는 '없다.' 그러나 우리가 문화를 구실로 하나님께서 사랑하고 섬기라고 부르신 사람들, 즉 이웃들을 하나님으로부터 떼어 놓고 생각하고 분리시키는 경우들도 있다. 십자가 모양(cruciform)의 도전은 우리가 어떻게 문화적, 경제적 경계선들을 넘어갈 것이냐이다. 기질, 스타일, 개인 기호를 앞세우면 이는 쉽사리 간과된다. '십자가 모양'의 복음 중심적 사역이 우리에게 제기하는 도전이다. 너무나 종종 나의 교회론은 우리 시대에 만연한 개인주의에 과도 적용한다. 복음이 아니라.

도시 중심가에서 제자도와 선교는 문화적 감수성을 필요로 한다. 그러나 이것 이상이 필요하다. 빌립보서 2장과 사도행전의 초대 교회에서 보이는 성육신과 비하에 비할만한 문화적 희생과 경계선 뛰어넘기가 필요하다. 우리의 사회적, 문화적, 육체적, 언어적 한계들은 진지하게 고려되어야 하지만, 이것들이 복음에 의해 또한 반드시 도전을 받아야 한다. 우리는 한계를 인정해야 한다. 그러나 복음은 초월할 것을 요구한다.

복음이 언제나 실용적인 것은 아니다

또 다른 긴급한 도전은 실용주의의 개가이다. 이는 우리 시대의 정신 중에 하나이다. 실용주의는 무엇이 옳아서 하는 것이 아니라 단지 잘 되기 때문에 무엇을 하는 것이다. 열매 맺음을 실용주의의 동의어로 여겨선 안 된다. 효과적으로 도시에 참여하는 것과 집단이기주의, 인종차별주의, 지역이기주의로 귀결될 수 있는 동질성과 계층화의 문화적 가정들을 도전하는 것 사이에는 건강한 긴장이 존재한다.

나에게 있어 도시 사역의 상당 부분은 선교와 제자도의 목적을 상호 연결하는 것이었다. 그러나 꼭 이 방식일 필요는 없다. 켈러의 말처럼 성경적인 상황화가 상정해야 하는 것은 "모든 인간 문화에 대한 우리의 태도는 반드시 비판적 향유와 적절한 경계가 있어야" 한다는 관점이다 (81쪽). 도시 사역자로서 우리는 우리를 하나님과 상호 분리시키는 소외, 집단이기주의, 계층주의의 풍차를 돈키호테처럼 복음으로 저격하는 예언자적 고발과 아울러 돈키호테의 시종 산초 판자가 가졌던 실용주의의 균형도 반드시 필요하다.

열매 맺는 선교와 충성된 제자도가 함께 걷는 것은 '가능'하며 '당위'이다. 센터처치들과 센터 도시들이 제자도를 희석한 채 선교를 수행한다든지, 전도하지 않으면서 제자도만 초점을 맞춘다는 생각은 복음 중심성의 균형을 왜곡하는 것이다. 내가 분명히 아는 것은 어떤 하나의 교회가 도시 전체의 교회들을 진정으로 대표할 수 없다는 것이다. 이 지점이야말로 개교회주의화 된 교회론에 대해 깊은 수준에서 협력하는 복음 운동으로 대처하자고 하는 요청을 응해야 하는 부분이다. 그러나 만일 우리의 도심에 있는 모든 교회들이 동질적이라면 (이는 맨해튼과 다른 많은 도시들에서 그렇다. 특히 계층의 동질화에 있어서), 계층 정체성이라는 우리의 우상을 복음이 충분히 도전하지 않았음을 시사한다.

샌프란시스코신학교의 고 요르게 라라 브라우드 교수는 미 장로교 (PCUSA) 산하 신학과 문화 위원회 의장이었는데, 이렇게 썼다. "이질적인 사회에서 동질적인 교회는 교회론적 이단이다."[8] 우리가 함께 예배하고 이런 차이들을 초월할 수 없다면, 복음이 어떻게 우리의 도시들 가운데 새로운 공동체, 새로운 현실로 나타난 것인가? 라라 브라우드의 탄식은 마틴 루터 킹 주니어가 크게 외친 탄식과 유사하다. "복음 사역자로서 나는 일요일 아침 11시야말로 미국에서 가장 분리되어 있는 시간임을 인정하는 것이 부끄럽다. 그 시간에 우리는 '그리스도 안에서 동과 서가 없습니다'라고 찬송을 부른다."[9]

킹 목사의 탄식은 복음의 이야기 속에 합당한 이유가 있다. 다행히도, 문화적으로, 경제적으로 다양한 도시 지형을 탐사할 수 있는 성경적인 모델들을 가지고 있다.

더램즈교회에서

아내 자네트와 내가 목회하는 교회는 더램즈(The Lamb's)교회이다. 맨해튼의 차이나타운 근처 남동쪽에(Lower East Side) 있다. 이 지역은 복합적인 지역으로서 어떤 도시학자들은 "회전 지역"이라고 부른다. 이 지역은 새로운 거주민들이 로호(LoHo)라고 새로 부르기도 하지만, 차이나타운과 리틀 이태리 지역을 연결하는 지역이다. 그 경계는 하우스톤 거리에서 딜랜시 거리까지 이르며, 보우어리부터 동쪽 강에 이른다. 이 지역은 한 때 아프리카 출신의 해방 노예들이 거주했으며, 감자 기근 시대에는 아일랜드 이민자들이 살았다. 또한 많은 유대인들, 독일인들, 남부 이태리 사람들이 가족들을 위해 더 나은 삶을 찾아 왔던 곳이다. 이 지역의 모토는 지역 곳곳에 붙어 있는 구호 속에 나타난다. "남동쪽에 오신 것을 환영합니다. 여기는 문화가 섞이는 곳입니다."

더램즈교회 사역은 우리에게 뉴욕의 문화적 차이점들에 대한 현실과 윤곽을 조사하게 할 뿐만 아니라, 복음이 어떻게 이러한 사회적 현실에 대응해야 하는지도 요구한다. 한번은 서인도제도에서 온 교인 중에 한 명이 나에게 이렇게 말했다. "이 사역은 회중과 지도자들에게 일정 수준 이상의 성숙도가 필요한 사역입니다." 마뉴엘 오르티즈는 이렇게 쓴다. "(지도자들의) 경험, 훈련, 영적 성숙이야말로 다민족 사역의 결과와 효과성을 결정하는 요인입니다. 성경적인 근거를 갖고 사회적으로 지역사회를 인식하면서 무엇을 섬겨야 하는지를 아는 사역이어야 합니다."[10]

이러한 교회의 지도자들이 잘 알아야 할 것은, 지역 사회의 기호, 예배 스타일, 표현 방식들이 결국 복음에 합당하지 않은 문화적 혼합주의와 계층주의의 포로로 귀결될 수 있다는 점이다. 교회 지도자들은 문화적으로 섬세한 방식으로 도시에 참여하는 동시에 결과적으로 동질성을 강화하는 모델을 복제하려는 유혹을 물리쳐야 한다. 브루스 니콜스의 표현처럼, "문화 혼합주의의 현대적인 예는 성경적 그리스도교를 '미국식 삶의 방식'과 무의식적으로 동일시하는 것이다. 이런 형태의 혼합주의는 서구 및 제3세계의 중산층, 교외, 보수적, 복음주의 교회에서 종종 발견된다. 이들은 그들의 삶의 방식이 신약 성경의 실재보다는 자본주의 사회의 소비자 원리들에 훨씬 가깝다는 것을 알지 못한다."[11]

이런 유형의 복음을 도전하는, 경계를 뛰어넘는 사역은 자네트와 내가 다른 도시들을 두 번에 걸쳐 방문하면서 경험한 것이다 - 스페인의 마드리드와 네덜란드의 암스테르담. 10년 전쯤에 마드리드에서 교회 지도자 훈련을 실시하면서, 대부분의 복음주의교회 성장이 남미 이민자들 가운데서 일어나고 있다는 것을 확인했다. 컬럼비아 및 베네주엘라 이민자들 가운데 교회들이 우후죽순처럼 생겨나고 있었다. 처음에는 교회 성장과 개척의 많은 부분이 더 큰 스패니쉬 문화에 영향을 미치지 못했다. 그렇지만 이민의 물결이 몇 년이 지나자(어떤 이들은 "역 선교"라고 불렀다)[12], 비이민계 스페인어권에도 복음 진보에 있어서 큰 발전이 일어났다. 이 방식의 이민자 교회 개척에 항상 있는 도전은 어떻게 하면 이들이(언어 장벽에 종종 제한받는) 이민자 교회에서 다세대 교회로 변화할 것이며 주류 문화에 속한 사람들을 포용할 것인가에 있다.

이 모델의 강점은 바울이 젊은 디모데나 디도를 가르쳐서 새롭게 성장하는 헬라화된 지도자들을 전도하는 것과 비슷하다. 이들은 유대 및 헬라 문화를 연결할 수 있다. 이러한 역동성이 나타나는 것을 나는 목격했는데, 남미인이 이끌고 아프리카 흑인이 이끄는 회중들이 이제는 다민족, 다계층 교회가 되어 있다. 이 교회들은 도시의 다양성을 반영하는 교회가 된 것이다. 다음과 같은 지도자들은 이것이 가능함을 보여 주었다. 할렘 메트로 희망교회의 호세 험프리스, 메이라 로페즈-험프리즈, 퀸즈에 있는 뉴 라이프 교회의 리치 빌로다스, 뉴욕 로우어 이스트 사이드에 있는 트리니티 그레이스교회의 브라이언 로릿츠, 그리고 워싱턴 D.C.에 있는 브릿지웨이교회의 데이비드 앤더슨이 바로 그들이다. 이 사역들은 다양한 도시 거주자를 위한 복음중심적인 선교에 참여하고 있다. 이것은 결코 속성 단순 과정이 아니다. 그러나 21세기 초반부에 중요한 열매들을 맺고 있다.

유사한 역동성이 네덜란드의 이민자들 사이에서도 일어난 바 있다. 큰 이민의 물결이 남미 수리남과 안틸레스 열도로부터 도달했다. 많은 이민자들이 자국어로 모이는 이민자 교회를 세웠다. 그렇지만, 이민자들의 자녀들이 성년이 되어 네덜란드 사회에 보다 통합되었을 때에, 이종 수분이 훨씬 일어나게 되었다. 이민 자녀들의 선교에 대한 열정과 네덜란드 인들의 비신앙적 경향 사이에 존재하는 긴장이 있다. 이 사례는 세계 도시들 가운데 이민의 물결의 결과로 생기는 복음 재활력화의 잠재력에 대한 훌륭한 케이스 스터디를 제공한다.

복음 하이브리드의 성경적인 예

이 모든 것들은 우리가 제자도와 전도를 다룸에 있어 어떤 것을 시사하는가? 우리의 결론 속에서, 나는 몇 가지 성경적 예를 살피려고 한다. 이는 도시 사역에 참여하는 나와 같은 사람에게는 유익한 프레임이 된다.

사도행전은 복음 하이브리드가 도시 사역에서 어떻게 나타나는지를 이해하는 데 있어 중대한 책이다. 사도행전은 변천을 다룬다. 초대 교회는 점점더 도시 중심적으로 전개되며, 결국 전세계적, 이질적 운동으로 변천한다. 초기 신자들은 도시화와 국제화를 충성되게 거친다. 사도행전은 복음 진실성을 가지고 어떻게 이를 시행했는지에 대한 교본이다. 초대 교회는 예루살렘에 초점이 있는 교회에서 땅끝까지 가는 교회로 변천했다. 갈릴리에 초점이 있는 리더십에서 헬라화된 유대인 및 이방인 리더십을 포함하는 세계적 교회로 변천했다. 이러한 변천들 가운데, 성령님의 인도하심과 복음에 대한 헌신을 통해서 그들은 땅이 어떠하든 많은 열매를 맺었다.

바울 서신들은 우리에게 하나님께서 세상에 일하시는 것에 비추어 신실함을 조사하게 한다. N. T. 라이트가 주장하듯, 여호와의 신실하심으로 말미암아 우상타파적인 세계 교회가 만들어졌다. 이는 민족적, 계급적 구분을 철폐하는 교회다.[13] 사도 바울과 그의 미시오 크리스티 (그리스도의 선교)는 복음의 역동성이 지역주의를 말씀과 실천으로 초월한다는 사실을 보여 주었다. 우리는 특정한 세계관과 장소에서 시작한다. 그러나 복음은 우리로 하여금 이를 뛰어넘어 더 넓고 통합된 세계적 공동체에 헌신하게 한다. 우리는 복음 그 자체를 위하여 이렇게 한다. 단지 사회적 또는 실용적 이야기로만이 아니라.

도시 거주민들은 그리스도의 십자가와 부활로 구속된 인류가 다양하게 섞여 있다. 켈러는 우리에게 도시가 사도행전 16장에서 그 풍부함을 보여 준다고 상기시킨다. 자주 장사 루디아가 있고, 이름 없는 노예 소녀가 있는가 하면, 빌립보 감옥의 간수인 근로계층이 등장한다. 복음 참여의 방법은 각각 차이가 나지만, 이 모든 사람들은 한 새가족에 소속하도록 부르심을 받았다. 교회인 것이다. 차이 나는 세 종류의 사람들을 불러서 복음으로 교제하게 하는 것은 오늘날 우리가 접하는 지속적인 도전이기도 하다.

이것은 언제나 지상명령이며 가장 큰 계명이었다. 복음을 전하며 이웃을 내 몸같이 사랑하는 것이다. 우리는 복음의 진리와 은혜를 가지고 분별력을 발휘해야 한다. 이 복음은 동쪽이나 서쪽도 아니고 남쪽도 북쪽도 아니다. 중심부인지 주변부인지도 상관이 없다. 다양한 집단의 사람들을 불러서 복음으로, 그리고 새로운 공동체로 오게 하는 것이 우리의 선교이다.

가브리엘 살귀에로에 대한
답변

팀 켈러

감사한 부분

가브리엘 살귀에로는 라인홀드 니버와 디트리히 본 회퍼 등 전에 뉴
욕 시 유니온신학교의 교수로 봉직했던 분들의 저작에 나의 글을 비견해
주었다. 이는 큰 영예인데, 그는 유니온신학교에서 대학원 과정을 밟기
도 했다. 도시에서 복음 상황화의 실천신학을 하자는 나의 주장이 전혀
새로운 것이 아니라는 그의 말이 맞다. 그리고 나는 르네 빠디야, 프란시
스 쉐퍼, 존 퍼킨스 등 전 세대의 복음주의자들이 시작한 일을 유지하려
고 노력한다는 것도 맞다.

1970년대 초반 고든콘웰신학교에서 나는 "교회의 세계 선교"라는 과목을 올란도 코스타스 박사에게 들었다. 애통하게도, 코스타스는 비교적 젊은 나이에 사망했고 많은 책을 남기지 않았다. 그러나 그해 그의 강의는 나에게 큰 영향을 끼쳤다. 그는 교회 성장에 대한 양적 이해를 뛰어넘는 유기적, 개념적, "성육신적" 성장에 대해 소개해 주었다. 후에, 필라델피아에 소재한 웨스트민스터신학교에서 젊은 교수가 되었을 때, 나는 하비 콘, 로저 그린웨이의 영향을 받았다. 이들은 도시 사역의 비전에 대해 풍성한 신학적 토대를 제공했다. 이들은 사무엘 에스코바 및 코스타스와 같은 사상가들과 큰 일관성을 갖고 있었다. 이 모든 것은 도시 비전 챕터들에 대한 깊은 배경이 되었다. 이는 살귀에로가 느끼는 것이고 지지하는 것이다.

　　살귀에로가 기쁘게 지지하는 주장 중에 하나는 도시가 "복잡한 지형"이라는 것이다. 그는 텔레비전 시트콤 드라마에 대한 간략한 도해를 한다-제퍼슨부터 프렌즈, 섹스 인 더 시티까지. 이들은 도시의 삶에 대해 모두 환원주의적 단순화를 하고 있다. 결코 어떤 고정관념으로 축소될 수 없는 것이다 - 범죄, 조직 폭력, 여피의 놀이터, 또는 소수민족 집단지. 그러므로 그는 《허영의 모닥불》(The Bonfire of the Vanties)이 1980년대 맨해튼의 정신을 반영한다는 나의 진술에 의견을 제시한다. 그것은 맨해튼의 어떤 지역에 대해 이야기하느냐에 따라 다르다!

　　푸젠 성에서 온 5백 명의 젊은이들이 모이는 교회의 이야기는 끝도 없이 놀라운 도시의 특성을 보여 주는 훌륭한 예이다. 우리가 도시를 이해하는 범주를 만들 수 있다. "도시에 일곱 종류의 사람들이 살고 있다"

거나 "이 도시에는 다섯 가지 종류의 영역이 존재한다"고 할 수 있다. 그러나 우리는 기존 범주에 딱 들어맞지 않는 새롭고 낯선 현상들을 계속해서 발견할 것이다.

뉴욕 시로 가족과 함께 이주할 것인지 심사숙고하던 시절에 바바라 벤자민 아칠라와 대화를 나누었다. 그녀는 이미 오랫동안 도시에서 사역하고 있었다. 내가 무엇을 알아야하는지 그녀에게 물었을 때, 이런 대답을 들었다. "도시는 관리 될 수 없다는 것을 알아야 합니다."

마찬가지로 살귀에로는 "방법론을 메시지와 혼동하는 현대의 유혹"(269쪽)에 대해 경고한다. 사람들이 어떤 교회가 도시에서 성공적인 것을 볼 때, "사람들은 마치 이 교회 지도자들이 도시에서 복음 영향력으로 열매 맺는 마법의 알약이라도 찾은 것처럼 생각하는 유혹을 동일하게 받는다. 켈러가 여기에서 분명한 경고를 내는 것은 지극이 타당하다.

이 점에 대해 나는 반가운 마음으로 동의한다. 도시들의 복잡성은 어떤 한 가지 모델로 축소될 수 없다. 그 모델이 아무리 성공적이거나 유명하다 할지라도."

유용한 부분

살귀에로의 유익한 비판 중에 한 가지는 교회가 예수님의 명령에 대한 순종의 반응으로서 자원을 사용하여 가난한 이들을 돕는 것과 이를 지켜보는 문화적 엘리트층에게는 증거의 역할도 된다는 부분이다. 살귀에로의 반응은 이렇다. "선교적 초점을 이렇게 제시하는 것은 나에게는 너무나 일방향적이라고 보인다." 왜냐하면 "빈곤층과 함께" 하거나 그들에 "의해" 이루어지는 사역이 아니라, 빈곤층에 "대한 사역"으로 설명하기 때문이다(274쪽). 그는 계속해서 빈곤층을 대상으로만 대하며, 그리스도 안에서 동등한 자로 대하지 않는 많은 사역들에 대해서 간략히 이야기한다. 가난한 이들도 그리스도의 몸의 지체이며 우리가 그들로부터 배워야 하지만, 그렇게 하지 않는 단체들에 대한 부분이다. 그는 "이것이 사소한 것이라고 생각하지 않는다"고 밝히며, 이 부분에 대해서 너무 너그럽게 생각할 수는 없다고 추가한다. 그러한 온정주의는 어쩌면 수많은 도시사역의 아킬레스건이다.

이것은 중요한 경고이며 유익한 요점이다. 이 시리즈의 다른 기고자들처럼, 살귀에로는 《팀 켈러의 센터처치》에 빠져있는 내용들이 나의 다른 책들에 제시되어 있다는 것을 분명하게 알고 있다. 예를 들어 《팀 켈러의 정의란 무엇인가》가 있다. 기획상 《팀 켈러의 센터처치》는 《팀 켈러의 설교》, 《팀 켈러의 정의란 무엇인가》, 《팀 켈러의 일과 영성》에 나오는 모든 내용을 반복하지 않으려고 했다. 이 책들은 사역의 많은 주제들에 대해 훨씬 깊이 있게 내용을 다루고 있다. 살귀에로가 온정주의에 대해 우려하는 것은 절대적으로 옳다. 물론 그 내용들은 《팀 켈러의 정의란 무엇인가》에 잘 다루어지고 있지만, 《팀 켈러의 센터처치》에서도 어떤 경고들이 있었어야 한다는 것은 옳다.

보다 부드러운 비판으로 두 번째 내용은 "동질성 집단 원리"에 대한 것이다. 나는 '도시 비전'에서 우리가 할 수 있는 한 최대로 수용적이며 다양성 있는 공동체가 되려고 해야 하지만 우리의 한계 또한 잘 알아야 한다고 자문한다. 그 어떤 교회도 모든 사람에게 모든 것이 될 수는 없다는 것이 나의 관점이다.

살귀에로는 이런 말로는 도시 사역단체들이 더 폭넓은 다양한 사람들을 수용하도록 도전받지 않는다고 생각한다. 문화 장벽을 뛰어넘어 사람들을 연합시키는 그리스도의 능력에 대한 성경의 명령은 매우 강력하다(예를 들어, 엡 2장).

다양한 인종과 계층으로 구성된 교회는 그리스도 안에서 성장하기에 풍성한 곳일 뿐 아니라, 세상에 대해서도 강력한 메시지가 된다. 살귀에로는 그의 삶의 예를 통해서 우리가 이것을 결코 포기하지 말아야 한다고 촉구한다. 그는 또한 "문화를 구실로 하나님께서 사랑하고 섬기라고 부르신 사람들, 즉 이웃들을 하나님으로부터 떼어 놓고 생각하고 분리시키는" 우리의 깊은 성향에 대해서도 도전한다(279쪽).

이 분명한 메시지를 약화시키는 어떤 것도 나는 하지 않을 것이다. 그의 말이 아주 옳다. 나의 글이 이 명령을 약화시키는 것으로 읽히는 것을 원하지 않는다. 오랫동안 다문화 교회를 이루려고 많은 노력을 기울인 끝에 좌절과 실망을 깊이 경험한 교회들과 목회자들이 많이 있다. 그들이 할 수 있는 모든 것을 다 했다고 내가 생각한다면(물론 많은 이들은 그러지 않았다), 나는 그들에게 각 교회의 한계에 대해 기억하게 하고 싶다. 내가 지적하는 것은 당신이 다민족 회중으로 이끌 수 있는 어떤 그룹의 각 멤버들이 있다고 할 때에, 그들 중에 어떤 이들은 좀 더 문화적으로 친숙한 환경에서 그리스도에게 더 가까이 갈 수 있다는 의미이다. 그런 경우들이 있다. 그러나 가브리엘 살귀에로의 다음 말이 또한 합당하다. 너무 많은 기독교인 지도자들이 실용적인 목적으로 에베소서 2장의 명령을 약화시키고 있다.

흥미로운 부분

도시 비전에 대한 마지막 비판은 묵상하기에 유익하다. 그것은 문화가 어디에서 나오느냐는 질문과 연결된다. 살귀에로는 내가 제임스 데이비슨 헌터와 다른 이들에게 너무 많이 의존하고 있어서 "문화가 문화 엘리트들과 제도의 중심에서 만들어진다"고 본다는 것이다. 그는 이것을 "센터를 우상화하는" 것이라고 부른다. 그의 반론은 권력의 주변부에 있는 이들도 문화를 형성한다는 것이다. 소셜 미디어가 "문화 창조를 민주화하는" 역량에 대해 언급한다(178쪽). 그는 또한 "센터 바깥에서" 움직이는 영향력에 대해서도 말한다. "할렘 르네상스, 엘 바리오의 미용 운동, 워싱턴 하이츠 지역의 도미니카 창의성" 등이다(271쪽).

나의 첫 번째 반응은 다른 질문을 던지는 것이다. 왜 할렘 르네상스와 엘 바리오 미용운동이 중서부 농장지대에서 일어나지 않았을까? 왜 뉴욕시에서 일어났을까?

사회학자들은 "집적 효과"를 이야기하곤 한다 - 다른 종류의 재능들이 집적하고 축적되며 자원들의 네트워크가 중첩되면서 대도시 지역 가운데서 주요 사회 트렌드를 형성한다. 그 변화들은 할렘과 엘 바리오 지역의 예술가들 때문에 가능했다. 그들은 가난했지만 그들에게는 사업과 방송의 네트워크가 근접해 있어서 그들의 혁신이 영향을 끼칠 수 있었다. 달리 말하면, 그 운동들은 "센터"에서 '일어났던' 것이다. 또한 소셜 미디어가 문화 창조를 민주화하는 역량도 단지 테크놀로지 자체에 있지 않다.

찰스 테일러가 《세속 시대》에서 하는 고찰에 의하면, 우리 문화에 나타나는 "공공 여론"의 힘은 (역사상 전례가 없는 새로운 현상인데) 문화적 엘리트층이 권력과 자아의 개념을 재정의하려고 두 세기에 걸쳐서 노력한 결과이다. [1]

예를 들어 하버드대학, 〈뉴욕 타임즈〉, 메이저 영화사와 같은 문화 엘리트층으로부터, 문화가 위로부터, 체계적으로 막힘없이 흘러간다는 단순한 사고방식에 빠지지 않도록 살귀에로의 비판은 도움이 된다. 그런데, 내가 생각하기에는 문화가 소셜 미디어에 의해 쉽사리 방향이 바뀌고 모양이 달라질 수 있다고 보는 것도 환원주의적 관점인 것 같다. 지난 2년 동안 나는 찰스 테일러의 글을 많이 읽었다. 그는 많은 책과 에세이에서 서구 문화의 세속주의의 발흥을 추적한다. 우리의 문화가 세속성으로 흘러간 것은 "지그재그" 여정이었다. 소수의 문화 엘리트층에 의해 기획되어 반듯하게 직선으로 이 단계에서 저 단계로 나아간 것이 아니었다. 오히려, 작은 운동들과 변화들이 -시작하는 이들이 원대한 결과를 꿈꾼 것도 아니었는데- 결합하고 상호작용해서 천천히, 보이지 않는 변화들이 일어나서 세속주의적 현대성의 방향이 만들어졌다.

문화 형성에 대해 살귀에로가 말하는 것이 옳다는 것을 찰스 테일러의 역사 이야기는 보여 준다. "그 어떤 것도 고정된 것은 없다. 중심부와 주변부 모두 언제나 움직이고 있다"(물론 나는 《세속 시대》는 헌터의 관점을 비판하기보다는 긍정한다고 본다). 그러나 이 모든 것을 통해 우리는 이 세상에서 인간의 삶에 영향을 끼치는 도시의 힘을 무엇보다도 확인하게 된다. 그리고 도시들 안에서 기독교인들이 살며 일하는 것이 중요함을 긍정하게 된다.

교회,
도시 문화를
이끌라

현대문화에 대응하지 못하는
교회들의 위기

◇◇◇

현대 미국 교회는 교단들 간의 논쟁으로 인해 고동치고 있다 오늘날 우리가 교회 안에서 보는 논쟁들은 성경의 권위에 관한 것과 이신칭의 및 가정과 교회에서의 남녀의 역할, 예배 방식, 전도 방법 등 다양하다. 그리고 교회와 사역의 본질에 대한 토론을 비롯하여 하나님 나라의 의미, 하나님의 성품(열린 신론과 사회적 삼위일체 등), 바울에 대한 새로운 관점, 교회의 선교 목적, 진리의 본질과 인식론을 둘러싼 질문 등 보다 학구적인 토론들도 있다.

이것들은 표면적으로는 다양한 교리적 논쟁으로 보인다. 그러나 종종 이러한 이슈들 아래에는 그리스도인들이 어떻게 주변 문화를 대할 것인가에 대한 질문이 잠재해 있다. 어떤 사람들은 교회의 메시지가 외부인들에게 점점 이해하기 힘든 것이 되었기 때문에, 우리가 문화에 더 적응해야 한다고 말한다.

반면, 또 다른 사람들은 교회가 문화에 너무 많은 영향을 받았기 때문에 우리가 현대 사회의 조류에 대해 대항적 자세를 취해야 한다고 주장한다. 대부분의 교회 지도자들은 중간 어딘가에 있을 뿐 어디에서 맞서고 어디에서 적응할지 분명한 입장을 취하지 못하고 있다.

결과적으로 교회는 이전의 교단들과 신학적 전통을 넘어 갈라지고 있다. 침례교, 장로교, 성공회, 루터교, 감리교, 그리고 오순절의 각 교단들 안에는 문화에 어떻게 참여해야 하는지에 대한 깊은 이견들이 잠복해 있다. 사실 현대 미국 교회를 분열시키는 이보다 더 큰 이슈는 없다고 볼 수 있다. 이런 갈등을 촉발한 것은 과연 무엇일까?

문화 변동

20세기 초반, 근본주의-현대주의 논쟁의 결과로 미국의 교육 및 문화 기관의 상당수가 자유주의와 세속주의의 세력 아래로 들어가게 되었다. 그러자 미국의 보수적 그리스도인들은 자신들만의 수많은 기관들을 창설함으로써 이에 대응했다. 대학, 잡지, 출판사, 라디오 및 텔레비전 방송국 등이 생겨났다.[1]

미국의 주류 문화 기관들은 전통적인 기독교 교리는 거부하지만, 여전히 전반적인 기독교의 도덕 가치들을 심었다. 그리고 대부분의 사람들은 전반적으로 기독교의 가르침과 일치하는 관점들을 견지했다. 권위에 대한 존경, 성 도덕, 부채와 물질주의에 대한 경계, 검소함에 대한 강조, 개인의 책임, 그리고 가정이 여기에 해당한다. 20세기 중반 이전까지, 서구 사회의 보수적 그리스도인들은 대부분 자신의 이런 문화를 기본적으로 편안하게 받아들였다.

그러다가 20세기 중반에 이르러 서구 문화는 조금 더 급격하게 변하기 시작했다.[2] 영국과 유럽 교회의 출석률은 제2차 세계대전 이후 급락했다. 미국의 경우, 교회 출석과 종교 생활은 대전 후에 일시적으로 증가했지만, 1960년대 후반에는 거대한 문화적 변화가 있었다.

로버트 퍼트남과 데이비드 캠벨의 저서 《미국의 은혜》에서 저자들은 이것을 미국 사회와 기독교 및 교회에 일어난 '충격'이라고 불렀다.[3] 오래된 애국주의의 이상, 국가적 자부심뿐 아니라 전통적인 도덕 가치, 특히 성적 관습에서, '근본적인 기조 전환'과 신뢰의 위기가 발생했다. 도덕적 권위 자체가 의심되기 시작한 것이다.

미국에서는 새로운 분위기가 분노로 분출되었으며 1960년대 젊은이들의 문화 속에 폭넓게 확산되었다. 할리우드와 텔레비전 방송사들은 서서히 이 분위기를 받아들이기 시작했다. 1969년에 등장한 두 편의 유명한 서부 영화 〈진정한 용기〉와 〈내일을 향해 쏴라〉는 충돌하는 두 세계관을 잘 반영하고 있었다. 전자는 전통적인 미덕의 관점을, 후자는 선악 및 도덕 권위에 대한 전통적 이해를 갈아엎는 관점을 가졌다.

1952년에 미국인의 75퍼센트는 종교가 그들에게 '개인적으로 매우 중요하다'고 응답했다. 그러나 1970년대 중반에 이르러 동일한 응답을 한 사람의 비율은 절반 아래로 떨어졌다. 교회 출석은 1958년 인구의 50퍼센트에서 1969년에 40퍼센트로 감소했다. 역사상 가장 짧은 시간에 급격하게 감소한 것이다. 더 놀라운 것은 20대들의 교회 출석률 감소이다. 1957년에는 20대의 51퍼센트가 교회에 출석했는데, 1971년에 와서 그 숫자가 28퍼센트로 감소했다.[4]

그러나 그리스도인들에게 가장 두드러진 변화는 미국의 공공기관들과 제도들이 삶과 도덕에 대한 유대교-기독교 신념을 더 이상 지지하지 않게 된 것이다.[5] 이러한 변화 이전에 미국인들의 사고방식은 대부분 '기독교화' 되어 있었다. 그들은 대개 인격적인 하나님, 천국과 지옥의 존재, 도덕적 권위와 심판의 개념을 믿었다. 그리고 그리스도인의 윤리를 기본적으로 이해하고 있었다. 복음 제시는 이 모든 것들을 전제로 하여 사람들의 죄를 책망하고 그리스도의 구속의 필요성을 받아들이게 하는 것이었다.

그러나 꽤 많은 미국인들에게 그러한 생각들은 아주 약화되거나 없어지게 되었다. 복음을 단순히 거부되는 것에 그치지 않고 이해하기 어렵게 되었다. 심지어 점점 더 반대하게 되었다. 서구 그리스도인들이 전에 알았던 세상은 이제 더 이상 존재하지 않는다. 전통적인 기독교 방향으로 기울어 있던 사회는 이제 존재하지 않는다. 문화는 교회가 더 이상 무시할 수 없는 문제로 대두되었다.

개인적인 사례를 봐도 이런 변화를 살펴볼 수 있다. 나의 부모님은 1920년대에 태어난 복음주의적인 그리스도인이었다. 장인 장모님은 같은 시대, 같은 주(펜실베이니아 주)에서 태어났지만 비그리스도인이었다. 만일 이 네 분에게 부부의 정절에 대해서나, 동성애 또는 낙태에 대한 질문을 던진다면 이분들은 같은 대답을 했을 것이다.

그 외에도 거의 모든 경제와 윤리 이슈에 대해 -예를 들어 부채라든지, 국가적 자부심이라든지, 애국심이라든지- 거의 동일한 대답이 돌아왔을 것이다. 그 시대는 기본적인 도덕 신념에 있어서 문화적 일체성이 존재했기 때문이다.

물론 복음주의자들은 대개 흡연이나 음주, 비속한 표현, 영화관에 가는 것 등에 대해 반대했다. 그럼에도 불구하고 사람들이 복음을 이해할 수 있는 기본적인 '정신 구조'가 문화적 제도 가운데 형성되어 있다고 간주해도 괜찮았다.

1940년대에 그리스도인 사역자가 젊은이들을 붙잡고 "똑바로 살아라!"고 말하면 그들은 그 뜻을 이해했었다. 하지만 1970년대에 이르러서는, "똑바로 살아라!"고 말하면 그 대답으로 돌아오는 것은 "똑바로 사는 것의 정의가 무엇입니까?"이다. 요즘은 또 바뀌었다. "나는 의견이 다릅니다. 그리고 당신이 뭔데 나에게 당신 생각을 강요합니까?"

이러한 변화가 일어나기 전에는 비신자들이 그리스도인이 되기 위해서 많은 교리들을 배우면서 하나님이 그들의 생각보다 훨씬 더 거룩하다는 것을 알아야 했지만, 하나님이 존재하시는 것과 불순종에 진노하시는 것을 납득해야 할 필요는 없었다. 그들은 자신의 생각보다 훨씬 더 하나님으로부터 단절되어 있다는 것을 알아야 했지만, 죄나 도덕, 초문화적 절대 가치가 있다는 것 등에 대해선 납득시킬 필요성이 없었다.

사람들은 예수님께서 자신들의 구원을 위해 무엇을 하셨는지 정확히 바라볼 필요성은 있었지만, 예수님의 존재와 성경에 기록된 것들을 행하셨다는 것을 먼저 확증할 필요는 적었다. 또한 구원이 공로가 아닌 믿음으로 가능하다는 것을 배워야 했지만, 사실상 당시 거의 모든 사람들은 어떤 종류의 구원이나 혹은 내세에 대한 믿음을 갖고 있었다. 마지막으로 사람들은 믿음과 공로의 차이점에 대해서 들어야 했고, 어떻게 자신이 공로에 의지하고 있는지를 들어야 했다. 그들은 복음을 제시하는 이들에게 "오, 나는 그것을 몰랐어요. 어떻게 하면 제대로 할 수 있나요?"라는 말을 하곤 했다.[6]

요컨대 복음주의자들은 청중이 기독교 신앙의 메시지를 적어도 이성적으로 이해할 것이라는 기대감을 가질 수 있었다. 기독교 메시지는 상당 부분 신뢰할 만하고 긍정적인 것으로 받아들여졌다. 복음주의자들이 할 일은 사람들로 하여금 그리스도를 받아들일 필요성을 확신시키고 하나님께 개인적인 헌신을 하도록 성령님의 능력을 의존하여 촉구하는 것이었다.

복음 제시는 비교적 단순했으며, 회개와 믿음의 필요성을 강조하는 일이었다. 성경의 하나님이 존재하는 것과 그분의 성품이 어떠한 것을 설명하거나 현실에 대한 기독교 인식의 기본 틀을 구축하는 막대한 작업은 하지 않아도 되었다. 게다가 사람들을 교회로 오게 하는 것도 어려운 일이 아니었다. 교회의 일원이 되는 것이 대개 좋은 일로 여겨졌기 때문이다. 사실 지역 사회에서 존경받기 원하는 사람들은 지역 교회 출석을 필수적인 일이라고 생각했다.[7]

그런데 주류 문화 제도가 기독교를 지지하지 않기 시작한 이래로 많은 기독교인들이 사회에서 자리를 잃은 것처럼 느끼게 되었다. 특히 젊은 청년들은 전형적인 복음 제시에 대해 혼란스러워하고, 거부하고, 적대적으로 변했다.[8]

1990년대 중반에 이르러 미국의 보수적 교회들이 사회 문화로부터 빠르게 단절되고 있었음을 많은 이들이 감지하게 되었다. 이는 1970년대와 1980년대에 '구도자 교회 운동'(Seeker-Church Movement)을 통해 교회를 현대인에게 더 매력적인 장소로 만들려고 애썼음에도 불구하고 벌어진 일이다.

로버트 퍼트남과 데이비드 캠벨의 연구 결과 이 관점의 타당함이 증명되었다. 일찌감치 기성 교단들의 수는 감소하기 시작했고, 보수적 교회들도 서서히 감소하기 시작했다. 이 문화 변동의 원인은 아직까지 논란의 대상인데, 한 가지만은 확실하다. 복음주의적 그리스도인들이 더 이상 문화에 무관심해지기 힘들어졌다는 것이다.

경건주의의 태도

20세기 미국 복음주의 교회는 문화에 어떻게 대응했는가? 그들의 기본적인 입장은 문화에 관심을 기울이지 않고, 회심을 강조하며, 개인의 영적 성장에 치중하는 것이었다. 그 중심에 있어서 이것은 그리스도와 문화 사이의 유일한 모델은 아니었다. 어떤 사람들은 이것이 문화적 단절이나 적대 형태라고 말한다. 그러나 나는 이것이 문화에 대한 부정적 관점이라기보다는 무관심이라고 생각한다. 그들에게 문화는 단지 관심사가 아니었다. 문화에 많은 관심을 가지는 것은 바른 신앙에 방해가 되는 것으로 여겨질 뿐이었다.

젊은 그리스도인들에게 제시된 이상적인 모델은 예술가나 기업 지도자들이 아니라 목회자와 선교사들이었다. 문화에 참여하는 것이 나빠서가 아니라 단지 중요하지 않았던 것이다. 모든 사람들은 전임 사역자가 되어 세계를 복음화하는 일에 동기 부여를 받았다.

물론 어떤 면에서 이것은 문화에 참여하는 모델이었다. 왜냐하면 종종 다음과 같은 말이 포함되곤 했기 때문이다. "그렇다. 이 사회는 온전하지 않지만 세상을 바꾸려면 한 영혼씩 전도하여 그들을 제자로 훈련시켜 변화시키는 것이다. 세상에 진정한 그리스도인이 충분히 많이 있다면 사회는 보다 정의롭고 도덕적으로 변화될 것이다."

나는 이 관점을 '경건주의'라고 부른다. 이 단어는 17세기 중앙 유럽의 독일어권 교회에서 일어난 운동이 시발점이다. 그 운동의 강조점은 교리적 정확성보다는 영적 경험이었으며, 성직자 주도보다 평신도 사역에 주력을 두었다. 그리고 지성과 사회 질서를 변화시키려는 노력보다는 선교와 개인적 제자 훈련을 강조했다.[9] 마크 놀(Mark Noll) 교수는 독일 경건주의가 현대 영어권 세계에서 일어난 복음주의의 주요 원천이라고 주장한다.

다른 원천들로는 청교도주의와 웨슬리와 휫필드의 부흥주의가 있다. 이런 여러 흐름이나 뿌리들이 문화에 대한 태도가 동일한 것은 아니다. 독일 경건주의는 국가와 문화에 대해 매우 순응적이었다. 반면 청교도주의는 그렇지 않았다. 미국의 근본주의가 20세기 전반에 경건주의로 빠져 들었을 때, 역사적으로 다른 어떤 뿌리들보다 이에 더 의존했다.[10]

그런데 지난 15년 사이에, 미국의 많은 복음주의 기독교인들은 경건주의의 태도를 버렸다. 서구 사회가 (비교적 갑작스럽게) 탈기독교 사회로 변동하면서 많은 그리스도인들이 무관심을 깨고 나왔다. 주류 문화 기관들이 그들에게 호의적이거나 친절하기를 기대하는 것은 점점 더 어려워졌다. 그들은 문화에 대해 생각해야 할 필요성을 느끼게 되었다. 싸우거나, 재건하거나, 적응하거나, 또는 의도적으로 단절해야만 했다.

우리의 사회적 현실이 변화되지 않았다 하더라도, 경건주의적 무관심에는 중대한 결함들이 있다. 우선, 많은 이들이 그리스도인의 숫자가 증가하면 사회가 개선되거나 변화할 것이라는 경건주의적 입장을 앞세웠다. 그러나 제임스 헌터가 강력하게 주장하듯, 숫자가 늘 영향력으로 연결되지는 않는다. 한 나라 인구의 80퍼센트가 그리스도인이라고 할지라도, 여전히 문화적 영향력이 거의 없을 수 있다. 그들이 문화의 중심부에 살지 않으며 문화를 형성하는 영역들인 학문, 출판, 미디어, 연예, 그리고 예술 등의 영역에서 일하지 않을 때 그렇다.[11] 더 많은 그리스도인들이 존재한다면 사회가 개선될 것이라는 가정은 더 이상 타당하지 않다. 사회에 진짜 영향력을 끼치기 원한다면 전도만으로는 충분하지 않은 것과 마찬가지다.

경건주의적 태도를 받아들인 또 다른 사람들은 문화를 개선시키려는 어떤 노력도 타당한 목표가 아니라고 주장했다. 19세기 전도자인 드와이트 무디는 다음과 같은 유명한 말을 남겼다. "나는 세상을 난파된 배로 봅니다. 하나님은 나에게 구명선을 주시면서 '무디야, 네가 할 수 있는 한 모두 구해라'고 말씀하셨습니다."[12] 이것은 경건주의적 사고의 전형적인 모습이다. 이 주장은 다음과 같다. "사람들이 영적으로 길을 잃고 죽어 가는데 문화에 관여할 필요가 있는가? 중요한 것은 전도와 개인의 제자 훈련이어야 한다."

그러나 이 관점은 사람들을 전도에 준비시키도록 하는 문화의 역할에 대해서는 무지하다. 어느 목사가 나에게 자신이 어떻게 이 진리에 대해 깨닫게 되었는지를 설명한 적이 있다. 그는 교회에서 가장 뛰어나고 명석한 사람들이 세속 직업을 갖기보다는 전임 사역자가 되도록 격려했었다.

그런데 몇 십 년이 지나면서 그가 깨닫게 된 것이 있었다. 점점 더 많은 사람들이 그의 복음 메시지에 동의하지 않을 뿐만 아니라, 옳고 그름이나 죄, 은혜의 기본 개념도 이해하지 못하고 있었던 것이다. 그는 고백했다. "만일 그리스도인들이 단지 전도만 할 뿐, 소설을 쓰지 않고, 영화를 만들지 않고, 작품들을 전혀 제작하지 않는다면, 곧 사람들에게 기독교의 기본 개념 자체가 생소해져서 내가 설교하는 것을 이해하지 못하게 될 것입니다." 이런 일이 이미 일어났다고 주장해도 무리가 아니다. 문화에 변동이 생기면서 문화에 대해 무관심한 경건주의적 태도가 가지는 심각한 문제점들이 하나둘씩 드러났다.

경건주의적 입장은 제자 훈련 과정에 문화가 어떤 역할을 할 수 있는가에 대해서도 막연하다. 현실은 이렇다. 교회가 문화에 대해서 생각하지 않거나 문화의 어떤 부분이 선하고, 악하고, 또는 중립적인지를 성경적으로 생각하지 않는다면, 교회 구성원들은 문화에 동화되고 말 것이다. 거슬러 올라가려는 반대 방향의 동기에도 불구하고 그렇게 된다.

문화는 복잡하고, 미묘하며 피할 수 없는 것이다. 이는 상황화의 작업에서 살펴본 바이기도 하다. 만일 계획적으로 문화에 대해 생각하지 않는다면, 무슨 일이 일어나는지 알지 못한 채 동화되고 말 뿐이다. 흥미로운 예로 전도 중심적, 경건주의적 전통을 가진 교회들이 '구도자 중심적인' 사역 모델을 쉽사리 수용한 것을 들 수 있다. 이는 소비주의와 개인주의의 문화적 가치를 전달하는 그 기술 자체에 대해서는 숙고하지 않은 채 마케팅과 판촉의 현대 기법만을 도입한 것이다.

여러 모델들의 출현

문화에 대한 경건주의적 모델로부터 벗어나려는 움직임의 시작은 매우 미약했다. 1940년대 근본주의 교회 출신의 젊은이들 몇 명이 하버드대학과 보스턴대학에서 박사과정을 공부했다.[13] 그중 한 명인 칼 헨리(Carl F. H. Henry)는 문화가 전반적으로 기독교에 기초한 것처럼 보인다고 하더라도, 기독교 교리가 없는 사회에서 장기간 유지되는 것은 불가능하다는 것을 깨닫게 되었다. 그의 혁신적인 책 《복음주의자의 불편한 양심》(*The Uneasy Conscience of Modern Fundamentalism*)에서, 칼 헨리는 성경을 믿는 개신교인들에게 주류 문화 제도에 다시 들어가도록 요청했다. 그리고 그리스도인으로서 '기독교의 세계관'을 가지고 학문이나 법률, 예술 등 공공영역에서 문화에 참여할 것을 요청했다.[14]

그로부터 20년 후, 프랜시스 쉐퍼는 그리스도인들에게 같은 방식으로 문화에 참여하라고 말했다. 그는 복음주의자들 가운데 대중적 관심을 받게 된 최초의 인물이었다. 그리스도인 대학생들이 디즈니 영화를 관람하는 것도 허락되지 않던 시절에 쉐퍼는 실존주의, 펠리니와 버그만의 영화, 레드 제플린의 노래 가사, 그리고 잭슨 폴락의 예술 작품에 대한 그리스도인의 관점을 제시했다. [15]

경건주의적 관점이 퇴조하면서, 복음주의자들은 그리스도와 문화의 관계에 대한 모델을 탐색했는데[16] 이는 이전까지는 전혀 불필요했던 일이었다. 대안으로 떠올랐던 최초의 시도들은 '기독교 세계관' 사상에 그 뿌리를 두었으며 특히 네덜란드의 아브라함 카이퍼가 주창한 것이 중심이었다. 초창기 카이퍼의 관점은 '영역 주권'(sphere sovereignty)이라는 말로 표현되었다. 그것은 1880년 암스테르담의 자유대학에서 행한 강의로 카이퍼는 대학에서 의학, 법률, 자연과학, 그리고 예술이 기독교 원리의 기초 위에 연구되고 실행되어야 한다고 주장했다.

그는 "모든 연구자들과 함께, 모든 분야와 모든 제자 훈련에" 기독교 원리가 파급되어야 한다고 보았다. 카이퍼는 "우리 정신세계의 어떤 파편도 다른 나머지로부터 해석학적으로 밀봉될 수 있는 것은 없다"라고 주장했다. 그리고 "인류 존재의 전 영역에서 만유의 주재이신 그리스도가 '나의 것'이라고 외치지 않는 것은 단 1평방 인치도 없다!"[17]는 유명한 말을 했다.

인간의 모든 활동과 생산에는 목적이 있고 비전이 있다. 또한 궁극적 실재와 삶의 의미에 대한 특정 이해의 토대 위에서 이루어진다. 그러한 이해가 활동과 생산이 어떻게 수행되어야 하는지를 결정한다. 그러므로 문화적 생산은 그리스도인들이 해야 하는 것이며, 그리스도인들은 하나님의 영광에 부합하는 방식으로 그것을 해야 한다. 달리 말하면 그리스도인들은 문화에 온전히 참여해야 한다.[18]

북미에서 카이퍼 방식의 문화 참여에 대한 관점은 처음에는 개혁주의 신학과 관련 있는 일련의 사상가들과 기관들의 지지를 받았다. '신 칼빈주의'(Neo-Calvinism)라고[19] 명명되었던 이 운동은 그리스도인들이 구별된 기독교 세계관을 갖고 직업을 수행함으로써 문화에 참여하고 문화를 변혁하도록 요청했다.

20세기 중반에는, 고든 클라크, 칼 헨리, 그리고 특히 프랜시스 쉐퍼와 같은 저자들이 미국의 복음주의자들 가운데 세계관의 사상을 대중화시켰다.[20] 프랜시스 쉐퍼, 제임스 사이어와 여러 대중적인 작가들의 저작을 통해 이 개념은 폭넓게 확산되었다. 이것은 북미 복음주의 교회들에서 주일학교 교육과 청소년 프로그램의 주요 부분이 되었다고 말해도 타당할 것이다. 조엘 카펜터가 하버드대학의 케네디 스쿨에서 발표한 논문에 따르면, 카이퍼 류의 세계관 전통이 북미 복음주의권의 고등교육 제반을 이끌었다.[21]

카이퍼 계통의 세계관 운동 옹호자들은 정치적으로는 자유주의에 가까웠다. 그들은 유럽 스타일의 중앙 경제와 정의 및 소수 인권에 강조점을 둔 정부 확대를 지지했다. 그런데 1970년대와 1980년대에 미국 기독교 세계관 운동의 또 다른 진영인 종교적 우파가 대두하기 시작했다.

제리 팔웰(Jerry Falwell)과 같은 근본주의 그리스도인들은 경건주의적 입장을 노골적으로 지지하면서, 세계관 운동을 저버렸다. 팔웰과 동료들은 미국 문화가 도덕적 가치를 빠르게 버리고 있다고 믿었으며, 보수적 그리스도인들이 공화당 내에서 정치적 힘을 가지도록 이끌었다.[22]

종교적 우파는 세계관 개념을 많이 사용하였으며, '문화 변혁'이라는 개념도 적극 활용했다. 심지어 이런 생각들을 보수 정책을 지지하는 정치적 행동으로 직접적으로 연결시켰다. 세속주의 가치를 추구하는 주(state)들은, 단지 낙태와 동성애를 지지하기 때문만이 아니라, 축소되어야 할 대상으로 보았다.[23] 보수적 정치 철학은 세금을 내려야 한다고 보았으며, 민간 부문과 개인의 자유, 그리고 군대를 강화해야 한다고 생각했다.

종교적 우파들은 성경적 세계관에 근거해서 모든 보수 아젠다(agenda)를 정당화하곤 했다. 이 운동으로 그들은 기독교 세계관으로 정부를 이끌 정치 지도자가 필요하다는 주장을 했다. 여기서 기독교 세계관이란 대개 작은 정부, 낮은 세금, 강한 군대, 낙태 및 동성애에 대한 반대를 의미했다.

문화적 변동에 대한 두 번째 반응은 종교적 우파와 같은 시기에 나타났다. '구도자 교회 운동'이 성장한 것이다. 이 운동은 시카고 교외의 윌로우크릭교회의 지도 아래에서 1970년대 후반에 시작되었으며 1980년대에 명성을 얻게 되었다.[24] 이 운동의 뿌리 중에 한 가지는 선교학자 도날드 맥가브란의 생각에서 영향을 받은 교회 성장 운동이다.

맥가브란은 비그리스도인들이 신자가 되기 위해서 주요 문화 장벽을 뛰어넘도록 요구받아서는 안 된다고 가르쳤다. 구도자 교회 운동은 이런 원리를 염두에 두면서 문화 변화를 감지했고, 기독교가 비신자들에게 점점 더 문화적으로 이질화되고 있음을 발견했다.

여기에서 제시된 해결책은 (경건주의적 입장을 고수하는 사람들의 교회와 같은) '예전 같은 교회'도 아니며, 또한 (종교적 우파와 같은) '복수의 정치 세력'도 아니었다. 대신 이 운동은 교회의 부적합성에 대해 빈번히 말했으며, "교회를 재구성"하려고 했다. 주로 사업 분야에서 사용하는 세련된 마케팅과 생산 관리 기법을 차용함으로써 교회를 안 다니는 세속적인 사람들에게 호소하려고 했다.[25]

이러한 두 가지 반응은 문화를 무시하거나 비난하는 경건주의적 입장에서 벗어난 주요 흐름이었다. '종교적 우파'는 공격적으로 문화를 바꾸려고 한 반면에, '구도자 교회 운동'은 그리스도인들에게 문화에 밀접한 적합성을 가지라고 요청했다. 그런데 오래지 않아 그리스도인들은 문화 변동뿐만 아니라 '이런 반응들'에도 반응하기 시작했다. 1990년대 후반에 젊은 복음주의자들 사이에 새로운 트렌드가 등장했다. 곧 '이머징 교회'(the emerging church)로 알려진 운동이다.[26]

이머징 교회는 계속되는 문화 변동에 대한 또 다른 반응이었다. 당시에는 '기독교 국가의 종언' 및 '현대성의 종말'을 선언하는 책들이 쏟아져 나왔다. 레슬리 뉴비긴은 서구 교회에 '서구 문화와 선교사적 만남'을 가지라고 요청했다.[27] 그리고 1990년대 후반, 일단의 학자들이 뉴비긴의 기본 통찰에 근거하여 《선교적 교회》(Missional Church)라는 제목의 책을 출판했다.[28] 문화와 관련하여 '선교적 교회'와 '이머징 교회'는 새로운 길을 지칭하는 명칭이 되었다.

그렇다면 이 새로운 길이란 도대체 무엇일까? 사실상 이것은 여러 가지 다른 길들이다. 많은 젊은 복음주의 지도자들은 도덕적 다수 운동 및 구도자 교회 운동의 마케팅 방법론이 문화와 적합한 관련성을 이루는 데 실패했다는 것에 동의한다. 그들이 보기에 도덕적 다수 운동은 교회가 진정한 성경적 사고방식과 생활을 따르기보다 미국 국가주의와 자유시장 자본주의에 어리숙한 충성을 바쳐 포로가 된 것이었다. 다른 이들은 신앙을 개인주의와 소비주의에 매절한 것으로 보고 구도자 교회 운동을 거부했다. 많은 그리스도인들은 이 두 그룹이 서구적, 현대적, 계몽적 문화의 포로가 되었던 것으로 본다.

이에 대한 반동으로 선교적 교회와 이머징 교회에 참여한 사람들은 보다 넓은 인간 사회에 정의를 행하고 봉사할 것을 강조했다. 이것은 종교적 우파나 구도자 교회는 물론 더 오래된 경건주의 교회들이 강조하지 않았던 것이다. 이머징 교회 지도자들은 또한 (프랜시스 쉐퍼가 초창기에 그랬듯이) 문화 형성에 참여하는 것과 세속 직업의 선함을 강조했다.

이 운동의 세 번째 강조점은 영성 추구와 관상적 영성에 있다. 이것은 역사적으로 로마 가톨릭 및 동방정교와 연결되는데 종종 영적 훈련들로 채택되었던 것이다.[29] 이것들은 소비자 지향적 구도자 운동에 대한 대안으로써 제시되었다.[30]

그런데 선교적 교회와 이머징 교회는 정체성을 반쯤만 확인할 수 있는, 다른 수많은 운동들로 금세 분열되었다. 흥미롭게도 그 분열의 상당 부분은 기독교가 문화에 어떻게 연결되어야 하느냐에 대한 것이다. 이머징 교회 옹호자들은 그들이 원하지 않는 것이 무엇인지 안다. 경건주의가 취하는 문화에 대한 무관심, 종교적 우파들의 승리주의, 그리고 많은 구도자 교회가 지닌 성찰 결여가 그것이다.

그러나 그들은 어떻게 문화에 연결되어야 하는지에 대한 이상적 모델에 대해서는 동의하지 않았다. 어떤 교회들은 젊은 세대들의 모순적 감수성에 적응했다. 이머징 경향의 또 다른 교회들은 스탠리 하우어워스와 존 하워드 요더 같은 작가에 크게 영향 받아 '신 재세례파'(New Anabaptist) 관점을 선택했다.

다른 모델들 사이의 논쟁은 교단과 전통들 내부에서 열띤 논쟁으로 이어지고 있다. 한 예는 카이퍼 류의 '문화 변혁' 관점을 수십 년간 견지했던 보수적 개혁교회 공동체 안에서 일어나고 있다. 최근 몇 년 동안 전적으로 다른 관점이 발전해 왔는데, 그것은 '두 왕국 모델'이라고 불리는 것이다. 이 그룹은 카이퍼 식의 관점과는 반대로, '하나님 나라의 일'이 문화를 변혁하고 구속하는 것을 포함하지 않는다고 주장한다. 그들은 다만 교회를 세우는 것이 있을 뿐이라고 말한다.

그리고 두 왕국 관점을 지지하는 사람들은 그리스도인들이 다른 사람들과 동일한 시민으로서 세상에 살아야 한다고 믿는다. 삶은 바름, 옳고 그름, 선한 질서 등에 대해 보편적으로 수용되는 직관을 따라 사는 것이다. 달리 말해서, 그리스도인들은 기독교의 기준이나 신앙을 반영하도록 문화를 변혁하려 해서는 안 된다는 주장이다.

오늘날 우리는 무엇을 보고 있는가? 그리스도와 문화의 관계는 역사적 모델들이 재발견되고, 실험되고, 수정되고, 논쟁하는 것이다. 다음 장에는 이런 모델들 중에서 가장 두드러진 모델에 대하여 자세히 살펴볼 것이다.

개인적으로 다른 사람들의 관점을 비판하는 데 많은 시간을 사용하는 것이 유익하지 않다고 생각한다. 오히려 긍정적인 행동 계획을 세우는 데 많은 시간을 할애하는 것이 낫다. 그러나 이 부분에 대해서는 사려 깊고 명료한 비판을 하는 것이 실제적으로 많은 도움이 될 것이다. 모델들을 나란히 놓고 살펴본다면, 그 모델들의 영향력을 이해하고 그들이 동의하지 않는 모델들의 입장을 '해석하는 것'이 도움이 될 것이다.

마지막으로 모델들을 분석하는 주된 목표는 문화에 관여하는 최선의 방법을 찾고 여러 극단들 사이에서 균형을 맞추려는 것이다. 우리가 조사할 모델들은 특정 중요 진리들을 확고히 붙잡고 있지만, 다른 중요한 진리들은 무시하는 경향이 있다. 결과적으로 각각의 모델에는 가장 순수한 형태에서의 성경적 균형이 없다. 우리는 미끄러질지도 모르는 가파른 비탈에 서 있다. D. A. 카슨이 말하는 것처럼 "온전한 설명이나 명확한 명령" 같은 것은 없다.[31] 그러므로 보다 균형 잡힌 접근을 위해서, 기독교를 문화에 연결 짓는 몇 가지 모델들의 다양한 지평을 살펴보도록 하자.

토론과 성찰을 위한 질문들

1. "현대 미국 교회는 교단들 간의 논쟁들로 고동치고 있다"는 말을 생각해 보라. 당신의 신학적 공동체나 교단 내부에서 시간을 많이 요하거나 심각한 논쟁을 유발하는 것들이 있는지 목록을 기록해 보라. 그중에 무엇이 문화 변동에 의한 것이며, 어떤 것이 그리스도와 문화에 대한 공동체의 관점과 관련되는가?

2. 전통적 가치로부터의 이탈할 때는(예를 들어 권위의 부정, 과격한 개인주의, 기술 발전 등) 명분들이 있다. 하지만 그 명분에도 불구하고, 복음 메시지는 사람들에게 '점점 더 이해하기 힘든 것'이 되어 버렸다. 당신의 문화 맥락에서 복음을 소통할 때 이런 것을 경험했는가? 복음의 어떤 면이 사람들에게 가장 어렵게 다가오는가?

3. 경건주의를 지지하는 사람은 이렇게 주장한다.

   • 세상을 변화시키는 방법은 한 번에 한 영혼씩 전도와 제자 훈련을 통해 변화시키는 것이다.
   • 그리스도인의 수를 증가시키면 사회가 개선되거나 변화할 것이다.
   • 그리스도인들이 문화를 개선하려고 하는 것 자체가 적절한 목표가 아니다.

이 장을 읽고서 당신은 이러한 반대들에 대해 어떤 생각이 드는가? 경건주의적 입장이 지닌 강점과 약점은 무엇인가?

4. 문화 변동에 대한 다양한 종교적 반응들 중에 어떤 것에 참여했었는가? 역사적 개관이 당신의 경험에 부합하는가?

10
문화에 대응하는
네 가지 모델들

◇◇◇

미국의 그리스도인들은 수많은 복음주의자들을 경건주의적 입장에서 벗어나도록 뒤흔든 문화적 위기에 대응하여 문화와 어떻게 관계해야 할지 다음의 네 가지 방식으로 반응해 왔다. 이것을 변혁 모델, 적절성 모델, 대안문화 모델, 그리고 두 왕국 모델이라고 부른다.[1]

앞 장에서 우리는 이러한 관점들이 등장하게 된 역사적 배경들과 그 모델들을 촉발시킨 사고들을 살펴보았다. 이제는 각각의 모델에 대해 자세히 다루고자 한다. 문화 참여에 대한 센터처치 비전을 제시하기 전에 먼저 이 네 가지 범주를 확인하는 것이 보다 분명하고 중요한 작업이 될 것이라 믿는다.

모델들의 문제

지난 30년 동안, 경건주의적 입장에 대한 대안으로 떠오른 것들은 리처드 니버(H. Richard Niebuhr)의 저서 《그리스도와 문화》의 내용과 비슷하다.[2] 니버는 그리스도와 문화의 관계를 다섯 가지 기본 방식으로 제시했다.

1. 문화와 대립하는 그리스도(Christ against Culture): 문화에서 빠져나와 교회 공동체로 들어오는 분리 모델

2. 문화 속의 그리스도(Christ of Culture): 문화 가운데 하나님이 일하심을 인정하고 이것을 확인하려는 순응 모델

3. 문화 위의 그리스도(Christ above Culture): 그리스도와 함께 문화 안에 있는 좋은 것들을 보충하고 사용하는 합성 모델

4. 그리스도와 문화의 역설(Christ and Culture in Paradox): 그리스도인이 성과 속의 두 영역에서 살고 있다고 보는 이원론 모델

5. 문화를 변혁하는 그리스도(Christ Transforming Culture): 그리스도와 함께 문화의 모든 부분을 변혁하려고 하는 회심주의자 모델

니버는 첫 번째 모델이 구속의 능력을 너무 단순하게 생각했다고 여겼다. 원죄의 영향으로부터 우리가 탈출하는 것에 대해서도 무지하다고

본다. 반면 두 번째 모델은 문화적 현 상태와 지속적인 죄의 실재에 대해서 너무 간과했다고 보았다. 세 번째 모델은 문화 그리고 그리스도에 대해서 너무 낙관적이고, 하나님의 심판의 중요성을 망각했다고 보았다. 네 번째 모델은 문화 개선의 가능성에 대해서 너무 비관적이라고 생각했다.

니버는 여러 모델들 중에서 마지막(문화를 변혁하는 그리스도)이 가장 균형을 갖춘 것이라고 보았다. 문화에 대해 분리주의나 이원론처럼 비관적이지 않으면서도 순응주의나 혼합 모델처럼 순진하게 낙관적이지도 않다고 보았다.

이처럼 니버가 그리스도와 문화의 관계를 이해하는 방식으로 다섯 가지 분류를 제시했지만, 그는 이렇게 모델을 나누는 것의 인위성도 인정했다. 그는 "우리가 가설적인 분류로부터 개별 사건들의 복잡성으로 돌아와 보면, 어떤 개인이나 집단도 한 가지 분류에 완벽하게 일치하지는 않는다. 이는 분명한 사실이다"[3]라고 말했다. 모델과 범주를 구분하는 것의 위험성을 인정한 셈이다. 다시 말해 분류에 딱 맞아 떨어지는 사람도 있지만, 그렇지 않은 경우도 있다는 것이다.

그렇다면 왜 모델을 사용하는가? 두 가지 이유가 있다. 첫 번째는 니버 자신이 말한 바와 같다. "분류 체계 방법론에는 이점이 있는데, 그중 하나는 그리스도인들이 오래된 문제들과 긴 씨름을 하면서 그 안에서 발현하고 재현되는 반복적인 양상들의 연속성과 중요성을 주목하게끔 한다. 그래서 우리 시대 그리스도와 문화라는 질문에 답하는 데 방향성을 제시하도록 돕는다."[4]

다시 말해서, 각각의 모델에는 그 안에 흐르는 반복적인 양상들과 그리스도인이 문화를 어떻게 대해야 할지에 대한 성경적 원리가 담겨 있다. 각각의 모델은 그 주제를 강조해 온 사람들과 집단들을 모음으로써 특정 원리의 중요성을 볼 수 있게 한다.

모델을 사용함으로써 도움을 받는 두 번째 길은 그것들의 부적합성을 알게 되는 것이다. 많은 집단 및 사람들은 어떤 한 범주에 딱 들어맞지 않는다. 성경 주제들을 다 포용할 수 있는 모델은 없고, 이는 어찌 보면 당연한 것이다. 각각의 모델들 안에서 어떤 사람들은 다른 모델이 가진 통찰들을 더 적극적으로 수용한다. 반면 한 유형에 배타적 헌신을 하는 사람들도 있다. 각 모델이 종종 제대로 설명하지 못하는 부분이 있다는 것은 그 자체로 시사하는 바가 크다.[5] 교회 지도자들은 각 모델의 한계를 통해 극단과 불균형을 피하고 모든 주제들과 범주들부터 배울 수 있게 된다.

사람들이 다른 이들과 어떻게 관련되는지를 모르고서는, 곧 연속과 대조를 살피지 않고는 그들이 하는 일을 이해할 수 없다. 이것이 모델을 만드는 작업의 특성이다. 그럼에도 우리 중에 어느 누구도 어떤 범주에 한정되기를 원하지 않는다.

나는 특정 모델 안에도 여러 가지 입장들이 있음을 제시할 것이지만, 일부 독자들은 여전히 분류 당한 느낌을 가질 수 있다. 나는 이 입장들의 가장 명확하고 선명한 관점들을 상세히 기술하려고 한다. 내가 깨달은 것은 어떤 운동에 참여하는 모든 사람들이 정확히 그것과 같은 관점을 가진 것은 아니라는 점이다. 따라서 나는 개괄적인 일반화를 시도하려고 한다. 교회의 많은 씨름들 아래에 잠복한 이슈가 교회와 문화의 관계라면, 이 특정한 주제에 대한 지형도를 만들고 연구하는 것은 필수적인 작업이라고 믿는다.

변혁주의 모델

문화 참여의 첫 번째 모델은 '변혁주의 모델'이다. 이 모델은 그리스도인들이 기독교 세계관으로 직업을 추구함으로써 문화에 관여하고, 그를 통해 문화를 바꾸는 것에 초점을 둔다. 그리스도의 주재권이 삶의 모든 영역에 적용되어야 한다고 믿기 때문에 -경제, 사업, 정부, 정치, 문학, 예술, 언론, 미디어, 과학, 법률, 교육 등- 그리스도인들은 문화를 변혁하기 위해 힘써야 한다. 즉, (문자적으로) 세상을 바꾸는 것이다. 앞에서 말한 것처럼, 이 모델은 네덜란드 신학자이며 정치가인 아브라함 카이퍼의 사상과 업적에서 많은 영향을 받았다.

카이퍼는 이 토론에 두 가지 근본적인 통찰을 제공했다. 우선, 그리스도인들은 삶의 모든 영역에서 그리스도인으로서 구별되게 생각하고 행동해야 한다. 그것은 모든 문화적 행동들이 (최소한 암묵적으로라도) 신앙적 가치의 집합을 전제로 이루어지기 때문이다. 모든 사람들은 무언인가 궁극적인 관심사에 의해 움직이며, 예배한다. 그것이 무엇이든지 간에 우리의 문화적 결과물들을 형성한다.

카이퍼의 두 번째 통찰은 다음과 같다. "그리스도인들은 인간 문화와 제도를 공유하는 가운데 비그리스도인들과 상호작용하면서 생각과 말과 행동의 방식들을 구체화해야 한다."[6] 다시 말해 만일 그리스도인으로서 내가 기독교 신앙을 의식하고 살아간다면, 이 신앙으로 인해 모든 일들이 영향을 받게 될 것이다. 문화를 만드는 나의 작업이 사회를 어떤 방향으로든 움직이게 하는 것이다. 결과적으로 나는 문화를 바꾸게 될 것이다.

비록 내가 카이퍼의 두 가지 통찰에 근거하여 문화에 관여하는 사람들을 변혁주의 모델이라고 부르기는 하지만 이 모델 안에 있는 여러 그룹들은 적용과 실행에 있어서 상이하다는 것을 기억할 필요가 있다. 앞에서 언급했듯이, 종교적 우파 또는 기독교 우파 그룹은 문화적 변화가 무엇보다도 정치적인 이슈를 다루는 운동을 통해서 이루어진다고 보며, 그리스도의 이름으로 문화를 바꾸려고 한다.

이 운동의 초창기 설계자들은(프랜시스 쉐퍼, 척 콜슨 등) 카이퍼의 관점에 근거해서 실질적인 운동을 했다. 2008년 정치적으로 진보 성향인 칼빈주의자들의 잡지인 〈퍼스펙티브〉의 글에서는 진보적인 신 칼빈주의자들이 지적인 영웅으로 추대했던 카이퍼의 기본 사상들이 이제는 미국 기독교 우파의 근거가 되었다는 점을 개탄하기도 했다.[7] 물론 기독교 우파는 일관성 있는 성경적 세계관이 보수적 정치 철학으로 귀결된다고 믿고 있다.

많은 사람들은 카이퍼와 기독교 재건주의, 곧 신권 정치라는 소수 운동과의 연결성을 지적하기도 했다.[8] 이 운동은 루자스 러쉬두니(Rousas Rushdoony)의 책들에 기초하고 있는데, 그는 "현대 국가는 성경의 법에 근거해야 한다"라고 주장했으며, 모세 율법 중 '시민법'의 상당 부분이 이에 기초한다고 말했다.[9] 이 견해를 추종하는 사람들은 기독교 국가의 재건을 꿈꾸며 그 국가는 기독교 신앙을 공공연하게 지지하며 다른 신앙을 가진 구성원들에게는 제한적 관용만을 베푼다. 러쉬두니는 종종 '민주주의의 이단성'에 대해 말하기도 했다.[10] 미국 바깥에 있는 다른 사람들도 "신앙고백적인 기독교 국가"라는 논거의 정당함을 입증했다.[11]

북미에서 문화 참여와 카이퍼를 연결시키는 원래 그룹들은 신 칼빈주의자들로 구성되었다. 그런데 이 그룹은 기독교 우파나 재건주의자들과는 여러 면에서 현저히 달랐다. 특히 정치에 있어서 더욱 그랬다. 기독교 우파는 정치적으로 보수주의자들이며 낮은 세금과 기업 규제 완화가 개인의 자유 및 사유재산에 대한 성경적 원칙의 적절한 표현이라고 받아들였다. 그런데 신 칼빈주의자들은 정치에 있어서는 중도 좌파의 위치에 있다. 이들은 누진 과세와 강력한 노조를 성경적 정의 원리에 부합하는 정치적 표현으로 생각했다.

그리고 기독교 재건주의자 진영에 있는 사람들이 시민 정부가 명시적으로 성경적 진리와 가치를 따라야 한다고 주장하는 반면, 신 칼빈주의자들은 '원칙적인 다원주의'에 대해 이야기한다. 공직에서 일하는 그리스도인들은 정의의 원리를 추구해야 하며, 이는 비신자들에게서도 자연계시 또는 일반 은총으로 말미암아 이해될 수 있어야 한다는 것이다. 이 원리들은 성경적 원리들과 분명히 일치하는 것들이다.[12]

변혁주의 모델의 여러 그룹들 사이에 존재하는 두 번째 차이점은 '참여'(engagement)의 전반적인 전략에 있다. 기독교 우파 운동은 전형적으로 특정한 정치적 활동을 통해 문화 변화를 꾀한다. 예를 들면 낙태 금지,

동성애 반대, 그리고 가족 및 전통 가치에 대한 옹호 등이다.

반면 신 칼빈주의자들의 전략은 주로 '교육'에 집중되어 있다. 기독교 학교와 대학의 긴밀한 네트워크는 모든 학문 분과에서 '기독교적으로 생각하며' 모든 분야에서 '기독교 세계관'을 가지고 일하는 학생들을 키워 내려 노력하고 있다. 이 관점은 많은 복음주의 대학과 출판사들, 대학생 선교 단체에도 영향을 미쳤다(CCO라는 단체인데, 전에는 '기독교 전도 연합'이라고 불렀다).[13]

세 번째 차이는 신학적인 것이다. 신 칼빈주의자들과 종교적 우파 운동의 큰 차이점은 신 칼빈주의자들은 사업, 예술, 직업의 영역에 대한 가이드를 만들 때 성경만 의존하지 않는다는 점이다. 이들은 창조 세계를 살펴봄으로써, '일반 계시'를 통해 우리 삶을 향한 하나님의 뜻을 분별할 수 있다고 가르친다.[14] 다시 말해 우리의 문화적 활동을 수행하는 독특한 그리스도인의 방식이 있다고 믿는 동시에 인간이 문화 속에서 어떻게 살아야 하는지 직관적으로 분별할 수 있다고 믿는다.

이러한 관점은 신 칼빈주의자들이 비신자들과 공동의 목표를 위해서 일하고 공공영역에서 덜 전투적인 자세를 취하도록 돕는다고 생각된다. 다양한 변혁주의 모델들이 상이한 관점을 취하긴 하지만, 이 모델 내에서 일하는 모든 사람들은 몇 가지 공통분모들을 가진다.

1. 그들은 세속 직업이 교회에서 목회를 하는 것과 마찬가지로, 그리스도와 그의 나라를 섬기는 데 중요한 방법이라고 본다. 그들은 그리스도의 구속 목적이 개인적 구원뿐만 아니라 창조 세계의 구속이라고 이해한다. 따라서 그리스도인들은 단지 말씀과 성례를 통해 교회를 세울 뿐

만 아니라, 창조 세계를 회복하고 새롭게 하기 위해 일한다.

신학자 헤르만 바빙크(Herman Bavinck)는 하나님의 구원하시는 은혜는 "자연 바깥이나 위나 옆에 머무는 것이 아니라, 자연 전체를 새롭게 하는 것이다"라고 가르쳤다.[15] 신학자 게할더스 보스(Geerhardus Vos)는 바빙크와 같은 흐름에서, 하나님 나라가 이 세상에서 작동하는 방식을 두 가지로 본다. 하나는 교회 안에서 말씀과 성례를 통해서이며, 또 하나는 사회에서 그리스도인들이 하나님의 영광이 되도록 살아갈 때다.

보스는 이렇게 썼다. "과학의 영역, 예술의 영역, 가족 및 국가의 영역, 상업 및 산업의 영역이 있다. 이러한 영역 중 하나가 하나님의 주권과 영광스런 영향력 아래 들어올 때마다, 그 가운데 하나님의 영광이 나타날 때마다, 우리는 진정으로 하나님의 나라가 나타났다고 말할 수 있다."[16]

2. 변혁주의 모델은 다른 모델들에 비해서 그리스도인들이 일터에서 자신의 일을 뛰어나게 수행하는 것에 높은 가치를 부여하며 그것을 축하한다. 사업, 미디어, 정부, 정치, 학문, 예술의 영역에서 영향을 끼칠 수 있는 영역에 진입하는 것을 높이 평가한다.[17]

내 생각에는 이것이 변혁주의자들이 진심으로 세속 직업을 그리스도의 나라를 전파하는 진지한 방법이라고 생각하기 때문에 가능하다고 생각한다. 부가적으로 이 모델을 받아들이는 사람들은 문화를 형성하는 인간 제도의 중요성을 긍정하고 제도 속에서 살며 일하는 것을 중요하게 생각한다.[18]

3. 이 범주에 드는 모든 사람들은 '공공 영역의 탈신앙성'(the naked

public square)을 주장하는 세속주의가 사회의 주요 문제라고 믿는다. 관용과 중립성의 명목으로 세속주의자 엘리트들은 사회에 특정한 세계관을 요구해 왔다. 신자들이 신앙과 가치를 문화에 반영하려는 노력을 못하도록 금지시킨 것이다. 그러한 전제 뒤에는 그리스도인들이 수동적이었거나 또는 '이원론'에 빠져 있었다는 주장이 있다. 이는 믿음과 신앙을 완전히 사적인 영역으로 제한하는 것이며, 그들이 공공영역에서 살아가는 방식에 영향을 끼치지 못하도록 한다. 추후에 살펴보겠지만, 나는 이것이 정확한 평가라고 생각하며, 문화에 대해 성경적으로 신실한 관점을 개발하는 과정에서 정말 중요한 부분이라고 생각한다.

변혁주의 모델의 문제들

우리는 변혁주의 모델에서 몇 가지 중요한 문제들을 확인할 수 있다. 그러나 이 모델 안에서 자체 교정이 활발히 일어나고 있음을 먼저 이야기해야 한다. 특히 이 스펙트럼 중에서도 신 칼빈주의자들이 그렇다. 따라서 나의 비평은 이 운동을 하는 멤버들이 이미 말한 것들과 상응하고 있다.[19]

첫째, 변혁주의 모델에서 사용하는 '세계관'의 개념이 너무 인지적이다. '성경적 전제'라는 생각은 종종 순수하게 믿음과 제안의 문제라고 이해된다. 제임스 K. A. 스미스는 '기독교 세계관'의 이 양상에 대해 비판하는 *Desiring the Kingdom*(나라를 갈망함)[20]이라는 책을 썼다. 칼빈대학 교수인 스미스는 사람들이 궁극적으로 세계관을 가지고 있다는 것을 부정하지는 않는다.

그러나 그는 세계관이 이성과 정보에 의해 완벽하게 형성된 단순한 교리적, 철학적 신념들에 불과한 것은 아니라고 주장한다. 세계관은 소망과 사랑의 집합들로 형성된다. 이는 의식적이고 의도적으로 채택될 뿐 아니라 '암묵적 지식'과 '마음의 태도'로도 결정된다. 이들은 경험, 공동체적 삶, 그리고 의전(날마다의 관습)의 결과이다.

둘째, 변혁주의는 종종 '교회에 대해 저평가'하는 경향이 있다. 변혁주의자들에게 '진정한 행동'은 교회 바깥에서 이루어지는 것으로 여겨지며, 교회 자체가 아니다.[21] 많은 변혁주의자들을 흥분시키는 것은 교회를 세워가는 것이 아니라 그리스도를 위해 문화적 장벽들을 뚫고 거기에 침투하는 것이다.

여기서 이중적 문제가 발생한다. 먼저 경건주의가 전임 사역을 귀하게 여기고 세속 직업을 폄하한 것과 비슷하게, 변혁주의는 정반대 방향의 극단으로 향할 수 있다. 엄청난 흥분과 창조적 에너지가 우주적 또는 사회적 구속에 사용되지만, 전도와 제자 훈련을 통한 개인의 회심을 가져오지는 못한다.

게다가 제임스 K. A. 스미스가 지적하듯이, 세계관 형성은 (신 칼빈주의자들이 주장하듯) 교육과 토론을 통해서만 일어나는 것이 아니며, (기독교 우파가 주장하듯) 정치 과정을 통해서 주로 일어나는 것도 아니다. 그것은 오히려 우리가 포용하는 이야기들을 통해서 도출된다. 특히 우리의 마음과 상상력을 사로잡는 인간 발전의 강력한 그림을 통해서 주로 이루어진다. 이 이야기들은 우리에게 단지 강의실에서만이 아니라 다양한 원천에서 흡수하는 이야기들을 통해 제시된다.[22]

그러므로 스미스는 교회 공동체의 전례와 습관들이 세계관 형성에 있어서 결정적인 역할을 한다고 주장했다. 이것은 매우 중요한 교정이다. 이 관점은 문화 기관들에 들어가야 한다는 카이퍼의 강조점과 견고한 그리스도인 공동체에 참여하는 것을 강조하는 반문화주의자들의 강조점에 균형을 가져온다(우리는 이 점에 대해 보다 상세하게 살펴볼 것이다).

셋째, 변혁주의는 승리주의, 자기의(self-righteous), 그리고 과도한 확신(사회에 대한 하나님의 뜻을 이해하고 실행하는 능력에 대한)을 가지는 경향이 있다. 변혁주의자들 중 "문제의 뿌리를 이해하는 능력에 대한 오만과 아울러 복음의 통찰로 사회 구조를 개선시키는 지혜에 대한 오만"이 있다고 언급하기도 한다. [23]

이러한 오만은 성경에서 얻는 통찰에 대한 과도한 확신에서 기인하기도 한다. 그 원리들을 쉽사리 경제, 예술, 정부에 적용하는 식이다. [24] 리처드 마우(Richard Mouw)는 신 칼빈주의자들이 "성경 기록에서 상세한 문화적 지침들을 발견하는 특별한 능력을 갖고 있다"라며 농담을 한 적이 있다. [25] 이는 기독교 우파 운동과 신권주의 정치사상을 가진 사람들에게 모두 적용된다. 이 위험성은 성경의 구속사적 이야기 흐름을 분별하지 못하고 완전한 기독교 문화를 상정한다는 점에 있다. 신약성경에는 레위기 같은 책이 없다. 무엇을 먹을지, 무엇을 입을지, 또는 어떻게 문화적 관습들을 규제할지에 대해 명령하는 책이 없는 것이다.

물론 기업이나 공공영역에서 일하는 그리스도인들에게, 인류 복지의 기독교적 비전을 제시하는 중요한 성경적 가치나 지침들이 있기는 하지만, 구체적으로 회사나 정부를 어떻게 운영할지에 대해서는 성경적인 계획도 없다. 더욱이 변혁주의자들은 문화 변화를 일으키는 자신들의 능력에 대해 과도하게 확신할 수 있다. "문화를 정복하자"는 구호나 "문화를 변혁하자"는 문구 자체가 기독교가 문화를 대대적으로 혁신할 수 있다는 기대로 귀결된다.

그러나 제임스 헌터가 탁월하게 제시했듯이 인간 문화는 매우 복잡하며 어떤 수단으로도 통제되지 않는다. 그리스도인들이 만들 수 있는 모든 변화는 점진적인 것이다.[26]

넷째, 변혁주의는 문화 변화의 방법으로 너무 많은 지분을 정치에 둔다.[27] 헌터는 정부-정치는 문화 매트릭스 중에서 한 종류의 제도에 지나지 않는다고 지적했다. 그리고 그는 종교적 우파가 최소한, 이 제도의 영향력을 과대평가했다고 주장했다. 일반적으로 정치는 문화 변혁의 진정한 원천으로부터 흘러내려오는 것이다. 문화 변혁은 '문화의 중심지'에서 새로운 생각들이 생산되어 비선형적인(nonlinear) 방식으로 흘러간다. 그 중심지는 학계, 예술계, 미디어 회사, 그리고 도시들이다.

학자들은 새로운 이론을 발상하고, 그중에 어떤 것들은 분야를 장악하여 영향력을 떨치기 시작한다. 그 이론에 영향을 받은 사람들이 다른 문화 기구들 속에서 그 이론에 근거하여 활동하기 시작한다. 학교에서 가르치고, 책을 출판하고, 연극과 영화를 만들고, 새 소식을 전하기 위해 이야기를 사용한다. 대중의 의견은 천천히 움직인다. 이러한 대중의 의견에 근거하여 법이 통과되기 시작한다.

예를 들자면 '성적 학대 금지법'이 있다. 1910년대에 미국 어느 주에서 학대 금지법이 통과될 수 있었을지 상상해 보라! 그것은 불가능한 일이었다. 성, 성 역할, 그리고 인권에 대한 우리의 생각에, 여러 문화 기구들을 통해서, 상천하지의 변화가 생긴 다음에야 법이 등장할 수 있었다. 정치는 문화 변화를 항구화하는 데 도움을 준다. 그러나 법이 변화를 주도하지는 못한다.

다섯째, 변혁주의자는 종종 권력의 위험성을 인지하지 못한다.[28] 제임스 헌터가 지적하듯, 사회 속에서 그리스도인들이 권력 사용을 회피하며 사는 것은 불가능하다.[29] 그러나 경건주의적 입장이 인간 제도의 중요성을 간과하는 것처럼, 변혁주의 모델의 행동주의는 그리스도인들이 권력을 추구하고 사용할 때 빠져들 수 있는 위험성을 종종 간과한다. 어떤 변혁주의자들은 그리스도인들이 정치적 단체를 만들어서 정치력을 획득하지 않는 한 어떤 변화도 시작할 수 없다고 생각하는 것 같다.

그러나 기독교와 국가 정부가 너무 긴밀히 연합하여 교회가 활력을 상실하게 된 무수한 예들이 있다.[30] 미로슬라브 볼프(Miroslav Volf)는 "기독교 공동체는 단지 많은 경주자들 중에 하나라는 사실을 편안하게 받아들여야 한다. 그들이 어디에 있든지(주변에 있든, 중심에 있든, 또는 그 사이 어딘가에 있든) 인류 발전을 도모할 수 있고 공공선을 추구할 수 있다"고 본다.[31]

볼프는 종교적 믿음이 문화와의 관계에서 할 수 있는 두 가지 오작동에 대해서 이야기한다. 한 가지는 그가 '게으름'이라고 부르는 것이며, 다른 하나는 '강압'이다. 게으름은 수동적인 것으로서 문화적으로 퇴각하는 것이다. 이는 변혁주의자에게 유혹이 될 수 없을 것이다. 그러나 강압은 유혹이 될 수 있다.

볼프는 참된 성경적 조망에서 볼 때, 기독교가 결코 강압적인 종교가 아니라고 설득력 있게 주장한다. 복음, 십자가, 기독교 윤리에 대한 합당한 이해가 있다면 그리스도인이 압제적인 방식으로 힘을 사용하는 것은 불가능하다.[32] 그렇지만 이런 현실을 간과하고 그리스도의 이름으로 권력을 강압적으로 사용하는 일이 발생한다. 아브라함 카이퍼의 남아프리카공화국 지지자들이 그랬다. 기독교 문화를 유지하기 위해서 인종차별의 잔인한 정책을 정당화한 것이다.[33]

만약 우리가 정치적 영향력을 획득하고 유지하는 것에 시선을 집중하면, 하나님이 어떻게 가난한 사람들과 소외 계층 사이에서 일하셨는지에 대한 성경적 주제들을 상실할 수 있다. 참된 그리스도인이라면 '샬롬'(모든 시민을 위한 평화와 정의)을 추구해야 한다는 것을 기억해야 한다. 지금까지 살펴볼 때, 종교적 우파의 더 우려되는 면모는 가난한 사람들에 대한 관심이 전혀 없다는 것이다.

적절성 모델(Relevance Model)

문화 참여에 대한 현대의 두 번째 모델은 적절성 모델이다.[34] 변혁주의 모델과 마찬가지로, 이 안에도 아주 다른 그룹들이 혼재하고 있다. 이 모델의 스펙트럼은 다른 범주들보다 훨씬 더 넓다. 사실 이 그룹의 많은 흐름들은 서로에게 날을 세우고 있다. 그들의 사역을 적절성이라고 이름 붙이는 것에 대해 움츠러들 수도 있지만 이 단어는 많은 운동과 저자들 사이에 있는 공통점을 가장 적절하게 표현한 단어이다.

H. 리처드 니버의 구분에 따르면, 두 번째와 세 번째 모델이 문화에

가장 긍정적이다. 니버는 두 번째 유형을 '문화의 그리스도'(the Christ of Culture)라고 묘사했다. 교회 안과 교회 바깥의 문화에서 그리스도가 '동일하게 주인'인 것이다.[35] 이 모델에서 기독교는 주변 문화와 근본적으로 동일한 것으로 여겨진다. 이 모델을 받아들이는 사람들은 기독교와는 명시적으로 아무런 관련이 없는 문화 운동에도 하나님이 구원의 일을 하신다고 믿는다.

이 모델은 그리스도가 "세상의 일치와 질서를 지향하는 모든 철학 운동 안에, 자기부인과 공공선을 추구하는 정신 운동들 안에, 그리고 정의를 목적으로 삼는 정치활동 안에" 계신다고 본다.[36] 그런 것들은 그 자체로 좋은 것일 뿐만 아니라 '하나님의 영의 일'이다. 니버는 자유주의 신학을 그 예로 들었다. 자유주의 교회들은 성경의 영감, 역사적 성육신, 십자가의 대속 제사, 또는 문자적 부활을 믿지 않는다. 그들은 기독교 교리와 구원에 있어서 '단번에 이루심'을 거부한다. 그들은 하나님이 새로운 것들을 지속적으로 계시하고 역사와 문화 가운데 새로운 것들을 행하신다고 본다.[37]

이 접근법의 최근 동향으로는 '해방신학'이 있다. 이는 20세기 남미의 로마 가톨릭에서 나온 것이다. 해방신학은 죄와 구원을 상당히 공동체적 범주로 이해한다. 그래서 기독교 구원을 불의한 경제, 정치 및 사회 조건으로부터 해방되는 것과 동일시한다.[38] 해방신학은 '문화의 그리스도' 범주에 잘 부합하는데, 그것은 정치적 억압으로부터의 해방을 세상에서의 하나님 사역으로 보며, 교회가 당연히 참여해야 한다고 보기 때문이다. 그래서 해방신학은 "하나님의 목적과 당면한 역사적 상황을 동일시함으로써 교회와 세상의 구분을 지워 버린다."[39]

니버의 세 번째 모델은 '문화 위에 있는 그리스도'(Christ above Culture)
이다. 이는 통합주의 모델이라고도 부르는데, 이 접근법은 '죄의 보편성
과 근본성'에 대해 두 번째 모델보다는 강한 관점을 취한다. 그럼에도 불
구하고 문화에 대해 매우 긍정적인 관점을 갖고 있다.

통합주의자는 '둘 다'를 취하려고 하며, 문화에 대해 다시 생각하거나
만들려 하지 않고 단지 수용하고, 기독교 신앙을 견지하며 보완하려고
한다. 다시 말해 이 모델은 "문화로부터 건축하여 그리스도에 이르기"를
추구한다.[40] 니버는 주된 예로 토마스 아퀴나스를 거명했다. 그는 "문화
의 윤리와 복음의 윤리를 통합하고자" 했으며, 문화의 윤리를 복음으로
변혁하려고 하지 않았다.[41]

이러한 접근법에 생기를 주는 사상들은 하나님의 영이 문화 가운데
일하며 그분의 나라를 확장한다는 것이다. 그러므로 그리스도인들은 문
화를 협력자로 보아야 하며 하나님과 함께 선을 행해야 한다는 것이다.[42]
문화에 참여하는 주된 방법으로는 교회가 새로운 현실에 적응하여 하나
님이 세상에서 하는 일들에 연결되어야 한다고 본다. 이것을 강조하는
그리스도인들과 교회는 적절성 모델을 취하는 것인데, 여기에는 다음과
같은 몇 가지 공통된 특징을 지닌다.

첫째, 그들은 일반적으로 문화적 조류에 대해 낙관적이며, 문화 흐름
을 재고하거나 분별력을 사용하여 반응할 필요성을 그다지 느끼지 않는
다. 적절성 모델의 원만한 모델인 구도자 교회 운동에서도 현대 자본주
의와 심리학에 대해서 다른 모델들보다 훨씬 긍정적으로 보며, 이 때문

에 비즈니스와 심리 치료 분야에서 많은 것을 빌려 왔다. 이는 그 방법들을 밑바탕에 둔 세계관이 어떤 의미를 가지는지, 어떻게 기독교 사역을 세상적인 모습으로 바꿔놓는지를 분별하려는 노력을 기울이지 않은 채 이루어졌다.

둘째, 이 모델 안에서 일하는 사람들은 '공공선'이나 '인류 복지'를 크게 강조한다. 그들은 불평등이나 불의, 고통의 문제를 잘 다루지 못한 현대 교회의 실패들을 언급한다. 그리고 교회가 사회의 정의를 위해 일하도록 요구한다. 교회가 그렇게 할 때 사회 안에서 하나님에 대해 이야기할 신뢰성을 회복할 것이라고 선언한다. 그들은 하나님이 교회 바깥에서 일하고 계시며, 사회가 개인, 인종, 국가 사이에 더 큰 화해의 방향으로 역사를 움직인다고 믿는다. 그리스도인들은 이미 벌어지고 있는 일에 참여해야 하는데, 곧 빈곤과 싸우고, 사회적 여건을 향상시키고, 인권을 위해 투쟁하는 것이다.

셋째, 이 관점을 주장하는 사람들은 기독교 세계관을 말하는 경우가 드물다. '세계관'이라는 관점 자체가 기독교적 진리와 인간 문화 사이에 더 큰 격차나 반명제를 전제한다고 생각하기 때문이다. 아마도 적절성 모델이 세계관에 대해 많이 언급하지 않는 이유는 많은 이들이 종교적 우파에 대해 매우 비판적이기 때문일 것이다. 그들은 의도적으로 '죽어가는' 또는 '쇠퇴하는' 문화라는 부정적인 표현을 쓰지 않는다. 또는 문화를 '잃고 있다', '구원한다' 등의 표현도 피한다.

넷째, 적절성 모델이 문화에 참여하는 것은 교회 사역을 재창조하여 문화 가운데 있는 사람들의 필요와 감수성에 들어맞도록 하기 위해서다.

그리고 전반적인 인간 공동체에 봉사하고 그 유익을 구하는 일에 더 헌신하기 위해서다. 이들은 부도덕이나 상대주의를 용납하지 않는다.

반면, 교회가 사회 구성원들의 지성과 마음에 이해되지 않는 것과 사회 문제들에 무관한 것을 주요 문제라고 본다. 이 그룹은 교회가 사람들 및 시대와의 접촉을 상실했다고 판단한다. 다시 말해 문화 변화에 적응하는 데 실패했다는 것이다. 다른 이들은 그리스도인들이 세상에 너무 동화되었다고 보는 반면, 이 그룹은 반대로 그리스도인들이 너무 자기들만의 하위문화 속으로 빠져들었다고 여긴다. 그리고 비신자에 대해 너무 적대적이고 그들을 정죄하며, 그들과 너무 단절되었다고 본다.

다섯째, 이 모델의 추종자들은 그리스도인들이 개인으로서의 어떻게 행동할 것인가와 제도적인 교회가 어떤 역할을 해야 하는지를 거의 구분하지 않는다. 다른 모든 모델들은 이 차이를 강조하며, 다른 '영역' 또는 '왕국'에 대해 이야기한다. 그리스도인들이 아무리 각자 일할지라도, 조직화된 교회가 문화에 참여하기에는 부적절한 길들이 있다는 것이다. 그런데 적절성 모델을 주장하는 사람들은 교회가 사회 정의를 위해 투쟁하고 문화에 더 깊이 참여해야 한다고 주장하며 협박을 가하기도 한다.

미국의 기성(mainline) 교단들은 수년 동안 교단 기구들을 만들어 활동적으로 입법 로비를 하며 직접적인 정치행동에 참여해 왔다. 많은 이머징 교회들 또한 지역에서 정의 이슈에 직접적으로 참여하라는 의무감을 느낀다. 이는 그들이 제도적 기구로서 정치적으로 어떻게 참여해야 하는지에 대한 비판적인 성찰 없이 이뤄진 것이다.

그렇다면 이 범주 안에 드는 사람들은 누구인가?

스펙트럼의 한쪽 끝에는 많은 오래된 복음주의 대형 교회들이 있다. 대형 교회 운동의 선구자인 로버트 슐러 목사는 비즈니스와 심리 치료의 기법들을 교회 사역에 적용하는 것에 대해 매우 적극적이었다. 《당신의 교회는 정말 가능성이 있다》라는 책에서 '성공적인 소매업의 일곱 가지 원칙'을 말하며 어떤 교회든지 성장하기를 원한다면 이것을 교회 사역에 직접적으로 적용하라고 주장했다. 그중에는 '주차장이 가득 찼을 때'도 포함된다.[43]

불행하게도 슐러는 현대 심리학에 따라 교리를 수정하는 일도 주저하지 않았다. 그는 죄를 자존감의 결핍이라고 재정의하자고 했다.[44] 교리적으로는 보다 정통인 릭 워렌이나 빌 하이벨스는 의도적으로 죄와 심판에 대해서 명시적으로 이야기하려고 했다.[45] 그럼에도 불구하고 구도자 교회 운동이라고 부를 수 있는 교회들은 여전히 비즈니스, 마케팅, 테크놀로지, 그리고 제품 개발 테크닉에 많이 의존하고 있다. 또한 자아실현 및 신앙의 유익을 강하게 강조하며, 신학적 내용에 대해서는 약하게 다룬다.[46] 그들은 종종 교회가 세상과 '관계해야' 함을 힘주어 말하면서도 기독교 세계관에 대해서는 거의 말하지 않는다. 어떻게 개인이 신앙과 일과 직업을 통합해야 할지 그다지 생각하지 않는 것이다.

이 스펙트럼의 중앙에는 많은 이머징 교회들이 위치한다. 특히 브라이안 맥클라렌과 토니 존스 등이 주도한 구 이머전트 빌리지(Emergent Village) 단체에 영감을 받은 교회들이다.[47] 이머징 교회들은 1980년대 후반에 일어난 대형 교회들이 '시장 중심적'이고, '기성화'되고, '소비 문화적'이라고 하여 강하게 거부했다.

그들은 특히 (1970년대와 80년대의) 개인주의적 성향에 맞춘 사역을 비판했고, 빈곤층에 대한 돌봄 사역이 상대적으로 부족한 것과 사회 정의에 대한 투쟁이 없다는 것을 비판했다. 그러나 그들의 비판은 성경적이거나 신학적 주해에 기초하기보다는 '문화적인 분석'에 근거했다. 곧 이머징 교회의 기본적인 운용 원리는 포스트모던의 변화에 거부하기보다는 적응하는 것이었다.[48]

교회와 선교에 대한 이러한 이해를 구현한 영향력 있는 책으로는 대럴 구더(Darrell Gruder)의 《선교적 교회》가 있다.[49] 이 책은 여러 저자의 글을 묶은 것으로 서로가 모든 점에서 동의하지는 않는다. 저자 중 일부는 '반문화주의자' 노선에 있다. 그렇지만 그들은 몇 가지 기본 요점에 동의하고 있는데, 하나님 나라가 평화와 정의의 새로운 사회 질서라는 것과 이는 하나님이 세상에 주실 때만 가능하다는 것이다. 그리고 교회의 부르심은 그것을 증거하는 것이다. 이 관점에서 교회의 직무는 하나님이 세상의 정의와 평화를 위해 어떠한 일들을 행하시는지 발견하고 그에 참여하는 것이다.[50]

마지막으로 이 스펙트럼의 극단에는 미국 기성 교단의 해방신학 그룹이 있다. 많은 이머징 교회들이 정의 추구와 복음 전도를 섞으려고 하는데 비해, 또 다른 많은 이들은 정의를 행하는 것 자체가 전도를 하는 것이라고 믿는다. 이 관점에서 보면 복음은 평화와 정의로운 나라를 위한 것이다. 따라서 개인의 회심보다는, 개인들이 정의를 위해 일하는 방편으로 교회에 참여할 것을 요청한다.

20세기 중반, WCC는 '하나님의 선교'를 해석할 때 하나님이 이미 경제 정의와 인권이라는 새로운 사회 질서를 수립함으로써 모든 피조물을 구속하는 일을 하고 계신 것으로 해석했다. 그들은 교회의 사명이나 하나님의 복을 말하기보다 하나님이 이미 세상에서 선교를 하고 계시며, 교회는 그에 참여해야 한다고 주장한다. "세상이 교회를 위한 아젠다를 정한다"라는 것이 그들의 구호다.[51]

적절성 모델의 문제점들

변혁주의자 모델과 마찬가지로 우리는 적절성 모델에서 몇 가지 중대한 문제들을 찾을 수 있다.

첫째, 문화에 너무 많이 동화되고, 그럴 준비가 된 교회들은 문화가 바뀔 때마다 구식으로 보인다. 가장 눈에 띄는 사례는 미국 기성 교단들의 쇠퇴이다. 기성 교단들은 문화에 적응하려는 노력을 통해 적절성을 가지려고 했다. 하지만 그 노력들이 오히려 문화적 적절성을 없애고, 문화와의 단절을 초래하게 되었다. 그들이 초자연적인 요소들을 제거하고 교리적 신앙을 경시했기 때문에, 기성 교회들은 대부분의 사람들에게 사회 봉사 기관과 비슷하게 보인다.

교회가 사회 봉사, 상담, 지역 봉사만을 제공하는 조직이 될 때 많은 사람들은 다음과 같은 질문을 하게 된다. "교회의 존재 이유는 무엇인가요? 교회가 아마추어적으로 하는 일들을 다른 기관들은 이미 훨씬 더 효과적으로 하고 있는데 말입니다." 많은 교회들은 문화에 적응한다는 명목으로 차별성을 상실해 왔다. 결과적으로 기독교의 문화적 힘도 상실했다.[52]

이 범주에 있으면서 신학적으로 실험적이지 않은 사람들도 -예를 들면 복음주의적 구도자 교회나 많은 이머징 교회들은- 새로운 문화적 현실에 방법론을 적용할 것을 강조한다. 이것이 의미하는 것은 그런 사역들은 빠르게 낡은 것이 되어 버린다는 것이다.

이것은 전례나 전통을 강조하는 교회와는 다른 점이다. 로버트 슐러의 교회는 2차 세계대전 전후세대에게 쉽게 적응했는데, 1980년대가 되자 쇠퇴하기 시작했다. 오늘날 많은 구도자 교회들도 이 같은 문제를 겪고 있다.

둘째, 이 접근법에 대한 두 번째 비판은 교리에 대한 것이다. 앞서 상황화에 대해 토론할 때, 참된 상황화는 규범적이고 타협할 수 없는 진리인 성경으로부터 시작함을 강조했다. 그러나 이 모델은 -특히 극단적인 형태들은- 문화를 성경 위의 규범적인 것으로 설명하고 있다. 모든 모델들 중에서 이 모델은 가장 많이 신학적 정밀성과 기독교 전통의 통찰을 무시한다.

이 모델은 다른 어떤 것들보다도 전통적인 교리를 최소화하거나 우리에게 새로운 문화적 현실에 적응하라고 격려한다. 많은 젊은 기독교 지도자들이 이 방향으로 움직이고 있다. 나이 든 자유주의 교회들의 실수를 이해하면서도 그렇다. 심지어 복음주의권에서 자라난 어떤 이들은 스스로를 '포스트 복음주의'라고 부른다.

그들은 오래된 정통 신조를 믿는다고 말하지만, 그 이상을 넘어서는 교리에 대해 토론하기를 원하지 않는다. 예를 들면 그들은 전통적 복음주의에서 말하는 성경무오에 대한 믿음은 '합리주의적'이며, 대속적 속죄와 칭의의 고전 교리는 '개인주의적'이라고 주장한다. 그들은 교리적 울타리에 대해 말하기를 꺼려하며, 타협의 대상이 아닌 교리에 대해 말하기를 주저한다.

셋째, 적절성 모델 내 대부분의 그룹들은 정의를 중시하고, 환경을 보호하고, 다양한 형태의 사회 봉사를 크게 강조한다. 이런 관심사들이 강조될 때, 전도와 회심은 여전히 인정되고 암묵적으로 긍정되기는 하지만, 때때로 립 서비스에 그치게 된다.

이 모델을 따르는 교회들의 주 에너지는 복음을 가르치고 회심을 촉구하는 것이 아니라, 예술 활동을 하고, 봉사 프로젝트를 하고, 정의를 추구하는 것이 된다. 활발한 전도에 대한 헌신과 기술을 상실하는 교회들은 자신들의 주된 소명을 무시할 뿐만 아니라, 재생산을 못하는 피할 수 없는 결과에 이른다. 교회들이 지역 사회에서 진정으로 봉사하려면 새로운 회심자들과 그들의 변화된 삶이 반드시 동반되어야 한다.

두 번째와 세 번째 비판이 자유주의 선상에 있는 교회들에게 해당된다면, 복음주의 대형 교회들은 종종 세속적인 조직 관리와 심리 치료 방법론에 지나치게 적응하여 교회가 영적인 상품과 서비스를 공급하는 것으로 희석되고 교인들이 소비자로 변모되었다는 비판을 받는다.

전통적인 교회들은 -신학 훈련, 교리 교육, 그리고 전례 및 교회적 실천들에 강조를 두면서- 진정한 인격적, 윤리적 변화를 일으켰다. 그러나 이런 종류의 영적 성장은 전형적인 복음주의 대형 교회에서는 잘 일어나지 않는다.[53]

넷째, 마지막으로 기독교 교회의 고유성이 흐려지기 시작한다. 전통적으로 교회는 말씀과 성례를 시행하는 유일한 기관으로 인식되었다. 또한 무엇이 참되고 성경적인 가르침인지 분별하며, 부름 받고 인정받은 지도자들에 의해 인도되고 통치되는 공동체로 사람들을 묶는 유일한 기관으로 인식되었다.

그런데 적절성 모델에서는 이러한 고유한 사역이 지닌 중요성이 흐려진다. 어떤 이들은 경제 정의와 사회 평등을 향한 하나님의 선교가 역사적 과정을 통해서만 일어난다면, 중요한 것은 교회 안에서 일어나는 것이 아니라, 교회 밖 세상에서 일어나는 것이라고 주장한다. 이는 "하나님이 세상에서 어떻게 일하시는가 하는 방정식에서 교회를 제거하는 것"이다.[54]

반문화주의 모델(The Counterculturalist Model)

네 가지 모델 중에서 세 번째는 우리가 반문화주의 모델이라고 부르는 것이다. 이렇게 이름붙인 이유는 이 모델을 따르는 사람들이 교회를 세상의 대조 사회(contrast society)로서 강조하기 때문이다. 문화 참여에 대한 다른 모델들이 하나님 나라라는 개념의 중요성에 대해 이야기한다면, 이 모델은 하나님의 나라가 이 세상 나라에 대항하여 교회 공동체로 나타난다고 강조한다.

첫째, 이 모델을 따르는 사람들은 하나님이 교회 밖의 문화적 운동을 통해 구속적으로 일하신다고 보지 않는다. 심지어 경건주의자들조차 충분한 전도를 통해서 사회가 궁극적으로 개혁될 것이라는 믿음을 가졌지만 이들은 거기에 동의하지 않는다. 사회는 언제나 그랬듯 제국과 권력의 영역이며, 자본주의 시장과 억압적인 정부, 기타 사회 제도들이 지도자들의 권력을 키우기 위해 사람들을 짓밟고 있다고 본다. 반문화 진영에 있는 사람들은 제국이라는 용어를 의도적으로 사용하는데, 이는 민주주의와 다원주의 세계에서도 억압이 지속되고 있음을 강조하기 위해서이다.

그들은 사회에 지속적인 변화가 일어날 것을 기대해서는 안 된다고 단언한다. 문화가 기독교 정신으로 변화된다는 것에 대해서는 소망을 품지 않는다.[55] 이들은 권력, 인간의 영광에 기반을 둔 체계의 집합인 이 세상 나라와 이와 달리 사랑, 섬김, 힘의 항복에 근거한 그리스도의 나라 간의 차이점을 강조한다. 스탠리 하우어워스와 윌리엄 윌리몬의 말처럼, "이 세상은 아무리 아름답다고 하더라도, 진리에 적대적"이다.[56]

둘째, 이 모델은 문화에 집중하는 것을 피하라고 요구한다. 문화에 맞추려는 태도를 거부하며 문화 속으로 들어가거나 문화를 변혁시키라고 요구하지 않는다. 사실 교회는 세상에 초점을 맞추어서는 안 된다. 만일 오늘날 문화 위기라는 것이 존재한다면, 그것은 문화가 교회 속으로 침투했기 때문이다. 결과적으로 그런 교회는 진정한 교회가 아니라고 말한다.

교회는 반문화적, 대안적 인간 사회여야 하며 세상에 대한 하나님의 표지여야 한다. 교회는 세상을 그리스도의 나라로 뒤바꾸려고 노력해선 안 된다. 오히려 교회가 세상에 할 수 있는 최선의 일은 그리스도의 나라를 세상에 보여 주는 것이다. 이는 주로 공동체의 정의와 평화를 통해서 이루어진다.

셋째, 이 모델은 보수적인 복음주의 교회들에 대해(특히 기독교 우파에 대해), 그리고 자유주의적인 기성 교회들과 신흥 복음주의 대형 교회들을 향해 날카로운 비판을 가한다. 이들의 관점에 의하면 서구의 거의 모든 교회들은 '콘스탄티누스 오류'로 오염되어서 세상을 교회처럼 변화시키려 한다고 본다.

반문화주의자들의 눈에는 그리스도인들이 세상을 교회처럼 바꾸려는 노력이 성공할수록, 교회가 세상처럼 변화되는 것이다. 불가피하게도 문화에 영향을 끼치거나 변혁하려는 노력들은 결국 권력에 의해 부패되고 자본주의와 민주주의의 정치·경제적 힘에 의해 지배된다는 것이다. 이런 일이 생길 때 교회는 세상과 벗하게 되며, 세상과 나눌 어떤 가치 있는 것도 남지 않게 된다고 본다.

반문화주의자 모델을 수용하는 이들은 자유주의적 기성 교단의 개신교가 어떻게 '기도하는 민주당'이 되었는지에 주목한다. 그들은 종교적 우파도 동일한 일을 해서 '기도하는 공화당'이 되었다고 본다. 이들은 정치적 스펙트럼의 양쪽에서 벌어지는 정치화가 일반 대중으로부터 기독교를 격리시키며 교회의 복음 증거를 약화시킨다고 본다.

이 모델을 따르는 사람들은 복음주의 대형 교회들이 세상과 타협하여 필요들을 충족시키려는 시도들에 대해서도 비판한다. 그들이 보기에 이것은 교회를 소비자 집단으로 변모시키는 것이며 이 세상을 지배하는 영을 반영하는 것일 뿐이라는 것이다. 곧 자기 자신에 빠진 시장 자본주의의 영이다. 교회는 단지 사람들이 원하는 것을 제공할 뿐, 현대 자본주의가 지닌 본래적 이기심과 개인주의에 맞서는 데 실패한다.

넷째, 반문화주의자들은 이러한 소비주의 풍조 가운데 문화를 바꾸려고 노력하는 대신 '성문 밖으로' 그리스도를 따라가야 하며, 자신을 가난한 사람 및 이웃들과 동일시해야 한다고 주장한다. 그리스도인들이 새로운 사회를 만들기 위해서는 깊고, 풍성하고, 예전적인 예배가 필요하다고 본다. 교회는 하나님 나라를 확장하거나, 건설하거나, 임하게 하는 것이 아니라, 오히려 이 땅에 올 하나님 나라의 표지여야 한다. 교회는 하나님의 율법과 구원에 근거하여 규정되는 새로운 사회를 추구해야 한다.

반문화주의 사상가들에 의하면 진정한 기독교는 단순한 삶이며 물질적 자기부인을 통해서 자선과 정의, 공동체를 추구하는 삶이다. 그리고 지리적 이동성을 줄이는 동시에(지역 교회와 지역 사회에 헌신하는 것) 사회적 이동성을 줄이는 것을 의미한다(소득의 큰 부분을 어려운 사람에게 주는 것).

그렇다면 누가 반문화주의자들인가? 제임스 헌터의 관찰에 의하면, 기독교와 문화의 관계에서 현대의 모든 모델들 가운데 반문화주의자들이 가장 지적인 화력을 지원받고 있다. 많은 반문화주의자들은 듀크 신학대학에서 가르치거나 혹은 이와 관련이 있는 학자들이거나 작가들이다. 여기에는 스탠리 하우어워스, 윌리엄 윌리몬, 그리고 리처드 헤이스 등이 있다. 이들은 기성 교단의 개신교도들이며, '신 재세례파'로 불리기도 한다. 이들은 정통 개혁주의자들(루터와 칼빈)보다는 16세기 유럽의 급진적 개혁주의자들에게서 더 많은 영감을 받고 있다.

급진적 개혁자들은 교회와 국가 간의 확실한 분리를 요구했다. 그들은 군복무를 거부하는 평화주의자였으며, 문자적 또는 실제적 공동체를 의미하는 밀도 높은 공동체를 형성했고 신자들에게 정치 참여를 회피하도록 요구했다.[57] 이에 더해 실제적인 재세례파들이 있는데, 이들은 본래의 재세례파 후손들로, 특히 메노나이트와 현대의 아미쉬, 그리고 후터파 형제들이 있다.

존 하워드 요더(John Howard Yoder)의 책 《예수의 정치학》은 이 모델을 따르는 이들에게 중요한 가이드이다.[58] 이 범주에서 또 다른 학문적인 운동은 '과격 정통주의'를 주장하는 사람으로 존 밀뱅크(John Millbank)와 그래함 워드(Graham Ward)가 있다.[59]

이머징 교회의 넓은 범주에 분류되는 많은 교회들 또한 이 범주에 든다. 그중에는 복음주의 사상가인 데이비드 핏치와 '신 수도원 운동'으로 유명한 쉐인 클레어본 등이 있다. 재세례파에 영향을 받은 다른 이들과 마찬가지로 이들은 자본주의와 제국을 강렬하게 비판한다.[60] 이들은 다인종, 다계층으로 구성된 강력한 그리스도인 공동체와 검소한 삶의 방식을 강조한다. 그리고 빈곤 문제에 대한 실제적인 참여와 관상적 영성을 강조한다. 또한 대기업, 군대, 소비자 자본주의에 대해서 선지자적 비판의 입장을 취한다.

신 수도원주의는 문화 변혁의 사상은 버리고 자유주의적 정치 정책은 지지하는 경향이 있다. 이는 종교적 우파 및 경건주의적 입장에 있는 복음주의자들과 대개 대립을 이룬다. 이 점은 빌 하이벨스나 릭 워렌 등의 중도적 또는 비정치적 성향을 가지는 구도자 운동의 지도자들과 다른 점들이다.[61]

우리가 조사한 첫 두 운동(변혁주의 및 적절성)에는 실행과 표현이 매우 폭넓고 다양한 그룹과 사상가들이 있었다. 반면 이 모델에는 그런 모습이 덜 보인다. 물론 아미쉬는 스펙트럼의 한쪽 끝에 위치한다. 그들은 반문화의 정신을 최대한 문자적으로 취하는 그룹이다. 중도에는 신 수도원주의가 있는데, 이들은 아미쉬보다는 주류 문화의 내부에서 살아간다. 그러나 여전히 의도적으로 공동체를 만들며 가난한 이웃들과 함께 살아간다. 스펙트럼의 다른 끝에는 문자적인 공동체는 아니지만 반문화주의 모델의 주제와 동기에 영향을 받은 신학이 있다.

반문화주의 모델의 문제점

변혁주의 및 적절성 모델과 마찬가지로, 우리는 반문화주의에서 여러 가지 중요한 문제점들을 확인할 수 있다.

첫째, 반문화주의 모델을 비판하는 사람들은 그들이 사회 변화의 전망에 대해서 실제보다 훨씬 비관적이라고 말한다. 한 가지 유명한 예로 윌버포스는 참되고 선한 사회 변화를 성취하지 않았던가! 영국에서 그와 동료들은 노예제도를 철폐하기 위해 동역했다.[62] 그것은 정당성이 없는 프로젝트였을까? 반문화주의에서는 그렇게 본다.

보다 미묘하면서도 강력한 예는 유럽의 기독교화이다. 기독교는 명예 중심의 오래된 유럽 문명을 영구적으로 변화시켰다. 오래된 유럽 문명은 겸손보다 자만심이 높임 받고, 섬김보다 군림이, 평화보다 용감함이, 겸비보다 자랑이, 만인에 대한 평등보다 일부에 대한 충성이 높이 평가되었다.

오늘날 서구 문명은 과거의 이교 세계관으로 회귀하려는 움직임이 있기는 하지만, 오늘날 세속적 유럽인들은 여전히 이교 윤리보다는 기독교 윤리에 더 많은 영향을 받고 있다. 그리고 대체적으로 이 때문에 서구 사회는 살아가기에 더 좋은 곳들이다. 달리 말하자면 기독교는 이교 문화를 변화시켰다.

반문화주의자 모델이 승리주의에 대해 경고하는 것은 타당하다. 그러나 우리가 기독교 사회 또는 구원의 문화를 만들려는 이상주의적 꿈을 잊는다는 전제로 보면, 역사는 분명히 사회 구조를 개선하거나 심지어 변혁하는 것이 가능함을 우리에게 가르친다. D. A. 카슨은 다음과 같이 말하고 있다.

> 때때로 질병은 제거될 수 있다. 때때로 성 매매는 상당히 줄어들 수 있다. 때때로 노예제도는 어떤 지역에서 철폐될 수 있다. 때때로 보다 평등한 법이 정의를 촉진하고 부패를 감소시킬 수 있다. … 이런 저런 셀 수 없는 방식으로 문화 변화는 가능하다. 더욱 중요한 것은 도시에 선을 행하고 만민에게 선을 행하는 것은(우리가 믿음의 가정에게 특별한 임무를 지녔다고 할지라도), 하나님의 구원받은 백성으로서 우리 임무의 일부라는 것이다.[63]

둘째, 반문화주의자는 현대 비즈니스와 자본 시장과 정부를 악마시하는 경향이 있다. 자본주의에 대해서는 (거의 모든 형태의 자본주의에 대해서) 끊임없는 비판이 이어진다. 현대의 사업가들은 탐욕적이고 물질주의적인 것으로 묘사된다. 반문화주의의 평화주의는 종종 전쟁에서 생명을 죽이는 일에 가담하기를 거부하는 단순함을 넘어서 모든 인간 정부가 태생적으로 폭력적이라고 묘사하기도 한다.

이러한 관점은 그리스도인들이 사업 세계에 참여하는 것을 억제시키며(높은 사회적 인식을 가진 소규모 기업은 예외로 친다), 정치에 참여하는 것을 반대한다(지역의 모습을 변화시키기 위해 지방 자치에 참여하는 수준은 예외로 본다).

제임스 헌터의 주장에 의하면 역설적이게도 반문화주의자들은 많은 면에서 의도하지 않게 최근의 현대 서구 문화에 의해 형성되었다. 그는 특히 이 운동을 '신 니체주의 정치학'이라고 지목한다. 이것은 진리, 설득, 합리적 대화에 호소하기보다는 권력에 대한 분노의 에너지를 더 부채질한다. 헌터는 반문화주의자들이 권력과 정치를 회피한다는 주장에도 불구하고, 모든 모델들 중에서 이것이 가장 정치적인 모델임을 보여준다.

> 어떤 면에서 신흥 재세례파들은 세상에 대한 참여를 다른 우파나 좌파보다 훨씬 더 정치화한다. 이는 그들이 정부와 세계 경제 및 다른 권력들을 종말론적인 관점에서 반대하기 때문이다. 정부와 시장의 권력들을 문자적으로 악마시한다는 것은 그들이 권력과의 우주적 투쟁을 통해 지금 여기에서 자신들의 정체성과 목적을 찾는다는 의미이다. 그들은 정부와 다른 권력들이 타락했다는 것에서 자신들의 정체성을 찾는다.[64]

헌터는 찰스 매튜를 인용해서 신흥 재세례파들이 '수동-공격적인 교회론'을 주장한다고 말한다. 즉 정치에 의해 더럽혀지기를 거부하면서, 다른 어떤 모델들보다 정치적인 언어를 사용하는 것이다. 권력을 회피한다고 고백하면서, 그들은 적들을 악마시하기 위해 권력의 언어를 사용한다.

셋째, 반문화주의자 운동은 상황화의 필수성에 충분한 무게를 싣지 못한다. 그리스도인 공동체가 주변 문화와 관계를 맺고 적응해야 할 이유를 충분히 지지하지 못한다. 한 작가의 말처럼 "교회가 세상의 경쟁 가치들과 분리된 채로 기독교적 가치를 반영하는 개별적 문화로서 자존할 수 있다고 생각하는 것 자체가 문제이다."[65]

예를 들어 중국의 그리스도인들은 자신들이 믿는 기독교 신앙에 깊은 영향을 받을 것이다. 반면 중국의 현대 문화는 유교, 정령사상 등의 전통들과 세속적 물질주의 세계관들의 결과물이다. 기독교는 분명히 중국 신자들의 정체성에 영향을 미치지만 중국 그리스도인들은 여전히 중국인이다.

다음으로 핀란드를 생각해 보라. 핀란드 문화는 루터교와 세속주의의 결과물이다. 그곳의 정통 그리스도인들은 핀란드 문화와 상당 부분 다르지만, 여전히 핀란드 사람들이다. 그들은 미국 그리스도인이 아니며 중국 그리스도인도 아니다. 그들이 그리스도인이면서 동시에 핀란드인임은 그리스도인이면서 중국인임과 다른 것이다. 마찬가지로 독일의 도시에 거주하는 범유럽-아프리카계의 다인종 회중들도 다를 것이다.

그리스도인들은 문화에 의해 불가피하게 영향을 받을 뿐 아니라, 불가피하게 문화를 바꾸고 있다. 모든 공동체와 개인들은 살아가는 것만으로도 주변 지역에 어느 정도 문화를 형성하게 된다. 구체적인 예를 들자면, 중산층이면서 수도원적인 한 그룹의 그리스도인들이 가난한 지역으로 옮겨 가서 그들을 섬긴다면, 그들이 그곳에 도착했다는 것만으로도 지역 문화를 일정 부분 바꾸게 된다. 그 지역에 그들이 존재하는 것 자체가 부동산 가치에 영향을 주는 것이다. 또한 다양한 사회적, 재정적, 인적 자원들이 이 지역에 들어오고 나가게 된다.

우리는 문화를 바꾸지 않을 수가 없다. 좀 더 일반적으로 이야기한다면, 그리스도인들이 시간과 돈을 사용하는 방식과 세상에서 일하는 방식 자체가 필연적으로 그들의 신앙과 우선순위에 의해 형성된다. 이것은 심지어 다른 사람들의 삶의 방식에도 영향을 끼치게 된다. 제임스 헌터에 의하면 신흥 재세례파들의 분리주의는 일정 부분 그들이 사회 권력을 전반적으로 악이라고 치부하는 부정적인 관점에서 기인한다고 한다. 그러나 사람은 누구나 사회적 권력을 가지고 있다고 헌터는 주장한다. 따라서 반문화주의자들은 궁극적으로 그들의 주장보다 훨씬 더 많이 문화에 참여하고 있는 것이다.

네 번째 비판은 교리에 초점이 있다. 현대와 과거의 많은 재세례파 전통은 로잔 언약과 같은 복음주의적 선언에 흔쾌히 동의한다. 그런데 재세례파 신학은 그리스도의 사역을 이해함에 있어서, 죄의 수평적 양상을 강조하면서 (자연에 대한 학대, 인간관계의 폭력 등) 수직적 양상에 대해서는 덜 강조하곤 한다(하나님의 거룩함을 침범하는 것과 같은).

재세례파 신학은 칭의나 대속의 교리를 경시하는 경향이 있다. 종종 속죄에 대한 주된 이해는 승리자 그리스도(Christus Victor)의 형태로 표현되는데, 이는 그리스도가 십자가에서 죄의 권세들을 이기셨다는 의미이다. 일부 재세례파 신학자들은 속죄의 개념을 강하게 거부한다. 십자가가 하나님의 저주를 만족시켰다는 교리가 폭력적이라는 이유에서다.

다섯째, 의도하지 않게 반문화주의는 전도에 대한 교회의 강조와 방법을 약화시킨다. 이것은 적절성 모델보다 더 심각하다. 반문화주의자들은 기독교 공동체 자체를 이해하는 것이 필요하다고 변호한다. 공동체의 일치와 사회적 양상에 대한 이해가 복음을 세상에 선포하는 유일한 길이라고 본다. 그들은 "소속이 믿음에 선행한다"(Belonging Precedes Believing)라고 믿는다.

그리고 전도는 사람들로 하여금 세상의 정의를 고쳐시키고 매력적인 사랑의 공동체에 오게 하는 수단이라고 본다. 실제적으로 이는 종종 교회가 어떻게 복음 메시지를 분명하게 언어적으로 전달하여 개인들을 회심하게 하는지에 대해 거의 또는 전혀 생각하지 않는다는 것을 의미한다.

우리가 앞에서 살펴보았듯이 전도에 대한 동기부여를 축소시키는 요소는 그것이 무엇이 되었든 모델 전체를 약화시킨다. 지속적으로 새로운 회심자가 들어와서 삶이 변화되지 않는다면, 모델의 생명력과 비전은 온전히 실현될 수 없다.

두 왕국 모델

마지막 모델은 문화 참여에 대한 두 왕국 모델이다. 이것은 미국 복음주의자들 사이에는 가장 덜 알려진 것이다. 그렇지만 루터교 전통에서는 오래되고 존경받는 이론으로, 니버의 모델에도 등장한다(그리스도와 문화의 역설 관계). 보다 최근에는 많은 보수적인 개혁주의 저자들이 이 접근법에 대해 신선하고 명료한 책들을 썼다.

이것은 존 칼빈이 그리스도와 문화의 관계에 대해 취했던 관점으로, 개혁주의 신학은 두 왕국 모델에 강한 지지를 보내고 있다. 이는 카이퍼를 따르는 신 칼빈주의자들의 변혁주의 관점과 대조되는 것이다.[66]

'두 왕국'이라는 이름은 하나님이 전 세계를 통치하지만 두 왕국을 별개의 방법으로 통치한다는 핵심 가르침에서 유래한다. 우선 '보편적 왕국'이 있다. 이는 종종 '세속의' 또는 '왼손의' 왕국이라고 불리며 창세기 9장에서 노아와의 언약을 통해서 세워진 것이다.[67] 모든 인류가 이 영역에 속하는데, 이곳에서는 자연 계시 또는 일반 은총을 통해서 옳고 그름을 구분한다.

로마서 1장 18-32과 2장 14-15절에 의하면, 자연의 빛과 인간의 양심은 모든 인류에게 하나님의 표준에 대한 직관적 지식을 부여한다. 또한 지혜와 통찰로 인해 이 세상의 죄가 억제 된다. 예를 들어 인류가 하나님의 형상으로 창조되었다는 성경적 가르침을 믿지 않는 사람이라 할지라도, 인간 존재의 존엄성과 불가침성은 성경에 대한 믿음과 상관없이 직관적으로 알 수 있다는 것이다.

그리스도인들은 비신자인 이웃들과 함께 하나님의 일반 은총에 따라 삶을 영위하는 공동 시민으로서 일해야 한다. 신자들은 사회에 성경적 표준을 부과하기보다는 모든 사람이 합의하는 진, 선, 미의 기준에 따라 공통적인 이해에 호소해야 한다. 즉 우리는 공동의 나라에서 이웃들을 사랑하고 섬긴다.

다른 하나는 공동의 또는 지상의 왕국 외에, '구속적인 왕국'이 존재한 다(때때로 '오른손의 왕국'이라고 불린다). 이는 창세기 12장에서 아브라함과 함께 세워진 나라이다. 오직 그리스도인들만이 이 왕국의 구성원이며, 이들은 일반 은총이나 자연 계시를 통해서가 아니라 하나님 말씀의 특별 계시를 통해서 통치를 받는다. 그리고 교회 안에서 설교와 성례를 통해서 공급을 받는다. 이 관점에서 교회를 세우는 전도나 제자도, 그리스도인 공동체는 유일무이한 참된 구속적 '왕국 사역'이 된다.

하나님의 통치에 대한 이중 접근법은 이 모델에 생기를 준다. 두 왕국 지지자들은 오늘날 벌어지는 문제들이 이 두 왕국의 혼동에서 비롯되었다고 본다. 자유주의 교회가 적절성을 위해 애쓰는 것과 신 보수주의가 문화를 변혁하려고 시도하는 것의 혼동을 문제점이라고 여긴다. 이러한 확신에서 두 왕국 모델의 다음과 같은 특징들이 파생된다.

첫 번째, 두 왕국의 지지자들은, 반문화주의 모델이나 경건주의 입장을 가진 이들과 다르게, 그리스도인들이 직업을 추구하는 것에 높은 가치를 둔다. 우리는 교회 안에서만 하나님을 섬길 수 있다고 생각해서는 안 된다. 모든 직업은 하나님과 이웃을 섬기는 길이 된다.

두 번째, 두 왕국 모델은 그리스도인들이 직장 속에서 어떻게 일해야 하는지에 대한 조언이 변혁주의자 모델과 상당히 다르다. 보편 왕국에서는 그리스도인의 일이 존엄성과 유용성을 갖기는 하지만, 두 왕국 모델은 신자들에게 "일상적 업무를 행하는 독특한 기독교적 방식"을 찾지는 말라고 가르친다.[68]

두 왕국 담론에서 세속 직업에 대해 현저하게 사용하지 않는 말은 세계관이라는 용어이다. 그리스도인들은 보편 왕국의 공동 시민으로서, 비그리스도인들이 직관적으로 알 수 없는 공공선이나 인류 번영의 독특한 사상을 갖지 않는다. 두 왕국 모델에 의하면, 기독교 문명이 개별적으로 존재하는 것이 아니므로 신자들은 구별적인 기독교 문화를 창조하지 않는다.[69] 그들은 기독교 신앙을 반영하는 문화로 바꿔도 안 되며, 세상을 '치유'하려 해서도 안 된다.

보편 왕국에서 하나님의 통치 권력은 오직 악을 제어하는 것이지 인류 사회에 대한 죄의 효과를 감소시켜서 문화를 개선시키는 것은 아니다. 이 영역에서 일어나는 모든 것은 "일시적이고 임시적이고 잠시 후면 사라지는 것이다. 따라서 궁극적이거나 영적인 중요성을 가지지 않는다."[70]

그리스도인들이 세상에서 그들의 일을 할 때, 그것은 하나님과 이웃을 섬기는 것이지, 피조 세계를 회복하거나 문화를 기독교적 방향으로 움직이는 것은 아니다. 여기에서 두 왕국주의자들은 변혁주의에 대해 반문화주의자들과 같은 비판을 가한다. 이들에 의하면 교회의 직무는 사회를 변화시키는 것이 아니라 단지 진정한 교회가 되는 것이다. 기독교 사회를 추구할 정당한 지시가 없다고 보는 것이다.

세 번째, 두 왕국 모델 지지자들은 인간의 정부 및 일반적 상업 세계에 대해서도 변혁주의자 및 반문화주의자들과 견해를 달리 한다. 변혁주의자들은 정부를 큰 문제로 보고, 반문화주의자들은 정부를 폭력과 권력의 장소로 보는 반면, 두 왕국 모델은 강제적으로 종교적 가치를 부과하는 정부가 아닌 세속적 중립 정부야말로 하나님이 원하시는 것이라고 본다.[71]

두 왕국 모델은 교역과 자본 시장에 대해서도 일반적으로 같은 견해를 가진다. 그것들은 (반문화주의자들이 말하듯) 악마적인 것이 아니며, (변혁주의자들이 말하듯) 구속이 필요한 타락한 것도 아니라고 본다. 그들에게 교역과 자본 시장은 일반 은총의 장소로서 그리스도인들이 재능과 기쁨을 가지고 소명을 추구할 곳이다. 그리스도인들은 사업과 정부에 대한 기독교적 이론이나 관습을 만들기 위해서 '비성경적인 부담'을 가지거나 죄책감을 느낄 필요가 없다.[72]

네 번째, 지금까지 말한 모든 것들의 직접적인 시사점으로서, 두 왕국 이론의 옹호자들은 문화 속에서 그리스도인들이 얼마나 많은 개선을 기대할 수 있는지에 대해서 매우 조심스러운 입장을 가진다. 그들은 승리주의뿐만 아니라 낙관주의를 피하라고 조언한다. 두 왕국 모델은 "제한되고 냉철한 기대를 요청한다. [보편] 왕국은 자연법에 의해 지배되며, 성취할 수 있는 면모에서 상당히 제한된다."[73]

앞서 살펴보았듯이, 하나님의 보편 왕국은 무엇보다도 무질서를 억제하기 위한 힘이지, 새로운 질서를 수립하기 위한 것은 아니다. 반드루넨이 주장하듯, 우리의 영혼과 부활한 몸을 제외하고는 지상의 모든 것이 파괴될 것이다. 우리가 보편 왕국에서 하는 어떤 것도 영원히 중요한 것은 없다. 결과적으로 세상에서 너무 많은 것을 기대해서는 안 된다. 우리는 모든 소망을 그리스도의 최종적 구원과 재림이라는 미래에 온전히 두어야 한다.

이 모델 안에 어떤 스펙트럼이 있는가? 첫째, 전통 루터교의 두 왕국 이해와 최근의 보수적 개혁주의 저자들의 이해 사이에 차이가 있다. 루터는 두 왕국을 세상과 교회의 영역으로 구분해서 생각하지 않았다. 대신 육적 영역과 영적 영역으로 나누었다.

루터에게 가시적이며 제도적인 교회는 실제로 '일시적인' 왕국의 일부였다. 교회 정치 체계가 일종의 법에 의해 명령되는 것이다. 그렇지만 비가시적 교회는 은혜와 자유 아래에서 함께 살아가는 신자들의 신비적 연합으로 보았다.[74] 그러므로 루터와 루터주의는 교회와 정부의 현격한 분리를 믿지 않는다. 현대의 개혁주의적 두 왕국 주창자들은 반드시 분리가 필요하다고 말한다. 루터와 칼빈은 왕들과 귀족들에게 개신교도들이 영지의 법을 개혁하도록 요청했다.

그리고 개혁주의 두 왕국 진영 안에도 스펙트럼이 존재한다. 살펴본 것처럼, 변혁주의자들이 세계관을 통해 신자가 세상에서 하는 일이 비신자의 일과 완전히 달라질 수 있다고 보는데 비해, 두 왕국 모델의 지지자들은 이 견해를 대체적으로 거부한다.

두 왕국 지지자들은 일반 은총의 수단으로써, 성경이 아닌 하나님이 신자와 비신자들로 하여금 그들이 세상에서 직접 수행하기 위해 필요한 것들을 알게 하신다고 믿는다. 이러한 관점은 T. 데이비드 고든이 대표적인데, 〈현대 종교개혁〉(Modern Reformation)이라는 저널에서 그는 그리

스도인들이 세상에 나와서 비그리스도인들이 하는 것과 다르게 일하는 것은 아니라고 강하게 주장했다.[75]

고든은 그리스도인들이 '독자적인 기독교적' 방식으로 노동하는 것이 아니며, 세상이나 사회를 변화시키려는 것도 아니라고 전했다.[76] 데이비드 반드루넨은 여기에 동의한다. "일반적으로, 신자들은 문화 활동을 추구하는 기독교적인 독특하고 객관적인 방식을 추구해선 안 됩니다."[77]

하지만 저명한 두 왕국 신학자이자 〈현대 종교개혁〉의 편집자인 마이클 호튼은 "그리스도인이 그들 특유의 방식으로 직업을 추구해야 한다"고 가르쳤다.[78] 이것은 일반 은총의 힘이나 성경의 목적에 대한 상이한 관점에 기반을 둔 실제적인 차이다.

그렇긴 해도 두 사상가들은 변혁주의자들보다 기독교 세계관에 대해 매우 비슷한 관점을 갖는다.[79] 호튼이 의도적으로 세계관이라는 용어를 피하기는 했지만, 그는 세상에서 그리스도인들의 일 자체가 비그리스도인의 일과 구별된다고 기록했다. 그리고 제도적 교회가 세상을 변화시키려는 목표를 가져서는 안 되지만, 개별적인 신자들은 '세상 속 소금'이 되어야 하고 사회를 변화시키려고 애써야 한다고 주장했다. 그는 다음과 같이 기술했다.

성경적인 드라마, 교리, 찬양은 이 세상에 실제적인 변화를 가져오는 제자도를 만들어낸다. 물론 이 시대의 왕국이 그리스도의 왕국으로 변화되지는 않을 것이다(그래서 우리는 왕의 문자적 재림을 기다린다). 하지만 평범한 사람들의 삶은 매일 매일의 평범한 관계들을 통해 만들어진다. 모든 사람들이 윌리엄 윌버포스는 아니다. 그러나 우리는 그가 영국 국교회의 칼빈주의자 존 뉴턴의 성실한 사역에 의해 훈련되었다는 것을 안다. 그리고 그가 전 생애를 노예 무역 철폐에 헌신했음을 알고 기뻐할 수 있다.[80]

우리가 살펴보았듯, 이것은 내용과 정신에 있어서 두 왕국 지지자들이 쓴 것과 다르다. 호튼은 세계관이라는 용어는 사용하지 않지만 세계관의 개념에 더 많은 무게를 준다. 그는 문화는 타락했고 죄에 의해 왜곡되었다는 견해와 문화적 개혁은 바람직하고 가능하다는 소망을 더 강조한다.

두 왕국 모델의 문제점

두 왕국 모델에 대해 몇 가지 문제점들이 언급되어 왔다.[81]

첫째, 두 왕국 모델은 성경보다 일반 은총의 역할에 더 많은 무게와 신뢰를 둔다. 두 왕국 저자들은 그리스도인들이 성경과 복음에 대한 이해를 사회 생활에 적용하려 해선 안 된다고 주장한다. 왜냐하면 사회는 하나님이 모든 사람에게 주신 자연계시의 빛을 통하여 건강하게 유지될 수 있기 때문이다.

물론 이런 관점은 일반 은총의 존재에 대한 성경의 가르침을 적절하게 강조하기는 한다. 하지만 사람들이 진리를 가로막고 있으며(롬 1:18-32), 자연계시를 바르게 해석하지 않는다는 성경적 가르침에 대해서는 동등한 무게를 주지 않는다. 존 칼빈은 《기독교 강요》에서 자연계시에 대해 말하면서 완벽한 균형을 이룬다. 그는 다음과 같이 기록한다.

> 세속 작가들 속에서 빛나는 진리의 존경스러운 빛이 우리를 가르쳐
> 인간의 마음이, 비록 타락하여 온전함과는 거리가 멀지만, 그럼에도
> 불구하고, 하나님의 탁월한 선물로 옷 입고 수놓아져 있다고 치자.
> 만일 우리가 하나님의 성령을 진리의 유일한 샘으로 여긴다면, 우리
> 는 진리 자체를 결코 거부하지도, 진리가 나타날 때 경시하지도 않
> 을 것이다. 우리가 하나님의 성령을 무시하려고 하지 않는다면 말이
> 다. … 성경이(고전 2:14) "자연적 인간"으로 부르는 사람들은 열등한
> 것들의 탐구에 있어서는 날카로운 통찰을 가지고 있다. 그러므로 우
> 리는 어떻게 주님께서 많은 선물들을, 인간 본성이 참된 선을 상실
> 한 다음에도, 인간 본성에 주셨는지 예를 통해 배우도록 하자.[82]

하지만 바로 이 문단 앞에서, 칼빈은 이렇게 기록한다. "인간의 패역
하고 타락한 상태 가운데 약간의 불꽃이 반짝이는 것은 사실이지만… [그
빛은 여전히] 깊은 무지로 막혀 있어서 효과적으로 뻗어 나오지 못한다. [인
간의] 이성은 그 둔감함 때문에 진리를 추구하고 발견하는 데 있어서 무능
함을 나타낼 뿐이다."[83]

두 왕국 주창자들은 자연법과 일반 은총이 인간 존재를 지도함에 있
어 충분한 것처럼 말해 왔다. 성경의 조명 없이, 인간 본성과 운명에 부
합하며, 평화롭고 번영하는 사회를 만들기에 충분한 것처럼 말이다. 그
러나 이는 성경이 가르치는 것 이상으로 지나친 것이다. 성경은 인간 존

재가 쉬이 하나님의 자연계시를 왜곡하고, 억누르고, 부인한다고 말하고 있다.

둘째, 두 왕국 사상을 따르는 사람들은 사회적 선함을 자연계시의 결과로 생각하지만, 그것은 실제로 기독교 가르침 - 특별 계시를 받아서 세상 문화에 대입한 결과이다. 예를 들어, 니콜라스 월터스토프는 인권이라는 생각 자체가 하나님의 형상에 대한 기독교적 가르침에서 나왔다고 주장한다. 인간 본성에 대한 다른 견해에서는 인권이라는 개념이 형성될 수가 없다.[84] 지금은 아주 복잡한 이유로 인권이라는 생각이 국제화되었다.

사무엘 모인(Samuel Moyn)은 혁명적 사회주의가 붕괴한 이후 생겨난 엄청난 진공을 인권이 채웠다고 주장한다. 또한 도덕적 가치와 정의에 안착시킬 신뢰성 있는 관점에 대해서도 마찬가지이다.[85]

그러나 우리는 여전히 질문해야 한다. "인권은 처음에 어디로부터 나왔는가?" 수많은 세상 사람들이 지지한다는 것은, 이것이 자연계시의 산물이라는 의미일까? 그렇지 않다. 인권은 다양한 요인으로 만들어졌다. 성경적 가르침이 세상에 비추어졌고, 이 특별계시의 통찰이 보다 보편적이고 비기독교적인 의미를 부여받게 되었다. 그러나 인간에 내재하는 존엄성의 기본적 개념인 복수보다 용서가 중요하는 점, 그리고 박애와 자선의 중요성 등과 같은 것들은 모두 기독교 문명으로부터 성장한 것들이다.[86]

이들은 서구의 이교 문명이나 동양 문명에는 부재했던 것들이다. 이들은 원래 기초가 되었던 기독교 신앙이 상당 부분 문화에 의해 폐기되었음에도 불구하고, 현대 서구 문명의 변하지 않는 구성 요소인 것처럼 보인다.

그렇다면 문화는 철저히 자연계시에 의해서만 형성되어야 하며, 성경은 사회생활에 영향을 끼쳐서는 안 된다고 주장해야 옳은가? 다니엘 스트레인지가 피터 레이트하트(Peter Leithart)를 인용하여 주장했듯이 대부분 서구 사회의 진정한 상황은 '중도의 은혜'이다.[87] 이는 성경에서 소개된 개념들의 복합적인 상호작용을 말한다. 이 개념들은 다양한 이유로 힘을 받았는데, 결국 일반 은총으로 보아야 할 것이다.

유명한 예로는 노예제 폐지 운동이 있다. 이는 복음주의 그리스도인 윌리엄 윌버포스와 그의 동료들이 이끈 운동이다. 그리스도인 지도자들은 성경의 특별 계시에서 배운 인간 본성에 대한 가르침에서 영감을 받았다. 그렇지만 비그리스도인들이 노예제를 폐지하자는 요청을 가슴과 양심에서 -즉 일반 은총의 영역에서- 공감하지 않았더라면 성공하지 못했을 것이다.

이 질문은 과연 비기독교 신앙의 사람들이 노예제 자체가 잘못된 것이라는 생각을 처음부터 할 수 있었을 것이냐는 점이다. 역사적으로 이 개념은 하나님의 형상(imago dei)에 대한 그리스도인들의 묵상으로부터 생겨났다.[88] 다시 말해 노예제는 일반 은총 없이는 폐지될 수 없었을 것이지만, 일반 은총만으로는 결코 폐지되지 못했을 것이다.

셋째, 두 왕국 모델은 인간의 삶이 종교적으로 중립적인 기초에서 영위될 수 있다고 암시하거나 가르친다. 이들은 국가가 세속적이며 동시에 중립적이기를 원한다. 그래서 법률, 정부, 경제 및 예술에 대한 기독교적 관점이 필요하다는 것을 거부한다.

그러나 세속 국가는 바람직하지 못한 목표일 뿐 아니라, 불가능한 것이다. 세속 국가는 실제로 신화이며 계몽주의의 미심쩍은 산물이다.[89] 우리가 앞서 살펴보았듯, 인간의 관습은 옳고 그름, 인간 본성과 운명, 삶의 의미, 인간 사회에 대한 문제 인식, 그리고 어떻게 개선할 것인가 등에 대한 근본적인 신념 체계에 깊이 뿌리 내리고 있다. 이러한 모든 실제적인 가정들은 증명할 수 없는 신념의 가정 위에 근거하고 있는데, 대부분 인간 본성과 영적 실재에 대한 가정들이다.

마이클 샌들은 하버드대학교에서 정의에 대한 유명한 수업을 진행하는데 그는 모든 정의 이론들이 "불가피하게 판단적"이라고 말한다. 그는 긴급 구제 금융, 대리모, 동성 결혼, 인권 보호, 최고 경영자 임금 등의 사안에 대해 "가치 있는 일을 하는 올바른 방식"에 대한 어떤 신념을 가정하지 않고 의견을 주장하는 것은 불가능하다고 갈파했다.

예를 들어, 어떤 사람은 여성이 낙태를 선택할 권리를 가져야 한다고 말하고, 또 다른 사람은 여성이 그런 선택권을 가져서는 안 된다고 말한다. 그들이 다르게 말하는 이유는 각각 다른 가치를 가지고 있기 때문이다. 가치 평가는 과학적 근거가 아닌 언제나 도덕적 근거 위에서 일어난다. 이러한 암묵적인 가정들은 믿음의 행위들이므로, 궁극적으로 중립적이고 세속적인 국가란 없다는 것을 의미한다. 문화와 정부는 행동이 아니라 특정한 믿음의 행동에 의해서 활기를 얻게 된다.[90]

때때로 두 왕국 모델의 지지자들은 변혁주의자들에게 묻는다. "자동차 수리의 기독교적 형태는 무엇입니까? 기독교 세계관의 입장에서 하는 치과 진료는 무엇입니까?" 그리스도인과 비그리스도인 치과의사들이 동일한 방식으로 충치를 치료한다는 것은 우리가 하나님의 형상이라는 공통된 인간성을 가졌고, 더불어 삶에 대한 공통적인 직관을 공유한다는 것을 의미한다.

두 왕국 모델의 지지자들이 성경이 사업 운영이나 배관 용접을 위한 포괄적인 매뉴얼이 아니라고 말하는 것은 맞는 말이다. 두 왕국 신학자인 T. 데이비드 고든은 "성경은 언약 체결자로서의 인류를 인도하기에 충분하다"고 했다. 다시 말해 그리스도인은 언약 공동체 안에서 살아간다. 그렇지만 수리공으로서의 인간, 의사로서의 인간, 사업가로서의 인간, 부모로서의 인간 그리고 법률가로서의 인간을 인도하기에는 충분하지 않다고 했다.[91]

마이클 호튼도 이와 유사하게 썼다. "직업에 관해서는 그리스도인과 비그리스도인 사이에 아무런 차이가 없다. 만일 그리스도인과 비그리스도인이 이 세대의 보편적 저주와 보편적 은혜에 참여한다면, 기독교 정치학이나 기독교 예술 또는 기독교 문학이라는 것은 존재하지 않을 것이다. 기독교적 배관 공사는 말할 것도 없다."[92]

이처럼 비평가들은 반응은 성경이 교회 생활이나 기독교적 삶에 대해서 뿐만 아니라 모든 것에 대한 이해할 만한 핸드북을 제공하지 않는다는 것이다. 성경이 이러한 모든 것에 대해서 포괄적인 핸드북을 주는 것은 아니라고 말한 고든의 말은 맞다. 성경이 우리에게 좋은 부모나 배우자가 되기 위해 필요한 모든 것을 주는 것은 아니다.

성경은 세상을 사는 많은 세부 사항(방법)을 우리에게 자율적으로 맡긴다. 그러나 성경이 우리에게 가르치는 것은 심오하고 강력하며, 그리스도인의 결혼이 다른 세계관과 철학에 근거한 결혼과 확연히 다름을 말해 준다. 성경은 매우 넓은 범위의 문화적, 정치적, 경제적, 윤리적 문제들을 다루는데, 삶의 모든 영역들에 현저한 영향력을 끼쳤다.

역사가 존 소머빌(John Sommerville)은 서구 사회 저변에 확산된 사상들은 -예를 들어 용서와 봉사가 체면과 복수보다 영예로운 것이라는 가르침- 성경에 깊은 뿌리를 두고 있으며, 기독교 전래 이전의 서반구에 있었던 수치·명예 문화와는 매우 다른 것이라고 주장한다.[93]

신학자 마이클 알렌(Michael Allen)은 "기독교 신앙은 필연적으로 문화적 적용점이 있다"[94]는 것을 상기시킨다. 많은 이들은 현대 과학의 발흥이 가능했던 것은 유일하고, 전능하시며, 인격적인 하나님이 계시다는 성경적 관점이 사회 가운데 있었기 때문이라고 동의한다.[95] 기독교 신앙이 문화를 깊이 있게 형성할 수 없다는 생각은 순진하고 피상적인 관점임에 틀림없다.

노예제의 문제는 기독교가 문화를 어떻게 바꾸는지에 대한 흥미로운 예이다. 물론 노예제를 철폐하는 데 너무 오랜 시간이 걸렸다는 비판을 받기는 하지만, 미로슬라브 볼프의 지적에 의하면, 신약성경에서 이미 복음은 노예제의 사망 타종을 울렸다. 바울은 노예 소유주였던 그리스도인 빌레몬에게 그의 노예 오네시모를 "주 안에서" 뿐만 아니라 "육신"으로도 "사랑받는 형제"로 대하라고 말한다(몬 16장).

신약학자 더글라스 무(Douglas Moo)의 설명에 따르면, 바울은 "지상의 이익에 묶여 있는 인생의 모습"을 가리키기 위해 "육신"이라는 표현을 사용했다.[96] 무의 결론은 이렇다. 비록 오네시모가 당분간 빌레몬의 노예로 남아 있기는 하겠지만, 바울은 오네시모에게 사실상 "너와 오네시모의 관계는 더 이상 너의 법률적 관계(주인-노예)가 아니라 너의 영적 관계(형제들)에 의해 결정되어야 한다"라고 말한 것이다.[97] 이는 권력의 사용을 관계성 안에서 변화시키는 것이다. 볼프는 "노예제의 외적 제도적 껍데기가 아직 억압적 현실로서 남아 있기는 했지만 이미 폐지된 것과 다름없다"[98]라고 주장했다.

이런 예들을 살펴볼 때, 신약성경이 사회를 변혁하라는 요구를 직접적으로 하지는 않지만, 그리스도인들의 복음 신앙은 사회적, 경제적 관계에 분명히 직접적이고 전반적인 영향을 끼친다는 사실을 알 수 있다. 이것은 단지 교회 안에만 제한되지 않고 사실상 삶의 모든 영역에서 두루 영향을 끼친다. 이를 반대하는 것은 성경적 증거와 역사적 주장에 충실하지 못한 것이다.

넷째, 두 왕국 모델은 '사회적 정적주의'(social quietism)를 낳는다. 두 왕국 접근법에 따르면, 그리스도인들은 세상이 좀 더 많이 기독교 가치를 반영할 수 있도록 세상을 바꾸거나 움직일 수 있는 능력을 과신해서는 안 된다.

이 접근법은, 기독교 우파 부류의 승리주의를 중화시키기는 하지만, 반대편의 오류로 이어질 가능성이 있다. 케빈 드영(Kevin DeYoung)은 이 모델이 "그리스도인들이 지역 사회에서 긍정적 변화를 위해 일하도록 담대하게 요구하며 변화가 가능하다고 믿는 데 있어 거리끼는 모습을 보여준다"[99]고 말한다. 마이클 알렌은 19세기 중반 미국 남장로교의 불편한 사례를 지적하며 '교회의 영성' 교리를 이야기한다.

1859년 H. H. 손웰은 "그리스도의 모든 교회에게 드리는 연설"에서 두 왕국 관점을 주장했다. "교회와 국가의 영역은 완전히 구분되어야 하며, 교회는 국가의 사법권을 사용할 아무런 권위가 없다. ⋯ 국가는 가시적이며 외적인 영역을 다루고, 교회는 비가시적이고 내적 영역을 다룬다. ⋯ 교회의 권력은 전적으로 영적인 것이다."[100]

그는 남부교회가 노예제에 대해 정죄하기를 거부한 결정을 옹호한다. 알렌의 주장은 '교회의 영성' 가르침이 인권 운동 시대까지 남부교회에 계속 영향을 끼쳤다는 것이다. "많은 지도자들과 회중들이 사회적, 정치적 인권 목표에 대한 교단의 지지를 반대했다."[101]

다섯째, 두 왕국 관점은 성직자와 평신도 사이의 계급을 만드는 경향이 있다. 두 왕국 모델의 많은 추종자들은 그리스도인들이 직업을 갖고 현장에서 탁월하게 일하는 것을 격려하며 그것을 하나님을 섬기는 길로 보기는 하지만, 그 자체를 '왕국 사역'으로 이해하지는 않는다.[102]

결과적으로 두 왕국 교회들은 직업을 가지는 것을 변혁주의자들만큼 요구하지 않는다. 뿐만 아니라 교회 안에서, 두 왕국은 말씀과 성례를 집행하는 안수 받은 사역을 강조하며 "평신도와 교회 사역자의 사역 부분을 과장되게 구분한다"(예를 들어 복음 사역은 장로와 목사들의 책임이며, 성도들의 것은 아닌 것으로 본다).[103]

문화에 대한 합의점

2011년 말, 문화에 대한 합의점이라는 글을 블로그에 썼다. 오늘날 교회 안에 있는 그리스도와 문화에 대한 관점의 차이에도 불구하고, 각 진영에 있는 상당한 수의 사람들은 비판에 귀를 기울이고 있으며, 점진적으로 (그리고 비밀리에) 관점을 수정하고 있다. 그리하여 다른 사상과 입장에 대해 조금씩 가까워지고 있었다.

나는 블로그에서 변혁주의자와 두 왕국 관점을 요약하면서 각각의 모델이 약간의 불균형을 안고 있지만, 많은 사람들은 이들을 이해하고 있으며, 다양한 모델로부터 통찰력을 수용하고 있다고 했다.

> 변혁주의는 지나치게 승리주의적이고 강압적이며, 죄에 대해 순진하며, 종종 자기 의를 보이려고 한다. 또한 하나님의 일반 은총이 모든 사람들에게 충분히 주어졌다는 것을 제대로 인식하지 못한다. 그리스도인들이 비신자와 공공선을 위해서 함께 일하도록 그들을 준비시키지 못할 수도 있다. 또는 가장 하찮은 종류의 일을 포함해서 모든 일의 선함을 인정하지 않을 수도 있다. 그들은 철학적인 세계관을 생각해 낼 수 있는 지성에 대해 지나치게 많은 강조를 한다는 비판을 받는다. 그리고 마음의 경건 및 우선순위를 재점검하는 데 충분한 관심을 기울이지 못했다는 비판을 받았다. 그리스도인들이 정치권력을 취하는 것에 대해 지나친 낙관 및 강조를 했다는 비판도 받아왔다.
>
> … 두 왕국 접근법은 사회 변화의 가능성에 대해 너무 비관적으로

본다. 역설적으로 이 관점을 취하는 많은 이들은 일반 은총의 역할에 대해 너무 순진하며 낙관적이다. 이들은 그리스도인들이 자연계시에 의해 모든 사람에게 주어진 일반적인 도덕 기능의 근거 위에서 비신자와 더불어 일할 수 있다고 주장한다. … 두 왕국 접근법은 모든 문화마다 우상들로 가득 차 있으며 죄가 모든 것을 뒤틀어지게 한다는 것을 경시한다. 궁극적으로 중립성이란 존재하지 않으며, 사람은 세상에서 우리의 일을 지도 받기 위해서, 단지 자연계시 외에, 성경과 복음이 필요하다는 사실을 너무 경시한다.[104]

이 글은 많은 사람들의 저항을 불러왔다. 카이퍼주의 운동으로 저명한 저자인 마이클 고힌(Michael Goheen)과 크레이그 바돌로뮤는 탄탄한 변혁주의자 진영이지만, "뉴비긴의 책들을 수용하고, 보다 선교적인 카이퍼주의를 옹호하겠다"라고 말했다. "사회 관여는 사회를 변화시키기 위한 것이 아니다. 그것은 일어날 수 있지만 그 목적은 그리스도께서 주님 되심을 모든 공공생활의 영역에서 증언하는 것이며 인간을 비인간화하는 우상 숭배들과 싸우면서 이웃을 사랑하는 것이다."[105]

반면 마이클 호튼은 나의 글에 반응하여 블로그에 글을 올렸는데, 두 왕국 입장에 대한 묘사를 비슷하게 거부했다. 그는 6년 전, "그리스도인과 비그리스도인은 직업에 있어서 아무 차이가 없다"라고 했고 "또한 기독교 정치학이나 기독교 예술, 기독교 문학이 존재하지 않는 것은 기독교 배관 기술이 없는 것과 마찬가지이다"라고 썼었다.[106]

그러나 이제는 "두 왕국 관점의 어떤 것도 그리스도인이 자신의 직업을 '독자적으로 기독교적인 방식'으로 추구하지 않는다는 것을 의미하지 않는다. 또한 '교회나 신자가 세상이나 사회를 바꾸는 일을 해서는 안 된다'는 것을 수반하지 않는다"라고 썼다. 그리고 그는 그리스도인들이 이끄는 사회 개혁이 선한 일이라고 덧붙였다.[107]

그런데 이 두 저자들은 단순화에 대한 그들의 타당한 우려에도 불구하고, 그리스도인들 사이에 '문화에 대한 합의점'을 가질 수 있다는 증거를 제공한다. 마이클 고힌의 강조점은 카이퍼주의 사상에서 분명히 보이는데 다른 원천들로부터 통찰과 비판을 수용한 것이다. 그리고 두 왕국 접근법의 많은 지지자들이 그리스도인들이 고유한 방식으로 일할 수 있다는 것을 부정하며 사회를 변화시키는 노력에 참여해선 안 된다고 주장한다.

하지만 마이클 호튼의 언급은 다른 관점의 강점과 비판으로부터 배울 줄 아는 놀라운 능력을 보여 준다. 성장 중인 이러한 합류점에 내가 기여할 수 있기를 소망하면서, 나는 앞으로 이 이슈에 대해 균형 잡힌 놀라운 예들을 살펴보려고 한다. 그리고 어떻게 이 네 모델이 서로에게 바른 안목으로 관련될 수 있을지를 분석하려고 한다.

토론과 성찰을 위한 질문들

1. 이 장에서는 문화와의 관계 모델을 네 가지로 정리하였다. (1)변혁주의 모델 (2)적절성 모델 (3)반문화주의 모델 (4)두 왕국 모델. 네 가지 모델 중에서 어떤 것이 당신의 견해에 가장 가까운가? 가장 생소한 것은 무엇인가? 어떤 비판이 당신에게 가장 다가왔는가? 가장 반대하는 비판은 무엇인가?

2. 저자는 "종종 각 모델이 제대로 설명하지 못하는 경우가 있다는 것은 그 자체로 시사하는 바가 크다"라고 말한다. 모델들은 종종 부적합한데, 특히 우리가 가장 날카롭고 명확하게 어떤 입장을 이해하려 할 때 그러하다.

그러나 이런 부적합성이 우리에게 도움이 될 수 있다. 곧 특정 관점의 한계를 드러내고 극단을 피하도록 돕는 것이다. 이런 것을 염두에 둘 때, 각각의 모델이 지닌 최고 강점을 당신은 어떻게 요약하겠는가? 각각의 모델에서 최대 문제와 약점은 무엇인가?

3. 복음과 문화에 대한 당신의 생각을 형성해 온 신학들이 무엇인지를 점검해 보라. 저자, 멘토, 전통, 논문, 컨퍼런스, 개인 체험, 그리고 편견 등을 확인해 보라.

특정 사상이 교회와 문화에 대한 당신의 생각에 지배적인 영향을 끼쳤는가? 아니면 여러 흐름에 골고루 영향을 받았는가? 현재의 관점을 형성하게 된 데 가장 결정적인 역할을 한 사상가는 누구였는가?

11
복음적인
문화 참여의 지평

◇◇◇

앞서 우리는 사람들을 대략적인 범주나 모델로 구분하는 것에 허점이 있을 수 있음을 인정했다. 어떤 사람들은 한 유형에 매우 잘 부합하지만, 그렇지 않은 경우도 있다. 한 모델 안에서도 딱 들어맞지 않는 영역들을 발견할 수 있다. 사람들은 여러 모양으로 변하기 때문이다. 사려깊은 사람들은 한 모델을 지지하면서도 다른 전통의 통찰을 받아들여 종종 자신들의 관점을 수정하고, 이로 인해 더 풍부해지기도 한다.

또한 우리는 그리스도와 문화 사이의 다양한 모델들을 인식하고 비판하는 일들이 점점 더 확대되고 있음을 본다. 그래서 보다 정교하고 균형 잡힌 접근법이 요구된다. 나는 그중에 몇 가지를 이미 언급했다(미로 슬라브 볼프, D. A. 카슨, 제임스 헌터, 그리고 다니엘 스트레인지).[1] 우리가 그리스도 와 문화에 대한 균형 잡힌 모델에 대해 소망하고 살펴야 할 이유는, 아마 도 단일한 모델 안에 자신들의 생각과 실천이 갇히길 거부하는 사람들이 있기 때문이다.

예를 들어 레슬리 뉴비긴은 종종 변혁주의자, 반문화주의자 그리고 적절성주의자라고 불린다. 비록 그의 교리적 관점을 전부 다 공유하지 않더라도 말이다. 반문화주의자들은 그가 '복음의 해석학'[2]으로서 교회 공동체 자체를 강조하는 것에 반응하지만, 변혁주의자들은 그가 신앙과 직업을 통합해서 그리스도인들이 문화에 영향을 끼치도록 훈련해야 한 다고 강조하는 것을 높이 평가할 것이다.[3]

문화에 대해 고민하는 모든 이들은 뉴비긴의 후기 기독교 서구 사회 에 대한 분석을 시초로 삼는다. 가장 놀라운 것은 뉴비긴이 기독교 가치 에 공공연히 기초한 정부의 가능성을 찬성하는 대목이다. 그는 십자가 의 논리가 정부로 하여금 소수에 대해 비 강압적이며, 모두의 공공선에 헌신하도록 이끌며, 다원적 사회가 융성하도록 돕는다고 말한다. 이것은 명백하게 기독교적 정치 비전이지만 기독교 재건주의와는 다르다. 재건 주의는 민주주의가 '이단'이라고 주장하기 때문이다. 또한 신 칼빈주의의 원칙적 다원주의와도 분명히 다르다.[4]

정확하게 분류하기 어려운 또 다른 사상가는 《하나님의 정치학》을 쓴 짐 월리스(Jim Wallis)이다.[5] 월리스는 신 수도주의 리더들을 강력하게 지지한다(이는 반문화주의 모델에 속한다). 그는 쉐인 클레어본의 선언문인

"불가항력적인 혁명"의 서문을 썼지만 그리스도인들이 선거 정치에 참여할 것을 독려한다.

이에 대해 제임스 K. A. 스미스는 윌리스가 '좌파 왕조주의'[6]를 추구하는 것인지 되물었다. 그는 윌리스의 초점이 "믿음의 사람들이 투표소에 나가고 의회에서 로비를 하고 선지자적 정의를 시행하기 위해 정치적 과정에 참여하는 것"에 있다고 보았다. 윌리스는 다른 기성 개신 교단들과 더불어 적절성 모델로 분류될 수 있을 것이고, 반문화주의 모델로도 볼 수도 있을 것이다. 그를 정확히 구분 짓는 것은 매우 어려운 일이다.

또 다른 예로 여러 범주에 걸쳐서 통찰력을 일으키는 저명한 신학자인 N. T. 라이트가 있다. 반문화주의자들은 그가 칭의 교리를 재정리한 것에 대해 높이 평가한다. 그들은 구원이 개인적 회심이라기보다 새로운 공동체에 참여하는 것이라는 그의 견해를 인정한다.[7]

그러나 라이트는 반문화주의자는 아니다. 그는 그리스도인들이 직접적으로 문화에 참여할 것을 요구하며, "기도, 설득, 정치 행동의 고된 작업을 통해서 정부가 부단한 폭력 외의 다른 접근법이 있다는 것을 알게 할 수 있다"라고 주장한다.

그는 이것을 '회복적 정의'라고 부르며, 남아프리카의 데스몬드 투투 주교를 예로 든다. 그는 탐욕과 강제력을 통해 빈곤층과 약자를 수탈할 수 있는 사람들을 정부 권위에게 견제해야 한다고 지속적으로 말한다.[8] 이런 면에서 그는 자유주의적 정치 참여자처럼 보인다.

라이트의 이야기는 때로 신 칼빈주의처럼 들리기도 한다. 그는 그리스도인들에게 "예술, 음악, 문학, 무용, 연극, 그리고 다른 많은 인간의 즐거움과 지혜의 경험들을 가지고 세상의 치유를 위해 한 걸음 더 나아가자"라고 요청한다. 또한 예술가들에게 "정의를 위해 일하는 사람들에게 참여"하라고 요구한다.[9] 간단히 말해 그는 이렇게 결론 내린다.

> 우리는 하나님의 새 창조에 참여하도록 부름 받았다. 지금 이곳에서 새 창조의 대리인이 되도록 부름을 받았다. 우리는 이 세상에 새 창조의 모델을 드러내도록 부름을 받았다. 교향곡과 가족생활로, 회복적 정의와 시문학으로, 거룩함과 가난한 사람들에 대한 봉사로, 정치와 그림으로 나타내도록 부름을 받았다.[10]

앞으로 나아갈 길을 찾아서

우리가 다양한 사상과 사상가들을 통해 무엇을 배웠는지 살펴볼 때, 다른 여러 사상을 초월하거나 수용하는 이들을 고찰할 때, 어떻게 이 토론 가운데 우리의 자리를 찾을 것인가? 우리는 어떻게 그리스도인과 문화의 문제에서 적절한 길을 선택할 것인가?

앞에서 살펴본 것처럼, 각각의 네 가지 모델은 성경적 근거들을 가지고 있으며 교회가 문화에 대해 마주하는 핵심 문제들을 효과적으로 대응하고 있다. 예를 들어 활발하고 용기 있고 효과적인 전도가 없다는 것이 교회가 해결해야 하는 주요 문제인가?

어느 부분에 있어서는 그렇다. 그러나 그리스도인들이 세상의 문화 기관들 속에서 신앙의 세계관을 살아내지 못하는 실패에 대해서는 어떤

가? 문화 경제학의 많은 분야에서 그리스도인들이 너무 적다는 문제는 또 어떤가? 절대적으로 그렇다. 시각 예술, 문학과 시, 연극과 무용, 학문과 법철학, 지성적 두뇌 집단, 주요 연구 대학, 여론 주도 잡지와 신문, 고급 비평지, 주요 재단, 공중파 텔레비전, 영화, 최상위 광고 회사 등과 같은 곳들에는 기독교적 의견이 거의 또는 전혀 보이지 않는다.

우리는 교회가 충성되게 가난한 사람들을 위해서 정의의 편에 서온 것을 알고 있다. 성경을 믿는 많은 미국 교회들은 한때 노예제를 지지했었다. 그것은 (잘못된) 성경 해석에 의한 것이었다. 문화적 가치에 대한 잘못된 적응은 교회의 신뢰성에 엄청난 손실을 끼쳤다.[11] 게다가 이것은 한 번뿐인 사건이 아니었다. 20세기에 많은 교회들이 다시금 인종 분리를 지지했다.

그렇지만 오늘날 교회가 직면한 최대의 문제는 비신자들이 이해할 수 있는 방식으로 비신자들과 연결되지 못하는 우리의 무능력이라고 보아야 한다. 복음주의 교회가 하위문화의 출구 없는 막다른 길에 서 있고, 대부분의 미국인들이 이해할 수 없는 방식으로 복음을 말하고 있으며, 공공선이 아니라 교회 자신의 힘을 증가시키는 데만 관심이 있다는 평판을 받는 것이 주된 문제가 아니겠는가?

이와 대조적으로, 로마 제국의 초대 교회 감독들은 빈자 및 약자의 편에서 그들을 돕는 것으로 유명했다. 그래서 비록 소수 종교에 속했지만, 그들은 지역 사회를 대변할 권리를 부여 받을 수 있었다. 빈자와 약자를 보살피는 것은 역설적으로 결국 교회가 문화적 영향력을 가질 수 있었던 중요한 이유가 되었다. 만일 교회가 주변인들의 편에 서지 않는다면, 교회 자체가 주변으로 밀려나고 말 것이다. 이것은 하나님이 쓰시는 시적인 인과법칙이다.

그러나 문제의 핵심은 아마도 공동체적 '피상성', 즉 그리스도인 공동체가 세상과 전혀 구별되지 못한다는 데 있을 것이다. 오늘날 교회의 진정한 도전은 우리의 관점뿐 아니라 우리의 삶이 고유하게 차별되지 못한 데 있지 않을까? 어떤 복음주의 그리스도인들은 음주는 절제하지만 여전히 다른 사람들과 마찬가지로 개인주의적이고 소비적이며 물질주의적이고 권력에 집착한다. 이것은 매우 심각한 문제이다.

그렇다면 문제는 어쩌면 우리가 반복적으로 정치적 영향력을 사용하려고 시도하며 그리스도인이 지배하는 사회를 강제로 되돌리려는 방식에 있는 것일지도 모른다. 우리가 정치적 수단을 통해 권력과 통제를 확보하려는 일에 타협한 것은 아닐까? 사회학자 로버트 퍼트남(Robert Putnam)과 데이비드 캠벨(David Campbell)을 포함해서 많은 이들은 이러한 초점이 오늘날 교회의 진정한 문제라고 설득력 있게 주장한다.

간단히 말해 이 모든 문제들에 대한 대답은 "YES"이다. 각각의 모델들을 일정 거리에서 살펴보면, 이들은 모든 교회 안에 있는 진정한 문제를 짚어내고 있으며 분명 세상 문화 속에서의 증언을 다루고 있다. 각각의 모델을 지지하는 추종자들이 왜 있는지 이해하는 것은 어렵지 않다. 각각은 무엇인가를 설명하며 복음과 문화의 관계에 대한 본질적 진리를 다룬다. 이는 지극히 중요한 일이다. 그리고 이들 중에 어떤 것도 혼자서는 전체 그림을 제시하지 못한다. 어떤 것도 다른 것들을 제거하지 못한다. 각 모델의 핵심 진단은 정확하고 본질적이지만, 동시에 불완전하다.

결과적으로 핵심 처방들은 훌륭하고 필요한 것이지만 불균형적이다. 그렇다면 우리가 앞으로 나아갈 길은 무엇일까?

문화에 대한 두 가지 질문

이러한 문제들은 두 개의 근본적인 질문으로 요약될 수 있다. 첫 번째 질문은 문화 변화에 대한 태도와 관련된다. 문화적 변화의 가능성에 대해 우리는 비관적이어야 하는가, 아니면 낙관적이어야 하는가? 두 번째 질문은 문화의 본성에 대한 우리의 이해를 드러내는 것으로 구속의 가능성에 대한 것이다. 현재의 문화는 구원될 수 있으며 선한가? 아니면 근본적으로 타락한 것인가? 이 질문들에 대한 답변은 우리가 성경적 강조점들과 일치하고 있는지 그리고 우리의 불균형은 무엇인지 아는 것을 통해 할 수 있다.

문화적 변화: 비관적인가 아니면 낙관적인가?

제임스 헌터는 문화 변화가 위에서 아래로 이루어지며(예외도 있지만), 아래에서 위로 향하지는 않는다고 주장한다.[12] 문화적 변화는 도시 및 학문 중심지에서 외부로 흘러나간다. 그러나 이러한 변화들이 통상적으로 최고의 권위를 가진 최상위층 엘리트 집단에 의해서 시작되는 것은 아니다. 그들은 기득권을 가진 사람들로 현상 유지를 원한다. 또한 문화 권력의 주변부에 있는 민중들에 의해 시작되지도 않는다. 그들은 지속적인 변화를 추진하기에는 힘이 없고 사회생활과 사상을 형성하는 제도와 문화 영역들로부터 전적으로 차단되어 있기 때문이다.

문화적 변화는 주로 외부에 있는 엘리트들을 통해 일어난다. 대개는 젊은이들과 여성들이 해당되는데 최고 권위 중에서도 상대적으로 낮은 층이거나 영향력이 덜하거나 새로운 기구에 있는 이들이다. 이들이 변화를 시작한다.[13]

그 외에도 공통의 대의를 가진 네트워크들이 서로 다른 문화 영역들에서 겹칠 때 문화 변화가 촉진된다. 변화를 시도하는 네트워크들에 사업, 학문, 예술, 교회, 그리고 다양한 기구들에서 온 사람들이 포함되어 함께 일할 때 변화가 순조롭게 일어난다.

물론 변화가 일어나는 것은 단순한 과정이나 공식이 아니다. 왜냐하면 문화는 역사의 산물이며, 사상의 문제가 아니기 때문이다. 문화에는 일종의 불규칙적인 관성이 존재한다. 쉽사리 또는 투쟁 없이 바뀌지는 않는다.[14] 그러나 결국 문화는 바뀔 수 있다.

문화 변화에 대해 복합적이고 풍성한 이해를 하게 되면 각각의 모델에 대해 새로운 조명이 생긴다. 각각의 모델은 문화 변화에 대해 지나치게 낙관적이든지 또는 지나치게 비관적인 경향이 있다. 이것은 주로 가장 적극적인 지지자들을 통해 드러난다.

낙관주의적 성향의 그룹 내에서는 문화가 어떻게 변화될 수 있는지에 대해 매우 제한된 이해를 하는 경향이 있다. 어떤 이들은 진리를 주장하는 것 자체의 중요성을 이야기하고, 어떤 이들은 공동체의 중요성과 역사적 과정의 중요성을 강조한다. 그러나 이것들이 문화 변동에 있어서 결정적인 요인은 아니다. 이 모든 것들이 역할을 하기는 하지만, 현재의 모델들 중에 어떤 것도 모든 것을 다 설명하지 못한다.

문화는 구원 가능한가? 아니면 근본적으로 타락한 것인가?

D. A. 카슨은 우리에게 문화의 성격에 대한 두 번째 질문을 다룰 수 있도록 도움을 준다. 그는 문화 관여에 관한 각각의 모델들이 성경의 이야기 흐름 또는 '거대 담론'(meta-narrative)의 충만함을 제대로 다루지 못한다고 지적한다. 그것은 하나님의 구원 역사에서 나타나는 위대한 전환점과 단계들이다. 곧 (1)창조 (2)타락과 죄 (3)이스라엘과 율법을 통한 첫 번째 구속과 그리스도와 새 언약을 통한 구속 (4)마침내 천국, 지옥, 그리고 만물의 회복이다.[15]

두 왕국 모델은 강조점을 물질적 창조 세계의 선함, 모든 인간 존재 안에 있는 하나님 형상의 힘, 그리고 모든 사람에 대한 하나님의 일반 은총에 둔다. 변혁주의자는 더 큰 강조점을 죄와 타락이 삶에 끼치는 편만한 영향력, 신앙과 불신앙 사이의 변증법, 그리고 문화의 중심에 있는 우상에 둔다. 반문화주의자는 강조점을 구속의 형태에 두는데, 이는 역사를 통해 새 백성과 새 인류를 만드셔서 세상에 그리스도가 통치하는 삶이 어떤 것인지를 보여 주는 것을 의미한다. 마지막으로 적절성 범주의 많은 이들은 강조점을 하나님이 피조 세계를 회복시키는 것과 열방의 치유, 죽음으로부터의 부활에 둔다.

성경의 흐름에 대한 이 모든 요점들은 네 모델의 요약으로 잘 다루어진다. 그리고 각각의 이야기 라인들이 그리스도와 문화의 관계에 대해 의미하는 바는 진지하게 고려되고 적용된다. 하지만 문제는 각각의 모델이 자신들의 무게 중심 외의 다른 이야기 라인의 시사점들을 간과한다는 것이다.

두 왕국 모델의 지지자들은 자신의 일을 세상에서 인도함 받기 위해 단지 일반 계시만이 아니라, 성경과 복음을 정말로 필요로 한다는 점에 대해 너무 순진하다는 비판을 받는다. 변혁주의자 모델은 전투적이고 승리주의적이며 비신자들의 활동과 기여를 인정하지 못한다는 공격을 받는다. 반문화주의자들은 세상과 교회의 구분을 너무나 날카롭게 해놓아서 창조와 타락 모두의 시사점을 놓치는 경우가 있다는 비판을 받는다. 이들은 교회 안에 있는 죄의 수준과 세상에서 작동하는 일반 은총을 간과하는 경향이 있다. 신자 안에 거하는 죄의 실재는 교회가 절대로 그 신앙고백만큼 선하고 탁월하지 않다는 것이다. 비신자들 사이에 있는 일반 은총은 그들의 잘못된 신앙만큼 나쁘지는 않다.

마지막으로 적절성 범주에 있는 이들은 종종 이 세상에 있는 하나님의 나라가 '이미'이면서 동시에 '아직'이라는 것을 간과한다는 비판을 받고 있다. 하나님은 피조 세계를 회복할 것이지만 아직 완성하지는 않으셨다. 인간 문화의 비타협적 태도와 어두움을 간과하는 것은 타락의 교리를 충분히 진지하게 고려하지 못했다는 것이다. 길 잃은 사람들에 대한 전도보다 공공선에 봉사하는 것을 훨씬 강조하는 것은 구속의 '특별성'을 망각하는 것이다.

카슨의 결론은 이러하다. "요컨대 이 모델들의 일부 또는 전부가, 성경적-신학적 발전의 폭넓은 현실을 반영하여 어떻게든지 다듬어져야 한다."[16]

성경적-신학적 자원들

더 깊이 알아보기 위해 우리는 신학적 균형을 추구해야 한다. 이는 자유주의와 정통 신학 사이의 중간점을 의미하는 것이 아니다. 오히려 D. A. 카슨은 성경 신학의 다양한 요점들이 "우리의 생각을 동시적이며 통시적으로 지배하는 것"[17]에 대해 이야기한다.

이를 구체적으로 표현하기 위해서 우리는 그리스도인의 문화 관여에 특별한 관련성이 있는 기본적인 신학적 사상들을 간단히 살펴보려고 한다. 그리고 각각의 영역에서 유지해야 할 구체적인 균형들의 일차적 방향에 대해서도 살펴보려고 한다.[18]

창조

창조의 교리는 우리에게 무엇보다도 물질세계가 중요하다는 것을 가르친다. 고대 창조 설화들과는 다르게, 지구는 신들 간의 권력 투쟁의 결과로 만들어진 것이 아니며, 한 창조자에 의해 사랑과 예술의 작품으로 만들어졌다.

하나님 사역의 주요 부분은 창조 세계를 유지하고 계속 가꾸어 가는 기쁨에 있다(시 65:9-13; 145:21; 147:12-20). 만일 하나님 스스로 이 모든 일들을 하신다면 -그가 물질세계를 가꾸시고 유지하시며 동시에 진리로 영혼들을 구원하신다면- 어떻게 예술가나 금융인이 '세속적' 일에 종사하며 오직 전문적인 사역자들만이 '주님의 일'을 하고 있다고 말할 수 있겠는가?

창세기의 창조이야기에서 아담과 하와는 열매를 맺고 번성하며 다스리라는 부르심을 받았다(창 1:26-28). 마이클 알렌(Michael Allen)은 "이 부르심은 창조물에 대해 좋다는 하나님의 선언 사이에 샌드위치처럼 놓여서, 가족, 사회, 정치, 경제 활동이 하나님이 이 세상을 향하신 선한 뜻의 일부분이라는 것을 알려 준다"[19]라고 말한다.

동산은 사람에게 보살피고 경작하라고 주신 것이다(창 2:15). 동산지기는 땅을 단순히 있는 그대로 내버려 두는 것이 아니라, 원재료를 가공하여 인류 번영에 필요한 것을 생산해야 한다. 그것이 음식이거나 재화를 위한 재료이거나, 또는 단순히 아름다운 낙엽일 수도 있다. 궁극적으로 인간의 모든 노력과 문화적 활동은 이런 종류의 원예 활동인 것이다.

타락

마이클 알렌은 다음과 같이 말한다. "사망과 죄는 문화의 잠재력을 제한한다. 이는 그것들이 문화 대리인의 갈망과 능력을 구부러지게 하기 때문인데, 이제 문화 대리인은 바른 것보다 잘못된 것을 추구한다."[20] 창세기 3장 17-19절은 아담과 하와의 죄에 대한 하나님의 저주를 묘사한다. 본문은 죄가 삶의 모든 부분에 영향을 미치고 전염되었음을 보여 준다. 프랜시스 쉐퍼는 이를 시사적으로 요약했다.

> 우리는 타락의 영향을 받은 모든 영역에서, 그리스도의 사역을 근거로 하여 실질적인 치유를 찾아야 한다.…
> 먼저 인간은 하나님으로부터 분리되었다. 그리고 타락 이후로 자신으로부터 단절되었다. 이것은 심리적인 분리이다.…

그 다음 분리는 사람이 다른 사람들과 분리된 것이다. 이것은 사회적인 분리이다. 그리고 사람은 자연으로부터 분리되었다. 그 다음으로 자연은 자연으로부터 분리되었다. … 어느 날 그리스도가 다시 오실 때, 이 모든 것들의 완벽한 치유가 있을 것이다.[21]

이처럼 죄는 모든 것에 영향을 미친다. 단지 우리 마음뿐 아니라 우리 문화와 삶의 모든 부분에 영향을 미친다. 죄의 교리는 좋은 점도 있고 나쁜 점도 있다. 이 말은 한편으로는 우리가 반문화 속으로 퇴각함으로써 죄와 그 결과로부터 도망칠 수 있다고 생각해서는 안 된다는 말이다. 다른 한편으로는 죄가 모든 일과 문화 형성의 영역에 영향을 미치므로 우상들이 모든 문화의 중심에 있다는 것을 잊어서는 안 된다는 뜻이다.

그러므로 '타락'의 범주 아래 우리는 하나님의 저주와 일반 은총의 상보적인 진리를 이해해야 한다. 이 세상에 존재하는 그 어떤 선한 것도(어떤 지혜나 덕성이든지) 하나님이 주시는 온전한 선물이다(약 1:17). 일반 은총은 특별하거나 구원하는 은혜가 아니다. 그것은 그리스도의 구원을 모르는 사람들을 통해 그들 속에 선한 일들이 일어나도록 제어하는 힘이다.

이 교리에서 특별히 중요한 본문은 창세기 8-9장에 나타난 노아의 축복이다. 이제 하나님은 구속받은 백성들을 통하지 않고 다른 방법을 통해서도 피조 세계에 복 주시며 그것을 유지하기로 약속하신다.[22] 존 머레이는 일반 은총이 "구원에 이르지는 못하지만, 모든 종류, 모든 정도의 온갖 호의로서, 자격 없고 죄의 저주 아래 있는 세상이 하나님의 손에서 누리는 것"[23]이라고 했다.

우리의 타락함에 대한 이러한 성경적 이해는 -저주 아래 있지만 여전히 비구원적 은혜로 보존됨에 대한 이해- 문화에 그리스도를 접목할 때 매우 중요한 것이다. 이 세상은 본질적으로 선하며 일반 은총에 의해 보존되고 있다. 그리스도인들은 죄로부터 구출되었고 구원을 받았다. 그러나 여전히 남아 있는 죄가 있다.

하나님과 우상들 사이의 전쟁터는 세상에만 펼쳐져 있는 것이 아니라, 모든 신자의 마음속에 펼쳐져 있다. 그러므로 그리스도인과 비그리스도인의 문화 생산과 일은 그 안에 우상 숭배적 요소와 하나님을 높이는 요소가 모두 들어 있다.

문화적 생산물들은 "만일 그리스도인이 만들었으면 좋고 비그리스도인이 만들었으면 나쁜" 것으로 판단되어선 안 된다. 각각은 그것들이 하나님을 섬기는지 우상을 섬기는지에 대해 각각이 가진 장점으로 평가되어야 한다.

타락의 교리가 지닌 이러한 배경에 대항하여 우리는 예수님이 제자들에게 "세상의 소금"이 되라고 하신 것을 기억해야 한다(마 5:13). 소금은 육류가 상하지 않고 싱싱하도록 하는 역할을 한다. 소금 비유는 그리스도인들에게 세상에 나가서 참여하라는 부르심을 주는 것이다. 소금은 흩어지기 전에는 그 일을 할 수 없다.

그리스도인들은 사회의 모든 영역에 침투해야 한다. 그러나 소금이 된다는 것은 사회가 쇠퇴하고 와해되는 자연적 경향에 대해 억제하는 영향력을 가진다는 의미다. 사회 참여가 필요하고 유효할 수 있지만, 우리는 전반적이고 보편적인 사회 변혁을 기대해서는 안 된다.

창조가 우리에게 소위 세속적 부르심과 직업의 선함을 알려 주고 문화 형성에 대한 시야를 제공한다면, 타락의 교리는 우리에게 이상주의와 승리주의에 대한 경고를 준다.

구속과 회복

그리스도의 오심은 -성육신, 삶, 죽음, 부활, 그리고 승천- 문화 참여에 큰 의미를 부여한다. 그리스도의 구원에 대한 기독교 이해의 가장 중요한 특징 중 하나는 구원이 단계적으로 온다는 것이다.

프랜시스 쉐퍼가 지적하듯이 죄는 삶의 모든 양상을 파괴하고 훼손했다. 그러므로 그리스도의 구원은 반드시 삶의 모든 양상을 새롭게 할 것이다. 궁극적으로 우리를 죄의 저주로부터 완전히 해방시키는 것이다. 아이작 왓츠는 이렇게 말한다. "그가 오신 것은 저주가 있는 곳에 당신의 축복이 흐르게 하기 위해서다."[24]

그러나 종종 '하나님의 나라'라는 제목으로 말해지는 구원과 통치의 권세는 크게 두 단계로 설명된다. 하나님의 나라는 게할더스 보스가 말했듯 "하나님의 구원하시는 은혜의 영역"이다. 이곳은 거듭남과 그리스도에 대한 신앙을 통해 들어갈 수 있다(요 3:3, 5; 골 1:13). 이런 의미에서 하나님의 나라는 이미 여기에 있다(마 12:28; 눅 17:21; 21:31). 그러나 또한 그 나라는 보스의 말을 빌린다면 "의로움과 공의와 축복"의 영역이다. 이는 새로운 사회 질서이며(벧전 2:9), 특히 교회 안에서 나타나는 것이다.

시편은 생생하게 하나님의 통치 권세가 인간 사회의 문제를 치유할 뿐만 아니라 현재 썩어짐에 종노릇하는 자연 그 자체를 치유하실 것이라고 말한다(롬 8:20-25). 시편 72, 96, 97편은 참된 왕의 통치 아래에서 곡식이 산꼭대기에서도 자랄 것이며(시 72:16), 들판과 꽃과 바위와 나무는 기뻐 노래할 것이라고 말한다(시 96:11-13).

헤르만 바빙크는 은혜는 자연을 없애거나 대체하는 것이 아니라 회복시키는 것이라고 덧붙인다. 은혜는 생각과 언어, 예술과 과학, 연극과 문학, 사업과 경제를 없애는 것이 아니다. 은혜는 잘못된 것을 새롭게 하고 회복시킨다.[25]

프랜시스 쉐퍼의 용어를 빌리자면, 하나님과 인류 사이의 영적 단절은 믿음을 통해 회복된다. 우리는 의로운 자로 받아들여지고 하나님의 가족으로 입양된다. 그럼에도 불구하고 죄의 심리적, 사회적, 문화적, 육체적 결과는 여전히 우리에게 남아 있다. 우리는 마지막 날에 죄의 결과가 없어지고 온전한 치유가 일어날 것을 믿고 그때를 기다리지만, 어떤 면에서 지금 이 순간에도 어느 정도 치유를 기대할 수 있다. 따라서 하나님의 나라는 진실로 '이미' 이곳에 있지만, '아직' 온전히 여기 있지는 않다(마 5:12, 20; 6:33; 7:21; 18:3; 19:23-24).[26]

쉐퍼는 '상당한' 치유가 피조 세계를 통해 이루어질 것을 기대할 수 있다고 제시한다. 그런데 그것은 어떤 의미인가? 하나님의 나라는 어떻게 '이미'이면서도 '아직'인가? 마이클 알렌은 이에 대해 날카롭게 표현한다. "그러므로 기독교와 문화의 관계에서 진짜 이슈는 … 언제 그리고 어떤 속도로 이러한 일들이 일어날 것인가 하는 것이다."[27]

언제 우리가 이미 시작된 왕국의 열매를 볼 것인가 하는 질문은 교회와 나라의 관계에 대한 질문이다. 때때로 성경은 나라가 교회 영역 안에서만 작동하는 것처럼 말하기도 한다. 또 다른 때는 나라가 전 세계를 포괄하면서, 교회 바깥에서 작동하는 것처럼 말한다.[28]

우리가 타락에 대한 성경적 가르침을 균형 있게 붙잡고 반드시 저주와 일반 은총의 상보적 진리를 이해해야 하듯이 그리스도의 구속에 관한 성경의 가르침도 그러하다. 구원의 권위는 이미 작동하고 있으나 아직 온전히 임하지는 않았다. 또한 이 권위는 사람들이 함께 모인 교회에서 작용하지만, 교회만의 독점적인 것은 아니다.

여기서 우리는 다시금 상이한 모델들이 들어맞는 이유를 보게 된다. 그리고 그 모델들이 얼마나 쉽게 환원되며 불균형적으로 되는지를 알 수 있다. 우리는 삶의 모든 영역에서 치유가 일어날 것을 기대해야 한다. 공적 영역과 사적 영역 모두에서, 교회 안에서와 바깥 문화에서 모두. 우리는 함께 모인 교회를 이 회복의 위대한 도구로 보아야 한다. 세상에 나가 있는 개별적 그리스도인들을 하나님 나라의 대표자들로 보아야 한다.

우리는 영적 생활이나 교회의 삶을 세속 생활이나 문화적 삶으로부터 분리해서는 안 된다. 삶의 모든 영역(직업, 공공, 가족, 여가, 물질, 성, 재정, 정치)은 하나님께 드리는 "살아 있는 예배"로 드려져야 한다(롬 12:1-2).

그리스도인의 문화 참여 지평

이 간략한 전망을 통해 우리는 무엇을 배울 수 있을까? 아마도 균형이라는 단어가 다시금 특별나게 다가올 것이다. 성경은 타협적인 균형이 아닌, 모든 가르침을 통해 '동시적이며 통시적으로 통제되는' 균형을 요구한다. 그리스도와 문화에 대한 다양한 모델의 연구는 우리에게 D. A. 카슨이 제시한 것을 가리킨다. 곧 모든 성경의 가르침을 아우르는 통시적이고 동시적인 지배 모델은 없다는 것이다.

두 왕국 모델 내의 그룹들이 문화 명령, 우상의 편만한 특성, 자연 계시의 불충분성, 그리고 교회 밖에 있는 하나님 나라의 실제를 제대로 다루고 있는가? 변혁주의 모델이 왕국의 '아직 이루어지지 않은' 특성을 온전히 다루고 있는가? 그리고 그리스도인들이 일반 은총과 저주 속에 살아가는 모든 인류에게 얼마나 참여해야 할지, 그리고 신약성경에 "문화를 다스리라"라는 분명한 요구가 없다는 점을 제대로 해결하고 있는가?

적절성 모델 안에 있는 사람들이 모든 인간 마음과 문화적 산물 안에 만연해 있는 우상 숭배의 깊이나 복음의 특이성과 공격성, 그리고 왕국의 '아직 이루어지지 않은' 특성을 제대로 다루고 있는가? 반문화주의자들은 하나님 나라가 지닌 '이미'의 성격이나 일반 은총과 저주 속에서 세상의 남은 부분에 참여하는 것에 제대로 반응하고 있는가? 이 모든 질문들에 대한 대답은 "제대로 하고 있지는 않다"이다.

나는 지금까지 각각의 모델이 성경적으로 불균형적이라는 것을 제시하였다. 각각에는 중추적인 진리가 분명히 있지만 충분하지는 않다는 것이다. 우리가 성경에 나와 있는 다른 주제를 언급하지 않고 문화 참여에 대한 어떤 주제를 환원주의적으로 적용할수록, 신학적 비전은 더 많이 불균형에 빠지고, 사역의 열매도 줄어들게 된다.

통합적 통찰을 통한 문화 참여

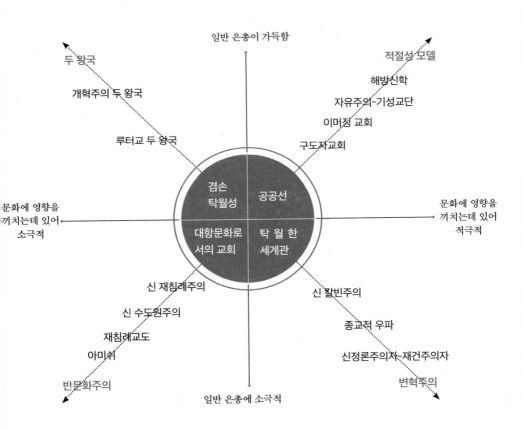

일반 은총이 가득함

두 왕국

개혁주의 두 왕국

루터교 두 왕국

적절성 모델

해방신학

자유주의-기성교단

이머징 교회

구도자교회

문화에 영향을
끼치는데 있어
소극적

문화에 영향을
끼치는데 있어
적극적

겸손
탁월성

공공선

대항문화로
서의 교회

탁 월 한
세계관

신 재침례주의

신 수도원주의

재침례교도

아미쉬

반문화주의

신 칼빈주의

종교적 우파

신정론주의자-재건주의자

변혁주의

일반 은총에 소극적

이것을 시각적으로 표현하기 위해서, 두 축을 가진 네 모델이 어떻게 대립하고 있는지 그려 보았다. 수직 축은 우리 문화 세계의 특성을 나타낸다(현대 문화가 구원 가능한지, 그리고 선한지 아니면 근본적으로 타락했는지).

위쪽은 이 세상이 일반 은총으로 가득하고, 비신자들이 자연계시를 이해할 수 있으며, 하나님은 여러 가지 방법을 통해 이 세상에서 일하신다는 신념이다. 스펙트럼의 아래에는 이 세상이 어둡고 악한 곳이며, 하나님의 일반 계시는 파악하기 어렵고, 하나님의 일하심은 오직 교회 안에서 교회를 통해서만 이루어진다는 신념이다.

수평 축은 문화 변화에 대한 관점과 태도를 나타낸다. 축의 왼쪽 끝은 우리가 적극적으로 문화를 변화시키려고 해서는 안 된다는 신념이다. 오른쪽은 우리가 문화에 적극적으로 참여해야 하며, 우리의 노력으로 문화를 바꿀 수 있다는 낙관적 신념이다.

변혁주의 및 반문화주의 모델들은 다이어그램의 하반부에 위치한다. 이들은 일반 은총에 대해 그다지 믿지 않으며, 세상과 하나님 나라의 가치 간에 근본적인 차이가 있다고 확신한다. 결과적으로 이들은 문화의 우상들에 대한 강하고, 예언자적인 비판의 필요성을 강조한다. 두 왕국 모델과 적절성 모델은 상반부에 위치하는데 이들은 문화 속에서 비신자들과의 공통지대를 찾으려는 데 훨씬 적극적이다.

두 왕국과 반문화주의 모델들은 왼쪽 편에 위치하는데, 그것은 두 모델이 그리스도인들이 문화에 '참여'하고 '변혁'하려고 하는 강한 시도들이 혼합주의와 타협으로 연결된다고 생각하기 때문이다. 두 모델은 모두 그리스도인들에게 문화를 변화시키라고 하지 않고 단순히 "교회가 되라"고 요구한다.

반면 적절성과 변혁주의자들은 오른쪽에 있는데, 그것은 그들이 문화를 재고하는 데 많은 시간을 보내며, 그리스도인들이 문화에 참여하여 그리스도를 위해 영향력을 끼치고 긍정적인 역할을 할 수 있다고 믿기 때문이다. 오른쪽에 있는 각각의 모델들은 왼쪽에 있는 두 모델에 대해 이원론과 도피라고 생각한다.

만일 이 토론을 여기서 끝낸다면, 우리는 단순히 모델들의 좋은 점을 결합하고 극단적인 예는 피하며, 완벽하게 균형 잡힌 '특별한 모델'을 찾아서 우리 모두가 따르자는 이야기가 되고 만다. 이렇게 결론을 내리면 그것은 너무 단순하고 맞지 않는 것이다. 나는 이 주제에 대해 마지막 장에서, 그리스도와 문화의 관계를 형성하는 데 있어 충실하고, 균형 잡히고 기술적인 지도 원리를 제시할 것이다. 어떤 모델이 우리의 관습을 가장 많이 형성하는지에 상관없이 말이다.

토론과 성찰을 위한 질문들

1. "어떤 사람들은 한 유형에 매우 잘 부합하지만, 그렇지 않은 경우도 있다. 한 모델 안에서도 딱 들어맞지 않는 영역들을 발견할 수 있다. … 사려 깊은 사람들은 한 모델을 지지하면서도 다른 전통의 통찰을 받아들여 종종 자신들의 관점을 수정하고, 이로 인해 더 풍부해지기도 한다."

이 장에서 어떤 것들이 당신에게 가장 큰 도전과 자극이 되었는가? 어떤 것이 가장 도움이 되었는가? 동의하지 않는 것은 무엇인가?

2. 이 장은 문화에 대한 두 가지 근본적인 질문들을 던진다. 우리는 문화의 변화 가능성에 대해 비관적이어야 하는가, 아니면 낙관적이어야 하는가?

현대의 문화는 구원이 가능하며 선한가? 아니면 근본적으로 타락한 것인가? 이 두 가지 질문에 대해 당신은 어떻게 답하겠는가? 0-10의 척도로(0=전혀 아니다, 10=매우 그렇다) 볼 때, 당신은 문화를 변화시킬 수 있는 신자의 능력에 대해 낙관적인가? 동일한 척도로, 당신은 문화가 얼마나 구원이 가능하다고 보는가? 당신은 각각의 질문에서 어느 한 쪽으로 기울고 있는가? 그 이유는 무엇인가?

문화 변화의 가능성

비관적   낙관적

0	1	2	3	4	5	6	7	8	9	10

문화의 본성

완전히 부패함   구속 가능하고 선함

0	1	2	3	4	5	6	7	8	9	10

3. D. A. 카슨은 성경 신학의 다양한 관점들이 "우리의 생각을 동시적이고 통시적으로 좌우하는" 것임을 이야기한다. 성경 흐름의 요소들이 문화 참여에 대한 당신의 이해와 관습에 어떤 식으로 영향을 끼치고 있는가?(창조, 타락, 구속과 회복)

4. 문화 참여에 대한 센터처치 모델을 나타내는 도표를 살펴보라. 도표에서 당신은 어디에 위치하는가? 같이 사역하는 동료들과 지도자들은 어디에 위치하는가? 당신이 속한 팀의 상이한 강조점들이 신실한 문화 참여 모델을 창조하는 데 있어서 어떤 식으로 도움을 주고 균형을 잡아야 할 것 같은가?

12
문화 참여의
실제적 이슈들

◇◇◇

앞서 살펴 본 것처럼 서구의 문화적 상황은 모든 사역자가 그리스도와 문화의 관계에 대한 하나의 모델을 채택해야 했다. 내 생각엔 많은 사역자들이 자기 모델의 전제와 역사적 뿌리, 약점 또는 다른 모델의 성경적인 장점을 거의 의식하지 못하고 있는 것 같다.

그러나 만약 당신이 여기까지 왔다면 이것이 더 이상 자신의 이야기가 아니길 바란다. 그럼에도 불구하고 당신은 여전히 자신이 지지하는 모델 안에서 움직이고 있다. 이 때문에 당신을 이루고 있는 개인의 역사나 기질, 교회 전통, 사역 환경 등은 문화와 관련하여 무언가를 더 강조하도록 작용한다. 이번 장에서는 당신이 가진 모델 안에서 어떻게 신실하고 공교하게 움직일 수 있을지에 대해 실제적인 이야기를 나누려고 한다.

중심을 추구하라

첫 번째 원리는 이것이다. 각 모델의 지지자들은 다른 모델의 통찰들을 분별하고 흡수하는 데 최선을 다해야 한다. 앞에서 제시한 도표에서 살펴보듯이 우리는 각각의 '중심을 추구해야' 한다. 다시 말해 도표의 중심을 바라보고 거기에 가까이 가는 것을 추구해야 한다. 그렇게 하려면 각 모델의 핵심적 통찰을 인정해야 한다.

적절성 모델을 가진 사람들은 특히 앞으로 이루어질 만물의 회복과 평화에서 영감을 받는다. 그들은 다른 이들을 위해서 존재하는 교회의 중요성에 대해 강조한다. 공공선을 위해 희생적으로 봉사하는 것이다. 만일 그리스도인의 믿음이 문화에 어떤 영향을 끼치기 위해서는, 세속주의는 사람들을 이기적으로 만들고, 일반 종교와 전통 도덕은 사람들의 팔을 안으로 굽게 한다. 하지만 그리스도인의 복음은 예수께서 원수들에게 자신을 주신 것처럼, 사람들을 이기심과 자기 의로부터 벗어나게 한다. 이러한 기독교적 논리가 널리 알려지는 때가 반드시 와야 한다.

이스라엘이 이교도들의 큰 도시인 바벨론의 "평화와 번영을 구하도록" 말씀을 들은 것처럼(렘 29:7), 그리스도인들은 사람들이 기독교를 받아들이든 아니든, 세상 사람들을 섬기는 이들이라고 알려질 필요가 있

다.[1]

변혁주의자들은 타락이 인간 문화에 끼친 영향에 대해 예리한 감각을 가지고 있다. 그들의 주된 초점은 삶의 모든 영역에서 그리스도인다운 방식으로 생각하며 살아가는 것이다. 제자 훈련의 대부분은 일반 성도들을 세상에서 빼어 와서 교회 생활 속으로 들어가게 하는 것이기 때문에 그다지 도움이 되지 않는다.

D. 마이클 린드세이는 문화 중심부와 제도에 깊이 참여하고 있는 그리스도인들이 대부분 교회로부터 인정받지 못한 채 소외되어 있다는 것을 제시한다.[2] 신자들이 사적인 삶과 공적인 삶 모두에서 그리스도를 따르도록 적극적으로 지지하는 교회가 드문데 변혁주의자들이 이 간극을 채우고 있다.

반문화주의자들은 하나님이 구별된 자기 백성을 불러내시는 구원의 전략에 포인트를 둔다. 그들을 이끄는 주제는 교회가 미래 왕국의 표지로서 대조 공동체가 되는 것이다. 그리스도인이 세상에 바른 증거가 되려면 그래야 한다는 것이다. 이 모델을 지지하는 사람들이 주장하는 것은 세상의 기관 속에 흩어진 개인들은 공동체가 할 수 있는 것만큼 인류 번영의 기독교적 비전을 제시할 수 없다는 것이다. 교회는 세상에서 일에 대한 기독교적 세계관을 형성하기에 가장 좋은 환경을 제공한다.[3]

두 왕국 모델을 주장하는 사람들은 피조 세계의 선함을 즐거워하는 입장이다. 그들의 기본적인 생각은 직업이 숭고하다는 것과 그것을 탁월한 방식으로 수행하는 것이 중요하다는 것이다.[4] 일이 탁월하게 수행되지 않으면 전도 사업은 직접적이든 간접적이든 그다지 영향력을 미칠 수 없게 된다.

마르틴 루터는 "어떻게 하면 그리스도인 구두 직공이 될 수 있나요?"라는 질문을 받고 이렇게 대답했다고 한다. "탁월한 가격에 탁월한 구두를 만드세요." 달리 말해 할 수 있는 한 최고의 구두 직공이 되라는 것이다. 기독교 세계관을 분별하기 어려울 때, 정직한 직무 수행은 가장 단순한 형태라도 그 자체로 경의로운 것이다. 그러므로 농업, 경찰 직무, 그리고 우리가 공공선으로 섬기는 다른 직업들은, 직무가 최상의 기술과 정직성으로 잘 이루어지는 정도만큼 하나님의 사랑과 보살핌을 전하는 통로가 된다.

이런 것들이 모델들의 주요 주제이다. 각각은 도표의 중심부에서 뻗어 나오는 선으로 표현될 수 있다. 중심에서 멀어질수록 특정 모델의 주제를 더 많이 환원주의적으로 붙잡고 있는 것이다. 그렇게 되면 다른 모델의 통찰을 덜 존중하고, 창조와 타락, 구속과 회복 등 성경의 모든 주제들을 드높이지 못하는 큰 위험에 처하게 된다.

다이어그램의 중심부 곧 수평과 수직 축이 만나는 곳은 성경의 모든 주제들이 결집하는 곳이다. 그곳에는 창조와 타락, 자연계시와 특별 계시, 저주와 일반 은총, '이미'와 '아직', 연속성과 불연속성, 죄와 은혜의 현실들을 모두 균형 있게 연결하려는 노력들이 있다. 도표의 중심부에 가까울수록 당신의 주제와 다른 주제들이 더 균형을 갖게 될 것이다.

이것이 문화 참여에 대한 센터처치 모델이다. 우리는 기존 모델들 가운데 있는 승리주의 또는 패배주의의 불균형을 피할 뿐 아니라 문화적 타협이나 문화적 단절에 빠지는 것을 동등하게 싫어한다. 센터처치 접근

법은 모든 모델들의 문화적, 성경적 통찰을 우리의 실제적인 관행과 사역에 섞기를 추구한다.[5]

예를 들어, 두 왕국 모델이 모든 사람에 의해 이루어지는 모든 일의 존엄성과 숭고성을 높이 평가하는 것은 타당한 것이다. 그 누가 되었든지, 자신의 기술을 가지고 탁월하게 다른 사람들을 섬기고 공공선에 기여하는 것은 그리스도인들에 의해 인정되어야 하고 축하 받아야 한다.

반면 변혁주의자 모델은 우리 삶 가운데 활동하고 있는 우상 숭배들을 집어낸다. 여기에는 우리의 일도 포함된다. 그렇기 때문에 인류 번영이라는 기독교적 관점에서 이루어지는 일들을 높이 평가한다. 이러한 두 가지 관점을 결합하면 그리스도인들이 비신자인 동료들을 인정하는 겸손함을 가지면서 동시에 현장의 지배적인 기준과 철학들을 따라 일하는 것에 만족할 수 없게 된다.

미로슬라브 볼프는 《공공 신앙》이라는 저서에서 한 장을 "두 개의 아니오와 하나의 예"라고 이름 붙였다. 이것이 의미하는 것은 첫째, '전적인 변혁'이라고 불리는 것에 대한 아니오이다. 이는 우리가 사는 모든 문화를 변혁시키려는 목적에 대한 언급이다. 그리스도인들이 문화적으로 만들어내는 것은 무로부터 만들어내는 현대 도시와 같지 않다. 오히려 사람들이 살고 있는 기존 도시를 재활시키는 것과 비슷하다.[6]

둘째, '적응'에 대한 아니오이다. 마지막으로 '참여'에 대해 예하는 것이다. 볼프는 참여란 "문화를 버리는 것과 지배하는 것 사이의 중간을 의미하는 것이며 그 안에 머물면서 자신의 독특성을 표출하는 것이며 헤어지지 않으면서 떠나는 것"이라고 표현한다.[7]

볼프는 문화의 특정 요소에 대해 그리스도인들이 취할 수 있는 세 가지 자세를 말한다. (1)받아들일 수 있는 것은 채택하고, (2)요소를 받아들이되 안으로부터 변혁시키고, (3)모든 사람의 유익을 위해 사회에서 철폐해야 하는 것들은 거부하고 그것의 변화를 위해 일하는 것이다.[8]

인간 본성과 인류 번영에 대한 고유한 성경적 이해를 고찰하면서, 볼프는 변혁주의자 모델과 적절성 모델의 간격에 다리를 놓는다. 그는 샬롬을 우리의 문화 형성의 결정적인 목표로 제시하면서, 공공선에 성경적 정의와 내용이 채워져야 한다고 주장한다.[9]

나는 각각의 모델이 그 핵심에 있어서 어떤 그리스도인이라도 인정해야 하는 성경의 근본적인 진리와 세상에 대한 독특한 통찰을 갖고 있다고 믿는다. 그러므로 각각의 모델 안에 있는 사람들은 겸손하게 다른 모델들의 탁월함과 지혜로움을 발견해서 하나님의 말씀과 그분의 뜻을 더 높이도록 해야 한다.

계절을 알라

우리가 다른 모든 모델들로부터 배워야 한다면, 이상적인 입장이라는 것은 어떤 모델들과도 맞지 않는다는 말인가? 완벽하게 모든 모델들에 걸쳐 있고 완벽한 균형으로 모든 모델들의 통찰과 강조점을 받아들이라는 것인가? 나는 그렇지는 않다고 생각한다. 두 가지 이유가 있다.

첫째, H. 리처드 니버가 믿었듯이 기독교와 문화의 관계는 순환을 거친다.[10] 그는 세 단계의 역사적 순환을 지적했다.[11]

1단계는 니버가 '회심한 교회'라고 일컫는 상태로 교회와 문화가 날카롭게 불일치하며 서로 깊이 맞지 않는다. 교회는 세상에게 낯선 존재이다. 이런 상황에서 교회는 세상과의 차이점을 강조하고 세례를 위한 높은 수준을 요구하며 공동체 안에서 그리스도인의 삶에 대한 상호책임을 강조한다. 교회는 또한 공격적으로 전도하는 일에 참여한다.

2단계는 '동맹' 단계라 할 수 있는데, 교회가 회심한 황제들과 통치자들, 철학자들과 예술가들, 상인들과 사업가들과 피할 수 없는 동맹 관계에 들어가서, 이들(영향력 있는 문화 생산자들)이 신앙의 자극 아래에서 생산하는 문화 속에서 조화를 이루며 살기 시작한다.

이 단계에서 교회는 회개와 믿음을 분별하는 표지에 대해 덜 까다롭다. 많은 사람들이 단지 문화적 압력으로 교회 안으로 들어온다. 교회와 세상의 차이는 제로에 가깝게 줄어든다. 어떤 점에서는 문화 자체가 기독교적 뿌리에서 표류하기 시작한다. 이는 교회가 더 이상 영적으로 역동적인 힘이 없기 때문이라 할 수 있다. 교회가 문화를 형성하는 대신, 문화가 교회를 형성하는 것이다.

그 다음 3단계에서 일어나는 일은 무엇일까? 부흥의 단계이다. "[전도의] 새로운 확장에 의한 [대조적 공동체로서 교회로의] 새로운 몰입에 의해서만 교회는 건져질 수 있고, 세상에 맛을 내는 소금으로 회복될 수 있다."

니버는 이 순환이 세 번 일어났다고 1935년에 썼다. 그가 이러한 단계를 정리할 때 생각한 것은 서구 문명이었다.[12] 물론 세 단계로 이야기하는 것이 복잡한 현실을 모두 설명할 수는 없다. 예를 들어 기독교가 부패하고, 쇠퇴하고, 그리고 회복된다고 본 것은 맞다. 그러나 과거에 종교개혁자들이 현대 서구가 접하는 적대적인 세속주의를 마주했던가? 그렇지는 않은 것 같다. 전기 기독교(Pre-Christian) 사회를 복음화했던 것은 분명 후기 기독교(Post-Christian) 사회를 복음화했던 것과 전혀 다른 것이었다.

예를 들어보자. 1세기와 2세기의 이방인들은 그리스도인들이 병자들과 빈자들을 돌보는 동정심에 충격을 받았다. 데이비드 하트의 설명에 의하면, 고아원과 병원을 창안한 이들은 본질적으로 그리스도인들이었다. 그전까지는 아무도 그런 생각을 하지 않았다. 월터스토프는 인권 사상이 하나님의 형상(imago Dei)에 대한 그리스도인의 묵상에서부터 나왔다고 증명한다.[13] 따라서 그리스도인의 동정심은 독특하고, 매력적이고, 비그리스도인인 이방인들에게 설득력이 있었다.

후기 기독교 사회에서는, 인권과 동정심에 대한 이런 접근법이 많이 보존되고 있어서 그리스도인의 동정심과 인권에 대한 지지가 오늘날 비신자들에게는 극적인 효과가 덜했다. 사실상 기독교화된 유럽계 미국인들이 미 원주민들에 대한 인종 살인을 했고, 아프리카 노예 무역을 허용하고 지지했기 때문에, 기독교 신앙이 서구 문명에서 행했던 크나큰 선에 대해서 거의 인정을 받지 못하고 있다. 후기 기독교 이방인들을 다루는 것은 전기 기독교 이방인들을 다루는 것과는 전혀 다르다.

나는 니버의 제안을 수정해서 교회와 문화의 관계가 네 계절을 지난다는 것을 제안하고 싶다.

1. 겨울: 교회가 전기 기독교(Pre-Christian) 사회와 적대적 관계에 있

을 뿐만 아니라 매력이나 차별성이 거의 없고, 활동적인 그리스도인의 삶과 공동체도 거의 없으며, 전도의 열매 역시 거의 없는 때이다. 오늘날 많은 문화권에서 교회는 궁지에 몰려 있고, 영적으로 약하다.

2. 봄: 교회가 궁지에 몰려 있고, 심지어 기독교 전기 문화에서 핍박을 당하지만, 성장하고 있는 때이다(예를 들어 중국).

3. 여름: 니버가 '동맹 단계의 교회'로 묘사한 것이다. 교회가 공공에 의해서 높이 인정되며 많은 그리스도인들이 문화 생산의 중심부에 있어서 그리스도인들이 문화 속에서 편안한 마음을 갖는다.

4. 가을: 오늘날 서구에서 발견할 수 있듯이, 후기 기독교 문화에서 교회는 점점 주변부적 존재가 되며, 신앙의 독특성을 강화하고 매력적으로 전도할 새로운 방법들을 찾고 있다.

언뜻 보면, 겨울에는 (참된 기독교를 발견하고 양육해야 할 필요성이 있기 때문에) 반문화주의자들이 가장 적합해 보인다. 그리고 봄에는 (문화 기관들이 점점 더 그리스도인들로 채워져서 문화를 만들기 위한 제자 훈련이 필요하기 때문에) 변혁주의자들이 가장 적합해 보인다. 또한 여름에는 (인류 번영이 어떤 것인지에 대한 폭넓은 문화적 공감대가 형성되기 때문에) 두 왕국 모델이 타당해 보인다. 마지막으로 가을에는 (많은 사람들이 복음에 대해 열려 있지만, 또한 신앙이 삶에 가지는 적절성을 질문하기 시작하므로) 적절성 모델이 적합해 보인다.

이러한 도식은 너무 단순한 것이다. 예를 들어, 미국 남부와 스웨덴은 모두 후기 기독교 서구 문화에 속하지만 둘 사이에는 엄청난 차이점이

존재한다. 미국 남부의 대부분 분야에서 교회는 여전히 커다란 공공 영
향력을 행사하고 있으며 긍정적으로 인식된다. 거기에는 여전히 여름인
것이다. 그리고 그곳의 모델들은 매우 불균형적인 형태여서 어떤 시기나
장소에서도 완전히 열매 맺지는 않았다.

예를 들면 많은 사람들은 후기 기독교 문화에 대한 적합한 반응으로
서반문화주의를 옹호한다. 그들의 강조점은 원래 수도원 운동이 기독교
문명을 살렸고 이방인이었던 유럽을 복음화했다는 것이다. 그러나 과연
신 수도원 운동이 원래의 수도원 운동처럼 개인 전도에 있어서 효과적이
고 공격적인가?

반문화주의 모델에 있는 많은 사람들은 구도자 교회와 교회 성장 운
동의 개인주의에 대해서 목소리를 높여 공격하며 그들 안에 "당신은 거
듭나야 합니다"라는 메시지가 상실되었다고 말한다. 대신 그들의 주장
은, 교회가 다만 정의를 행하고 평화를 추구하는 사랑의 공동체가 되어
야 한다는 것이다. 종종 두 왕국 모델의 마음가짐은 전도와 제자도에 대
한 강조이다. 이는 교회가 문화 안에서 주변부로 밀려나는 계절에는 매
우 적절한 것이다.[14]

이와 같이 "지금은 어떤 계절인가?"에 대한 단순한 대답은 없다. 하지
만 이것은 우리가 반드시 물어야 할 중요한 질문이다. 그렇다면 모든 모
델들이 균형 잡힌 배합 속에서 성경적 지지를 얻는다면, 우리의 위치는
어디에 있어야 하는 것일까?

그 답은 단순히 네 가지 모든 계절 사이의 완벽한 균형점을 찾으려는
시도에 있지 않다. 우리가 살펴보았듯, 각각의 모델은 성경적 주제와 접

근법에 대한 '도구 상자'와 같다. 현재 우리의 문화 계절을 이해하는 것은 우리가 어떤 도구를 꺼내어 사용할지에 대한 더 나은 이해를 가능하게 한다.[15]

확신을 따라가라

우리가 단순히 모든 모델들의 완벽한 결합을 요구할 수 없는 두 번째 이유는 각각의 모델은 사람들의 상이한 은사와 부르심에 근거해서 추종자들을 형성한다는 점이다. 사도 바울이 한 유명한 말처럼, 모든 그리스도인들은 성령의 모든 "열매"(곧 '성품'의 미덕)를 가져야 하지만, 성령의 은사를 모두 갖춘 그리스도인은 아무도 없다.

바울은 고린도전서 12-14장, 에베소서 4장, 로마서 12장에서 하나님이 각각의 그리스도인들에게 하나의(또는 그 이상의) 영적 은사를 주셔서 그로 하여금 그리스도의 이름으로 다른 이들을 섬기게 하신다고 이야기한다. 따라서 우리가 포용하는 모델은 우리가 소유하는 기질과 영적 은사들에 의해 영향을 받게 된다. 그러면 우리는 어떻게 영적인 은사를 분별하는가?

사람들이 이 질문에 답할 수 있도록 오랫동안 도와 온 목회자로서 나는 사람들의 은사가 서로 다른 인간적 필요에 의해서 드러난다는 것을 발견하게 되었다. 전도는 가난한 사람을 돕는 것과 마찬가지로 그리스도인의 의무이다. 그러나 이 사역들은 또한 성도들의 은사이기도 하다. 어떤 사람들은 전도에 있어서 탁월한 재능이 있고, 또 다른 사람들은 가난

한 사람을 돕는 긍휼 사역에 은사가 있다.[16]

나는 종종 우리 교회가 어떤 사역에 있어서 실패한 것 같다면서 나를 특정한 방향으로 몰고 가는 사람들을 만난다. 어떤 이들은 전도에 대단한 열정이 있고, 다른 이들은 발 벗고 나서서 끈기 있게 가난한 사람들을 도와준다. 또 다른 이들은 전도나 구제에 있어서 우리가 얼마나 비조직적인지를 탄식한다!

내가 깨닫게 된 것은 사람들이 전도의 은사, 구제의 은사, 행정의 은사를 각각 다르게 갖고 있다는 것이었다. 그들은 자신의 은사로 말미암아 특정 종류의 문제에 대해서 더 예민하게 반응했다. 나는 목사로서 그들이 자신들의 은사로 인해 터널 시야를 가지는 경향이 있음을 경고해야 했다. 그러나 내가 주로 했던 일은 성령께서 그들의 은사를 통해 부르신 사역의 영역으로 그들을 훈련하여 맡기는 것이었다.

내가 믿기로 그리스도와 문화 모델과 관련해서도 이와 비슷한 일이 일어난다는 것이다. 이 문제에 대해 고민한 사람들의 책을 읽었을 때, 그 누구도 중립적일 수 없고, 선호하는 바가 없을 수 없었다. 또한 모두가 어떤 모델에 헌신되어 있었다. 나는 다니엘 스트레인지, 미로슬라브 볼프, 제임스 헌터 등의 저작을 인용했다. 그러나 이들이 아무리 균형과 섬세함을 갖고 있다 하더라도, 특정 모델에 대해서 가장 편안하고 가장 많이 알고 있다는 것은 모두가 주지하는 사실이다. 마이클 고힌은 데이비드 보쉬, 레슬리 뉴비긴 등의 '선교적'(missional) 책들을 수년간 심도 깊이 읽어 왔고 반문화주의 사고의 많은 부분을 받아들였지만, 그럼에도 그 자신은 카이퍼주의자이다.[17] 케빈 드영(Kevin DeYoung)은 변혁주의자 및 두 왕국 모델 모두를 비판하는 글을 블로그에 쓰기도 했다. 그의 결론은 이러하다.

아마도 내가 이런 말을 한다는 것이 믿기지 않지만, 중간 지대가 있을 것이다. 복음의 심장을 잃지 않으면서 자기희생을 통한 거룩한 자기만족이 있다. 그리스도인들에게 타인을 위해서 죽는 종류의 사랑을 나타내도록 도전한다면 이에 대해 변명하지 말자. 지옥의 교리와 회개와 중생의 필요성에 대해 당황스러워 하지 말자. 모든 사람에게 선을 행하되 특별히 믿음의 가정들에게 하기를 어려워하지 말자. 오늘날의 불의와 고통에 맞서 싸우는 일을 하자. 그리고 예수께서 늘 우리 중에 있으리라고 말한 가난한 사람들에 대해 현실적이 되자. 결론적으로 하나님이 우리를 부르시고 은사를 주신 곳에서 변화를 위해서 일하자. 그러나 지상명령은 세상 속으로 들어가서 제자를 만드는 것이지, 세상 속으로 들어가서 왕국을 세우는 것이 아님을 잊지 말도록 하자.[18]

그럼에도 불구하고, 드영은 자신이 '주의 깊은 두 왕국 신학자'로 불리기를 원한다.[19]

왜 우리 각 사람은 한 가지 모델에 가장 편안함을 느끼는 것일까? 내 관점은 이것이 주로 우리의 은사나 부르심과 관련이 있다는 것이다. 의심할 여지없이 빈민들을 섬기는 은사와 개인적 소명을 가진 사람들은 적절성 또는 반문화주의 모델들에 더 끌리는 경향이 있다. 전도에 커다란 열정이 있는 사람들은 두 왕국 모델 또는 아마도 변혁주의자 모델을 높이 평가한다. 많은 사람들은 변혁주의자 모델이 오직 대학을 졸업했거나 지적이거나 학문적인 사람들만이 좋아하는 (심지어 이해할 수 있는) 모델이라고 비판한다. 이 모든 말들은 어느 정도 일리가 있다.

그렇다면 이것은 어떤 의미인가? 나는 이것이 우리가 자기 확신에 맞는 모델을 가지고 살면서 자신의 은사에 가장 잘 맞는 '도구 상자'를 사용해야 한다는 의미라고 생각한다. 일단 우리의 모델을 알면 우리는 문화적 계절과 맥락에 따라서 다른 상자의 도구들도 함께 사용할 수 있다.

이 점에서 앤디 크라우치의 자세와 몸짓의 구분은 이러한 유연성을 가장 잘 말해 주는 생생하고 우아한 표현이다. 크라우치는 문화에 대한 기본 모델 또는 입장을 '자세', 곧 우리의 '무의식적인 기본 위치'라고 부른다. 그리고 '몸짓'은 다른 모델에서부터 나오는 즉흥적인 움직임이라고 본다. 문화에 대해 일반적으로 매우 적대적인 자세를 가진 사람이 특정한 문화적 유행을 수용하는 몸짓을 취할 수 있으며, 문화에 대해서 매우 우호적인 자세를 가진 사람이 특정한 문화 요소에 대해서 매우 비판적인 몸짓을 가질 수 있는 것이다.[20]

조직된 것과 유기적인 것의 차이를 기억하라

여러 모델들 사이에 가장 큰 긴장의 요소는 교회의 선교를 어떻게 이해하느냐에 달려 있다(이에 대하여 다음 부에서 다룰 것이다). 지상명령에 대한 전통적 이해는 교회가 세상 속으로 들어가서 복음을 전파하고 모든 나라

의 남녀를 그리스도의 제자로 만드는 명령을 받았다는 것이다.[21]

그런데 네 가지 모델 중에서 세 모델은 이 명령에 분명 다른 것을 추가한다. 많은 사람들은 긍휼과 정의를 강조하거나, 정치적 또는 문화적 참여를 강조하는 것이 교회가 전도와 제자도를 담당할 여력을 제거하거나 또는 심각하게 저해할까 두려워한다.

이러한 강조에 대한 반응으로써 많은 이들은 두 왕국 모델을 채택하는데, 이들은 교회의 유일한 사명이 오직 말씀을 전하고 전도하고 제자를 양성하는 것에 국한된다고 주장한다. '사회 복음'에 대한 경고들이 타당하기는 하지만, 우리는 여전히 성경이 기독교 공동체를 향해 정의를 행하고 자비를 행할 것을 요구한다고 믿는다. 그렇지만 어떻게 해야 할까?

여기에서 '제도적 교회'와 '유기적 교회'를 구분하는 것이 매우 중요하다는 것을 기억할 필요가 있다. 아브라함 카이퍼는 제도적 교회는 회집한 교회로서 제직과 사역자들 아래 잘 조직된 곳이라고 말했다. 교회의 사명은 '말씀과 성례'를 행하고, 복음을 전하고, 세례를 베풀고, 제자를 삼는 것이다. 이것은 유기적 교회와 구분되는데, 유기적 교회는 제자가 되고 훈련을 받아서 삶의 모든 영역에서 복음을 살아내는 세상의 모든 그리스도인들을 의미한다.

우리는 세상에 있는 그리스도인들이 단지 구분되고 분리된 개인들이라고 생각하지 않아야 한다. 그들은 그리스도의 몸이며 교회이다. 그들은 세상에 있는 그리스도인들로서 여전히 함께 생각하고 함께 일하며, 창조적 형태로 모인다. 그리고 제도적 교회가 그들을 제자로 만들 수 있도록 유기적 교회로서 기능한다. 신학자 존 볼트는 다음과 같이 기록한다.

> 카이퍼의 관점에서, 다양한 직업을 가지고 바깥에 나가는 그리스도인들은 제도적 교회의 직접적 파견인도 아니며 단지 개인 신자만도 아니다. … 그리스도인의 사회적, 문화적, 정치적 행동은 교회의 구조와 권위로부터 직접 흘러나오지 않는다. 그것은 오히려 신자들이 삶의 다양한 영역에서 그들의 믿음과 영성을 드러내는 과정에서 유기적으로 표현되어 나온다. 그 믿음과 영성이 교회의 예배와 훈련 가운데 형성되고 양육된다.[22]

마이클 알렌은 H. 리처드 니버 자신이 그리스도인과 교회의 권리와 의무를 구분하지 못했으며, 그 간과가 미국 기성 교단에게 치명적으로 작용했다고 지적한다. 알렌은 '교회의 영성'이라는 교리적 실수가 미국 남부 교회의 노예제 지지로 연결되었고, 이와 대조적으로 그 반대의 실수가 기성 개신 교단이 정치에 깊이 그리고 제도적으로 연루된 원인이 되었다고 말한다. "한쪽은 어떠한 사회악도 다루지 않으려는, 심지어 노예 소유제라는 악도 건드리지 않으려는 교회의 모습을 보여 주고, 다른 쪽은 아주 세세한 정치적 사안에까지 위압적으로 입김을 불어넣으며, 심지어 입법 활동까지 하려는 교회의 모습을 보여 준다."[23]

카이퍼의 구분은 이 딜레마를 잘 해결해 준다. 사람들이 공공영역에서 정의를 행할 수 있도록 교육하며 훈련하는 교회는 사회적 이슈와 악에 대해서 민감성을 가져야 한다. 그러나 교회가 주된 사명을 망각하거나 정치적 압력 집단이 되려는 치명적 실수는 하지 않을 것이다.[24]

이 구별은 그리스도와 문화의 모델들 사이에 있는 간극들을 채우는 데 도움이 된다. 간극들이 잘 채워진다면, 정의와 문화 참여에 열망하는 사람들은 오래된 기성 교단들이 전도와 제자도의 비전을 상실하는 오류에 빠지는 것을 피할 수 있을 것이다. 다른 한편으로 모든 제자들이 전도하는 교회의 사명을 지키는 데 관심이 있는 충실한 교회들은 또한 성도들이 문화에 참여하고 정의를 행하도록 할 것이다.

대응하지 말고 행동하라

확신하건대 우리가 그리스도와 문화 모델에서 균형을 잘 잡지 못하고 '중심에 가까운' 문화 참여를 못하는 이유는 많은 사람들이 올바른 방법으로 선택하지 않기 때문이다. 대부분의 사람들은 성경과 문화, 그리고 우리의 은사와 부르심을 살피지 못하고 다른 그리스도인들의 행동에 대한 감정적 반응으로 자신의 견해를 형성한다.

달리 말해, 우리가 여기 있고 저기 있지 않은 것은 그들이 저기 있고 여기 있지 않기 때문이다. 물론 모든 모델들이 수세기 동안 교회에 존재했던 과거의 선행 모델들과 패턴들에 의거해서 발달해 온 것은 사실이지만, 분명 현대적 버전들은 다른 모델들에 대한 반응과 적대감 속에서 정의되어 온 면이 있다.

다양한 그룹들은 마치 거대한 지질구조 판처럼 서로 부딪히며 크고 작은 지진들과 분출들을 일으켜왔다. 각각의 진영은 교회가 각기 다른 일을 해야 한다고 주장한다. 그들은 정기적으로 서로를 공격하며 자신들이 강조하는 차이점을 부각시킨다. 사실 그들은 자신들을 다른 그룹들보다 더 충실한 해결책이라고 주장함으로써 쉽게 후원자들을 모을 수 있다.

이와 같이 독자적인 행동을 하기보다는 서로에게 대응하는 경향이 항상 환원주의적 충동들 뒤에 놓여 있다. 각각의 모델들이 가진 이런 극단적인 형태들과 자충수들이 결국은 성경적 전도에 전혀 도움이 되지 않는 불균형과 불충성함을 낳게 된다. 그러면 우리는 이 문제를 어떻게 해야 하는가? 나는 몇 가지 실제적인 권고로서 마무리하려고 한다.

첫째, 오만을 피하라.

자신에게 가장 도움이 많이 된 문화 모델이 누구에게나 최고의 모델이라고 생각하기 쉽다. 당신이 선호하는 모델의 장점과 다른 모델들의 약점을 비교하면 우월감을 느끼게 될 것이다. 그렇게 하지 말라. 당신의 특정한 전통이 '하나님이 행하시는 새로운 일'이며 다른 모든 것들은 쇠퇴하는 것이라고 생각하지 말라. 균형 잡힌 평가는 이 특정한 전통들 중에 어떤 것도 죽지 않았음을 보여 준다. 각각은 심각한 약점과 더불어 위대한 강점들을 가지고 있다.

둘째, 비난하지 말라.

당신이 다른 문화 모델을 받아들임으로써 성장해 왔다면, 당신은 이전 모델에 대해서 분노하거나 배신감을 느낄지도 모른다. 당신에게 과도하게 영향을 끼친 문화 엘리트들에 대해 좋거나 나쁜 개인적 경험도 가지고 있을 수 있다. 특정 모델을 맹종하는 지지자들이 당신이 전에 속했던 교회에 상처를 입혔기 때문에 특정 모델이 교회의 문젯거리라고 비난할지도 모른다. 용서하라. 그리고 당신이 회개할 수 있는 지점들을 찾아보라. 문화에 대해 생각할 때 개인사를 지우도록 노력하라. 성경, 문화적 시기, 그리고 당신의 은사를 살펴보라.

셋째, 좌절하지 말라.

당신이 최선이라고 생각하는 문화 모델을 공유하지 않는 교회나 교단에 소속해 있다면 자칫 과격해질 수도 있다. 자신과 다른 반대 의견을 접하면 자기 입장의 극단적인 자리까지 가게 될 수도 있다. 갈등 때문에 자기 입장의 완고한 지지자가 되지는 말라.

넷째, 순진하게 생각하지 말라.

어떤 사람들은 "집안 전체에 든 병"이라고 말하면서 교회가 모든 모델을 초월해야 한다거나 모든 모델을 수용해야 한다고 주장한다. 모든 교회와 그리스도인은 역사, 기질, 그리고 신학적으로 다양한 입장을 가지고 있기 때문에 그들만의 전통과 모델에 위치하고 있다. 복음은 우리에게 다른 모델의 가치를 인정하면서도 우리가 가진 모델들을 주장할 수 있는 겸손을 가능하게 한다. 그러므로 우리가 가진 관점의 강점을 누리고, 약점을 인정하며, 다른 모델들의 강점을 힘써 배워야 한다.

토론과 성찰을 위한 질문들

1. 다음을 어떻게 생각하는가? "만약 모든 모델들이 균형 잡힌 배합 속에서 성경적 지지를 얻는다면, 우리의 위치는 어디에 있어야 하는 것일까? 그 답은 단순히 네 가지 모든 계절 사이의 완벽한 균형점을 찾으려는 시도에 있지 않다." 우리는 교회와 문화의 관계 사이클 가운데 지금이 어떤 '계절'인지 분별해야 한다.

- 겨울: 문화와 대립하는 교회로서 열매가 거의 없으며, 곤경에 처해 있고 영적으로 약하다.
- 봄: 곤경에 처해 있고, 문화로부터 핍박을 받기도 한다. 그러나 성장이 나타난다.
- 여름: 문화와 '동맹한' 교회로 높은 인정을 받으며, 문화 생산의 중심부에 그리스도인들이 일한다.
- 가을: 후기 기독교 문화에서 점차로 주변화되는 교회이며, 매력적으로 전도하는 새로운 방법들을 모색한다.

이 네 가지 계절들 중에서 당신과 사역 동료들은 어떤 계절을 접하고 있는가? 어떤 표지나 요인이 계절의 증거가 되겠는가? 당신이 전국 또는 지역 단위로 상황을 고려할 때 그 변화가 일어나고 있는가? 현 세대의 문화 참여는 앞 세대와 어떻게 달라야 하는가?

2. 앤디 크라우치의 자세와 몸짓의 구별은 "유연성을 나타내는 생생하고 우아한 표현"으로 균형 잡힌 문화 참여를 위해 필요하다. 크라우치는 문화에 대한 기본 모델 또는 입장을 '자세', 곧 우리의 "무의식적인 기본 위치"라고 부른다. 그리고 '몸짓'은

다른 모델에서부터 나오는 즉흥적인 움직임이라고 본다. 당신의 자세에 부합하지 않는 어떤 몸짓을 취한 예가 있는가? 그렇게 한 이유는 무엇이었는가?

3. 조직화된 제도로서의 교회의 역할과 개별 신자들의 유기적 몸으로서의 교회의 구분에 대해서 어떻게 생각하는가? 이 구분이 어떻게 문화 참여와 교회의 사명에 대해 도움이 되겠는가? 당신은 이것이 성경적인 구분이라고 생각하는가?

4. 다음에 대해서 어떻게 생각하는가? "그리스도와 문화 모델에서 우리들 중 상당수가 올바른 방법으로 선택하지 않는다. 대부분의 사람들은 성경과 문화, 그리고 우리의 은사와 부르심을 살피지 못하고 다른 그리스도인들의 행동에 대한 감정적 반응으로 자신의 견해를 형성한다." 이 장은 실제적 제안으로 마무리를 한다.

- 오만을 피하라.
- 비난하지 말라.
- 좌절하지 말라.
- 순진하게 생각하지 말라.

다른 모델들의 극단에 대응하는 것을 어떻게 피할 수 있겠는가? 위의 네 가지 사항 중에서 어떤 것이 당신에게 가장 필요한 부분인가?

'문화 참여'에 대한
논평

앤디 크라우치

교회와 문화 사이의 관계를 잘못되게 하는 것에는 여러 방법들이 있다. 이번 장에서 문화 참여에 대하여 팀 켈러가 지적하듯이, 기독교인들은 한 모델에 기우는 경향이 있었다. 각각의 모델은 중요한 진리를 지키고 있지만, 동시에 다른 중요한 진리는 간과하고 있다.

모델들은 유용하다. 그러나 인간은 종종 이야기와 이미지로 생각할 때가 제일 좋다. 우리가 중심을 지킬 수 있도록 도움이 되는 이야기나 이미지가 있는가? 원죄를 기억나게 하면서 일반 은총도 기억하게 하며, 문화적 노력에 적극적이면서도 과도하게 신뢰하지도 않으며, 참여하면서 동시에 반문화적이며, 실제적이면서도 본질적인 이야기나 모델이 있는가?

내가 믿기에 이야기와 이미지가 '함께' 있을 때 우리는 큰 도움을 받을 수 있다. 이 다양한 긴장점들을 잘 견지할 수 있다. 사실, '이미지의 이야기'(the story of image)가 바로 그것이다. 이 성경적 주제는 라틴어에서는 종종 '이마고 데이'(imago Dei) 즉, 하나님의 이미지라고 부른다.

당신이 '이마고 데이'를 이해한다면, 당신은 단지 문화적 소명을 요약 형태로 이해할 뿐만 아니라, 복음 자체도 핵심 형태로 이해하는 것이다. 하나님의 형상(이미지)에 대한 네 장들은 우리에게 우리가 본래 어떤 존재여야 하는지, 무엇이 우리에게 잘못되었는지, 어떻게 우리가 구원되는지, 그리고 우리의 구원에 입각해서 우리가 무엇을 해야 하는지를 이야기해준다. 이는 각각 (1) 형상 형성(image bearing), (2) 형상 손상(image breaking), (3) 형상 계시(image revealing), 그리고 (4) 형상 회복(image restoring)이다. 각각의 포인트들은 어떻게 교회가 문화적 을 충실하게 접근해야 할지를 보여 준다. 문화가 아무리 문화에 적대적이든 또는 우호적이든 간에.

형상 형성(Image Bearing)

창세기의 첫 이야기는 인간 존재가 하나님의 "형상"과 "모양"으로 창조되었음을 말한다. 이것은 정확히 무슨 의미인가? '하나님의 형상'을 성찰하는 기독교인들은 특별히 창조주를 닮은 여러 가지 '역량'에 초점을 맞추어 왔다. 어거스틴은 '합리성'을 인간 존재의 가장 특별한 자질이라고 보았다. 현대 신학자 중에 존 지지울라스(John Zizioulas) 같은 경우에는 '관계성'을 삼위일체의 삶을 반영하는 것으로 주목했다. 그에게 있어, 이는 다른 무엇보다도 남자와 여자의 인류를 창조할 때 나타나는 것이다. 다른 이들은 하나님과 인간의 '창조성' 사이에 평행선을 그었다. 다른 어떤 피조물도 인류가 하는 방식처럼 환경을 뛰어넘거나 변혁할 수 없는 것으로 보인다.

인간의 탁월한 역량들이 형상을 형성하는 일부일 수는 있겠지만, '하나님의 형상'이 단지 우리의 능력의 합계일 수는 없다. 그렇지 않다면, 많은 사람들을 형상 형성자의 범주에서 제외하게 되고 말 것이다. 만일 합리성이 신적 형상의 핵심적 자질이라면, 알츠하이머의 최종 단계에 있는 이들은 어떻게 되는가? 만일 하나님의 형상에 이성이 필수적이라면, 심각한 자폐증을 앓는 사람들은 어떤 것인가? 그들은 다른 인류와 소통하거나 결속하는데 많은 어려움을 겪는다. 만일 창조성이 핵심이라면, 발명가나 예술가 계통의 사람들은 다른 부류의 사람들보다 하나님을 "더 닮은" 것인가? 실제로, 이러한 역량들은 서로 다른 사람들 사이에 더 크거나 더 작게 발현된다. 그럼 가장 이성적이고, 가장 관계적이고, 가장 창조적인 사람들은 가장 하나님을 많이 닮은 것이 되는가?

그렇지 않다. 우리가 인간 특유의 역량들이 결핍되거나 상실된다 할지라도, 우리는 여전히 형상 형성자이다. 가장 어리고, 가장 나이 들고, 가장 연약한 사람들도 형상을 형성하고 있다. 형상을 가졌다는 것은 가장 심각한 '무능력'과 연약함의 계절들 속에서도 불변한다. 이것은 좋은 소식이다. 모든 인간 존재는 결국 극단적인 연약함을 경험하게 마련이다 (인생의 시작에, 종국에, 그리고 종종 중간에).

우리의 취약함은 인생의 어떤 계절에는 그다지 눈에 띄지 않는다. 또한 동시에 이는 평생토록 일상적인 것이기도 하다. 창세기 2장 25절에는 최초의 남자와 여자가 "둘이 벌거벗었으나 부끄러워하지 않았다"라고 기록한다. 벌거벗음은 세상과 서로에 대하여 가장 특별한 종류의 취약함이다. 그것은 인간 존재의 기본적인 상태이기도 하다. 오직 인간만이 벌거벗어 있다. 다른 생물들은 그들이 세상에서 살아가기에 필요한 모든 것을 가지고 태어난다. 인간은 벌거벗은 채 태어난다. 다른 어떤 생물들보다 뛰어난 능력을 가진 생명 존재가 다른 어떤 생명보다 자장 약한 면모가 있는 것이다. 취약함은 인간 존재에게 필수적이다. 하나님의 형상을 형성하는데 있어서 필수적인 것이 된다.

이 희한한 피조물은 다른 피조물들이 받지 않은 권위와 능력을 수여받았을 뿐만 아니라 깊이 취약한 존재이다. 바로 이 존재들에게 하나님은 각별한 소명을 주셨다. 그것은 하나님이 창조하신 아주 좋은 세상 위에 다스리는 것이다. 인간 존재가 다스리는 방식은 문화를 통해서이다. 집단적이며, 집적적인 인간의 노력을 통해 "세상에서 무엇인가를 만드는 것"이다. 이는 저널리스트인 켄 마이어스(Ken Myers)의 표현을 옮겨온 것이다. 문화를 통해서, 인간의 능력을 축적해서 세상을 변혁하고 해석한다. 문화는 다른 피조물보다 훨씬 분명하게 피조세계 전부를 형성하고 책임지게 된다(물론, 안타깝게도, 착취하고 파괴하기도 한다).

하나님의 형상과 관련된 모든 역량들은 문화가 융성하는데 있어서 필수적이다. 우리의 '이성'은 주변의 세상을 배우는데 도움이 되며 우리가 배운 것을 미래 세대에 전수하도록 한다. 그래서 인간 문화는 깊이 누적적이다. 동물들과는 다른 방식으로 적응한다. 우리의 '관계적' 본성은 우리에게 협력하고 결합할 수 있게 한다. 우리의 다름에도 불구하고 말이다. 젠더와 성은 가장 강력한 관계성의 표현 중에 하나이다. 이는 가족의 뿌리에 존재하며, 문화가 표현되고 전수되는 데 있어서 가장 기본적이다. 우리의 '창조성'은 본능을 초월할 수 있게 도와준다. 새로운 도전과 가능성에 대응하여 기존의 인간 경험도 극복하게 도와준다.

동시에, 문화는 인간의 취약함 가운데서 인간 존재를 보살피는데 필수적이다. 첫 인류는 정원에(즉, 에덴동산 -역주) 위치했었다. 질병과 사망을 경험하기 전에 그들은 경작된 환경인 정원 가운데 있었다. 그들이 창세기 3장에서 정원으로부터 축출되었을 때에 하나님께서는 자비롭게도 그들을 보호할 환경을 마련하셨다. 그것은 가죽 옷의 형태로 주어졌다. (형편없는 무화과 잎 대신에) 그들의 몸을 야생적인 세상으로부터 보호하게 한 것이다. 다른 많은 피조물들은 단지 본능만을 의지하여 세상 속에서 자신을 보호하며 산다. 이에 반해 인간은 풍부하고 확장된 문화적 환경을 갖고 생존하고, 심지어 번성한다. 문화는 인간 존재를, 그 가장 취약한 상태에서 보살피는 가장 기본적인 표현양식이다. 문화는 피터 버거 (Peter Berger)가 "거룩한 덮개"(sacred canopy)라고 부른 것을 만드는데, 우주의 잠재적 혼란을 막는 역할을 한다.[1]

그러므로 우리는 문화 형성자들이다(culture makers). 왜냐하면 우리는 형상 형성자들이기 때문이다(image bearers). 그리고 우리는 문화를 만듦으로써 형상을 형성하는 사명을 성취한다. 이것은 다음의 몇 가지 중요한 고찰로 연결된다.

1. 모든 인간 문화는 하나님이 인류에 주신 원래의 사명을 수행하는 데 기여한다. 인류에 대한 원래의 지시사항은 "생육하고 번성하여 땅에 충만하라, 땅을 정복하라"는 것이었다(창 1:28). 이는 문화 없이는 성취될 수 없는 것이다. 그리고 실제로 이것은 다양한 문화가 없이는 성취될 수 없다. 문화적 다양성은 형상의 완전한 형성에 있어서 필수적이다. 단일 문화는 결코 "땅에 충만하라"는 신성한 명령을 이행할 수 없다. (바벨의 사람들이 창조하려고 노력했던 것이 바로 단일 문화이다) 하나의 언어로 그들이 거주할 하나의 도시를 만드는 것이다. 땅에 충만하라는 소명은 지구의 폭넓은 생태적, 지리적 에 문화적으로 적응하면서만 성취될 수 있다(북유럽의 피오르드 해안 지역에서 살면서 번영하는 문화와 카리브 해의 섬들에서 번영하는 문화의 종류 사이에는 인간과 피조물이 각각의 책임성을 가지고 만들어 내는 큰 차이가 존재한다). 문화적 동질성만 가지고는 형상 형성의 사명을 성취하기에는 부족하다. 가능성 있는 모든 장소와 시간에 하나님의 형상을 반영하고 나타내려면 오직 문화적 다양성이 있어야 한다. 이것은 단지 창조의 다양성 때문에 참일 뿐 아니라, 창조자의 무한하신 깊이를 반영하기 때문에 참이다. 이 깊이들은 한 개인으로서는 가장 파편적이며 부분적으로만 알 수 있는 것이다.

2. 모든 유익한 문화는 단지 "그리스도교" 문화만이 아니라, 형상 형성의 소명에 응답하는 것이다. 형상 형성의 주제는 기독교인들이 문화를 어떻게 이해해야 할 것인가에 대한 오래된 문제를 해결하는데 도움이 된

다. "훌륭한 이교도"의 "문제" 말이다. 단호한 비신자들에게 발견되는 미덕들에 대해 우리가 어떻게 이해해야 할 것인가? 수많은 비기독교인들이 기독교 도래 이전과 탈기독교 시대에 만든 문화 작품들에 대해 어떻게 우리는 이해해야 할 것인가? 호머의 서사시로부터 프랑크 게리의 건축 작품을 어떻게 볼 것인가? 사실상, 기독교인들이 보기에 잘못된 종교를 추종한 사람들이 만든 문화적 걸작들을 어떻게 이해해야 하는가? 이슬람 문화의 서예 걸작품, 인도 바그다드 기타의 문예적 탁월성, 선불교의 정선된 고요함은 또 어떤가? 형상 형성은 우리에게 이러한 일반 문화의 유산과 그 탁월성을 이해할 수 있는 분명한 길을 제시한다. 각각의 인간과 각각의 문화는, 단지 기독교인과 기독교 문화만이 아니라, 이 세상에서 하나님의 형상을 닮으라는 명령 아래에 존재하는 것이다. 그래서 우리는 주변의 문화 속에서 진, 선, 미를 발견할 때 놀라지 않는다. 개혁주의 전통은 기독교 계시 바깥에 존재하는 선에 대해 "일반 은총"이라고 말한다. 사실상, 이는 은혜의 첫 번째 행동에 뿌리 내리고 있는 것이다. 즉, 먼지로 만들어진 유한한 인간에게 하나님의 형상을 닮는 능력을 부여하신 그 첫 번째 은혜다.

3. 형상 형성은 다양성에 대한 강력한 변증을 이룬다. 성경은 형상 형성을 하나님의 택하신 백성에게만 제한하지 않는다. 세계는 나뉘지 않는다. 고대의 (그리고 현대의!) 수많은 민족들은 세상을 나눈다. 인간을 참된 인류와 야만인으로 나눈다(전자에는 우리 같은 민족들이 들어가고 후자에는 인간 이하로 치는 외부인들이 해당된다). 그러므로 건강한 사회는 하나의 문화적 또는 종교적 집단을 다른 집단들보다 우위에 세우지 않는다. 신앙을 강요

하거나 문화적 차이를 억압하지 않는다. 그리스도교의 신앙과 정신을 다른 종교에게 강요하는 문화적 우위성의 판타지를 갖지 않으면서, 기독교인들은 형상 형성이 존중되고, 틀릴 수 있는 자유도 인정하도록 하는 역할을 해야 한다. 창조자 자신이 이러한 자유를 첫 번째 형상 형성자에게 부여했다. 동산에서 "그날 바람이 불 때"(창 3:8) 걸으면서 그들에게 문화적 과업과 그들의 시험을 처리하도록 맡겨두셨다. 기독교인은 모든 이웃들 속에 있는 하나님의 형상을 인지하고, 우리의 다원적인 도시들과 나라들에서 특별히 선하고 예의바른 시민들이 되어야할 이유가 너무나 분명하다.

문화 참여에 대한 이 섹션에서, 켈러는 문화 참여의 네 가지 주요 모델을 제시한다. 이 모든 모델들 중에서, 우리의 형상 형성은 아마도 "두 왕국" 모델을 인정하는 사람들 가운데 가장 잘 반영될 것이다. 우리의 원 창조와 부르심에 뿌리가 있기 때문에, 문화는 그 자체로 가치가 있다. 인간의 활동에 기독교인의 통제나 변혁이 있어야만 가치 있는 것은 아니다. 그러나 형상의 이야기와 관련된 다른 세 장과 분리된다면, 형상 형성의 주제는 인간과 문화의 어두운 진리를 무시하는 결과에 이를 수 있다. 이 형상은 모든 사람이 갖고 있는 것이지만, 모든 인간은 형상이 죄로 인해 치명적으로 왜곡된 문화 속에서 지내게 된다.

형상 손상(Image Breaking)

타락은 죄에 의해 인간과 온 우주가 부패한 것이다. 타락을 이해하는 가장 강력한 방법 중에 하나는 '형상 대체'(image substitution)의 행위로서 타락을 보는 것이다. 형상 형성자는 뱀의 약속에 귀 기울인다. 만일 그들이 그 열매를 먹는다면 그들은 하나님처럼 될 것이며, 선악을 알 것이며, 죽지 않을 것이라고. 뱀이 내밀어 주는 약속은 곧 그 열매가 오직 하나님만이 수여하시는 것을 수여해줄 수 있다는 것이다. 하나님과 상관없이 그 열매를 먹는다면, 하나님처럼 되고 영원한 생명을 얻게 된다는 것이다. 이것은 하나님께 대한 관계와 의존에 대한 대체물이다. 하나님에 대한 관계와 의존을 대체하는 피조물을 가리키는 성경적 이름은 곧 '우상들'이다. 그 정원에서 열매는 형상 형성자가 품은 수많은 우상들 중에 첫 번째였을 뿐이다.

우상은 "신의 형상"이다. 궁극적 실재의 어떤 측면을 대표하는 목적으로 만들어진 피조물이다. 각 우상은 인간 존재의 '역량'을 확장시킨다는 약속을 준다. 우리가 전에 가진 것보다 훨씬 많은 권위를 세상에 준다는 약속을 한다. 그리고 모든 우상은 인간에게 취약함과 의존성을 최소화한다고 약속한다. 이는 하나님의 형상 형성자로서 인간이 가진 동일한 부분이다. 사실, 모든 우상은 참되신 하나님만이 주실 수 있는 약속한다. 첫 남자와 여자는 이미 생명나무에 다가갈 수 있었다. 그들이 죽지 않을 수 있었다. 그들은 이미 하나님의 형상으로 만들어져 있었다. 지식과 지혜가 성장하도록 되어 있었다.

그러나 정원의 열매는 그 후로 오는 모든 우상들처럼, 하나님으로부터 오는 이익을 약속하되, '하나님과의 관계는 배제한다.' 이는 "신의 대체물"이다. 그리고 인간에게 놀라운 역설과 비극은 참되신 하나님으로부터 돌아서서 우상들에게 향함으로써 형상 형성자가 스스로 확신한다. 하나님의 가장 참된 형상이 사람들 속에 있는 것이 아니라 -인간의 권위와 취약함 속에 있는 것이 아니라- 무생물적이고, 만들어지고, 문화적 물체들 속에 있다고 보는 것이다.

그러므로 우상은 단지 "신의 대체물"에 그치지 않으며, 결국 "인간의 대체물"이 된다. 그들은 단지 하나님의 자리를 우리의 예배 중심으로부터 몰아낼 뿐만 아니라, 이 세상에서 형상 형성자로서의 우리의 자리도 몰아낸다. 이러한 형상 대체의 행동은 잘못된 정체성일 뿐만 아니라, 그 결과는 더 심각하다. 축복, 보호, 그리고 권능을 위해 인간이 의지하는 우상들은 그 약속들을 실현하지 못한다. 대체된 형상들이 신의 형상을 우리 보다 많이 갖고 있다고 주장하는 것을 더 많이 받아들일수록, 그들은 더 많은 권능을 우리게 행사하여 예배하고 충성하게 만든다. 거짓 형상들을 예배하는 최종 결과는 참된 형상 형성자가 손상되는 것이다. 우리의 자유는 예속으로 바뀌고, 우리의 정체성과 안전은 두려움과 수치심으로 변한다. 관계적, 문화적 다양성 대신에, 인간 존재는 우월성과 획일성을 추구한다. 우리의 이성을 사용해서 하나님의 세계를 기뻐하고 보살피는 대신에, 우리는 세계를 착취하는데 이성을 사용한다. 서로를 그 연약함 가운데 보살피는 대신에, 우리는 서로의 연약함을 이용하기 시작했다. 거짓 형상의 예배는 참된 형상의 손상으로 끝나고 만다. 형상 형성자가 형상 파괴자로 전락하는 것이다.

우상 숭배는 모든 인간 문화에 해당하는 이야기이다. 각각의 문화는 어떤 좋은 피조물을 격상시켜서 신과 같은 위치를 부여한다. 그리고는 그것에게 예속되며 형상 형성자의 존엄성을 잃어버린다. 고대 이스라엘 주변의 많은 문화들은 그들의 가장 강력한 우상들에게 인신 제사를 드렸다. 문자적으로 참된 형상 형성자를 거짓 형상의 제단에 바친 것이다. 우리의 현대 문화는 인간을 종교의식에 가시적으로 희생시키는 것은 금하려고 한다. 그러나 현대문화는 여전히 형상 손상으로 가득하다. 아름다움의 우상에 대해서 생각해 보라. 도저히 도달할 수 없는 신체의 비율로 광고 이미지에서 표현된다. 꽤 많은 젊은 여성들은 굶으며, 어떤 나이든 여성들은 끔찍하지만 별 효과 없는 화장법의 종이 된다. 또는 노동과 생산성의 우상은 성공적인 임원들로 하여금 배우자와 자녀를 소홀히 하게 만든다. 이러한 예들에서 인간 희생은 결코 비유적 표현에 그치지 않는다.

우상들의 결말은 언제나 형상 형성자들에 대한 착취와 손상이다. 성적 자율성을 소중히 여기는 문화가 맞이하는 결말은 인간의 몸에 대한 공공연한 착취이다. 친밀감의 침해. 그리고, "원하지 않는" 태아들의 생명 중절이다. 국제 평화와 국가 안전에 가치를 두는 문화의 결말은 지구를 다 파괴하고도 남을 무기를 축적하고 국민 백 명 중 한 명꼴로 감금하는 것이다.

우상 숭배는 불평등과 본질적으로 연결되어 있다. 우상 숭배의 비용은 언제나 사회에서 약자인 사람들에게 더 크다-노예, 여성, 빈곤층, 외국인, 이민자, 그리고 아이들. 확실히, 성경 저자들은 우상 숭배와 불평등 사이에 지울 수 없는 연결점을 만들었다. 왜냐하면 우상 예배의 열매는 언제나 착취의 시스템들이었기 때문이다. 언제나 불평등의 뿌리는 하나님에 대한 신뢰와 의존 없이 좋은 것들을 추구하는 것에 있기 때문이다.

그러므로 우리는 우상 숭배와 불평등에 대해 어느 문화에서나-그리고 교회에서 깨어 있어야 한다. 참된 하나님의 형상은 상실되었다-거짓된 형상 예배의 타격을 가장 많이 받는 빈곤층 중에서 뿐만 아니라, 당분간 그 덕을 보는 사람들 사이에서도 마찬가지이다. 우리가 이 세상의 문화 가운데 형상 형성의 남은 부분을 경축하는 동안, 우리는 또한 문화를 하나님의 형상이 단순하게 표현된 것으로 보아서는 결코 안 된다. 이것은 켈러의 관점과 같은 접근법이 갖는 이점이다. "비판적인 향유와 적절한 신중함"을 우리의 문화에 형상 형성과 형상 손상이 혼합된 부분에 사용해야 한다. 이러한 자세는 문화에 무비판적으로 동일시하는 태도를 방지함은 물론 자기를 비판적으로 살피지 않으면서 문화를 멀리하는 태도도 방지하는데 도움이 된다. 하나님의 백성이 우상 숭배와 불의에 깊이 연루될 수가 있다. 형상 손상은 단지 "저기 바깥에서" 일어나는 것만이 아니고, "여기 안쪽에서"도 일어난다. 어떤 기독교인 공동체든지 자기만족적인 문화적 일치에 안주할 수 있다. 그러나 우상 숭배와 불의를 회개하게 하는 선지자적 요구에 언제나 깨어있어야 한다.

켈러가 이 섹션에서 제시하는 모델들 중에서, 기독교와 문화의 "반문화주의" 모델을 옹호하는 사람들이 가장 이 부분을 잘 이해하고 있다. 문화가 우상 숭배와 불평등을 어떻게 영속시키는지를 예리하게 이해하고 있는 것이다. 켈러는 반문화주의 교회 비전의 장점이자 단점으로 "대조 문화"(contrast culture)를 기록하고 있다. 그러나, 거의 틀림없이, 반문화주의 모델이 기여한 가장 중요한 점은 교회로 하여금 온전히 깨어 있게 한 것이다. 가짜 신들을 섬기는 것의 잠재적 복잡성에 대해 경각심을 주었다. 그 신들이 명백히 종교적이 아니고, 군사적, 경제적, 기술적인 경우에도 말이다. 여전히, 반문화주의 모델은 아주 망가진 문화들 속에도 존재하는 이미지 형성의 꾸준한 선함을 간과하는 것일 수도 있다. 성경 전체의 이야기가 역사의 과정에서 형상 회복에 여유를 줄 수 있지 않겠는가.

형상 계시(Image Revealing)

문화의 이야기는, 물론, 우리에 대한 이야기이다-인간이 하나님의 명령을 성취하여 열매 맺고 증식하는 것이다. 그렇지만 또한 참되신 하나님을 부인하고 우리가 만든 가짜 신들을 선호하는 이야기이도 하다. 가짜 신들은 형상 형성자들을 부패케 하고 파괴한다. 그러나 문화의 이야기는 또한 하나님에 대한 이야기이기도 하다. 하나님은 은혜롭게 개입하셔서 하나님의 형상이 완전히 상실되는 것을 막으신다. 하나님께서 모든 인간 문화 가운데 일반 은총을 통해서 하나님의 형상의 불꽃이 살아있게 하셨을 뿐 아니라, 더욱 극적이며 단호하게, 하나님께서는 역사 속으로 들어오셔서 그 참되신 형상을 다시 한 번 나타내셨다.

물론, 기독교인들은 이 이야기의 "항상 계시 장(chapter)들을 성육신과 동일시한다." 보이지 않으시는 하나님의 형상"(골 1:15)이 나사렛 예수 안에서 육신으로 오신 것이다. 그러나 기억해야 할 중요한 것이 있다. 많은 중요한 측면들에 있어서, 이 형상 계시의 행동은 예수님 개인으로 시작된 것이 아니라, 아브라함과 사라와 같은 그의 조상들 그리고 이스라엘이라고 불린 형상 형성의 '국가' 창조를 통해 시작되었다는 것이다. 이스라엘은 하나님께서 열방 국가들에게 축복이 되라고 부르신 백성으로서 하나님의 형상을 계시함에 있어 첫 번째 위대한 걸음이었다. 이스라엘은 다른 나라들의 우상들이 아니라 참되신 하나님을 예배한다. 이스라엘은 이웃 국가들의 불의보다 훨씬 많이 포괄적인 정의의 수준을 지탱한다. 무엇보다도, 이스라엘은 하나님과의 관계 속에서 축복, 보호, 그리고 정체성을 찾도록 되었다. 이스라엘은 에덴의 동쪽 세계에게 참된 형상을 보여 주는 역할을 하는 것이었다.

참으로 이스라엘의 사명을 이해하지 못한다면 예수님의 사명도 이해할 수 없다. 형상 형성은 철저하게 문화적이기 때문에, 하나님께서는 형상 형성에 대한 그의 계획을 한 '나라'를 통해 처음 계시하셨다. 이 백성은 시간 속에서 확장되는 문화적 전통을 이룬다. 그러나 이 거룩한 나라는 형상 형성에 대한 그 사명 수행에 실패했다. 이스라엘은, 다른 나라들처럼, 그 자신이 우상 숭배와 불의에 빠지고 말았다. 그 자신이 하나님의 진노를 초래하고 말았다. 참된 형상을 손상하는 이들에 대해 선지자들을 통해 경고 받았음에도 불구하고 말이다. 유배의 폐허 속에서, 이스라엘의 형상 계시 역할은 치명적으로 타협된 것처럼 보였다. 국가적 실패의 이야기 속에서도 다니엘과 에스더처럼 신실한 구원을 경험한 개인의 이야기들이 존재한다. 그러나 이스라엘이 형상 형성의 소명을 성취하는 것은 신약성경이 시작할 때 쯤에는 완전히 머나먼 이야기가 되고 말았다.

이스라엘은 역사상 가장 강력한 제국의 지배 아래 놓였으며, 분열되어 있었으며, 그 제국은 이방 우상 숭배에 뿌리 내리고 있었다. 제국의 황제들은 스스로 위대한 신적인 존재라고 주장하고 있었다.

이 시점에 예수님께서 이야기 속에 등장하신다-사명에 대한 그의 취임식은 다음의 말로 선포되었다. "너는 내 사랑하는 아들이라 내가 너를 기뻐하노라"(막 1:11). 그는 참되신 형상 형성자이다. 그의 짧지만, 지극히 놀라운 삶은 아담과 이브, 이스라엘에게 의도하셨던 성실과 풍성으로 가득차 있다. 실제로, 초대 교회는 일찍이 예수님을 "둘째 아담"으로 인식했다. 최초에 임했던 저주를 그는 순종을 통해 지셨고, 저주에서 구속하셨고, 그 저주를 되돌리셨다.

그러므로 예수님 안에서 우리는 "인류 번영"이 무엇을 참으로 의미하는지를 알게 된다. 그것은 서구의 기술문명적 풍요로 이루어지는 풍요함이라는 얕은 관념이 아니다. 하나님께 지속적으로 의존하는 한 사람이 진리를 말하고, 병자를 치료하고, 어둠의 권세를 물러가게 하고, 우상 숭배와 불의의 모든 무게를 다 짊어지고, 죽음 자체를 극복할 때에 찾아오는 존재의 충만함이다. 이는 아담과 이브가 그들의 불순종으로 말미암아 성취하지 못한 것이다. 그들의 불순종은 하나님처럼 되고 죽음을 정복하기 위한 추구였다. 예수님은 본성상 하나님이시면서도 심지어 죽음에 이르는 그의 순종을 통하여 이를 성취하셨다.

다시 말해, 이 모든 것이 일어날 때, '역사의 한 가운데서'와 '문화의 한 가운데서' 보는 것이 중요하다. 이것은 이스라엘의 이야기 한 가운데서 일어난다. 이 나라는 세상 나라를 가운데 그 형상을 형성할 부르심이 있었다. 또한 이것은 로마 제국의 권력의 정점에서 일어난다. 힘을 통해 평화를 약속하는 제국의 이교도적 접근에 대해서 강력한 대안적을 창조한다. 그리고 이는 엄청나고 지속적인 문화적 영향력을 끼쳤다. 단지 삼 백 년 동안 로마 제국의 회심으로 귀결된 것뿐만 아니라 하늘 아래 모든 나라들의 상상력을 그때부터 지금까지 돌아서게 했다. 우리 세대에서 가장 최근의 것으로는 중국이라는 이론적으로 무신론적 국가 안에서 놀라운 속도로 복음이 확산되고 있다.

이스라엘의 부르심, 그리고 예수님에 의한 그 부르심의 성취는 역사의 열쇠다. 근본적인 진리가 있는데, 기독교인들은 각 나라의 시민이며 조국 문화의 일원이면서, 그들은 훨씬 깊은 충성을 교회와 예수님이 선언하시고 취임하신 그 나라에 바친다는 것이다. 풍부한 문화적 다양성의 조합들과 인류 역사의 다양한 흐름들로부터 우리가 많이 배우는 것은, 교회는 예수님이라는 유일한 한 분으로부터 영향을 받는다는 것이다. 그는 참된 인류 번영이 무엇인지에 대한 우리의 수많은 전제들을 도전하신다. 그리고 인간은 오직 역사 속에서 하나님의 이야기에 참여함으로써만 어떤 사람이든지, 또 어떤 국민이든지, 그들의 목적을 발견하며 성취할 수 있음을 교회는 믿는다.

켈러가 정리한 모델들로 다시 돌아와서 보면, 변혁주의자 모델이 모든 다른 이야기에 대한 예수님의 전적이며 강력한 주장을 강조하는데, 하나님의 형상 계시 행동에 대한 급진적인 성격에 대해 중요한 무엇인가를 보존하고 있다. 하나님의 자기 계시와 모든 인간 문화 사이에는 진정한 불연속선이 있다. 이스라엘과 메시아 예수님을 떠나서는 우리는 참된 번영의 길에 대해 사유하거나 유추할 수가 없다. 예수님은 하나님 및 다른 사람들로부터의 소외에 대한 필수적인 해결책이시다. 하나님의 형상이 완전히 나타난 유일한 분이시다. 복음은 모든 인간 문화와 불화하는 세계관을 만들어낸다. 궁극적으로 모든 무릎은 하나님을 나타내시고 그의 통치를 행하시기에 합당한 유일한 분 앞에 꿇을 것이다.

내가 추가해야 할 것은, 더 극단적인 형태의 변혁주의자 사고방식은, 예를 들어, 재건주의가 있는데, 지상의 왕국 가운데 예수님을 대신해서 충실하게 통치하는 교회의 능력에 대해서 너무 많은 것을 간주하는 오류를 범한다. 그러나 그들은 핵심 주장을 살아남게 한다. 오직 예수님 안에서만 우리는 형상이 참으로, 최종적으로 드러나게 된다.

형상 회복(Image Restoring)

우리는 이 놀라운 이야기의 네 번째 막에 들어와 있다. 이 막에서는 처음에 인간 존재에게 부여되었던 형상이 우상 숭배를 통해 손상되었다가 예수 그리스도 안에서 계시되고, 이제 세계 가운데서 회복되는 것이다. 첫째 아담의 불순종이 모든 세상을 죽음으로 오염시킨 것처럼, 둘째 아담이 죽기까지 하신 순종은 온 우주 가운데 새롭게 하는 역사를 이제 이루고 있다. 이스라엘은 열방 가운데 형상을 형성하도록 부름을 받았다. 그러나 이스라엘이 열방에 영향을 분명한 영향을 주리라고 상상한 경우는 극히 드물었다. 교회는 "새 이스라엘"로서 담대한 미션을 가지고 있다. 그것은 전에 상실된 형상을 세상 가운데, 시간 가운데 '회복'하는 것이다. 우상 숭배와 불의에 의해 가해진 분열과 불평등은 이제 십자가에 의해 극복되어야 한다. 다른 나라들 사이에서, 남자와 여자 사이에서, 청년과 노련 사이에서, (그리고 로마 사회에서는 상상 불가한 일로서) 주인과 노예 사이에서 극복되어야 하는 것이다.

베드로가 오순절에 요엘 선지자를 인용하며 기뻐 외쳤듯이 "하나님이 말씀하시기를 말세에 내가 내 영을 모든 육체에 부어 주리니 너희의 자녀들은 예언할 것이요 너희의 젊은이들은 환상을 보고 너희의 늙은이들은 꿈을 꾸리라. 그 때에 내가 내 영을 내 남종과 여종들에게 부어 주리니 그들이 예언할 것이요." 사도행전은 숨가쁜 속도로 예루살렘에서 터져나온 복음이 로마 세계 전역에 흘러들어갔는지를 이야기한다. 남자와 여자, 신분이 높은 이들과 낮은 이들, 유대인과 이방인, 이디오피아 내시와 같은 아프리카인(행 8장) 그리고 로마 백부장과 같은 유럽인(행 10장) 사이에서.

형상을 회복하는 교회의 사명에서, 전도와 정의를 시행하는 것은 둘 다 중심에 있다. 전도는 단지 우리가 이제까지 들은 최고의 소식을 전하는 것만이 아니라 성령의 비교할 수 없이 능력을 부여하는 은사에까지 이르는 것이다. 내주하시며 형상을 회복하시는 하나님의 임재를 주시는 성령이시다. 소식에 있어서는, 참된 '형상'이신 분이 계시되었고, 참된 '형상 형성자'이신 분이 깨어진 형상에서 우리를 건지시려고 자신을 주셨다는 것을 전한다. 우리 자신의 좋은 의도와 노력만으로 깨어진 우리의 형상을 고칠 수 없다. 그러한 시도는 에덴에서의 자기의존적 우상 숭배를 반복하는 것일 뿐이다. 첫 번째 기독교인들은 "위로부터 능력으로 입혀질 때까지" 도시에 머물렀다(눅 24:49). 우리가 참된 '형상 형성자'의 이름을 알고 그의 성령이 우리의 영과 더불어 우리가 하나님의 자녀임을 증언하실 때에 비로소 우리는 그분이 하신 의지하며, 순종하며, 신실하며, 열매 맺는 삶을 살아갈 희망을 가질 수 있게 된다.

동시에 행동 없는 전도가 존재한다는 것은 상상하기 어렵다. 전도는 복음을 선포하고 회심과 성령 안에서의 세례로 초대하는 것이다. 세상에서 문화를 만드는 행동이며, 특히 우상 숭배와 불의에 희생자된 이들을 예속에서 자유케 하는 것이다. 우리는 이 세상에서 경작하고 창조하라는 일반 명령을 우리의 동료 형상 형성자들과 공유하고 있다. 그러나 정의를 행하고 인자를 사랑하는 구체적인 명령은 하나님의 "거룩한 나라"에게 특별한 긴급함을 갖고 요청되고 있다. 이들은 모든 언어와 족속에서 뽑힌 사람들이며, 포로됨에서 해방된 이들이며, 이제 형상 회복의 사명으로 세상 속에서 파송되는 이들이다.

그러므로 모든 기독교인은 이중적인 문화 명령을 갖는다. 첫째, 우리는 우상들과 불의로부터 구출되어 형상을 새롭게 '형성한다'-선하신 피조계의 청지기로서 문화의 모든 영역에 참여한다. 둘째, 그러나, 우리는 형상이 상실된 곳에서 그 형상을 '회복'하도록 보냄을 받았다. 첫 번째 사명을 간과하고 두 번째 사명에 초점을 맞추면 우리의 문화 형성과 문화 수호의 소명을 포기하는 결과가 될 것이다. 기독교인들이 뛰어난 문화를 만들 때 그것은 좋은 것이다(사실은 "심히 좋은" 것이다). 그것이 구두든, 노래든, 스마트폰 앱이든 간에 말이다. 기독교인들은 형상 형성자들로서 선행에 대해 사과하거나 정당화하려고 할 필요가 없다.

그러나 기독교인들이 단순히 문화를 만드는 좋은 시민이 되는 것만으로 충분하지는 않다. 우리는 또한 사명을 갖고 있는 것이다. 특히 잃어버린 이들과 작은 이들에게 관심을 가져야 할 사명인데, 우상들을 조성하는 자들과 불의를 영구화하는 이들을 대적하는 것이기도 하다. 우리는 다른 이들이 회피하는 바 문화의 잊혀진 사각지대로 들어간다. 다른 이들이 너무나 비싸다고 할 수도 있는 문화적 기관들에 투자한다. 기독교인들이 모든 분과의 의학을 전공하는 것은 바른 일이다. 기독교인들이 가난한 자를 돕고, 에볼라 전염병과 같은 질병의 피해자들을 위험을 무릅쓰고 돌보는 의료 소명에 기독교인들이 넘쳐나는 것도 옳은 일이다. 기독교인들이 변호사를 수행하는 것도 옳은 일이다. 또한 기독교인들이 고액연봉의 법률 경력을 제쳐놓고, 가난한 이들과 억압받는 이들에게 법적 보호가 제대로 작동하도록 하기 위해 일하는 것도 옳은 것이다. 기독교인들이 사업을 시작하며, 지구의 풍성한 선한 자원을 부와 기회를 만드는 것도 옳은 일이다. 전통적인 선교사들이 들어갈 수 없는 나라들에서 이러한 일을 하려고 많은 기독교인들이 추구하는 것은 옳은 일이다.

그러므로 문화 속에서 기독교인의 활동은 주변부로, 불리한 쪽으로, 힘없는 쪽을 향하는 피할 수 없는 경향성을 가진다. 이것은 우리가 부유하고 강한 이들을 경멸한다는 의미가 아니다-그들도 형상 형성자이며 형상 손상으로 이하여 고통당하고, 동일하게 하나님께 사랑받으며 복음을 받을 가치가 있다. 그러나 우상 숭배와 불의에 의한 형상 왜곡의 영향이 동일하게 미치는 것은 아니다-가장 연약한 이들에게 가장 심하게 영향을 미친다. 희한한 사실은, 만일 누가 부자를 섬기기로 한다면, 그가 의미있게 가난한 자를 섬기기는 어려워진다. 그러나 가난한 자를 섬기기로 한다면, 강한 사람들이 결국 마음이 이끌리고, 자극되고, 궁극적으로 회심하며 축복을 받게 된다.

복음 전도와 정의는 형상 회복에 있어서 함께 간다. 복음전도 없이 정의를 행하려는 어떤 시도든지 우상 숭배의 위력과 성령의 능력을 무시하는 것이다. 정의의 이슈를 보살피지 않고 복음전도를 하려는 어떤 시도든지 구원의 영광스러운 목표를 간과하는 것이다. 인간 존재에게 자유와 존엄성을 회복시켜 그들이 원래 의도했던 삶을 찾게 하는 것이다.

켈러가 "적절성" 모델이라고 명명하는 이 그룹은 형상 회복 프로젝트에 기꺼이 참여하는 이들이다. 이 관점은 이 세상에서 회복적 미션에 참여하지 않는 교회는 전혀 교회가 아니라고 강조한다. 예수 그리스도 안에 나타난 형상은 역사 속에 변화를 가져오게끔 되어 있다고 보는 것이다. 또한 하나님은 모든 문화 속에 우리 먼저 가서서 전도 및 정의의 사역을 위한 길을 예비하셨다고 본다. 그러나 여기에서 우리가 형상 회복에 대해 이해할 때 이를 인권이나 자유와 같은 세속적 관점으로 축소하거나 희석하지 않는 것이 중요하다. 적절성에 동기부여가 된 기독교인들은 종종 자신들이 소속된 문화를 당연하게 여기고 무엇이 잘못되었고 그것을 어떻게 고칠 것인가에 대해 문화의 관점을 그대로 취하곤 한다. 사실, 형상 회복의 사역은 언제나 어떤 사회적 관심사를 가진 세속적 프로그램보다 깊고 멀리 간다.

형상 이야기의 이 네 장들을 하나로 통합하는 것은 쉽지 않다-형상 형성, 형상 손상, 형상 회복, 그리고 형상 계시-그래서 켈러가 묘사하는 네 가지 주요 모델 중에 하나를 우리들이 선택하는 것 같다. 어쩌면 불가피하게 교회 지도자들은 다른 시간 다른 장소에서 다른 테마를 강조할 필요가 있기도 하다. 그러나 궁극적으로, 네 가지 테마 모두가 전체 이야기를 이해하는데 필요하다. 이는 분명히 우리가 살아가며 이끌어가는 이 성경의 핵심 테마 중에 어떤 것을 무시해왔기 때문이다. 열렬한 반문화주의자는 분명히 우상 숭배와 불의에 대해 너무나 나이브한 교회 에서 살아왔을 것이다. 적절성 모델의 옹호자들은 대개 교회들이 교회 문 밖에 존재하는 선교지를 무시한 채 현실안주적인 내부 공동체로 움츠러들어간 교회들은 너무나 많이 보았을 것이다. 간과된 주제들을 강조하며 회복하는 교회 생활의 형태들은 개발하는 것은 잘못이 아니다—우리가 마음 속에 전체 이야기를 간직하는 한 그렇다.

형상 형성의 이야기를 통해 우리는 이웃과 얼마나 많이 다르며, 또한 얼마나 많이 비슷한지를 이해하게 된다. 인간 존재가 하나님의 형상을 형성하고 있다는 생각은, 비록 우리의 유대인 이웃들이 공유하는 생각이고, 어떤 면에서는 우리의 무슬림 이웃들도 공유하는 생각이지만, 서구 세속주의 엘리트인들에게는 매력이 없는 이야기는 아니지만 받아들이기 어려운 이야기이다. 불의가 우상 숭배에 뿌리를 갖고 있다는 주장과 문화의 어떤 좋은 요소든지 파괴적이고 악마적인 힘을 가진 우상이 될 수 있다는 주장은 마르크스의 물질주의에 모욕을 준다.

그렇지만 이 이야기는 우리의 비기독교인 이웃들에게 놀라운 공통되는 기반을 제공한다. 우리는 그들을 존중심을 가지고 접근할 수 있다(왜냐하면 그들이 형상 형성자들이기 때문이다). 관용할 수 있다(왜냐하면 그들은 우상들의 손에 잡혀 있기 때문이다. 그들이 모르고 있을지라도). 희생적으로 사랑할 수 있다(왜냐하면 이것이 예수님이 자신을 나눠주신 방법이기 때문이다). 희망을 가질 수 있다(왜냐하면 하나님께서 세상 가운데 일하셔서 형상 형성자들을 자신에게 회복시키시며 진정한 소명을 이루어가게 하시기 때문이다).

형상이 주어지고, 파손되고, 계시되고, 회복되는 이야기는 우리에게 문화에 진지하게 참여해야 할 모든 깊은 이유들을 부여한다. 문화는 하나님의 이야기가 우리와 함께 시작하는 곳이다. 그가 만드신 심히 좋고, 풍성한 세계로부터 새로운 것을 만들어가는 사명에 우리 자신을 투자하는 것이다. 성경의 이야기는 "만국의 영광과 존귀"(계 21:26)로 가득찬 도성으로 마무리된다. 문화는-구속되고, 변혁되고, 영광스럽게 되어서-이야기의 마지막에 형상 형성자들의 찬송의 제물로 올려질 것이라는 소망을 우리는 갖고 있다.

앤디 크라우치에 대한
답변

팀 켈러

감사한 부분

앤디 크라우치의 논평은 전형적인 책 리뷰 형태를 채택하지 않았다. 무엇을 지지하며, 무엇을 비판하며, 무엇을 제안하는지 기록하지 않았다. 대신에 그는 문화 참여의 섹션을 보고 그 전체의 토대를 구성하는 것을 구체적인 성경적인 이야기와 이미지로 제시한다. 그것이 바로 '이마고 데이'이다. 그의 글은 정확히 리뷰나 응답 페이퍼는 아니지만, 건설적인 프로젝트이며 문화 참여를 성경적으로 바라보는 새로운 방식을 제안하고 있다.

나는 그리스도교가 문화와 관계를 형성하는 기본적인 모델을 네 가지로 구분한다. 변혁주의, 적절성, 반문화주의, 그리고 두 왕국. D. A. 카슨의 저서 '그리스도와 문화의 관계'를 어느 정도 사용하면서, 나는 각각의 모델이 성경의 창조, 타락, 구속, 회복이라는 주제를 각각 지지하는 부분이 있다고 주장한다.

두 왕국 접근법은 창조와 일반은총을 가장 높이 평가한다. 이 관점에서는 비신자들에 의한 문화 만들기가 지혜와 선으로 가득하다고 본다. 기독교인들이 세상에서 완전한 참여자로서 일한다. 다른 한편으로 반문화주의 접근법은 타락 및 인간 문화의 깊이 왜곡된 본성을 매우 심각하게 다룬다. "문화를 바꾸라"는 어떤 직접적인 시도도 결국은 문화의 우상들 속에서 교회를 오염시키고 얽매이게 한다고 본다. 대신에 교회가 주변 사회에 대해 "대조적 공동체"가 되는 것만 하라고 권한다. 변혁주의자 접근법은 문화가 어느 정도 치유되고 구속될 수 있음을 믿는다. 문화의 우상 숭배적 본성으로부터 벗어나는 것이 오직 그리스도 안에서 그리고 그리스도교 신앙의 세계관으로 살아가는 사람들에 의해서 가능하다고 본다. 마지막으로, 적절성 접근법은 하나님의 나라를 이 세계에서 회복하는 것이 가능하다고 믿는다. 지금 사회 구조를 변화시킴으로써 더 나은 포용과 정의를 향하여 갈 수 있다고 본다.

각 모델의 성경적 근거를 펼쳐보면서, 동시에 이들 중에 어떤 모델도 모든 성경적 주제들과 진리를 완벽한 균형과 완전함으로 포착하는 모델은 없음도 확인해야 한다. 나의 결론은 각 모델이 도구 상자처럼 시대와 장소가 다름에 따라 다른 비중의 강조점을 가지고 사용되어야 한다는 것이다. 우리가 한 가지 모델을 사용할 때, 우리는 언제나 다른 모델들이 제시하는 통찰도 수용해야 한다. 우리 자신의 불균형을 피해야 한다.

각 모델의 장점들과 단점들을 비교하는 "모델들의 모델" 접근법을 크라우치는 어느 정도 진부한 도식화로 보고 있다. 마치 전략적 계획 회의의 결과로 만들어진 칠판의 슬라이드 더미로 보인다. 그는 하나의 성경적-신학적 주제를 찾는다. 그것은 "다양한 긴장들을 하나로 엮어 주는" 방법을 제시하는 비유이기도 하다. 그리고 그것을 찾아냈다. "그것은, 사실상, '형상의 이야기'(the story of the Image)이다." 우리가 종종 라틴어 '이마고 데이(imago Dei, 하나님의 형상)'로 말하던 성경의 주제이다. 만일 크라우치가 옳다면, 이것은 단지 긴장들을 한 가지로 정리할 뿐만 아니라, 보다 적극적으로 우리에게 "문화적 소명을 요약 형태"로 제시한다. 그는 "그 형상의 이야기"(the story of the Image)를 계속해서 강해하며 모델들에 대해서 내가 모은 데이타 속에서 펼쳐낸다.

평가를 하기 위해서 나는 이 프로젝트를 먼저 요약해야 한다.

형상 형성

형상 이야기의 첫 번째 무대는 인간이 형상을 형성하는 존재라는 것이다. 무엇이 하나님의 형상인가? 크라우치는 하나님의 형상을 이성이나 창조성과 같은 능력들로 축소하지 않는다. 또한 도덕적 감각이나 관계성의 필요로 국한하지도 않는다. 그렇게 하는 것은 알츠하이머 병을 앓고 있거나, 식물인간 상태이거나, 또는 갓난아이에게 하나님의 형상이 별로 없다고 주장하는 결론으로 흘러갈 수도 있음을 타당하게 지적한다. '하나님의 형상'이 의미하는 것은 그런 역량보다 작지 않고 '더 큰' 것이다. 하나님과 관계를 형성하고 의지하는 것이다. 이것의 한 측면은 인간의 취약함이다. 동물들은 세상에 태어나자마자 자립할 수 있지만, 인간은 옷이 없이는 살아갈 수 없다. 다시 말해서, 문화가 없이는 살아갈 수 없다. 크라우치는 말한다. "다른 많은 피조물들은 단지 본능만을 의지하여 세상 속에서 자신을 보호하며 산다. 이에 반해 인간은 풍부하고 확장된 문화적 환경을 갖고 생존하고, 심지어 번성한다. 문화는 인간 존재를, 그 가장 취약한 상태에서 보살피는 가장 기본적인 표현 양식이다 (418쪽)." 인간 존재가 하나님의 형상을 닮도록 또는 반영하도록 지어졌기 때문에, 본질적으로, 관계적이며 의존적이다. 자존적이지 않다. 우리는 선천적으로 문화 창조자인 것이다.

내 생각에 이것은 오래 된 다음 질문에 답하는데 도움이 된다. 과연 피조 세계에 대한 인간의 책임, 곧 "문화 명령"이 우리 안에 있는 하나님의 형상의 일부인가? 크라우치의 분석은 본질적으로 그렇다는 것이다. 단지 별도의 직무나 "과업"이 아니라, '이마고 데이'로 지음 받은 인간의 자연스러운 확장이라는 것이다. (루이스 벌코프가 지적한 것처럼, 신적인 형상과 피조계에 대한 책임은 창세기 1장 26절에서 한꺼번에 소개된다¹) "우리는 문화를 만듦으로써 형상을 형성하는 사명을 성취한다"고 크라우치는 말한다 (419쪽). 그는 계속해서 주장하기를, 모든 인간이, 기독교인과 비기독교인 모두, 하나님의 형상 안에 있기에, 우리는 모든 인간 "문화를 그 자체로 가치 있게" 보아야 할 이유가 있다. "인간의 활동에 기독교인의 통제나 변혁이 있어야만 가치 있는 것은 아니다"(421쪽). 이것은 내가 문화 참여에 대한 장에서 서술한 개요에서는 특히 두 왕국 모델에서 잘 파악된다.

형상 손상

형상 이야기에서 두 번째 무대는 인류가 죄 속으로 타락한 것이다. 크라우치는 이를 형상 대체라고 부른다. 물리적인 우상들은 문자적으로, 하나님에 대한 가짜 형상이다. 그렇지만 그는 이 사상에서 끌어와서 죄는 근본적으로 하나님의 자리에 다른 것을 놓는 것이라고 말한다. "신적인 대체물"을 창조하는 것이다. 크라우치의 설명은 어떻게 "우상들이 형상 형성자들의 착취와 파괴로 언제나 이어지는지"에 대한 것이다. 뿐만 아니라 불의로 이어진다(417쪽. 그러면, 우상 숭배는 특정 문화에서 무엇이 잘못 되었는지를 이해하는 중요한 방법이다. 어떤 문화든지 죄로 물들었고 개인적인 자유 (또는 가족이나 종족). 등의 것을 절대화하며 끌어올린다. 또는 아름다움과 성적 자유, 경제적 축적과 부, 또는 국가적 연대, 인종적 자부심 등의 것을 우상시한다. 형상의 이야기에서 이 단계를 반문화주의가 잘 이해한다.

형상 계시

예수 그리스도는 하나님의 참된 형상을 계시하기 위해 세상에 오셨다(골 1:15). 크라우치가 짚어내는 부분은 유용하다. 그리스도가 오시기 전에, 이스라엘의 구속받은 공동체는, 하나님의 질서에 따른 삶을 살면서, 세상에 하나님의 참된 형상이 어떤 것인지를 보여 주기 시작했다. 섹스, 돈, 권력과 같은 "신적 대체물들"에 의해 지배당하지 않는 인간의 삶이 어떤 것인지는 이스라엘이 하나님의 법을 완전히 따르는 정도만큼 명백히 나타났어야 했다(크리스토퍼 라이트의 구약 서적들은 이것을 잘 보여 준다). 그러나 예수님 그분 안에서 우리는 참된 인간의 삶이 하나님의 형상 안에서 어떤 것인지를 볼 수 있다. 이야기 속에서 이 무대는 변혁주의자 접근법으로 잘 표현된다. 예수님의 계시를 통해서만 인간문화는 죄의 깨어짐으로부터 고쳐질 수 있다.

형상 회복

교회는 "새 이스라엘"이다. 크라우치가 본문에서 언급하지는 않지만, 바울은 에베소서 4장 22-24절에서 구원하시는 은혜가 기독교인들 안에 하나님의 형상을 회복한다고 쓰고 있다. 이 본문은 크라우치의 주장을 지지하는데, 기독교인들은 단지 전도만을 하는 것이 아니라 교회 안에 제자들의 몸을 세우는 것이다. 뿐만 아니라 하나님의 형상이 인간 존재 가운데 회복되는 모습이 어떤 것이지를 세상에 나타내는 것이 기독교인들이다. 이것이 의미하는 바는 "세상에서 문화를 만드는 행동이며, 특히 우상 숭배와 불의에 희생자 된 이들을 예속에서 자유케 하는 것이다"(432쪽). 그는 더 나아가 이렇게 주장한다. "전염병과 같은 질병의 피해자들을 위험을 무릅쓰고 돌보는 의료 소명에 기독교인들이 넘쳐나는 것도 옳은 일이다." 그리고, "기독교인들이 고액연봉의 법률 경력을 제쳐놓고, 가난한 이들과 억압받는 이들에게 법적 보호가 제대로 작동하도록 하기 위해 일하는 것도 옳은 것이다"(433쪽). 왜 그런가? 이것은 세상에게 하나님 형상이 사람 안에 회복될 때 어떤 모습인지를 보여 준다. 부, 권력, 물질적 안정, 편안함 등의 신적 대체물에 대한 예속으로 뒤틀리지 않은 인간의 삶이 어떤 것인지를 제시한다. 그의 지적에 따르면 내가 적절성 모델로 부르는 사람들이 대개 이러한 일에 가장 열심히 참여하는 이들이다.

크라우치가 "그리스도와 문화" 모델들의 다양한 내용들을 하나로 통합하려는 노력을 성공적으로 이루었는가? 우리의 문화 소명을 이해하는 데 도움이 되는 성경적-신학적 이야기를 전해주고 있는가? 정말로 그는 해냈다. 사실, 형상 회복에 대한 그의 마지막 요점은 문화 창조와 정의에 있어서 기독교인들의 문화 참여를 지지하는 최고로 강력하고도 간략한 표현이었다. "세상을 고친다"는 것은 반문화주의자들과 두 왕국 지지자들이 타당하게 의심스러워할 만한 슬로건이다. 마찬가지로 그들은 "왕이신 예수님을 위하여 문화를 변혁하라"는 슬로건을 개탄한다. 그러나 세상에서 우리의 일을 형상 회복의 관점에서 생각하는 것은 문화 만들기에 대한 훨씬 강력한 논증이 된다. 이상주의와 승리주의에 빠지지 않는다.

나는 이 분야를 미래에 가르치고 훈련하기 위해 형상의 이야기의 중요성을 아주 깊이 생각할 필요가 있다. 이것은 대단한 글이다. 나와 유일하게 관점이 다른 부분이라면 크라우치가 그의 글에서 이마고 데이를 이해하는 특정한 방식이 개혁주의 교회의 방식과는 다르다는 것이다. 그가 보는 루터란, 로마 가톨릭, 그리고 전통적인 알미니안의 관점이다. 비록 자신이 신학적으로 개혁주의라고 글에서 밝히지는 않았지만, 앤디 크라우치는 내가 만난 사람들 중에 개혁주의 교리를 가장 명확하고 가장 실제적으로 설명하는 사람이다(그리고 나는 개혁주의자이다). 내가 가진 신학적 자원들을 어떻게 사용해야 하는지의 기본 훈련을 잘 할 수 있게 해 주는 (이것은 역설적인 표현이 아니다) 앤디에게 감사한다!

주

프롤로그

1. 리처드 린츠, *The Fabric of Theology, A Prolegomenon to Evangelical Theology* (Grand Rapids:Eerdmans, 1993), 9.

2. 위의 책, 82.

3. 위의 책, 315.

4. 위의 책, 316-317.

5. 이 세 가지 영역은 리처드 린츠의 네 가지 신학적 비전 요소들과 대략적으로 상응한다. (1)'복음' 은 어떻게 당신이 성경을 읽느냐에서 흘러나온다; (2)'도시'는 문화에 대한 당신의 성찰에서 흘러나온다; (3)운동은 당신이 전통을 어떻게 이해하느냐에서 흘러나온다. 한편, 네 번째 요소-인 간 이성에 대한 당신의 견해-는 이 모든 세 가지를 이해하는데 영향을 끼친다. 당신이 비그리스 도인을 어떻게 전도하는지, 어떻게 일반은총이 문화 가운데 일한다고 보는지, 사역 구조에 대한 당신의 생각에 있어서 얼마나 제도적인지 (아니면 반제도적인지)에 영향을 끼친다.

6. 복음 축은 다른 두 가지와 같지 않다고 주장할 수 있다. 다른 두 축에서는, 바람직한 위치는 중 간점이다. 극단 사이에 균형점이다. 그런데, 싱클레어 퍼거슨(매로우 논쟁에 대한 강연에서) 및 다른 이들이 주장하듯이, 복음은 단지 두 극단 사이의 균형이 아니며, 완전히 다른 무엇이다. 사실, 율법주의와 율법폐기론은 반대가 아니라 사실상 동일한 것이기도 하다. 복음에 반대된 자기 구원이라는 점이다. 그러므로 복음을 두 극단 사이에 놓은 것은 단순히 시각적인 방편일 뿐임을 유의하기 바란다.

part 1

01 -----

1. 오늘날 하나님의 은혜로 이 이야기는 달라지고 있으며, 그 도시에서 새로운 교회들의 활기찬 운동이 펼쳐지고 있다.

2. 상황화에 대한 학문적 논의에서, 다양한 작가들은 여러 단어에 세부적인 의미들을 부여했다. 예를 들어 적응(adaptation), 토착화(indigenization), 번역(translation), 상황화(contextualization), 실천(praxis) 등이다(A. Scott Moreau, "Evangelical Models of Contextualization," in *Local Theology for the Global Church: Principles for and Evangelical Approach to Contextualization*, Matthew Cook 외 편집 [Pasadena, Calif.: William Carey Library, 2010], 165-193). '적응'은 종종 '상황화'처럼 깊거나 철저하지는 않은 선교 참여의 방법을 의미한다. 그런데 이 장은 목회자와 실무자를 위해서 기록된 것이다. 나는 학문적 논쟁에 대해 어느 정도 알고 있지만, 어떤 선교학자들이 방법들 사이에 내리는 미세한 구분을 따르지는 않을 것이다. 뿐만 아니라 모로(Moreau)가 172쪽에서 기록하듯, 각각의 단어가 어떻게 정의되어야 하는지에 대한 학자들 사이의 합의는 존재하지 않는다. 그러므로 나는 토착화, 혼합주의, 상황화 사이에 널리 받아들여지고 있는 차이점들을 아래에서 언급할 것이다.

3. 문화의 이야기 구조들은 시간의 흐름에 따라 사회에서 달라질 수 있다. 앤드레 델반코 (Andre Delbanco)는 미국 사회의 세 가지 근간이 되는 문화적 내러티브가 '하나님' (17-18세기 중반), '국가'(18세기 중반에서 20세기), 그리고 지금은 '자아(Self)'라고 설명한다(*The Real American Dream: A Meditation on Hope* [New Haven, Conn.: Harvard University Press, 1999]). 첫 번째 내러티브는 종교적인 것이다 - 종교적 자유와 하나님께 대한 충성. 이것은 '지상에서 가장 위대한 국가'라는 사상에 자리를 양보했다. 오늘날의 주된 내러티브는 자아실현이다. 문화의 내러티브를 분석하는 또 다른 흥미로운 방식에 대해서는 레슬리 스티븐슨(Leslie Stevenson)의《인간 본성의 열 가지 이론》(Seven Theories of Human Nature, 갈라파고스 역간)을 보라.

4. 문화적 서사의 개념은 앤드레 델반코(Andre Delbanco)가 잘 표현한 바 있다. "인간 존재는 우리가 매일 만나는 일상의 작은 단초들, 가령 고통, 갈망, 즐거움, 두려움 등을 하나의 이야기로 직조할 필요를 느낀다. 그 이야기가 어딘가를 향하여 가서 우리의 인생 항해를 도울 때, 그것은 우리에게 희망을 준다. 삶을 뒷받침하는 서사가 오랜 시간에 걸쳐서 상당수 사람들의 마음에 형성될 때 우리는 이것을 문화라고 부른다." 문화 내러티브는 인생에서 의미를 창조하는 데 필수적이다. "우리는 반드시 우리의 작은 날들과 시간들의 몫을 초월하는 인생의 목적이 있음을 상상해야 한다. 우리가 '부조리한 세상에서 떠다니고 있을지도 모른다'는 희미하고 점점한' 생각들과 계속해서 싸우려면 말이다. 우리의 모든 축적과 소비가 죽음을 기다리면서 꿈틀거리는 것 이상의 아무 의미가 없다는 잠재된 회의를 [극복해야만 한다]."

5. 바니(Barney)의 사상은 데이비드 헤셀그래브(David J. Hesselgrave)에 의해서 논의된다. *Planting Churches Culturally: North America and Beyond*, 2nd ed. (Grand Rapids: Baker, 2000), 1456. 또한 브루스 니콜스(Bruce Nicholls)를 보라. *Contextualization: A Theology of Gospel and Culture* (Downers Grove, Ill.: Inter-Varsity, 1979), 11-12.

6. 니콜스(Nicholls)는 기록한다(*Contextualization*, 11-12). "아마도 더 나은 모델은 각각의 요소가 서로 근접하여 있는 구형체일 것이다. 또는 피라미드 모형으로서, 세계관의 보이지 않는 토대 역할을 하고, 가치관, 제도, 관찰 가능한 행위들이 세 측면을 이루면서 상호작용하는 모델일 것이다." 그러나 피라미드 모델도 충분히 역동적이지는 못하다. 행위, 가치, 제도에 있어서 변화들은 상호작용하지만 기저의 세계관은 형성하지 못한다는 의미를 담기 때문이다.

7. 데이비드 웰스(David Wells), "이론에서 실천으로의 고통스러운 전이(The Painful Transition from Theoria to Praxis), *Evangelism and Modern America*, ed. George Marsden (Grand Rapids: Eerdmans, 1984), 90. 이것을 리처드 린츠(Richard Lints)의 정의와 비교해 보라. "'복음의 상황화'는 성경의 메시지가 특정 문화의 정신 개념 속에서, 그것에 의해서, 어떤 형태를 띨 것이냐에 대한 것이다." *The Fabric of Theology: Prolegomena to Evangelical Theology* [Grand Rapids: Eerdmans, 1991], 101).

8. Ray Wheeler, "The Legacy of Shoki Coe," *International Bulletin of Missionary Research* 26.2 (April 2002): 78.

9. 위의 책.

10. 니콜스(Nichols, *Contextualization*, 26-28)는 1970년대에 에큐메니컬 운동에서 신학자들이 했던 두 가지 상황화의 예를 제시한다.

11. 크레이그 블룸버그(Craig Blomberg), "우리는 생각보다 상황화를 훨씬 많이 합니다"(We Contextualize More Than We Realize). in *Local Theology for the Global Church*, ed. Matthew Cook et al. (Pasadena, Calif.: William Carey Library, 2010), 37. n.2.

12. 그레샴 메이첸(J. Gresham Machen), *Christianity and Liberalism*, new ed. (1923; Grand Rapids: Eerdmans, 2009) 5-6. (《기독교와 자유주의》, 복 있는 사람 역간, 2013).

13. 위의 책, 2.

14. 위의 책, 121.

15. Natee Tanchanpongs, "Developing a Palate for Authentic Theology," in *Local Theology for the Global Church*, ed. Matthew Cook et al. (Pasadena, Calif.: William Carey Library, 2010), 110. 딴잔퐁스는 우리가 상황화에서 혼합주의로 넘어갔는지를 알 수 있는 시금석으로 개인 성화의 예를 탁월하게 들고 있다. 혼합주의는 기독교를 특정 문화의 이미지로 주조하기 위해서 성경적 가르침의 어떤 부분을 무효화한다. 종교적 혼합주의의 결과는 그것을 믿는 사람들의 삶 가운데 보여지게 된다. 혼합주의는 성경에서 묘사하는 그리스도인의 성품, 즉 '성령의 열매' 또는 '그리스도인의 행동'을 살아내는 사람들을 만들지 못한다.

16. Harvie Conn (*Eternal Word and Changing worlds: Theology, Anthropology, and Mission in Trialogue* [Grand Rapids: Zondervan, 1984], 176-178, 184-190, 194-195)를 보라.

17. D. A. 카슨(D. A. Carson), "Maintaining Scientific and Christian Truths in a Postmodern World," Science & Christian Belief 14.2 (October 2002): 107-122, www.scienceandchristianbelief.org/articles/carson.pdf (2013년 1월 13일 접속).

18. 보수적, 복음주의적 관점에서 이에 대한 주장은 다음을 보라. Craig Blomberg, "We Contextualize More Than We Realize," in *Local Theology for the Global Church.*

19. 예를 들어 웨스트민스터신학교를 설립한 J. 그레샴 메이첸(J. Gresham Machen)은 벤자민 워필드(B. B. Warfield) 및 프린스턴신학교의 다른 교수들과 함께 신앙을 변호하는 접근법에 있어서 합리적 이성과 역사적 증거를 모두 사용한다. 코넬리우스 밴 틸(Cornelius Van Til)과 더 젊은 웨스트민스터 교수들은 후에 변증에 있어서 이성의 사용을 날카롭게 비판했다. 즉, 워필드/메이첸(Warfield/Machen)의 접근법은 보조되지 않은 인간 이성에 너무 많은 권위를 부여했으며 결과적으로 계몽주의로부터 부지불식간 너무 많은 영향을 받았다는 것이다. 최근의 학자인 마크 놀(Mark Noll)과 다른 이들은 구 프린스턴 학자들이 스코틀랜드 계몽사상과 '상식 철학적 현실주의'에 영향을 받았는지를 조명했다. 요컨대 메이첸은 그의 계승자들에 의해서 계몽주의의 이성주의에 너무 적응했다는 비판을 받았다. 또한 그 비판이 어느 정도 일리가 있다. 자신의 문화에 대한 시각적 사각지대가 있었던 것이다. 그러나 또한 당신이 많은 시간을 들여 연구를 해본다면, 메이첸이 부적절한 상황화와 싸웠던 것처럼, 당신이 하는 것을 당신이 지각하지 못할 수 있다.

20. Nicholls, *Contextualization*, 31.

02 -----

1. 존 스토트(John R. W. Stott), 《현대교회와 설교: 성경적 강해설교》, 생명의샘 역간, 2010.

2. 브루스 니콜스(Bruce J. Nicholls)는 다음과 같이 기록한다(*Contextualization*, 8). "복음주의 설교가들은 종종 소통에 있어서 문화적 요소의 중요성을 저평가한다. 어떤 이들은 하나님, 죄, 성육신, 구원, 천국 등의 용어가 듣는 사람들의 마음에서는 [전혀] 다른 이미지를 가질 수 있다는 것을 전혀 모른다."

3. 암묵적인 지식에 대한 토론은 Natee Tanchanpongs의 "Developing a Palate for Authentic Theology," in *Local Theology for the Global Church*, ed. Matthew Cook et al. (Pasadena, Calif.: William Carey Library, 116ff)을 보라. 마이클 폴라니(Michael Polanyi)가 암묵적 지식의 본질, 상황화에 대한 암묵적 지식과 믿음 사이의 관계 등에 대해서 쓴 것을 보라.

4. D. A. 카슨(D. A. Carson)은 (*Biblical Interpretation and the Church* [Carlisle, UK: Paternoster,

1984, 22-23) 이렇게 말한다. "만약에 예를 들어 목사가 사람들이 자신의 권위를 받아들이고 아무 질문도 없이 그의 리더십을 추종하도록 사람들을 고무시킨다고 해보자. 이것은 그가 선동가이기 때문에 그럴 수도 있다. 또는 그의 문화적 환경에서 사람들은 자연스럽게 지도자를 존경하고 우상파괴를 원하지 않기 때문일 수도 있다. 그는 자신이 건강한 영성이라고 생각하는 것을 촉진하려고 할 때 히브리서 13장 17절과 같은 말씀을 인용하려고 할 것이다. 그러나 분명히 베드로전서 5장 11절 전반부나 마태복음 20장 24-28절은 인용하려고 하지 않을 것이다. [그는 아마도] 그의 회중이 잘 가르치는 장로들을 '두 배 존경'하는 가르침을 회중의 책임으로 가르치는 데는 매우 적극적일 것이다. … 반면에 교회 지도자들이 탐욕과 탐심이 없으며 재물을 사랑하지 않아야 한다고 가르치는 본문들은 상당히 조심을 할 것이다."

5. 카슨(D. A. Carson)이 하나님의 사랑에 대한 다양한 본문을 설명하는 부분을 참조하라. *The Difficult Doctrine of the Love of God* (Downers Grove, Ill.: Inter-Varsity, 2000).

6. Carson, *Biblical Interpretation and the Church*, 23.

7. 물론 성경 저자들이 특정한 문화 속에서 기술했다는 것은 사실이다. 그래서 성경 저자가 의도한 의미를 알기 위해서는, 그리고 특정 성경 본문이 실제로 가르치는 것을 이해하기 위해서는, 저자 및 원 독자의 역사적, 언어적, 문화적 환경을 이해하는 것이 매우 중요하다. 그러나 이것이 우리가 성경에서 시간 불변의 핵심 진리를 발견하고 문화적인 토양 위에 있는 덜 '핵심적인' 가르침을 버릴 수 있다는 것은 전혀 아니다. 성경에 대한 복음주의적 신학은 이렇다. 성경은 철저히 인간의 책이다. 각각의 저자는 인간 문화 속에서 썼다. 그러나 하나님은 각 저자의 문화와 삶의 환경을 특별히 선택하신 것이다. 그래서 하나님의 모든 것을 통치하시는 주권적 섭리로 말미암아 모든 단어가 지금의 성경에 기록된 것이다. J. I. 패커(J. I. Packer)의 *Fundamentalism and the word of God* (Leicester, UK: Inter-Varsity, 1958)을 참조하라. 또한 니콜스의 책 《상황화》의 4장 '성경'을 참조하라.

8. See John Stott and R. Coote, eds., *Down to Earth: Studies in Christianity and Culture* (Grand Rapids: Eerdmans, 1980), esp. the appendix "The Willowbank Report."

9. See Anthony Thiselton, *The Two Horizons: New Testament Hermeneutics and Philosophical Description* (Grand Rapids: Eerdmans, 1980), 104, 439; J. I. Packer, "Infallible Scripture and the Role of Hermeneu- tics," in *Scripture and Truth*, ed. D. A. Carson and John D. Woodbridge (Downers Grove, Ill.: Inter-Varsity, 1983), 348-49; Grant R. Osborne, *The Hermeneutical Spiral: A Comprehensive Introduction to Biblical Interpretation* (Downers Grove, Ill.: Inter-Varsity, 1997).

10. 이야기를 명료하게 하기 위해서, 우리는 해석학적 나선(hermeneutical spiral)을 통한 상황화의 복잡한 세부사항을 자세히 다루지 않는다. 실제로, 최소한 두 개의 나선과 세 개의 지평선이 있다. 첫째, 당신은 성경 본문과 당신의 문화 상황 사이를 왔다 갔다 해야 한다. 그래서 본문이 당신의 이해를 교정하게 해야 한다(즉, 당신은 당신 자신의 지평선과 본문 이해의 지평선을 합해야 한다). 이 후에 당신은 반드시 진리에 대한 당신의 이해와 당신이 도달하려고 하는 사람들의

이해 사이에 있는 간격을 연결해야 한다(D. A. 카슨이 《성경 해석과 교회》, [기독교문서선교회, 1991]에 쓴 "A Sketch of the Factors Determining Current Hermeneutical Debate in Cross-Cultural Contexts"를 참조하라).

11. Richard Lints, *The Fabric of Theology: A Prolegomenon to Evangelical Theology* (Grand Rapids: Eerd- mans, 1993), 101-3.

12. 린츠(Lints)는 데이비드 웰스(David Wells)를 인용한다. "상황화에 대한 첫 번째 이해는, 계시적 흐름은 반드시 [한 방향으로] 권위적 [본문]에서 현대적 문화 [맥락]으로 이동한다고 보는 것이다; 두 번째 관점은, 상황화의 방향이 본문에서 맥락으로, 맥락에서 본문으로 오고 간다는 것이다." 첫 번째 관점은 소통하는 사람 자신이 아무런 문화적 관여가 없는 것을 전제로 한다. 그는 단지 본문을 읽고 이해하고 그것을 새로운 문화에 맞추지 않으면서 새로운 문화 속으로 가져간다. 후자의 견해에서는 맥락과 본문이 무한한 원을 그린다. 이는 본문이 '정말로' 무엇을 말하는지 우리가 결코 결론을 내릴 수 없다는 것을 궁극적으로 의미하게 된다.

03 -----

1. 18세기 도덕 철학가인 프랜시스 허치슨(Francis Hutcheson)은 이것을 증명하기 위해서 유명한 예를 들었다. 뒷마당에 수십억 원 가치의 보물이 매장된 것을 발견한 사람에 대해 들었다고 상상해 보자. 그러나 그가 그것을 모두 가난한 사람들에게 나누어 주었다고 한다. 우리 자신이 결코 그렇게 하지는 않겠지만, 그런 행동은 멍청한 일이라고 공공연하게 떠들어 댄다면 우리는 결국 그것을 존경하고 있는 셈이다. 이것은 행동의 도덕적 미덕에 대한 지울 수 없는 감각인 것이다.

2. J. Alec Motyer, *The Prophecy of Isaiah* (Downers Grove, Ill. : Inter-Varsity, 1993), 235.

3. D. A. Carson, *The Cross and Christian Ministry: Leadership Lessons from 1 Corinthians* (Grand Rapids: Baker, 2004), 122. 성경에서 우리는 무엇이 본질적이고 무엇이 비본질적인 것인지 고를 수 없다. 그러나 문화 안에는 성경에 정면으로 위배되거나 성경에 의해 명백하게 금지되는 것 혹은 지시되는 것을 찾기가 쉽지 않다. 카슨은 사명을 가진 그리스도인이라면 복음을 낯선 무언가로 전락시키지 않기 위해서 그런 문화의 특징을 수용할 필요가 있다고 말한다.

4. See David G. Peterson, *The Acts of the Apostles* (Pillar Commentary on the New Testament; Grand Rapids: Eerdmans, 2009), 40; see also Jay E. Adams, Audience Adaptations in the Sermons and Speeches of Paul (Nutley, N. J. : Presbyterian & Reformed, 1976), esp. 61-64.

5. See Adams, *Audience Adaptations*, esp. 61-64.

6. Peterson, *Acts of the Apostles*, 44.

7. 위의 책.

8. 스토트(John Stott)는 베드로의 초기 설교들을 더 자세히 살펴본다. 베드로는 이방인 회중을 대상으로 하지 않았다. 그럼에도 스토트는 우리가 바울에게 발견한 것과 유사한 복음의 아웃라인을 제시한다. "그러므로 여기에 사중 메시지가 있다. 두 개의 사건(그리스도의 죽음과 부활)이 두 개의 증언에 의해 뒷받침된다(성경 및 부활에 대한 역사적 증인들), 그리고 이는 하나님이 하신 두 개의 약속에 근거하며(죄 용서와 성령), 두 개의 조건 위에 이루어진다(회개와 믿음). 우리는 이러한 사도적 복음을 절단할 어떤 재량도 부여받지 않았다."

9. D. A. Carson, "Pastoral Pensees: Motivations to Appeal to in Our Hearers When We Preach for Conversion," *Themelios* 35.2 (July 2010): 258-264, www.thegospelcoalition.org/publications/35-2/ (2012년 1월 19일 접속).

10. 카슨(Carson)의 마지막 논지는 중요하다. "하나님을 추구하며, 그리스도를 추구함에 있어서 성경적으로 허용된 모든 동기부여들은 하나님 자신에 대해서 상보적인 것들을 말한다. 그래서 동기부여들의 범주들을 모두 다루지 않는다면, 이는 하나님을 축소하는 결과에 이른다." 이 장에서 우리가 살펴본 것처럼 상황화는 문화에 맞추어 성경적 진리를 펼쳐내는 것이다. 그리하여 우리가 사람들에게 주는 하나님에 대한 그림이 참되고 완전한 것에서 미흡하지 않도록 말이다.

11. See Sherwood G. Lingenfelter and Marvin K. Mayers, *Ministering Cross-Culturally* (Grand Rapids: Baker, 2003), 37-50.

12. Richard F. Lovelace, *Dynamics of Spiritual Life* (Downers Grove, Ill.: Inter-Varsity, 1979), 198-199.

13. 검소와 겸손에 대한 성경적 원칙은 여기서 적용되어야 한다. 그러나 우리는 '겸손', '존경'과 같은 용어가 다른 문화권에서는 매우 다른 의미로 통용된다는 것을 인식해야 한다.

14. Francis Schaeffer, *The Church at the End of the Twentieth Century* (Downers Grove, Ill.: Inter-Varsity, 1970), 67.

04 -----

1. See David F. Wells, "An American Evangelical Theology: The Painful Transition from Theoria to Praxis," in *Evangelicalism and Modern America*, ed. George Marsden (Grand Rapids: Eerdmans, 1984), 90, 93. 웰스는 말한다. "참여와 초탈, 수용과 부정, 연속과 불연속, 세상 '안에' 있는 것과 세상에 '속하지' 않는 것 사이의 경계선은 어디인가? 상황화는 우리가 이런 질문들에 대해 답을 찾아가는 과정이다. 하나님의 말씀은 반드시 우리의 상황에 연결되어야 한다. 정체성을 지키는 것은 기독교 신앙을 위해서 필요하고, 동시에 현대적인 연결점은 그리스도인이 믿음을 가질 수 있기 위해서 필요하다."

2. 리처드 커닝햄(Richard Cunningham)은 영국에 있는 대학 그리스도인 연합(University Colleges

and Christian Fellowship[UCCF]) 대표이며, 복음 전도의 대화를 위한 실질적인 훈련을 제공한다. 그는 모든 강사들에게 확인하고, 설득하고, 초청할 것을 조언한다(Alex Banfield Hicks and Richard Cunningham, "Identification, Persuasion and Invitation," Christian Persuaders Podcast #1, www.bethinking.org/what-is-apologetics/introductory/ identification-persuasion-and-invitation.htm 2012년 1월 20일 접속). 이 세 가지 단계는(비록 세 가지가 '단계'와 겹치기는 하지만) 들어가서, 도전하고, 호소하는 우리의 모델과 연결된다.

3. Francis Schaeffer, *2 Contents, 2 Realities* (Downers Grove, Ill.: Inter-Varsity, 1975), 17-18.

4. 물론 웨스트민스터 신앙고백과 요리문답은 "네 부모를 공경하라"는 계명을 다루고 있다. 그러나 성경에서 귀결된 답들은 조상 숭배를 염두에 두고 본문을 살피지는 않았다. 이 신앙고백은 권위를 가진 모든 사람들, 특히 공권력에 대해서 존경하라는 것으로 일반화하는 경향이 있다.

5. 사도행전 17장 26-28절에서 바울은 이방인의 시를 인용한다. 당신이 만일 성경 권위에 대해 회의적인 사람들에게 성경 진리를 전하고 있다면 보조 자료나 존경 받는 권위를 빌리는 편이 좋다. 예를 들어 성경에 어떤 이야기가 담겨 있는지 가르치려면 성경의 진술을 지지하는 경험적, 과학적 연구를 사용하는 것이다. 이는 부정적인 청자가 성경 말씀에 신뢰를 가질 수 있도록 하는 데 도움이 된다. 상황화는 어떤 보조적 권위들이 듣는 사람에게 신뢰를 더하는가를 포함한다.

6. See David J. Hesselgrave, *Communicating Christ Cross-Culturally* (Grand Rapids: Zondervan, 1978), 198-236.

7. 이 시기의 설교들을 살펴보라. 편집자의 주석이 아주 유용하다. *The Works of Jonathan Edwards: Sermons and Discourses*, 1743-1758, vol. 25, ed. Wilson H. Kimnach (New Haven, Conn.: Yale University Press, 2010).

8. 나는 이 원리가 베드로전서 2장 12절에서 나온다고 믿는다. 세상은 어떤 면에서 그리스도인의 신앙과 실천을 찬양하고 존경할 것이지만 다른 한편으로는 미워하고 핍박할 것이다. 미로슬라브 볼프(Miroslav Volf)가 베드로전서에 대해 쓴 글을 보라. "Soft Difference," www.yale.edu/faith/resources/x_volf_difference.html (2012년 1월 20일 접속). 나는 이 절이 원리를 증명한다고 말하는 것은 아니다. 이 원리는 사도행전 17장에 나오는 바울의 실제적 논증 가운데 더 잘 드러난다.

9. David G. Peterson, *The Acts of the Apostles* (Pillar New Testament Commentary; Grand Rapids: Eerdmans, 2009), 496.

10. 이 통찰에 대해 로셸 캐스카트(Rochelle L. Cathcart)에게 감사를 표한다.

11. C. S. Lewis, *The Problem of Pain* (New York: Macmillan, 1973), 29, 34-35.

12. Alexis de Tocqueville, *Democracy in America* (New York: HarperCollins, 1988), 296.

13. 위의 책, 538.

14. Emily Bobrow, "David Foster Wallace, in His Own Words" (taken from his 2005

commencement address at Kenyon College), http://moreintelligentlife.com/story/david-foster-wallace-in-his-own-words (2012년 1월 20일 접속).

15. 월리스(Wallace)는 우리는 "어떤 종류의 신이나 영적인 것을 예배해야 한다"고 말하면서 "예수 그리스도 또는 알라, 야훼 또는 위칸(마법) 여신, 또는 사성제, 또는 어떤 신성불가침의 윤리 원칙"이라고 덧붙인다. 그러므로 그는 종교적 다원주의를 복수심을 가지고 다루고 있는 것이다! 그러나 바울이 사도행전 17장 28절에서 처음 말할 때 신중을 기했듯이 이방 시인과 하나님 사이에 공통점이 있는 것처럼, 월리스가 문제에 대해 묘사하는 것은 건전하게 받아들일 수 있다 (즉 우리는 이 세상을 초월하는 무엇인가에 우리의 삶을 건축해야 한다).

16. 마르틴 루터의 대요리문답 제1장의 설명을 참조하라. (Birmingham, Ala.: CreateSpace, 2011), 1-3.

17. For an in-depth treatment of this subject, see chs. 1 and 3 of my book *The Meaning of Marriage* (New York: Dutton, 2011), esp. 80-82. 이 주제에 대한 깊이 있는 설명은 나의 책《팀 켈러, 결혼을 말하다》 1장과 3장을 참조하라.

18. Richard Kearny, moderator, "On Forgiveness: A Roundtable Discussion with Jacques Derrida," in *Questioning God*, ed. John Caputo, Mark Dooley, and Michael Scanlon (Bloomington, Ind.: Indiana University Press, 2001), 70.

19. Jean-Paul Sartre, "Existentialism Is a Humanism," in *Existentialism from Dostoyevsky to Sartre*, ed. Walter Kaufmann (New York: Meridian, 1989), 352-353.

20. 하나님이 안 계신 것보다 하나님이 계신 것이 인권에 대한 신념을 훨씬 지지한다는 것을 주장할 수 있다. 니콜라스 월터스토프(Nicholas Wolterstorff)는 다음에서 이를 옹호한다. "Is a Secular Grounding of Human Rights Possible?" and "A Theistic Grounding of Human Rights," in *Justice: Rights and Wrongs* (Princeton, N.J.: Princeton University Press, 2008), chs. 15-16. 또한 다음을 읽으라, Christian Smith, "Does Naturalism Warrant a Moral Belief in Universal Benevolence and Human Rights?" in *The Believing Primate: Scientific, Philosophical, and Theological Reflections on the Origin of Religion*, ed. Jeffrey Schloss and Michael Murray (New York: Oxford University Press, 2009), 292-317; Timothy Keller, *Generous Justice: How God'sGrace Makes Us Just* (New York: Dutton, 2010), ch. 7; Timothy Keller, *The Reason for God: Belief in an Age of Skepticism* (New York: Dutton, 2008), ch. 9.

21. Andrew Delbanco, *The Real American Dream: A Meditation on Hope* (Cambridge, Mass.: Harvard University Press, 1999), 103.

22. 위의 책, 103-104.

23. 위의 책, 106-107.

24. 신학자 다니엘 스트레인지는 비기독교 사고체계는 기독교 진리에 반대하면서도 '기생적'이라고 쓴다. 즉 그들이 하나님의 진리를 거부할 때도, 하나님의 진리의 어떤 측면들은 반드시 긍정

해야 하기 때문이다. 스트레인지의 결론은 궁극적으로 복음은 비기독교 체계에서는 '전복적 성취'(subversive fulfillment)라는 것이다. 즉, 복음은 그들의 열망에 맞서지만 또 다른 의미에서는 충족시킨다(다음을 보라. "Perilous Exchange, Precious Good News: A Reformed 'Subversive Fulfillment' Interpretation of Other Religions," in *Only One Way? Three Christian Responses on the Uniqueness of Christ in a Religiously Plural World*, Gavin D'Costa, Paul Knitter, and Daniel Strange [London: SCM Press, 2011], 93).

25. Blaise Pascal, Pensées (New York: Collier, 1910), 68, #187.

26. Roger Nicole, "Postscript on Penal Substitution," in *The Glory of the Atonement*, ed. Charles E. Hill and Frank A. James III (Downers Grove, Ill.: Inter-Varsity, 2004), 445-452.

'복음 상황화'에 대한 논평

1. 주류 민족에 속한 사람들은 자신들이 다른 "소수 민족들" 만큼이나 독특한 "민족"이라는 것을 망각하는 경우들이 있다. 민족에 대한 이해와 도전을 주는 책으로는 다음을 보라. Dewi Hughes, *Ethnic Identity from the Margins: A Christian Perspective* (Pasadena, CA: William Carey Library, 2012).

2. 사법적 권위와 행정적 권위의 구별에 대해서는 다음을 참조하라. Francis Turretin's in his *Institutes of Elenctic Theology* (Phillipsburg, NJ: P&R, 1992), 1:90.

3. Chip and Dan Heath, *Made to Stick: Why Some Ideas Die and Others Survive* (London: Arrow, 2008), 57. 칩 히스 & 댄 히스, 스틱: 뇌리에 착 달라붙는 메시지의 힘 (웅진윙스 역간)

4. 한 서평자는 대담하게 이렇게 말했다. "결국 켈러를 읽는 것은 아리스토텔레스의 평균의 예술에서 훈련되는 것이다. 이것이 그의 방식이다." (Jonathan Leeman, "Book Review: Center Church," http://9marks.org/review/center-church-doing -balanced-gospel-centered-ministry-your-city/ 접속일: March 11, 2015]).

5. 마이클 호튼은 이것을 다음의 책 "누군가가 실제로 몇 시인지 아나요?" 장에서 에서 말하고 있다 *Planting, Watering, Growing*, ed. Daniel R. Hyde and Shane Lems (Grand Rapids: Reformation Heritage Books, 2011), Kindle ed. loc. 5973. 켈러처럼 호튼도 메이첸을 인용한다. "1920년대에... 메이첸은 이미 '적용된 기독교'에 대한 집착이 너무나 유행해서 곧 적용할 그리스도교가 거의 남지 않을 것이라며 불평을 발하고 있었다 (loc. 5983).

6. 오래된 세대의 네덜란드 선교학자인 J. H. 바빙크의 어깨 위에 제대로 앉아서.

7. 다음을 보라. Daniel Strange, *Their Rock Is Not Like Our Rock: A Theology of Religions* (Grand Rapids: Zondervan, 2015). 체제 전복적 성취라는 말은 내가 만들 것이 아니라 Hendrik Kraemer가 다음에서 쓴 것이다. "Continuity or Discontinuity," in *The Authority of Faith:*

International Missionary Council Meeting at Tambaram, Madras, ed. Paton (London: Oxford University Press, 1939), 5.

8. 적용에 관하여는 복음 소통에 네 가지 양상이 있다. 1. 들어가기: 세계관 속으로 들어가서 이야기를 분별하기. 2. 탐사하기: 은혜 요소들을 찾아내고, 그것에 붙어있는 우상들을 분간하기. 3. 드러내기: 우상들이 파괴적인 사기꾼들임을 보여주기. 4. 전도하기: 복음이 "체제 전복적 성취"를 가져옴을 자랑하기.

9. 예를 들면, Ted Turnau, *Popologetics* (Phillipsburg, NJ: P&R, 2012); Tim Chester and Steve Timmis, *Everyday Church* (Nottingham: Inter-Varsity, 2011), 팀 체스터 & 스티브 티미스, 일상교회 (IVP 역간).

10. Christopher Robert Flint, "How Does Christianity 'Subversively Fulfil' Islam?" *St. Francis Magazine* 8.6 (December 2012): 776-822.

11. Tim Chester, *Unreached: Growing Churches in Working-Class and Deprived Areas* (Nottingham: Inter-Varsity, 2012).

12. J. H. 바빙크는 인류가 던지는 이 지속적인 질문을 "자석 지점"이라고 부른다. 다음을 보라. Strange, *Their Rock Is Not Like Our Rock*, 249-54.

13. J. H. Bavinck, *An Introduction to the Science of Missions*, trans. David H. (Phillipsburg, NJ: P&R, 1960), 136-37.

14. 다음을 보라. J. Daryl Charles, "Engaging the (Neo)Pagan Mind: Paul's Encounter Athenian Culture as a Model for Cultural Apologetics (Acts 17:16-34)," *Trinity Journal* 16:1 (Spring 1995): 47-62.

15. Ted Turnau, "Reflecting Theologically on Popular Culture as Meaningful," *Calvin Theological Journal* 37 (2002), 279.

16. 이것이 욕망에 연결되는 것에 대해서는 다음을 보라. Ted Turnau, "Popular Culture, Apologetics, and the Discourse of Desire," *Cultural Encounters* 8.2 (March 2013): 25-46.

17. Bavinck, *Introduction to the Science of Missions*, 140.

18. 사도행전 17:27은 부정적인 것을 내포하고 있다. (다음을 보라. Ben Witherington, *The Acts of the Apostles: A Socio-Rhetorical Commentary* [Grand Rapids: Eerdmans, 1998], 528).

19. Greg Bahnsen, *Always Ready: Directions for Defending the Faith* (Nacogdoches, TX: Covenant Media Press, 1996), 261.

20. Bavinck, *Introduction to the Science of Missions*, 138.

21. D. A. Carson, "Athens Revisited," in *Telling the Truth: Evangelizing Postmoderns*, ed. D. A. Carson (Grand Rapids: Zondervan, 2000), 394-95.

22. Bavinck, *Introduction to the Science of Missions*, 169.

23. 다음을 보라. David K. Clark, *To Know and Love God* (Wheaton, IL: Crossway, 2003), 99-131.

24. D. A. Carson, *The Gagging of God* (Leicester: Apollos, 1996), 552. 나의 제안은, 이러한 영광스러운 비전은 타문화에 소통하는 사람들이 새로운 초보적 상황에서 아무 역할이 없다는 것을 의미하지 않는다. 적어도, 그 역할은 고압적이거나, 윗사람 행세를 하거나, 또는, 최악으로는, 제국주의적 태도를 가지는 것이다. 그래서 이러한 영역에서 복음의 성숙함과 미성숙함 사이의 구별을 무시하는 것이다. 상호 지지하는 것이 필요할 뿐만 아니라 사랑이지 않겠는가? 이 부분에 대해서는 다음을 더 보라. Bavinck, *Introduction to the Science of Missions*, 191-99.

25. 이것은 칼 트루먼이 "교리적 절대명제"라고 부르는 것이다. 그의 저서를 참조하라. Carl R. Trueman, *The Creedal Imperative* (Wheaton, IL: Crossway, 2012). 칼 트루먼, 교리와 신앙: 교회에게서 버림받은 성경적 신앙 (지평서원 역간)

26. Richard Lints, *The Fabric of Theology: A Prolegomenon to Evangelical Theology* (Grand Rapids: Eerdmans, 1993), 112.

27. John Piper, "Preaching as Concept Creation, Not Just Contextualization," April10, 2008, www.desiringgod.org/articles/preaching-as-concept-creation-not -just-Contextualization (March 11, 2015 접속).

다니엘 스트레인지에 대한 답변

1. 다음을 보라. 로잔 세계복음화 위원회, "윌로우뱅크 보고서: 복음과 문화에 대한 제안" (로잔 연구보고서 2, (1978), www.lausanne.org/content/lop/lop-2 (2015년 8월 31일 접속).

part 2

05 -----

1. "Is London a Luxury Resort?" and "The Consumer City: Vancouver," in Edward Glaeser, *The Triumph of the City: How Our Greatest Invention Makes Us Richer*, Smarter, Greener, Healthier, and Happier (New York: Penguin, 2011).

2. The *Dictionary of Biblical Imagery* (ed. Leland Ryken, James C. Wilhoit, and Tremper Longman III [Downers Grove, Ill.: Inter-Varsity, 1998], 150) speaks of the city as "humanity en masse" and therefore "humanity 'writ large.'"

3. *The Dictionary of Biblical Imagery* (p. 150) defines city as a "fortified habitation."

4. See Frank Frick, *The City in Ancient Israel* (Missoula, Mont.: Scholars Press, 1977), 79.

5. Translation by Leslie C. Allen, *Psalms 101-150*, rev. ed. (Word Biblical Commentary 21; Nashville: Nelson, 2002), 210.

6. See Frick, *City in Ancient Israel*, 79.

7. See Franklin E. Zimring, *The City That Became Safe: New York's Lessons for Urban Crime and Its Control* (New York: Oxford University Press), 2011. 모든 항목에서 뉴욕 시의 범죄율은 지난 20년 동안 80퍼센트나 감소하였다. 이러한 급감은 교도소의 증설 없이 이루어졌다(이는 정통적이고 보수적인 범죄 대책 때문이다). 또한 빈곤율도 감소했다(전통적이고 진보적인 범죄에 대한 해법은 빈곤율 저하이다). 이러한 감소의 절반 정도는 현명한 법 적용에서 비롯되었다. 짐링(Zimring)의 결론에 의하면 태도와 행동을 바꾼 많은 요인들이 단지 간과되었다고 한다. 이는 사회 이론가들이 - 보수이든 진보이든 - 무엇을 보아야 할지 모르기 때문이다. 그는 이렇게 적고 있다. "뉴욕 시에서 [범죄율을 내리는 데] 작동하는 특별한 메커니즘은 알려져 있지 않다." 그럼에도 불구하고, 그는 지난 20년 동안의 감소가 증명하고 있는 것은 '도시 생활에서 범죄의 비핵심성'에 있다고 말한다. 그래서 지난 세기에 형성된 깊은 두려움을 잠재우게 되었다는 것이다. 책 말미에서 그는 이렇게 말한다. "이제 우리는 삶을 위협하는 범죄가 미국 도시의 불치병이 아니라는 것을 안다." 흥미롭게도 짐링은 그 원인의 하나로 지난 세대 동안 뉴욕 시 인구의 50만 명에서 1백만 명으로 늘어난 복음주의 교회의 성장을 꼽지는 않는다. (다음을 보라. Michael Luo, "In New York, Billy Graham Will Find and Evangelical Force," New York Times[2005년 6월 21일 접속], www.nytimes.com/2005/06/21/nyregion/21evangelical.html?ref=billygraham; see also the website www.nycreligion.info/).

8. See, e.g., Philip Bess, "A Realist Philosophical Case for Urbanism and against Sprawl: Part One," www.thepublicdiscourse.com/2011/07/3379 (2012년 1월 23일 접속).

9. 인구 밀도, 토지의 혼합 사용, 그리고 도시 생활을 기록하고 경축한 고전적인 책은 제인 제이콥 스이다. Jane Jacobs, *The Death and Life of Great American Cities* (New York: Vintage, 1961), esp. part 1 "The Peculiar Nature of Cities," and part 2, "The Conditions for City Diversity."

10. Glaeser, *Triumph of the City*, 6.

11. 누가 실제로 도시를 건축하는가에 대한 학문적 논쟁이 있음을 주목해야 한다. 가인인가? 아니면 그의 아들 에녹인가? 이 이슈는 도시의 이름과 관련이 있다. 에녹의 아들, 이라드는 에리두와 발음이 비슷하다. 이는 메소포타미아 전통에서 최초로 설립된 도시로 본다. (see Gordon J. Wenham, *Genesis 1-15* [Word Biblical Commentary 1a; Nashville: Nelson, 1987], 110-12). (see Gordon J. Wenham, *Genesis 1-15* [Word Biblical Commentary 1a; Nashville: Nelson, 1987], 110-112).

12. Robert Alter, *Genesis: Translation and Commentary* (New York: Norton, 1997), 19.

13. Henri Blocher, *In the Beginning: The Opening Chapters of Genesis*, trans. David G. Preston (Downers Grove, Ill.: Inter-Varsity, 1984), 199.

14. Geerhardus Vos, B*iblical Theology: Old and New Testaments* (Grand Rapids: Eerdmans, 1948), 294.

15. 창세기 18장 16-33절; 19장16-36절; 베드로후서 2장 7-8절.

16. 위의 책, 295. 보스(Vos)가 도시의 문화를 창조하고 문화에 영향을 미치는 힘을 인간 역사의 부정적 측면으로 보았다는 점을 주목하라. 메러디스 클라인(Meredith Kline)은 그의 저서인 *Kingdom Prologue*에서 도시를 '신성한 법령'이라고 말하면서 좀 더 균형적인 관점을 견지한다(p. 101). 그러나 클라인은 도시를 하나님의 보편적인 은혜의 도구로 본다. 그는 카이퍼(Kuyperian school) 학파와 달리 도시가 좋은 영향을 끼친다 하더라도 인간의 악을 억제하는 '치료적' 효과만 줄 뿐 하나님의 나라를 가져다주는 건 아니라고 말한다. 그리스도와 문화에 대한 더 많은 논의들은 이 책의 5부(문화 참여)를 참고하라.

17. J. Alec Motyer, *The Prophecy of Isaiah: An Introduction and Commentary* (Downers Grove, Ill.: Inter-Varsity, 1993), 16.

18. 위의 책, 17.

19. 두 도시에 대한 이해는 이사야 13-27장에서 펼쳐진다. 신학적으로는 어거스틴의 《하나님의 도성》에서 가장 철저하게 다루어졌다.

20. Augustine, *City of God*, 14:13.

21. 요한계시록 11장 8절, 13절; 16장 19절; 17장 18절; 18장 10절, 16절, 18-19절, 21절; 2장 13절 (Pergamum, "your citywhere Satan lives").

22. 요한계시록 3장 12절; 11장 2절; 20장 9절; 21장 2절, 10절, 14-27절; 22장 2-3절, 14절.

23. 역사가 보여 주듯 예루살렘은 그 자체로 하나님의 도시는 아니었다. 선지자들은 지상의 예루

살렘이 미래의 예표로서 얼마나 부족한지 보여 주었다(렘 13:9-14; 미 3:11-12). 그것은 단지 인간의 도시와 하나님 도시의 혼합품이었다. 그리고 궁극적인 도시를 가리키는 역할을 하는 것이다(렘 3:16-17을 보라).

24. 열왕기하 24장 14절을 보라. "그가 또 예루살렘의 모든 백성과 모든 지도자와 모든 용사 만 명과 모든 장인과 대장장이를 사로잡아 가매 비천한 자 외에는 그 땅에 남은 자가 없었더라." 전문직 계층은 사로잡혀 갔고 빈곤층은 남았다. 다니엘 1장 3-5절은 귀족층과 이스라엘 지도층의 핵심 인력들이 바벨론 방식과 문화를 어떻게 받아들였는지를 보여 준다. 트렘퍼 롱맨 III이 NIV 적용 주석에서 쓴 바에 의하면 느부갓네살은 피정복민들이 바벨론 문화에 편입되어 그들의 문화적 정체성을 읽고 순응하기를 원했다.

25. 예레미야 28장은 유대인들에게 도시 생활에 투자하라고 하는 반면에 다니엘 1장은 그들에게 이방 문화에의 과도한 동화로 더럽혀지지 말라고 경고한다. 두 본문은 모두 유배 공동체의 가이드로 주어진 것이다. 이 통찰에 대해 리처드 코어킨(Richard Coekin)에게 감사드린다.

06 -----

1. 다음을 참조하라. Wayne A. Meeks, *The First Urban Christians: The Social World of the Apostle Paul*, 2nd ed. (New Haven, Conn.: Yale University Press, 2003); see also Todd D. Still and David G. Horrell, eds., *After the First Urban Christians: The Social-Scientific Study of Pauline Chris- tianity Twenty-Five Years Later* (Edinburgh: T&T Clark, 2009).

2. Leland Ryken, James C. Wilhoit, and Tremper Longman III, eds., *Dictionary of Biblical Imagery* (Downers Grove, IL: InterVarsity, 1998), 153, 강조는 저자의 것. (렐란드 라이켄, 제임스 윌호잇, 트렘퍼 롱맨 3세, 편집, 성경 이미지 사전, CLC 역간).

3. John R. W. Stott, T*he Message of Acts: The Spirit, the Church, and the World* (Bible Speaks Today; Downers Grove, Ill.: Inter-Varsity, 1990), 293.

4. 위의 책, 314.

5. 위의 책, 305.

6. 위의 책, 314.

7. J. A. Alexander, 위에서 인용된 것과 동일, 293쪽.

8. 위의 책, 292-293.

9. 첫 300년 동안 초대 교회의 놀라운 성장을 가져온 다른 인간적 요소들이 하나님께 쓰임 받았다는 것을 나는 인정한다. 그리스-로마 세계관으로 인한 문화적 위기가 있었으며 오래된 이교 숭배가 쇠퇴하고 있었다. 그럼에도 불구하고, 역사가들은 기독교가 처음에 도시 지역에 뿌리를

내린 것이 교회의 영향력과 확산에 매우 중요한 역할을 했음을 인정한다.

10. Richard Fletcher, *The Barbarian Conversion: From Paganism to Christianity* (Berkeley: University of California, 1999).

11. 다음을 보라. Harvie Conn, "Christ and the City: Biblical Themes for Building Urban Theology Models," in *Discipling the City*, ed. Roger Greenway (Grand Rapids: Baker 1979), 222-286. 하비 콘은 237쪽에서 이렇게 말한다. "도시는 하나님의 낙원을 성취하는 곳이다…이런 종말론적 연결 가닥은 미래의 도시를 원래의 죄 없는 과거 에덴과 연결시킨다. 또한 그리스도 안에서 회복된다. 저주 아래서도, 인간의 문화 명령은 유지 된다." 다시 말해서, 아담과 하와가 타락하지 않았더라면, 에덴동산은 요한계시록 21장에서 나타나는 도시로 발전되었을 것이다. 하나님 아래에서 완전한 도시가 되었을 것이다. 하비 콘은 이 에세이에서 도시는 하나님의 동산과 동일한 세 가지 기능을 한다고 설명한다. 첫째, 땅을 경작하고 창조세계의 풍성함을 탐구하는 공간이며 둘째, 안전하게 살아갈 수 있는 공간이며 셋째, 하나님을 만나는 공간이다.

12. Gordon J. Wenham, *Genesis 1-15* (Word Biblical Commentary 1a; Nashville: Word, 1987), 61.

13. Gordon Spykman, *Reformational Theology: A New Paradigm for Doing Dogmatics* (Grand Rapids: Eerdmans, 1992), 256.

14. Harvie Conn and Manuel Ortiz, *Urban Ministry: The Kingdom, the City, and the People of God* (Downers Grove, Ill.: Inter-Varsity, 2001), 87.

07 -----

1. 이것은 엄격한 의미에서 '도시 한계선' 기준으로 살피든지(www.worldatlas.com/citypops. htm), 아니면 큰 의미의 '메트로폴리탄 지역'을 조사하든 (www.citypopulation.de/world/ Agglomerations.html) 같은 결과이다.

2. Edward Glaeser, *The Triumph of the City: How Our Greatest Invention Makes Us Richer, Smarter, Greener, Healthier, and Happier* (New York: Penguin, 2011), 1. 이 문단에 나오는 다른 통계들은(앞 문단에 나오는 것들과 아울러) 〈이코노미스트〉의 "갈색 혁명"에서 가져왔다(2002년 5월 9일자). www.economist.com/node/1120305 (2012년 1월 24일 접속).

3. 도시에 대한 최근의 좋은 정보들은 다음을 참조하라. Financial Times in early 2010 titled "The Future of Cities," www.ft.com/cities (2012년 1월 24일 접속).

4. 다음을 참조하라. Thomas L. Friedman, *The World Is Flat 3.0: A Brief History of the Twenty-First Century*, rev. ed. (New York: Farrar, Straus and Giroux, 2007).

5. 집적화의 효과에 대한 언급은 14장을 보라.

6. Edwin Heathcote, "From Megacity to Metacity," *Financial Times*(April 6, 2010), www.ft.com/intl/cms/s/0/e388a076-38d6-11df-9998-00144feabdc0.html#axzz1kNrFC7jH (2012년 1월 24일 접속).

7. Foreign Policy의 사진 에세이에서 저명한 도시 사회학자인 Saskia Sassen는 세계에서 가장 강력한 도시 네트워크들을 다음과 같이 꼽고 있다. (1) 뉴욕 - 워싱턴 D.C. - 시카고 (2) 베이징 - 홍콩 (3) 프랑크푸르트 - 베를린 (4) 이스탄불 - 앙카라 (5) 리우데자네이루 - 상파울로. 각각의 네트워크는 금융, 정부, 창조적 예술 등의 장점을 결합한다. 다음을 보라. www.foregnpolicy.com/articles/2011/11/28/16_global_cities_to_watch?(2012년 1월 24일 접속).

8. Neal Peirce, "The 'Citistates' Are on the Rise, and the Competition Is Fierce," Philadelphia Inquirer (July 26, 1993), A11, http://articles.philly.com/1993-07-26/news/25975949_1_citistate-nation-states-world- population (2012년 1월 24일 접속).

9. 여기에서 기술하는 내용은 특히 미국의 도시들에 해당된다. 그렇지만 많은 유럽 도시들도 비슷한 특징을 가졌다.

10. 리디머장로교회가 시작되던 해인 1989년은 도시 르네상스가 막 시작되려던 때였다. 그 당시 센터 시티로 들어와서 교회를 시작하는 것은 바보 같은 헛수고로 생각되었다. 우리가 뉴욕 시로 이사한 해에, 매우 저명한 여론조사가 있었는데 대부분의 뉴욕 시 거주자들은 할 수만 있으면 도시를 떠나고 싶어 했다. 사실 1970-1980년대 부유층, 빈곤층, 백인, 흑인, 그리고 이민자 등 거의 모든 주민들은 도시들을 떠나려고 했다. 이때는 안 좋은 시절이었다! 그러나 교회를 설립하고 몇 년이 안 되어 나는 여러 교회들, 교단들, 지도자들로부터 자신들의 도시에 르네상스가 일어나고 있다는 소식들을 접하기 시작했다. 도시 안에 성장하고 있는 새로운 거주민들을 위해서 교회를 개척해야 할 때라고 그들이 깨달은 것이다.

11. Edward Glaeser, *The Triumph of the City* 131-132, 238-241, 259-260.

12. 다음을 참조하라. Ariella Cohen, "Cities in Crisis," Next American City(Spring 2009), http://americancity.org/magazine/article/cities-in-crisis/ (2012년 1월 24일 접속).

13. 다음을 참조하라. David Owen, Green Metropolis: Why Living Smaller, Living Closer, and Driving Less Are the Keys to Sustainability (New York: Riverhead, 2009). 간단한 조사로는 다음이 있다. "Is There Anything Greener than Blacktop?" in Glaeser, Triumph of the City, 199.

14. 뉴욕 시 블룸버그 시장은 다음과 같이 말한다. "범죄의 감소 또는 증가 이유가 경제적 또는 환경적 변수와 관련이 있다는 증거는 없다. 범죄율이 성공적으로 감소한 것은 경찰 부서가 우수해졌기 때문이다. 우리는 날씨, 경제, 그 외에 모든 것을 살펴보았다. 그렇지만 상관관계가 없었다."(Tamer El-Ghobashy, "Mayor Touts 'Safest Decade,'" *Wall Street Journal* (2011년 12월 29일자), http://online.wsj.com/article/SB10001424052970204720204577127092122364090.html.

15. 월스트리트 저널에 기고한 기사, "시장은 안전한 10년을 자랑한다"에서 범죄학 교수 제임스 알랜 폭스(James Alan Fox)는 경찰이 급격한 범죄율 하락의 여러 요인들 중에 한 가지일 뿐이라

고 주장했다. 폭스는 말하기를 "범죄가 하락한 것은 여러 가지 이유 때문이다. 보다 나은 치안
외에도, 인구 노화, 투옥 증가, 불법 마약 시장의 위축 등이 그 역할을 했다." 그러나 프랭클린
짐링(Franklin Zimring)은 주장하기를 뉴욕 시의 범죄 하락은 인구 연령, 투옥, 불법 마약 사용
등의 변수와 상관관계 없이 일어난 것이라고 한다. 그에 따르면 범죄율 하락의 이유는 아직 확
인되지 않고 있으며 규명하기도 어렵다. 그는 대도시가 꼭 높은 범죄율을 의미하는 건 아니라
는 것을 지난 20년간 증명하면서 이러한 결론에 도달했다.

16. 다음을 참조하라. Peter Berger and Richard John Neuhaus, *To Empower People: From State to
Civil Society* (Washington, D.C.: American Enterprise Institute, 1985).

17. S. Mitra Kalita and Robbie Whelan, "No McMansions for Millennials," *Wall Street Journal*
(2011년 1월 13일), http://blogs.wsj.com/developments/2011/01/13/no-mcmansions-for-
millennials/; Jordan Weissmann, "Why Don't Young Americans Buy Cars?" *The Atlantic*
(2012년 3월 25일), www.theatlantic.com/business/archive/2012/03/why-dont-young-
americans-buy-cars/255001/#.T3H8uIuSBoQ.twitter (2012년 4월 5일 접속).

18. 다음을 참조하라. Harvie Conn, *The American City and the Evangelical Church* (Grand Rapids:
Baker, 1994), 181-182.

19. 우리의 추산으로는, 미국 인구 3억 1천 1백 만 가운데 32만 2천 개의 교회가 존재하고 있다. 인
구 1천 명당 1개 정도의 교회가 있는 것이다. 이를 위해서는 하트포드 종교 연구소의 웹사이트
를 참조하라 (http://hirr.hartsem.edu/research/fastfacts/fast_facts.html). 미국 교회의 평균 규
모는 75명이다. 즉 인구 1천 명 당 교회가 하나씩 존재한다면 인구의 7.5퍼센트가 교회에 다니
고 있다는 의미이다. 다만 이 숫자는 중간값이다. 실제의 숫자는 지역마다 매우 다르다.

20. 다음을 참조하라. Philip Jenkins, *The Next Christendom: The Coming of Global Christianity*,
rev. ed. (New York: Oxford University Press, 2007); idem, *The New Faces of Christianity:
Believing the Bible in the Global South* (New York: Oxford University Press, 2008); Lamin
Sanneh, *Whose Religion Is Christianity? The Gospel beyond the West* (Grand Rapids: Eerdmans,
2003).

21. 이러한 진술들은 내가 지난 20여 년 동안 뉴욕 시에서 직접적으로 목격한 수많은 실례들에 근
거한다.

22. 다음을 참조하라. Mark Galli's interview of Bob Roberts, "Glocal Church Ministry,"
Christianity Today 51.7 (July 2007), www.christianitytoday.com/ct/2007/july/30.42.html
(2012년 1월 24일 접속).

23. 이것이 세계를 전도하는 유일한 방법이 아니라는 것을 말해야만 하겠다. 여전히 모든 나라에
사람들이 이주해 가서 교회의 국제적 선교를 완수할 필요와 요청이 존재한다. 놀랍게도 최근에
나는 국내 도시 교회 개척이 젊은 복음주의자들 사이에서 거의 낭만처럼 인식되고 있음을 발견
했다. 이는 마치 지난 세대가 해외 선교를 낭만으로 생각했던 것과 같다. 우리는 장밋빛으로 채
색된 이상화를 피해야 한다. 나의 요점은 도시들이 - 국내와 해외에서 - 교회의 세계 선교를 완

수하는 데 있어서 50년 전보다 훨씬 중요해졌다는 것이다.

24. David Brooks, "I Dream of Denver," *New York Times* (February 16, 2009), www.nytimes. com/2009/02/17/opinion/17brooks.html (2012년 1월 24일 접속).

25. Jenkins, *Next Christendom*, 93.

26. 위의 책, 94.

08 -----

1. 프랜시스 쉐퍼의 "작은 사람도, 작은 장소도 없다"는 설교를 살펴보라. Francis A. Schaeffer, "No Little People, No Little Places," in *No Little People: Sixteen Sermons for the Twentieth Century* (Downers Grove, Ill.: Inter-Varsity, 1974); 다음을 보라. www. sbts.edu/resources/ files/2010/02/sbjt_062_schaeffer.pdf (2012년 1월 24일 접속).

2. 이러한 점을 나에게 설득력 있게 강조해 준 리처드 코어킨(Richard Coekin)에게 감사드린다.

3. Edward Glaeser, *The Triumph of the City: How Our Greatest Invention Makes Us Richer, Smarter, Greener, Healthier, and Happier* (New York: Penguin, 2011), 36. (에드워드 글레이저, 도시의 승리, 해냄출판사 역간).

4. 위의 책.

5. 매우 전문적인 설명이기는 하지만 이에 대해서는 다음을 참조하라. Edward L. Glaeser, *Cities, Agglomeration, and Spatial Equilibrium* (New York: Oxford University Press, 2008).

6. 위의 책, 1.

7. Elizabeth Currid, "How Art and Culture Happen in New York: Implications for Urban Economic Development," *Journal of the American Planning Association* 73:4 (Autumn 2007): 454-467.

8. 위의 책, 454.

9. 위의 책.

10. Ryan Avent, *The Gated City: How America Made Its Most Productive Places Ever Less Accessible* (Amazon Digital Services. Kindle Single, 2011)

11. 어떤 사람들은 나에게 이런 지적을 했다. 요나가 '도시를 사랑하지 않아서' 책망 받았을 때(욘 4:10-11), 그는 도시의 사람들을 사랑하라고 도전을 받은 것이지, '도시 생활'이나 '사회구조로 서의 도시'를 사랑하라고 도전받은 것이 아니라는 점이다. 요나 본문에서 이것은 분명한 사실 이다. 그럼에도 불구하고 '도시의 긴장' 장에서 우리가 살펴본 것처럼 성경은 도시를 긍정적인 사회구조로 본다. 많은 성경 신학자들, 예를 들어 앙리 블로셰르(Henri Blocher)나 메러디스 클

라인(Meredith Kline)은 심지어 도시를 하나님의 창조라고 주장한다. 실제적으로 이야기해서, 도시에서 열매 맺기 원하는 그리스도인들은 반드시 최소한 도시 생활의 강점과 이점에 대해 긍정적으로 받아들여야 한다.

12. 솔직히 고백하건대 국제 도시들 안에 교회들을 개척하는 것이 나의 가장 큰 열정이다. 이는 우리와 연관된 국제적 선교 단체인 리디머 시티투시티의 주요 초점이기도 하다 (www.redeemercitytocity.com을 방문해 보라).

13. Glaeser, *Triumph of the City*, 126, 259. 이 책에서 글레이저는 리처드 플로리다의 관점을 주의 깊게 비판한다. 곧 젊고, 트렌디하고, 예술적이고, 탈 전통적이고, 대안적인 라이프스타일을 가진 사람들이 모일 때 도시가 번영한다. 글레이저는 도시가 '핵심적인 공공 서비스'(안전한 도로, 좋은 학교 등등)에 집중해야 한다고 주장한다.

14. Jane Jacobs, *The Death and Life of Great American Cities* (New York: Vintage, 1961), 117.

15. 또한 다음을 보라. 《팀 켈러의 센터처치》 7부 ("통합적 사역") 291-336쪽. 이 내용은 《운동에 참여하는 센터처치》에서도 볼 수 있다 (103-168쪽).

'도시 비전'에 대한 논평

1. Dietrich Bonhoeffer, Letters and Papers from Prison: The Enlarged Edition, ed. Eberhard Bethge (New York: Simon & Schuster, 1973), 279.

2. 켈러가 프란시스 쉐퍼나 레슬리 뉴비긴의 저작들로부터 깊이 끌어오면서도, 사무엘 에스코바, 르네 빠디야, 존 퍼킨스 등의 목소리들을 담고 있는 것은 도덕주의자들이 방법론적 일관성을 통해 문화를 이상화하는 부분에 대한 그의 주장을 강화시켜 준 것 같다. 요컨대, 그의 신학적, 문화적 규범은 문화에 항존하는 보편적인 것과 특수한 것 사이의 긴장들을 잘 표상화하고 있다.

3. James Emery White, *The Rise of the Nones: Understanding and Reaching the Religiously Unaffiliated* (Grand Rapids: Baker, 2014). 제임스 에머리 화이트, 종교 없음: 종교를 갖지 않으려는 사람들에게 교회는 무엇을 해야 하는가 (베가북스 역간)

4. "The Shifting Religious Identity of Latinos in the United States," Pew Research Center: Religion and Public Life, May 7, 2014, www.pewforum. org/2014/05/07/the-shifting-religious-identity-of-latinos-in-the-united-states/ (March 16, 2015 접속).

5. Homi Bhabha, *The Location of Culture* (New York: Routledge, 1994). 호미 바바, 문화의 위치 (소명출판 역간)

6. 권력과 대리인의 문제에 대한 포스트모던주의 관점의 분석에 대해서는 다음을 보라. Michel

Foucault, *The History of Sexuality: The Will to Knowledge* (London: Penguin, 1998) 미셸 프코, 성의 역사 (나남 역간) or his *Discipline and Punish: The Birth of a Prison* (London: Penguin, 1991). 미셸 푸코, 감시와 처벌: 감옥의 탄생 (나남 역간).

7. Dietrich Bonhoeffer, *Lift Together: A Discussion of Christian Fellowship* (New York: HarperCollins, 1954). 디트리히 본회퍼, 성도의 공동생활 (복있는 사람 역간).

8. Jorge Lara-Braud, *Church & Society Magazine*, March/April1986, 20.

9. Martin Luther King Jr., "An Address before the National Press Club," in *The Essential Writings and Speeches of Martin Luther King Jr.*, ed. James M. Washington (New York: HarperCollins, 1991), 101.

10. Manuel Ortiz, *One New People: Models for Developing a Multiethnic Church* (Downers Grove, IL: InterVarsity, 1996), 108.

11. Bruce J. Nicholls, *Contextualization: A Theology of Gospel and Culture* (Downers Grove, IL: InterVarsity, 1979), 31, 켈러의 재인용 (37-38쪽). 브루스 니콜스, 상황화: 복음과 문화의 신학 (생명의 말씀사 역간).

12. 이 용어와 관련된 공박과 논쟁에 대해서 잘 알고 있다. 특히 현대의 국제 사역 연구들과 후기식민지 이론가들 사이에서 격심하였다. 물론 이 용어는 어떻게 남반구로부터 북반구로의 그리스도교인들의 이민이 북반구에 어떻게 영향을 미치고 있는지를 범주화하려는 시도이다.

13. 글로벌 교회가 우상을 타파하는 것의 함축의미를 하나님이 언약에 신실하시다는 측면에서 더 자세히 보려면 다음 책을 보라. N. T. Wright, *Paul and the Faithfulness of God* (Minneapolis: Fortress, 2013) (N. T. 라이트, 《바울과 하나님의 신실하심》, CH북스 역간).

가브리엘 살귀에로에 대한 답변

1. Charles Taylor, *A Secular Age* (Cambridge, MA: Harvard University Press, 2007). (국내 미발간)

part 3

09 -----

1. 이 이야기는 다음에 잘 나와 있다. Joel A. Carpenter, Revive *Us Again: The Reawakening of American Fundamentalism* (New York: Oxford University Press, 1999).

2. 제2차 세계대전 이후 전통 가치들과 기독교에 대한 강한 반발이 생겨났다. 그것은 미국보다 영국과 유럽에서 훨씬 강하게 일어났다. 이것은 미국의 복음주의적 기독교가 대중에 어필했기 때문이다. 다음을 보라. Alister Chapman, "The Educated Evangelicalism of John Stott," http://blogs.westmont.edu/magazine/2009/11/09/the-educated-evangelicalism-of-john-stott/ (2012년 1월 30일 접속). 다시 말해서 미국의 대중적 복음주의 기독교는 빈곤층과 노동자 계층 사이에서 호소력 있게 작용하여 미국 사회를 전통적으로 만드는 데 기여했다. 사람들은 이것이 변화를 가져왔다고 믿는다(다음을 참조하라. Robert D. Putnam and David E. Campbell, *American Grace: How Religion Divides and Unites Us* [New York: Simon and Schuster, 2010).

3. 퍼트남과 캠벨은 사회 변화가 실제로 두 단계에 걸쳐 일어났다고 설명한다. 1960년대 기성 (main line) 교단들에 속한 많은 교회들이 1960대의 반문화적 사상에 동화되었다. 이는 교회들에 대한 반발로 일어난 현상인데, 이로 인해 1970년대 후반부터 1990년대 초반까지 많은 미국인들이 기성 교단을 떠나 보다 복음주의적이고 보수적인 교회로 이동했으며 이 교회들의 힘이 커지게 되었다. 그 결과 1960년대의 관점을 격렬히 비난하는 기독교 우파의 발흥이 가속화되었다. 그런데 퍼트남과 캠벨에 의하면 기성 교단들이 극좌와 일치되었던 것과 마찬가지로 복음주의적 교회들은 1990년대 정치적 극우와 일치하게 되었다. 그래서 비슷한 방식으로 보수적 교회와 가치로부터 35세 이하의 사람들이 대거 떠나는 일이 일어났다. 그 사이에 1960년대의 젊은 과격주의자들은 '주요 문화 기관들을 장악'하는 작업을 완수했으며, 특히 미국의 학계와 연예계, 언론계를 장악하였다. 그 결과로 미국 사회, 특히 동서부 해안가의 대도시들은 유럽과 캐나다와 비슷한 정도로 공공 문화 가운데 기독교 교리와 정신을 경멸하게 되었다. (참고하라. Putnam and Campbell, *American Grace*, 91-133).

4. 이 수치는 다음 책에서 인용한 것이다. Putnam and Campbell, *American Grace*, 97-99.

5. 예를 들어 1950년대 세실 드밀(Cecil B. DeMille)의 영화 〈십계〉를 만든 영화사는 십계명 기념비를 수백 개의 공공건물(공원, 법정 등)에 보내어 설치하도록 했다. 그것들은 받아들여져 온갖 곳에 설치되었지만 아무도 눈살을 찌푸리지 않았다. 하지만 지난 20년 동안에는 그런 기념물이 당연히 격렬한 소송과 논쟁의 대상이 되었다.

6. 이 문단의 내용은 70년대와 80년대 내가 버지니아의 작은 마을에서 개인 전도를 하면서 경험한 것들에 근거하고 있다. 그곳의 사람들은, 지난 수백 년 동안 서구인이 그랬던 것처럼 문화적으

로 '기독교화'되어 있었다. 그렇지만 복음을 이해하는 사람은 거의 없었으며 활발한 개인적 신앙을 가진 사람도 드물었다.

7. 나는 전에 경영학 선구자 피터 드러커의 강의를 들은 적이 있다. 그는 1950년대 뉴욕 대학에서 가르치기 위해 뉴욕으로 이사 와서 집을 사려고 모기지를 신청하러 갔을 때 놀랐던 이야기를 들려주었다. 그는 은행 직원으로부터 교회나 회당에 다니는지(그는 오스트리아 출신이다) 질문을 받았다고 한다. 왜 그런 질문을 하는지 물었더니 직원이 이렇게 답했다고 한다. "교회나 회당에 다니지 않는 사람을 우리가 어떻게 믿겠습니까?"

8. 다음을 보라. Putnam and Campbell, *American Grace*, 124-125.

9. 다음을 보라. Philip Jacob Spener, *Pia Desideria*, trans. Theodore G. Tappert (Minneapolis: Fortress, 1964).

10. Mark Noll, *The Rise of Evangelicalism: The Age of Edwards, Whitefield and the Wesleys* (Downers Grove, Ill.: Inter-Varsity, 2003), 60-65.

11. 다음을 보라. James D. Hunter, *To Change the World: The Irony, Tragedy, and Possibility of Christianity in the Late Modern World* (New York: Oxford University Press, 2010), 90.

12. 다음 책에서 인용한 것이다. William McLoughlin, *Modern Revivalism: Charles Grandison Finney to Billy Graham* (Eugene, Ore.: Wipf & Stock, 2005), 257.

13. 이 이야기는 다음에서 나온다. Owen D. Strachan, "Reenchanting the Evangelical Mind: Park Street Church's Harold Ockenga, the Boston Scholars, and the Mid-Century Intellectual Surge" (unpublished PhD diss., Trinity Evangelical Divinity School, 2011).

14. Carl F. H. Henry, *The Uneasy Conscience of Modern Fundamentalism* (Grand Rapids: Eerdmans, 1947).

15. 다음을 보라. Hankins, *Francis Schaeffer*, 63. 핸킨스는 쉐퍼의 업적을 두 가지로 정리한다. 그가 유럽에 있었을 때(1950-1960년대), 쉐퍼는 젊은 복음주의자들에게 세계관을 보급했고, 공공 영역으로 들어가서 사회에 영향을 끼칠 수 있는 그리스도인 특유의 방식들을 가르쳤다. (see Hankins's ch. 5: "Progressive Prophet of Culture"). 그는 후에 미국으로 돌아와서(1970-1980년대) 기독교 우파의 기초를 놓았다(see Hankins's ch. 8: "A Manifesto for Christian Right Activism"). 다시 말해서 쉐퍼는 나중에 우리가 '변혁주의자 모델'이라고 부르는 흐름 속에 있었다. 그는 생의 여러 단계에서 신 칼빈주의 사상가이며 기독교 우파 행동가로 살았다.

16. 나는 경건주의적 관점을 그리스도와 문화의 모델에 포함하지 않는다. 이것은 그리스도와 문화 모델의 부재 그 자체이다. 심지어 '안티 모델'이라고 볼 수도 있다. 의도적인 단절을 주장하는 문화 모델은 인간 문화에 대해 특정한 (부정적인) 견해를 성경과 문화로부터 주장한다. 그러나 경건주의 관점은 문화 자체를 무시하며 아무 상관없이 대하는 자세이다.

17. Abraham Kuyper, "Sphere Sovereignty," in *Abraham Kuyper: A Centennial Reader*, ed. James D. Bratt (Grand Rapids: Eerdmans, 1998), 488. The entire address is found on pp. 463-490.

18. 카이퍼는 "과학에서의 일반 은총"이라는 에세이에서 다음과 같이 기록한다. "하나님의 생각이 사물의 본질에 대한 핵심을 형성한다. 하나님의 생각이 물질의 형태와 외양과 삶의 법칙과 운명을 결정짓는다." 그는 이것을 회중시계에 비유한다. 아이라면 "금색 케이스에, 다이얼 판이 있고, 시침, 분침이 있다"로 생각할 것이다. 그러나 시계 안에 무엇이 있어서 째깍거리는지, 째깍거리는 목적이 무엇인지를 이해하지는 못 한다. 소리를 내는 것이 목적이 아니라 시간을 측정하는 것이 목적이라는 것을 모른다. 시계의 용도가 무엇인지를 이해하기 전까지 이해하지 못하는 것이다. 그것이 좋은 시계인지 나쁜 시계인지 평가할 수도 없다. 카이퍼는 비그리스도인이 세계를 보는 것이 아이가 시계를 보는 것과 비슷하다고 말한다. 오직 하나님의 말씀을 통해서 왜 세상이 존재하며 움직이는지를 이해하는 사람만이 그것을 안다. 그렇다면 기독교 세계관으로 교육과 일이 이루어지는 것은 어떤 것인가? 그것은 "피조 세계 안에 담아두신 하나님의 생각을 펼치도록 인간에게 부여하신 능력"을 사용하는 것이다(Bratt, *Abraham Kuyper: A Centennial Reader*, 444).

19. 신 칼빈주의로 분류되는 철학가들에는 아브라함 카이퍼(Abraham Kuyper), 헤르만 도이에베르트(Herman Dooyeweerd), 헤르만 바빙크(Herman Bavinck), 알버트 월터스(Albert Wolters), 리처드 마우(Richard Mouw), 알빈 플랜틴가(Alvin Plantinga), 니콜라스 월터스토프(Nicholas Wolterstorff), 코넬리우스 플랜틴가(Cornelius Plantinga), 조지 마스텐(George Marsden), 에반 러너(Evan Runner), 칼빈 시어벨트(Calvin Seerveld), 크레이그 바톨로뮤(Craig Bartholomew), 마이클 고힌(Michael Goheen), 그리고 제임스 스킬렌(James Skillen)이 있다. 기관으로는 미시간 그랜드래피즈의 칼빈칼리지, 칼빈신학교, 시유 센터의 도르트칼리지, the CCO(Coalition for Christian Outreach) 및 매해 열리는 Jubilee Conference, 캐나다 온타리오의 리디머대학, 워싱턴 D.C의 the Center for Public Justice in Washington, D. C. 그리고 일리노이 팔로스 하이츠에 있는 트리니티기독교대학 등이 있다. 이 운동에 대한 개괄적 설명에 대해서는 다음을 보라. Derek Melleby, "Neo-Calvinism 101," www.vanguardchurch.com/neo-calvinism_101. htm (2012년 1월 30일 접속).

20. 포괄적이면서도 간단한 조사로는 다음이 있다. David K. Naugle, *Worldview: The History of a Concept* (Grand Rapids: Eerdmans, 2002). 나우글은 개신교 복음주의자의 개념을 선구적으로 발전시킨 사람들을 열거한다. 아브라함 카이퍼(Abraham Kuyper), 고든 클라크(Gordon Clark), 칼 헨리(Carl F. H. Henry), 프랜시스 쉐퍼(Francis Schaeffer). 이 개념에 대한 짧은 도입서로는 다음을 보라. James W. Sire, *Naming the Elephant: Worldview as a Concept* (Downers Grove, Ill.: Inter-Varsity, 2004), 또한 그의 고전이 된 책을 보라. *The Universe Next Door: A Basic Worldview Catalog*, 5th ed. (Downers Grove, Ill.: Inter-Varsity, 2009).

21. 카펜터(Carpenter)는 기독교 고등 교육의 옛 기초로 사용되었던 "초기 하버드대학의 르네상스 기독교 인본주의 또는 프린스턴신학교에서 한 세기 동안 주장되었던 스코틀랜드 계몽주의의 상식철학이 이제는 미국에서 거의 사라졌다"고 지적한다("The Perils of Prosperity: Neo-Calvinism and the Future of Religious Colleges," in *The Future of Religious Colleges*, ed. Paul J. Dovre [Grand Rapids: Eerdmans, 2002], 183).

22. 처음에 프랜시스 쉐퍼(Francis Schaeffer)는 그리스도인들이 예술, 대학, 기업, 미디어 등에 들어가도록 세계관을 통해 영감을 불어넣었다. 그러나 후에 그는 팔웰 및 기독교 우파 운동의 성장에 지지를 보냈다(see Hankin, *Francis Schaeffer*, 200-204). 카이퍼가 현대에 남긴 유산은 정치적으로 상당히 섞여 있다. 한편으로 신 칼빈주의는 카이퍼의 사상에 기초하고 있으며 정치적으로는 중도 또는 중도우파이다. 다른 한편으로 카이퍼는 종교적 우파의 영웅으로 이해되고 있으며 루자스 러시두니(Rousas Rushdoony)의 추종자들과 기독교 재건주의 또는 신정주의로 불리는 진영에게 또한 영웅시되고 있다.

23. 로널드 레이건(Ronald Reagan)은 1981년 1월 20에 행한 대통령 취임 연설에서 "정부는 문제의 해결책이 아니라 문제 자체이다"라는 유명한 말을 남겼다.

24. 빌 하이벨스 부부(Lynne and Bill Hybels)는 다음의 제목으로 윌로우크릭 교회의 이야기를 썼다. *Rediscovering Church: The Story and Vision of Willow Creek Community Church* (Grand Rapids: Zondervan, 1997), (《윌로우크릭 커뮤니티교회》, 두란노 역간, 1997).

25. 프릿차드(G. A. Pritchard)는 윌로우크릭 교회에 대한 초기 비판서를 썼다. G. A. Pritchard *Willow Creek Seeer Services: Evaluating a New Way of Doing Church* (Grand Rapids: Baker, 1995]). 구도자 예배에 구도자보다는 신자의 비중이 훨씬 많다는 것을 프릿차드는 발견했다. 카이먼 사전트(Kimon Sargeant)는 구도자 운동에 대한 또 다른 비판을 제기한다. Kimon Sargeant (*Seeker Churches: Promoting TraditionalReligion in a Nontraditional Way* [New Brunswick, N.J.: Rutgers University Press, 2000]). 사전트와 여러 사람들은 세속 경영 기법과 심리 치료계의 기법에 사역을 조정시키는 것은 교회가 그 기법 뒤에 있는 가치들을 의식치 못하고 따라가는 결과를 낳으며 기독교 메시지를 교묘하게 변질시킨다고 보았다.

26. 이머징 교회에 대해서는 너무나 많은 책들이 쓰여서 나는 그 목록을 만들 시도 자체를 안 하려고 한다.

27. 다음을 보라. Lesslie Newbigin, "Can the West Be Converted?" *Princeton Seminary Bulletin* 6.1 (1985): 25-37, "missional" conversation in greater detail in part 6.

28. Darrell L. Guder, ed., *Missional Church: A Vision for the Sending of the Church in North America* (Grand Rapids: Eerdmans, 1998).

29. 이 흐름의 선구자로는 리처드 포스터(Richard Foster)가 있다. *A Celebration of Discipline: The Path to Spiritual Growth*, 3rd ed. (New York: HarperCollins, 1988); and Dallas Willard, *The Spirit of the Disciplines: Understanding How God Changes Lives* (New York: HarperCollins, 1988).

30. 다음을 보라. Kent Carlson and Mike Lueken, *Renovation of the Church: What Happens When a Seeker Church Discovers Spiritual Formation* (Downers Grove, Ill.: Inter-Varsity, 2011).

31. D. A. Carson, *Christ and Culture Revisited* (Grand Rapids: Eerdmans, 2008), 224.

1. 나의 독자들 가운데 많은 이들은 미국에서 사역하고 있지 않다. 그런데 미국 교회들의 분투는 전 세계에 영향을 미치고 있다. 다른 나라에서 사역하는 사람들은 미국에서 만들어진 사역들을 무비판적으로 받아들일 수도 있다. 자료가 제공하는 이면의 토론이나 관점을 모르기 때문이다. 그러므로 나는 이러한 묘사가 독자들에게 단지 미국 상황만이 아니라 그들 자신의 상황을 이해하는 데 도움이 되기를 바란다. 예를 들어 영국에는 미국 내 종교적 우파와 꼭 맞아떨어지는 부류가 없다. 그렇지만 다른 형태의 '변혁주의자' 범주가 존재한다. 그러므로 나는 이 장의 대부분이 세계의 도시들에서 사역하는 이들에게 도움이 되기를 기대한다.

2. H. Richard Niebuhr, *Christ and Culture* (New York: Harper, 1956). 이 요약은 조지 헌싱거 (George Hunsinger)의 요약에 근거하며 그 요약은 다음 책에 있다. R. Michael Allen, *Reformed Theology* (Edinburgh: T&T Clark, 2010), 168.

3. Niebuhr, *Christ and Culture*, 44.

4. 위의 책.

5. 사실 나는 (뉴비긴과 같은) 사상가가 어느 모델에 딱 부합하지 않는 모습을 보면서 그것이 그가 지닌 강점이라고 말한다.

6. Nicholas Wolterstorff, "In Reply," *Perspectives: A Journal of Reformed Thought* (February 2008), www.rca.org/page.aspx?pid=3772 (2012년 1월 31일 접속).

7. Steve Mathonnet-VanderWell, "Reformed Intramurals: What Neo-Calvinists Get Wrong," in *Perspectives* (February 2008), www.rca.org/page.aspx?pid=3771 (2012년 1월 31일 접속). 퍼스펙티브는 이전에는 리폼드 저널이라고 불렸다. 1970년대와 1980년대에 이것은 카이퍼 계열의 신 칼빈주의 저자들의 주된 장이 되었다. 니콜라스 월터스토프(Nicholas Wolterstorff), 알빈 플랜틴가(Alvin Plantinga), 리처드 마우(Richard Mouw), 조지 마스덴(George Marsden) 등이다. 다음을 보라. Barry Hankins, *Francis Schaeffer and the Shaping of Evangelical America* (Grand Rapids: Eerdmans, 2008). 이 책은 카이퍼(Kuyper), 쉐퍼(Schaeffer), 콜슨(Colson) 사이의 연결성을 보여 주고 있다 (pp. 121, 139). 그리고 기독교 우파의 형성 초기에 쉐퍼가 어떤 역할을 했는지를 보여 준다(pp. 192-227).

8. 다음을 보라. Jeff Sharlet, *The Family: The Secret Fundamentalism at the Heart of American Power* (New York: HarperCollins, 2008), 342-350, 429; 또한 다음 책을 참고하라. Hankins, *Francis Schaeffer*, 192-227. 루사스 러쉬두니(Rousas Rushdoony), 존 화이트헤드(John Whitehead), 그리고 프랜시스 쉐퍼(Francis Schaeffer) 사이의 연결성을 잘 다루고 있는데 이것이 기독교 우파의 출발에 영향을 미쳤다.

9. 다음을 보라. Rousas John Rushdoony, *The Institutes of Biblical Law* (Phillipsburg, N.J.: Presbyterian & Reformed, 1990); Gary North and Gary DeMar, Christian Reconstructionism: What It Is, What It Isn't (Tyler, Tex.: Institute for Christian Economics, 1991). 재건주의자들은 기독교 소수파가 권력을 잡거나 성경적 도덕법을 다수에게 요구하라고 주장하지 않았다. 대

신 이들은 기독교 인구가 미래에 더욱 증가할 것이라고 믿었다. 그리하여 기독교적 공감대가 이루어지고 성경적 법이 집행될 수 있을 것으로 보았다(간음, 우상 숭배 및 동성연애에 대한 사형 등).

10. Rushdoony, *Institutes of Biblical Law*, 100, 214, 747.

11. 다음을 보라. David Field, "Samuel Rutherford and the Confessionally Christian State," http://davidpfield.com/other/RutherfordCCS.pdf (2012년 1월 31일 접속).

12. 신 칼빈주의의 '원리적 다원주의'에 대한 보수 변혁주의적 비판은 다음을 보라. Field, "Samuel Rutherford and the Confessionally Christian State," 27-32.

13. 이것은 물론 일반화된 진술이다. 기독교 우파 안에는 교육적 전략을 쓰는 사람들이 있다. 척 콜슨(Chuck Colson)은 매우 교육적인 전략을 사용한다(세계관 교육을 통해서 문화 변혁을 이루려는 것이다). 물론 그의 훈련과 출판물에는 정치적 색채가 종종 새어나온다. 그리고 같은 근거에서 나온, 신 칼빈주의와 연관된 정치적 운동이 캐나다에서 있었다.

14. 다음을 보라. Albert M. Wolters, *Creation Regained: Biblical Basics for a Reformational Worldview*, 2nd ed. (Grand Rapids: Eerdmans, 2005), 27-39.

15. Herman Bavinck, "Common Grace," trans. R. C. Van Leeuwen, *Calvin Theological Journal 24* (1989): 59-60, 61.

16. Geerhardus Vos, *The Teaching of Jesus Concerning the Kingdom of God and the Church* (Eugene, Ore.: Wipf & Stock, 1998), 163. 보스(Vos)가 이것을 말하자마자, 그는 이것이 제도적 교회가 정치권력을 가져야 한다거나 정부를 통해 사회를 통제해야 한다는 뜻은 아니라고 설명한다. 오히려 하나님의 나라는 사회 가운데 교회 바깥에서 거듭난 개인 신자들이 하나님의 영광을 위해 일하며 살아갈 때 나타난다고 설명한다. 여기에서 그는 카이퍼의 '영역 주권' 가르침을 존중한다. 보스는 '나라'를 이렇게 정의한다. "나라는 초자연적 힘이 개입해서 세상을 새롭게 하는 것이다"(p.192). 그는 하나님의 나라가 단지 마음에서 하나님을 주관적으로 경험하는 것만이 아니라 일련의 위대한 '객관적인 사실과 역사하심'을 통해서 하나님의 능력이 세상에 들어오는 것이라고 본다. 하나님 나라의 궁극적인 목적은 세상의 모든 죄, 악, 고통 그리고 죽음을 이기는 것이다.

17. 두 왕국 모델을 지지하는 많은 사람들은 일반적으로 그리스도인들이 자신의 직업에서 탁월해지도록 격려하며, 이것이 하나님을 섬기는 것이라고 본다. 하지만 대부분은 그런 일 자체가 하나님 나라의 일이라거나 그리스도의 구원 목적을 이룬다고 하는 주장에는 강하게 반대한다. 그래서 궁극적으로 '두 왕국'은 실제로 그리스도인들이 세속 직업을 갖는 것에 대해 변혁주의자 모델보다는 덜 환영한다.

18. 제도의 중요성에 대한 훌륭하고 간략한 개관에 대해서는 다음을 보라. Hugh Heclo, *On Thinking Institutionally* (Boulder, Colo.: Paradigm, 2008).

19. 기독교 우파에 대한 이런 종류의 성찰과 교정을 제공하는 책으로는 다음을 보라. Michael

Gerson and Peter Wehner, *City of Man: Religion and Politics in a New Era* (Chicago: Moody, 2010). 거슨과 웨너는 종교적 우파에 대해 비판적인 정치적 보수주의자들이다. 하나님의 도시를 어떤 특정한 종교 어젠다와 일치시키는 것의 위험성을 경고한다. 이 책은 그리스도인 독자들로 하여금 정치 참여에 대해 훨씬 신중하고 단련된, 그렇지만 여전히 중도적으로 보수적인 견해를 취하도록 요청한다.

20. James K. A. Smith, *Desiring the Kingdom: Worship, Worldview, and Cultural Formation* (Grand Rapids: Baker, 2009). 스미스는 캐나다 철학자인 찰스 테일러(Charles Taylor)를 인용한다. '사회적 상상력'이 '세계관'보다 훨씬 나은 용어라고 제안한다.

21. Mathonnet-Vander Well, "Reformed Intramurals." 이 논문은 신 칼빈주의 진영 안에서 변혁주의에 대한 일련의 비판들을 열거하고 있다.

22. 여기에서 스미스의 중요한 책을 검토할 충분한 자리는 없다. 간단히 보면 나는 그의 주장이 전반적으로 옳다고 믿는다. 특히 어거스틴을 의지하는 부분이 그렇다. 어거스틴은 세계관이 단지 우리의 교리가 아니라 '우리가 사랑하는 것들의 질서'라고 주장했다. 그런데 내가 보기에 이 책은 플라톤보다 아리스토텔레스를 너무 많이 의지한다. 플라톤은 바른 행동은 바른 생각에서 나온다고 가르쳤다. "우리는 생각하는 대로 된다." 반면 아리스토텔레스는 바른 생각이 바른 행동과 행위를 따른다고 가르쳤다. "우리는 행동하는 대로 된다." 나는 그리스도인들이 생각이나 행동을 열쇠로 숭상하는 것을 조심해야 한다고 생각한다. 플라톤적인 견해는 지나치게 강의나 설교가 삶을 바꾸는 주요 통로라고 본다. 이에 비해 아리스토텔레스적인 견해는 예전과 성찬을 주된 방법으로 본다. 그러나 열쇠는 마음에 있다. 마음의 헌신은 회개를 통해서 바뀌게 된다. 회개는 생각과 행동을 모두 포함하는 것이다. 토머스 크랜머는 기도를 가르칠 때 "우리의 마음과 온 몸이 세상적이고 육적인 모든 욕망들에 대해 죽게 하시며, 그리하여 우리로 하여금 모든 일에서 당신의 복된 뜻에 순종하게 하소서"라고 기도하였다(C. Frederick Barbee and Paul F. M. Zahl, *The Collects of Thomas Cranmer* [Grand Rapids: Eerdmans, 1999], 12).

23. Mathonnet-VanderWell, "Reformed Intramurals."

24. 어떤 안티 변혁주의자가 나에게 이렇게 말한 적이 있다. "콩을 먹는 기독교적 방법은?"

25. 다음에서 인용한 것이다. Mathonnet-VanderWell, "Reformed Intramurals."

26. 다음을 보라. James D. Hunter, *To Change the World: The Irony, Tragedy and Possibility of Christianity in the Late Modern World* (New York: Oxford University Press, 2010), 3-98.

27. 위의 책.

28. 우리가 알듯이 많은 반문화주의자들은 사회에서 권력을 사용하는 것을 너무 두려워하고 많은 변혁주의자들은 지나치게 두려워하지는 않는다.

29. Hunter, *To Change the World*, 35.

30. 다음을 보라. D. A. Carson, *Christ and Culture Revisited* (Grand Rapids: Eerdmans, 2008), 145-204. 기독교 국가를 옹호하는 입장에 대해서는 다음을 보라. Peter Leithart, *Defending*

Constantine: The Twilight of an Empire and the Dawn of Christendom (Downers Grove, Ill.: Inter-Varsity, 2010). 기독교 국가에 대한 강한 비판으로는 존 하워드 요더(John Howard Yoder)의 저작들이 있다. 그는 정치권력이 어떻게 교회를 타락시키는지 보여 주고 있다.

31. Miroslav Volf, *A Public Faith: How Followers of Christ Should Serve the Common Good* (Grand Rapids: Baker, 2011), 79.

32. 위의 책. 17-21, 37-54.

33. 다음을 보라. Mathonnet-VanderWell, "Reformed Intramurals."

34. 여기에서 나의 입장은 제임스 헌터가 사용하는 용어에 가깝다. 그는 이런 접근법을 '적절주의자'(Relevant To)라고 명명했다.

35. H. Richard Niebuhr, *Christ and Culture* (New York: Harper, 1956), 80.

36. 위의 책, 106.

37. 다음을 보라. 위의 책, 84, 90.

38. 이 운동을 주창한 책으로는 페루 사제인 구스타보 구티에레즈(Gustavo Gutierrez)가 있다. Gustavo Gutierrez (*A Theology of Liberation: History, Politics and Salvation* [Maryknoll, N.Y.: Orbis, 1971]).

39. Harvie Conn, "The Mission of the Church," in *Evangelicals and Liberation*, ed. Carl Amerding (Phillipsburg, N.J.: Presbyterian & Reformed, 1977), 81. 콘(Conn)은 해방신학이 사실 너무나 '세속적'이라고 탁월하게 지적한다. 역사적/문화적 트렌드를 하나님의 구속 사역으로 '세례를 준다'는 것이다. 그러나 보수적인 복음주의자들은 불의한 사회적 평형 상태를 받아들이고 (그 혜택을 즐기면서) 그것에 대항해서 싸우지는 않는다. 이것은 모순되게도 해방신학자들이 하는 바로 그것을 반대 방향에서 행하는 것이다. 그들은 역사적 문화적 질서를 하나님의 일로 세례 주고 있는 것이다. 콘은 이렇게 썼다(82쪽). "혁명적 관점과 보수적 관점의 가시적인 차이점에도 불구하고, 한 가지 본질적인 일치가 존재한다. 둘 다 하나님의 목적을 현상의 역사적 상황과 일치시키고 있다는 것이다. 한쪽에서는 현상 상태에 대해 동조하고 있고, 다른 한쪽에서는 혁명과 동조하고 있다."

40. 이것은 조지 헌싱거(George Hunsinger)가 모델을 요약한 방식이다. 니버 모델에 대한 헌싱거의 유용한 요약은 다음에 나온다. R. Michael Allen, *Reformed Theology* (Edinburgh: T&T Clark, 2010), 168. 헌싱거는 니버가 '문화 위의 그리스도' 모델이 "문화에 대해선 너무나 순진하고, 그리스도에 대해선, 하나님의 심판에 대한 적절한 감각이 없이, 너무나 절충적이라고 보았다"고 덧붙인다.

41. Niebuhr, *Christ and Culture*, 130. '문화 위의 그리스도' 패턴에 대한 D. A. 카슨의 비판을 보라. D. A. Carson, Christ and Culture Revisited, 20-22.

42. 두 왕국 모델은 세상에서 하나님이 역사하시는 것에 대해 긍정적인 관점을 가지고 있지만 하나님이 세상에서 하시는 것과 교회에서 하시는 것 사이를 날카롭게 구분한다. 그들은 결코 이 세

상의 하나님 사역이, 교회와 말씀의 설교 없이, 구속적 사역이 될 수 있다고 말하지 않는다. 또한 교회가 적용하거나 참여할 일이라고 하지 않는다.

43. Robert Schuller, *Your Church Has Real Possibilities* (Glendale, Calif.: Regal, 1975).

44. Robert Schuller, *Self-Esteem: The New Reformation* (Waco, Tex.: Word, 1982), 14.

45. 빌 하이벨스(Bill Hybels)와 릭 워렌(Rick Warren)은 내 친구들이다. 이들의 교회에 대한 통렬한 비판이 여러 관점에서 홍수처럼 제기됨에도 불구하고, 그들은 뒤로 움츠러들거나 거칠게 반응하지 않았다. 그들은 비판에 귀를 기울였고, 가장 거친 비판도 겸손과 사랑으로 받아들였다. 그리고 지속적으로 자신들의 사역을 고쳤다. 예를 들어 빌 하이벨스의 자기비판에 대해서는 다음을 보라. Bill Hybels and Greg Hawkins, *Reveal: Where Are You?* (South Barrington, Ill.: Willow Creek Association, 2007).

46. 개리 프릿차드(Gary Pritchard)의 박사학위 논문은 구도자 운동에 대한 첫 번째 주요 비판을 제공했다. 노스웨스턴대학교에서 쓴 박사학위 논문의 대중적 버전은 이후 다음 책으로 출간되었다. Gary Pritchard, *Willow Creek Seeker Services: Evaluating a New Way of Doing Church* (Grand Rapids: Baker, 1996).

47. 아래에서 보겠지만 많은 이머징 교회들은 이 범주보다는 반문화주의자 모델에 훨씬 더 맞는다.

48. 궁극적으로 이것은 구도자 교회와 자유주의 교회가 가고 있는 동일한 경로이다. 그들은 각각 지배적 문화에 적응하고 있다.

49. Darrell L. Guder, ed., *Missional Church: A Vision for the Sending of the Church in North America* (Grand Rapids: Eerdmans, 1998).

50. 위의 책을 보라.

51. 다음을 보라. J. C. Hoekendijk, *The Church In side Out* (Philadelphia: Westminster, 1967), 19-20. 또한 다음을 보라. *The Church for Others and the Church for the World: A Quest for Structures for Missionary Congregations* (Geneva: World Council of Churches, 1967). 미시오 데이(Missio Dei, 하나님의 선교) 개념의 역사가 어떠한지, 그것이 삼위일체 및 하나님 나라의 신학 이해에서 어떻게 형성되었는지에 대한 최근의 책으로는 다음이 있다. Craig Van Gelder and Dwight J. Zscheile, *The Missional Church in Perspective: Mapping Trends and Shaping the Conversation* (Grand Rapids: Baker, 2011), 17-40. 이 이슈에 대해서는 6부에서 다룬다.

52. 이 효과는 그레샴 메이첸(J. Gresham Machen)이 다음의 책에서 예견한 것이다. J. Gresham Machen in *Christianity and Liberalism* (Grand Rapids: Eerdmans, 1923).

53. 다음을 보라. Kent Carlson and Mike Luekin, *Renovation of the Church: What Happens When a Seeker Church Discovers Spiritual Formation* (Downers Grove, Ill.: Inter-Varsity, 2011).

54. Van Gelder and Zscheile, *Missional Church in Perspective*, 70.

55. 우리가 살펴보겠지만, 두 왕국 모델은 또한 그리스도인들이 문화를 기독교적 방향으로 변혁하

려 해서는 안 된다고 가르친다. 그러나 그리스도인들의 세속 부르심에 참여하는 것의 선함에 대해서, 그리고 전반적으로 사회에 대해서 훨씬 긍정적인 관점을 갖고 있다.

56. Stanley Hauerwas and William Willimon, *Resident Aliens: Life in the Christian Colony* (Nashville: Abingdon, 1989), 47.

57. 제임스 헌터는 이 모델의 추종자를 "신 아나뱁티스트"들이라고 부른다. 다음의 책에서 이에 대해 아주 통찰력있는 비평을 한다. James Hunter, *To Change the World: The Irony, Tragedy, and Possibility of Christianity in the Late Modern World* (New York: Oxford University Press, 2010), 150-66. (제임스 헌터, 기독교는 세상을 어떻게 변화시키는가, 새물결플러스 역간).

58. John Howard Yoder, *The Politics of Jesus* (Grand Rapids: Eerdmans, 1972).

59. 급진적인 정통주의는 일견 재세례파와 아무 상관이 없어 보인다. 그것은 전반적으로 영국국 교회의 현대적 운동이기 때문이다. 그러나 이는 현대의 세속적 사고와 문화에 대해 비슷한 비판을 가한다. 이는 하우어워스(Hauerwas)가 한 것이기도 하다(see James K. A. Smith, *Radical Orthodoxy: Mapping a Post-Secular Theology* [Grand Rapids: Baker, 2004]).

60. 다음을 보라. Shane Claiborne, *Jesus for President: Politics for Ordinary Radicals* (Grand Rapids: Zondervan, 2008). 클레어본은 '저항의 기도'로도 유명하다. "살인하는 정부에는… 우리가 순응하지 않겠다. 황제의 신학에는 우리가 동조하지 않겠다. 부를 축적하는 것에는… 우리가 따르지 않겠다. 로마의 평화와 같지 않은 평화에는 우리가 연대하겠다." (다음에서 인용, Ron Cole, "The Subversive Alternative Language of the Kingdom"[2007.10.11], http://thewearypilgrim.typepad.com/the_weary_pilgrim/2007/10/the-subversive-.html [2012년 2월 1일 접속]).

61. 신 수도원주의에 대해서는 다음을 보라. Jonathan Wilson, *Living Faithfully in a Fragmented World: Lessons for the Church from MacIntyre's After Virtue* (Harrisburg, Pa.: Trinity Press, 1998); Shane Claiborne, *The Irresistible Revolution: Living as an Ordinary Radical* (Grand Rapids: Zondervan, 2006); Jonathan Wilson-Hartgrove, *New Monasticism: What It Has to Say to Today's Church* (Grand Rapids: Brazos, 2008).

62. 윌버포스(Wilberforce)는 '문화를 변혁하는 그리스도' 모델에 해당될 수 있는데, 그는 그럼에도 퀘이커 및 다른 형태의 아나뱁티스트(재세례파) 전통들로부터 문화와의 관계에 대해 엄청나게 도움을 받았다.

63. Carson, *Christ and Culture Revisited*, 218.

64. Hunter, *To Change the World*, 164.

65. Van Gelder and Zscheile, *Missional Church in Perspective*, 142.

66. 데이비드 반드루넨(David VanDrunen)은 개혁주의 언약 신학의 관점에서 두 왕국 모델에 대한 간략한 설명을 제공한다. 보수 개혁주의 (특히 미국) 세계 안에서 양측의 입장과 논쟁에 대한 요약으로는 영국 학자 다니엘 스트레인지의 것을 보라. Dan Strange, "Not Ashamed! The

Sufficiency of Scripture for Public Theology," *Themelios* 36.2 (July 2011): 238-260, http://tgc-documents.s3.amazonaws.com/journal-issues/36.2/Themelios_36.2.pdf (2012년 1월 30일 접속).

67. 다음을 보라. VanDrunen, *Living in God's Two Kingdoms*, 75-76.

68. VanDrunen, *Living in God's Two Kingdoms*, 27.

69. 위의 책, 62.

70. 다음에서 인용. VanDrunen, *Living in God's Two Kingdoms*, 26, and Strange, "Not Ashamed!" 244, respectively.

71. 다음을 보라. Strange, "Not Ashamed!" 245. "[For the Two Kingdoms view] the secular state is one of the triumphs of the West."

72. VanDrunen, *Living in God's Two Kingdoms*, 27.

73. David VanDrunen, *A Biblical Case for Natural Law* (Grand Rapids: Acton Institute, 2006), 40.

74. 다음을 보라. William Wright, *Martin Luther's Understanding of God's Two Kingdoms* (Grand Rapids: Baker, 2010).

75. T. David Gordon, "The Insufficiency of Scripture," *Modern Reformation* 11 (January-February 2002): 19. Gordon writes, "The Bible is sufficient to guide the human-as-covenanter, but not sufficient to guide the human-as-mechanic, the human-as-physician, the human-as-businessman, the human-as-parent, the human-as-husband, the human-as-wife, or the human-as-legislator." See also his response brought about by criticism of his original article ("Response from T. David Gordon," *Modern Reformation* 11[May - June 2002]: 46).

76. 다음을 보라. Gordon, "Insufficiency of Scripture," 11. I am also basing this statement on hundreds of comments and posts on Two Kingdoms websites.

77. VanDrunen, *Living in God's Two Kingdoms*, 168.

78. 다음을 보라. Michael Horton, "Christ and Culture Once More," White Horse Inn Blog (December 17, 2011), www.whitehorseinn.org/blog/2011/12/17/christ-and-culture-once-more/(2012년 2월 2일 접속).

79. 이것은 모델 내지 범주 안에 있는 차이들의 또 다른 예이다. 두 왕국 접근법의 많은 지지자들은 물질 세상이 완전히 불타 없어질 것이라고 가르친다. 그러므로 여기에서 우리가 하는 어떤 것도, 전도나 교회를 세우는 등의 영적인 일을 제외하고는, 새 하늘과 새 땅으로 연결되지 않을 것이라고 주장한다. 그러나 마이클 호튼(Michael Horton)은 헤르만 바빙크(Herman Bavinck)와 다른 이들을 따라서 물질 세상이 완전히 멸절되거나 새것에 의해 대체되지 않을 것이라고 주장한다. 대신 현재의 세상은 '이전되어'(transitioned) 새로워지며 우리 몸도 그럴 것이라고 가르친다. Michael Horton (*The Christian Faith: A Systematic Theology for Pilgrims on the Way* [Grand Rapids: Zondervan, 2011], 348, 989-990). 반드루넨(David Van-Drunen)은 우리의 몸이 부

활하며 새로워질 것이라고 본다. 그러나 피조 세계의 어떤 것도 새로워지지는 않을 것이라고 본다. 그것들은 모두 불탈 것이며 대체될 것이라고 본다. David Van- Drunen, *Living in God's Two Kingdoms*, 65-66.

80. Horton, "Christ and Culture Once More," White Horse Inn Blog (December 17, 2011). 호튼의 블로그 글은 내가 그리스도와 문화에 대해 두 왕국 관점을 정리한 글에 대한 응답이었다. 호튼은 (나의 글을 인용하여) 다음과 같이 말한다. "두 왕국 관점의 어떤 부분도 '그리스도인이 그리스도인 특유의 방식으로 직업을 추구해서는 안 된다'고 말하거나 '교회나 그리스도인 개인이 세상과 사회를 바꾸는 사역을 해서는 안 된다'라고 말하지 않는다." 내가 쓴 것처럼, 많은 두 왕국 옹호자들은 - 반드루넨을 포함하여 - 그 반대를 말한다. 호튼은 또한 교회가 제도로서 사회를 개혁하려고 해서는 안 되지만, 그리스도인 개인들은 ('소금'으로서) 노예 제도 철폐와 같은 주요 운동의 일부분이 되어야 한다고 주장한다.

81. 두 왕국에 대한 비판을 살펴보기에 좋은 출발점은 다니엘 스트레인지(Daniel Strange)의 글이다. Daniel Strange, "Not Ashamed!" 238-260. 스트레인지는 개혁주의 안에서의 최근 대화들에 초점을 맞추고 있지만, 폭넓은 요약과 비판은 모델들 사이의 전반적인 대화에도 유효하다. 두 왕국 모델에 대한, 루터란과 개혁주의의 일반적인 비판은 다음을 보라. Carson, Christ and Culture Revisited, 210-218.

82. John Calvin, Institutes of the *Christian Religion*, ed. John T. McNeill (Philadelphia: Westminster, 1960), 1:273-275.

83. 위의 책, 1:270-271.

84. 다음을 보라. Nicholas Wolterstorff, *Justice: Rights and Wrongs* (Princeton, N.J.: Princeton University Press, 2008), 44-64; 또한 다음을 보라. Brian Tierney, *The Idea of Natural Rights: Studies on Natural Rights*, Natural Law, and Church Law 1150 to 1625 (Grand Rapids: Eerdmans, 1997). 월터스토프(Nicholas Wolterstorff)는 1장에서 하나님의 형상이라는 기독교적 생각 이전에는 어떤 사회도 한 개인이 존엄성과 가치에 있어서 동등하다는 사상이 없었다고 지적한다. 인간 존재는 여러 가지 '능력'에 의해서 판단되었다. 합리성이나 미덕이 부족한 어느 집단이든지 노예가 될 만하다고 생각했다. 심지어 아리스토텔레스도 어떤 사람들은 노예가 되기 위해 태어난다고 말했다.

85. 다음을 보라. Samuel Moyn, *The Last Utopia: Human Rights in History* (Cambridge, Mass.: Harvard University Press, 2010).

86. 다음을 보라. David Bentley Hart, *Atheist Delusions: The Christian Revolution and Its Fashionable Enemies* (New Haven, Conn.: Yale University Press, 2009). 하트는 성경적 이해에서 비롯된 현대 생활의 여러 가지 '기본적인 것들'에 대해 옹호한다.

87. 다음에서 인용. Strange, "Not Ashamed!" 255-256.

88. 다음을 보라. Rodney Stark, *For the Glory of God: How Monotheism Led to Reformations, Science, Witch-Hunts, and the End of Slavery* (Princeton, N.J.: Princeton University Press, 2004),

291-366.

89. 다음을 보라. Strange, "Not Ashamed!", 248.

90. Michael Sandel, *Justice: What's the Right Thing to Do?* (New York: Farrar, Straus, and Giroux, 2009), 261.

91. Gordon, "Insufficiency of Scripture," 19.

92. Michael S. Horton, "How the Kingdom Comes," Christianity Today 50.1 (January 2006): 42, www. christianvisionproject.com/2006/01/how_the_kingdom_comes.html (2012년 2월 2일 접속).

93. 다음을 보라. C. John Sommerville, *The Decline of the Secular University* (New York: Oxford University Press, 2007), 69-70.

94. Allen, *Reformed Theology*, 174. 예를 들어, 이신칭의 하나만 있어도 하나님의 백성들 안에서의 민족 간 화해의 대들보가 된다(갈 2-3장). 이와 유사하게 그리스도의 부활 교리는 소아시아의 우상 숭배로 만들어진 다양한 경제적, 정치적 관습들에 위협이 되었다(행 17, 19장)

95. 다음을 보라. Stark, *For the Glory of God* Diogenes Allen, *Christian Belief in a Postmodern World: The Full Wealth of Conviction* (Philadelphia: Westminster, 1989).

96. Douglas Moo, *The Letters to the Colossians and to Philemon* (Pillar New Testament Commentary; Grand Rapids: Eerdmans, 2008), 422.

97. 위의 책.

98. Volf, *A Public Faith*, 92.

99. Kevin DeYoung, "Two Kingdom Theology and Neo-Kuyperians," http://thegospelcoalition. org/blogs/ kevindeyoung/2009/08/14/two-kingdom-theology-and-neo-kuyperians/ (2012년 2월 6일 접속).

100. 다음에서 인용 Allen, *Reformed Theology*, 170-171.

101. 위의 책, 172.

102. 다음을 보라. 이것이 사실이 아니라는 게할더스 보스(Geerhardus Vos)의 주장은 원서 229쪽을 보라. 평신도들이 세상 가운데서 그리스도를 높이는 일을 하는 것은 하나님의 구속적 왕국의 표지이다. 데이비드 반드루넨(David VanDrunen)은 이렇게 주석한다. "복음 사역은 많은 직업 중 하나가 아니다. 주 예수와 사도들은 결코 좋은 엔지니어가 부족하다고 탄식하지 않았으며, 전기 기사를 훈련하는 지시 사항을 주지도 않았다. 오히려 그리스도는 '추수할 것은 많되, 일꾼이 부족하다'라고 말씀하셨다." David VanDrunen (*Living in God's Two Kingdoms*, 190). 반드루넨은 예수께서 '일꾼들'을 말씀하셨을 때 안수 받은 사역자들을 가리키신 것이라고 분명히 주장한다.

103. DeYoung, "Two Kingdom Theology and Neo-Kuyperians."

104. Tim Keller, "Coming Together on Culture, Part 1: Theological Issues," http://redeemercitytocity.com/blog/view.jsp?Blog_param=400 (2012년 2월 6일 접속).

105. 위의 책. 다음을 보라. Mike Goheen's comment on the blog.

106. Horton, "How the Kingdom Comes."

107. Horton, "Christ and Culture Once More."

11 -----

1. 특히 다음을 보라. Daniel Strange, "Evangelical Public Theology? What on Earth? Why on Earth? How on Earth?" in *A Higher Throne: Evangelicals and Public Theology*, ed. Chris Green (Nottingham, UK: Inter-Varsity, 2008).

2. Lesslie Newbigin, *The Gospel in a Pluralist Society* (Grand Rapids: Eerdmans, 1989), 222-233.

3. Lesslie Newbigin, *Foolishness to the Greeks* (Grand Rapids: Eerdmans, 1986), 143-144. 여기에서 뉴비긴은 헤르만 도이에베르트를 인용하며 신 칼빈주의의 주제에 더 정통하고 지지하는 모습을 보여준다.

4. 다음을 보라. Lesslie Newbigin, Lamin Sanneh, Jenny Taylor, *Faith and Power: Christianity and Islam in "Secular" Britain* (London: SPCK, 1998), 20-24, 144-161. The father of Christian Reconstructionism, Rousas Rushdoony, calls democracy a "heresy" (*The Institutes of Biblical Law* [Phillipsburg, N.J.: Presbyterian & Reformed, 1980]), 100, 214, 747.

5. Jim Wallis, *God's Politics: Why the Right Gets It Wrong and the Left Doesn't Get It* (SanFrancisco: HarperSanFrancisco, 2005).

6. 다음을 보라. James K. A. Smith, "Constantinianism of the Left?" http://forsclavigera.blogspot.com/2005/05/constantinianism-of-left.html (2012년 2월 6일 접속).

7. N. T. Wright, *What Saint Paul Really Said* (Grand Rapids: Eerdmans, 1997). 라이트는 (119쪽에서) 칭의가 "구원론에 대한 것이라기보다는 교회론에 대한 것이다. … 구원에 대한 것이 아니라 교회에 대한 것이다"라고 주장한다. 그는 이렇게 주장한다. "복음은 단지 수많은 그리스도인 개인들을 만드는 것이 아니라 공동체를 만든다. 전통적인 의미에서 칭의를 신학의 중심에 두는 옛 길을 따른다면, 그것은 언제나 개인주의의 위험성에 언제나 빠질 것이다"(157-158쪽). 6부 (선교적 공동체)에서 나는 이러한 종류의 정통 복음에 대한 재해석이 문제적인지를 설명한다.

8. N. T. Wright, *Simply Christian: Why Christianity Makes Sense* (San Francisco: HarperSanFrancisco, 2006), 226.

9. 위의 책, 235-236.

10. 위의 책, 라이트가 전통적인 신 칼빈주의적 범주의 창조-타락-구속-회복의 범주를 사용하여 '기독교 세계관'을 설명하는 것을 살펴보라. N. T. Wright, *The New Testament and the People of God* [Minneapolis: Fortress, 1992], 132.

11. 다음을 보라. Mark Noll, *The Civil War as a Theological Crisis* (Chapel Hill: University of North Carolina Press, 2006).

12. James D. Hunter, *To Change the World: The Irony, Tragedy, and Possibility of Christianity in the Late Modern World* (New York: Oxford University Press, 2010), 41-42.

13. 위의 책, 42-43.

14. 위의 책, 37-38, 43-44.

15. 다음을 보라. D. A. Carson, *Christ and Culture Revisited*, (Grand Rapids: Eerdmans, 2008), 44-58.

16. 위의 책, 60.

17. 위의 책, 59, 강조는 그의 것이다.

18. 이러한 성경신학적 관점들에 대한 짧은 개관으로는 다음을 보라. R. Michael Allen, *Reformed Theology* (Edinburgh: T&T Clark, 2010), 157-169.

19. 위의 책, 159.

20. 위의 책, 160.

21. Francis A. Schaeffer, *Pollution and the Death of Man: The Christian View of Ecology* (Wheaton, Ill.: Tyndale House, 1970), 65-66. 쉐퍼는 죄의 결과에 대한 실질적인 치유의 사상을 다음에서 상세하게 이야기한다. True Spirituality (Wheaton, Ill.: Tyndale House, 1971).

22. 일반 은총의 성경적 예에 대한 짧지만 포괄적인 목록으로는 다음을 보라. Allen, *Reformed Theology*, 162.

23. John Murray, *Collected Writings of John Murray* (Edinburgh: Banner of Truth, 1977), 2:96.

24. Charles Wesley, "Joy to the World," emphasis mine.

25. 다음을 보라. 예를 들어, Herman Bavinck, *Reformed Dogmatics, Volume 2: God and Creation*, ed. J. Bolt (Grand Rapids: Baker, 2004). 편집자는 "바빙크의 신학에서 핵심 요소의 하나가 '은혜가 자연을 회복시킨다'는 것이라고 보인다"고 썼다(p.19).

26. '현재적이면서 동시에 다가오는 왕국' 사상에 대한 좋은 요약은 다음의 책에 나온다. Bavinck, *Reformed Dogmatics, Volume 3: Sin and Salvation in Christ*, ed. J. Bolt (Grand Rapids: Baker, 2006).

27. Allen, Reformed Theology, 164; see Douglas Moo, "Nature in the New Creation: New Testament Eschatology and the Environment," *Journal of the Evangelical Theological Society* 49 (2006): 449-488.

28. 다음을 보라. D. A. Carson, *The God Who Is There: Finding Your Place in God's Story* (Grand Rapids: Baker, 2010), 82. 어떤 사람들은 마태복음 13장의 가라지 비유가 교회 안에 있는 참된 신자와 거짓 신자에 대한 것이라고 읽는다. 그러나 하나님 나라의 비유에서 밭은, 예수님의 설명에 의하면, "밭은 세상이다"(38절). 교회가 아닌 것이다. 루이 벌코프(Louis Berkhof)는 이렇게 쓴다. "가시적인 교회는 분명히 나라에 속해 있다. 나라의 일부이다. 나라의 세력의 가장 가시적인 지체이다. … [그러나] 나라는 교회보다는 더 넓은 개념이다. 왜냐하면 삶의 모든 양상들에 대한 완벽한 통치이기 때문이다. 하나님의 나라는 인간의 노력이 일어나는 모든 영역 속에 하나님의 통치를 의미하는 것이다." Louis Berkhof (Systematic Theology [Grand Rapids: Eerdmans, 1996], 570). 벌코프는 아브라함 카이퍼(Abraham Kuyper), 헤르만 바빙크(Herman Bavinck), 그리고 게할더스(Geerhardus Vos)의 의견을 대표하기도 한다.

12 -----

1. 이 주제에 대해서 더 상세한 것은 다음을 보라. Tim Keller, *Generous Justice: How God's Grace Makes Us Just* (New York: Dutton, 2010).

2. D. Michael Lindsay, *Faith in the Halls of Power: How Evangelicals Joined the American Elite* (New York: Oxford University Press, 2007).

3. 다음을 보라. 제임스 스미스, 《하나님을 욕망하라》(IVP). James K. A. Smith, *Desiring the Kingdom: Worship, Worldview, and Cultural Formation* (Grand Rapids: Baker, 2009). 스미스는 예전, 공 예배 그리고 공동체적 습관들이 세계관 강의보다 훨씬 강력하게 기독교 세계관을 형성한다고 믿는다. 공동체적 습관들에는 손님 접대, 용서와 화해, 공동생활에서의 소유 문제 등이 포함된다. 그리스도인들이 강하고 '두터운' 그리스도인 공동체에 깊이 소속될 때만 기독교 세계관을 실현하고 신앙과 믿음을 통합하며 살 수 있다.

4. Michael Horton("How the Kingdom Comes," *Christianity Today* 50.1 [January 2006]: 42, www.christianvisionproject.com/2006/01/how_the_kingdom_comes.html). 마이클 호튼은 이렇게 기록한다. "신약성경에는 사적인 게토로 숨으라는 부르심도 없고 문화적, 정치적 활동 영역을 '되찾으라'는 부르심도 없다. 오히려 우리는 바울의 권면에서처럼 탁월하게 이웃을 사랑하고 섬기는, 어렵지만 중요한 직무에 대한 요청을 받는다."

5. 나는 센터처치의 '통찰의 통합' 모델이 제임스 헌터(James Hunter)의 '충성된 현존' 접근법과 동일한 것이라고 생각한다. 그것은 다음에 묘사되어 있다. James Hunter, *To Change the World* (New York: Oxford University Press, 2010).

6. 미로슬라브 볼프, 《광장에 선 기독교》. Miroslav Volf, *A Public Faith: How Followers of Christ Should Serve the Common Good* (Grand Rapids: Baker, 2011), 93-94.

7. 위의 책, 90-91.

8. 위의 책, 91-92. 볼프(Volf)는 그의 접근법이 제임스 헌터(James Hunter)의 접근법과 유사성이 있다고 본다(p. 158n. 1).

9. 다음을 보라. 위의 책, ch. 4, "Human Flourishing," 55-74.

10. 니버(Niebuhr)의 이 글을 소개해 준 마이클 위트머(Michael Wittmer) 박사에게 감사한다. 또 그는 우리 문화의 영적 건강이 그리스도와 문화에 대해 우리가 선택하는 모델에 영향을 끼칠 것이라는 점을 제안하였다.

11. H. Richard Niebuhr, "Toward the Independence of the Church," in *The Church Against the World*, ed. H. Richard Niebuhr, Wilhelm Pauck, and Francis P. Miller (Chicago: Willett, 1935), www.religion-online.org/showchapter.asp?title=412&C=194 (2012년 2월 7일 접속).

12. 니버는 분명 콘스탄티누스 하에서 실질적인 국가 종교가 되기 전까지 초대 교회가 성장했을 때 첫 번째 사이클이 일어났다고 생각하는 것 같다. 두 번째 사이클은 수도원 운동이 이교도 유럽을 복음화했을 때 일어나는데, 이는 중세 교회의 타락으로 이어졌고, 교회는 결국 개신교 종교 개혁에 의해서 갱신되었다. 세 번째 사이클은 유럽과 미국에서의 개신교와 가톨릭 국가의 성장이며 이후에 현재의 세속주의 성장 아래서의 쇠퇴가 이어지고 있다. 어떤 '갱신' 모델이 맞는지에 대해서는 여전히 논쟁이 진행 중이다.

13. David Bentley Hart, *Atheist Delusions: The Christian Revolution and Its Fashionable Enemies* (New Haven, Conn.: Yale University Press, 2009); Nicholas Wolterstorff, *Justice: Rights and Wrongs* (Princeton, N.J.: Princeton University Press, 2007).

14. 다음을 보라. 예를 들어 Kevin DeYoung and Greg Gilbert, *What Is the Mission of the Church? Making Senseof Social Justice, Shalom, and the Great Commission* (Wheaton, Ill.: Crossway, 2011). 드영 및 길버트는 두 왕국 접근법으로 보이는 관점을 취한다. 변혁주의, 관련성 모델의 자유주의적 극단, 그리고 신 재세례파 모델 등이 교회론적 전도에 대한 강한 강조점을 저해하고 있다고 말하는 이들의 경고는 타당하다.

15. 각각의 모델에 대한 이해에 대해 마이클 위트머(Michael Wittmer)에게 감사드린다.

16. 에베소서 4장 11절은 하나님이 '전도자'의 은사와 부르심을 어떤 이들에게 주셨음을 이야기한다. 로마서 12장 7-8절은 섬김과 (디아코니아) 긍휼을 베푸는 은사들에 대해 말한다. 베드로전서 4장 11절은 '말하는' 은사들과 '봉사하는' 은사들에 대해 말한다. 많은 주석가들은 이것이 은사들의 범주를 설명한다고 믿는다. 설교 및 가르침과 관련된 은사들이 있고 행동, 행정, 봉사와 관련된 은사들이 있다.

17. 다음을 보라. Michael Goheen, *As the Father Sent Me, I Am Sending You: Lesslie Newbigin's Missionary Ecclesiology* (Zoetermeer, Netherlands: Boekencentrum, 2000). 뉴비긴의 선교적 교회론은 카이퍼주의적 이해와 양립불가하지 않다는 주장을 한다. 또한 승리주의의 빛이 없이 대조 공동체로서의 교회의 중요성을 높이는 변혁주의 접근법에 대한 탁월한 제시에 대해서는 다

음을 보라. Michael Goheen and Craig Bartholomew, *Living at the Crossroads: An Introduction to Christian Worldview* (Grand Rapids: Baker, 2008).

18. Kevin DeYoung, "Two Kingdom Theology and Neo-Kuyperians," http://thegospelcoalition. org/blogs/ kevindeyoung/2009/08/14/two-kingdom-theology-and-neokuyperians/(2012년 2월 8일 접속).

19. Kevin DeYoung, "You Can Get There from Here," http://thegospelcoalition. org/blogs/ kevindeyoung/2011/12/22/you-can-get-there-from-here/

20. 다음을 보라. Andy Crouch, *Culture Making: Recovering Our Creative Calling* (Downers Grove, Ill.: Inter-Varsity, 2008), 90-96. 앤디의 책에 나오는 이 장을 기억하게 해 준 마이클 위트머 (Michael Wittmer)에게 감사드린다.

21. 지상명령에 대한 훌륭한 전통적 설명은 다음을 참조하라. DeYoung and Gilbert, *What Is the Mis- sion of the Church?*, 15-66.

22. John Bolt, *A Free Church, A Holy Nation: Abraham Kuyper's American Public Theology* (Grand Rapids: Eerdmans, 2000), 428-429.

23. R. Michael Allen, *Reformed Theology* (Edinburgh: T&T Clark, 2010), 174.

24. 다음을 보라. 위의 책, 175.

'문화 참여'에 대한 논평

1. Peter Berger, *The Sacred Canopy* (Garden City, NY: Doubleday, 1967).

앤디 크라우치에 대한 답변

1. Louis Berkhof, *Systematic Theology* (Grand Rapids: Eerdmans, 1949), 205. 루이스 벌코프, 벌코 프 조직신학 (크리스천다이제스트 역간).

기고자들에 대하여

다니엘 스트레인지(Daniel Strange, 브리스톨대학교 박사)는 런던 오크힐칼리지의 학술 부총장이자 문화, 종교, 공적 신학을 가르치는 교수다. 그는 여러 권의 저서의 저자, 공저자이며, 그 책들 중에는 《그들의 반석은 우리의 반석과 같지 않다》(*Their Rock Is Not Like Our Rock*)와 《복음화되지 않은 사람들이 구원받을 가능성》(*The Possibility of Salvation Among the Unevangelized*)이 있다.

가브리엘 살귀에로(Gabriel Salguero)는 미국 라틴계복음주의협회의 회장이자 뉴욕에 있는 더램지교회(The Lamb's Church)에서 아내 지닛 살귀에로 목사와 함께 공동 수석 목사다. 그는 〈소저너즈〉의 이사로 섬기며, 가장 저명한 라틴계 복음주의 리더로 〈허핑톤 포스트〉, 미국의 발전을 위한 센터, 〈엘 디아리오〉, 조지 라모스의 〈알 푼토〉에서 거명되었다.

앤디 크라우치(Andy Crouch)는 《하나님 노릇 하기》(*Playing God*)의 저자다. 그의 저서 《컬처 메이킹》(*Culture Making*)는 2009년에 〈크리스채니티 투데이〉의 2009년 기독교 및 문화 부분의 상을 수상했다. 2012년 12월에 그는 〈크리스채니티 투데이〉의 임원급 편집자가 되었고, 거기서 그는 〈이것이 우리의 도시다〉의 임원급 프로듀서이기도 한데, 그것은 다년 간에 걸친 프로젝트로서, 다큐멘터리 비디오, 리포트, 에세이를 통해 그리스도인들이 자기 도시의 발전을 위해 기여하는 모습을 담고 있다. 크라우치는 또한 〈국제 정의 사역〉의 〈IJM 연구소〉의 선임연구원이다. 그의 글들은 〈월 스트리트 저널〉에 실렸고 〈최고의 기독교 저술〉과 〈최고의 영적 저술〉에 여러 번 실렸다. 그는 가족과 펜실베이니아 주, 스워스모어에 산다.

센터처치 시리즈 소개

1권 《복음으로 세우는 센터처치》
기고자: 마이클 호튼, 데인 오틀런드

　우리는 복음을 이해하고 충실하게 설교하면, 우리 사역이 필연적으로 복음 중심으로 형성되리라고 쉽사리 가정을 한다. 그러나 이것이 꼭 사실은 아니다. 많은 교회들이 스스로 복음 중심적이라고 주장하지만, 복음으로 형성되고, 복음이 중심이고, 복음으로 능력을 받은 것만이 아니다. 대부분이 복음의 영향력이 교회 사역의 구조 속에서 어떻게 나타났는지 볼 수 없다.

　복음 중심적인 사역은 프로그램이 이끄는 것이 아니라 신학이 이끈다. 복음 중심적인 사역을 추구하려면 복음 자체의 본질, 진리, 그리고 양상을 성찰하는데 많은 시간을 할애해야 한다. 복음은 종교도 비종교도 아니다. 완전히 다른 무엇이다. 은혜로 하나님을 만나는 제3의 길이다. 《팀 켈러의 센터처치》 시리즈의 1권 《복음으로 세우는 센터처치》에서 베스트셀러 저자이자 목회자인 팀 켈러는 복음이 어떤 것인지에 대한 현재의 여러 토론과 갈등을 다룬다. 그리고 복음을 성실하게 설교하는 것이 개인과 공동체의 부흥에 어떠한 영향을 미치는지를 제시한다.

이 새로운 에디션은 《팀 켈러의 센터처치》의 첫 번째 부분을 읽기 쉬운 형태로 담고 있다. 이 책에서는 마이클 호튼과 데인 오틀런드의 논평과 팀 켈러의 답변들이 추가되었다.

2권 《도시를 품는 센터처치》
기고자: 다니엘 스트레인지, 가브리엘 살귀에로, 앤디 크라우치

이 책은 베스트셀러 작가이자 목회자인 팀 켈러가 복음을 상황화하는 성경적 토대들을 살펴본다. 문화 속에서 복음과 소통하기 위해서는 복음을 존중하는 태도와 동시에 도전적인 자세가 필요하다. 팀 켈러는 도시 비전의 핵심 특성들을 명확하게 제시한다. 어떻게 도시가 성경에서 한 주제로 발전했는지를 보여 준다. 하나님을 거부하는 도시의 근원부터 선교를 위한 전략적 중요성까지 도시의 정점과 영광스러운 회복까지 다룬다.

《도시를 품는 센터처치》는 《팀 켈러의 센터처치》의 두 번째 부분을 읽기 쉬운 형태로 담고 있다. 또한 여러 저자들의 새로운 논평들이 추가되었고, 팀 켈러가 이에 대해 피드백으로 구성되어 있다.

3권 《운동에 참여하는 센터처치》
기고자: 팀 체스터, 마이크 코스퍼, 다니엘 몽고메리, 앨런 허쉬

팀 켈러는 교회 사명의 본질에 대해서 살피며 각각의 그리스도인이 세상에서 하는 일과 사명의 관련성을 살펴본다. 그는 '선교적 교회'가 되는 것은 오늘날 어떤 의미인지를 조사한다. 그리고 교회들이 어떤 실제적인 방법으로 사람들을 구비하여 선교적 삶을 살아가도록 도울 수 있는지 조사한다. 교회들은 통합적인 사역을 의도적으로 만들어야 한다. 사람들을 하나님께, 각 사람에게, 도시의 결핍에, 그리고 우리 주변의 문화에 연결해야 한다. 마지막으로 그는 교회들의 의도적인 운동에 참여할 필요성을 강조한다. 하나님의 진리를 성실하게 선포하며 지역 공동체를 섬기는 새로운 교회들을 심는 사역의 필요성을 조명한다.

시리즈의 마지막인 이 책은 《팀 켈러의 센터처치》의 세 번째 부분을 읽기 쉬운 형태로 담고 있으며, 새롭게 추가된 논평들과 팀 켈러의 피드백으로 구성되어 있다.